북한과 중국
개혁개방의 정치경제학

북한과 중국: 개혁개방의 정치경제학

초판 1쇄 발행   2009년 6월 30일
초판 2쇄 발행   2010년 9월 10일

지은이 ｜ 박희진
펴낸이 ｜ 윤관백
펴낸곳 ｜

편   집 ｜ 이경남·장인자·김민희
교정교열 ｜ 김은혜·이수정
표   지 ｜ 정안태
제   작 ｜ 김지학
영   업 ｜ 이주하

인   쇄 ｜ 한성인쇄
제   본 ｜ 광신제책

등록 ｜ 제5-77호(1998. 11. 4)
주소 ｜ 서울시 마포구 마포동 324-1 곳마루 B/D 1층
전화 ｜ 02)718-6252 / 6257   팩스 ｜ 02)718-6253
E-mail ｜ sunin72@chol.com
Homepage ｜ www.suninbook.com

정가 24,000원
ISBN 978-89-5933-175-8   93300

· 잘못된 책은 바꿔 드립니다.

북한과 중국

개혁개방의 정치경제학

박희진

저자 서문

　1990년대 북한은 총체적 위기를 맞이하였다. 대외적으로 사회주의 진영의 붕괴와 함께 새로운 탈냉전의 시대를 맞아 북미 간 첨예한 대립구도가 형성되었고, 대내적으로 김일성 수령의 사망과 김정일 국방위원장을 중심으로 한 정치권력의 변화, 파탄에 이른 경제위기, 사회적 혼돈과 자연재해까지 겹쳤다. 일국적 상황으로 볼 때 전쟁 혹은 체제붕괴라는 최악의 상태를 가까스로 버텨 낸 국가적 위기상황이었다. 북한 내부에서조차 이 시기를 '한국전쟁시기' 혹은 1938년 '고난의 행군 시기'에 빗대었으며, '붉은기 정신', '1950년대 투쟁정신'을 강조하며 체제붕괴의 우려를 극명히 표출했다.

　이렇게 위기를 맞은 북한은 약간의 시간을 뛰어넘어 2001년 이후 신사고를 강조하며 북한판 경제개혁의 단초를 열기 시작했다. 2002년 7월 '7·1경제관리개선조치'를 단행했고, 신의주특별행정구 등 제한적 개방 조치와 함께 기존의 농민시장을 확대 개편하여 시장을 공식화했다. 물론 북한의 경제개혁은 아직 덜 그려진 그림처럼 혹은 빛의 방향에 따라 반사각을 달리하는 프리즘처럼 불안정하다. 그러나 사회주의 경제개혁의 핵심이 분권화와 시장화라고 볼 때, 7·1조치를 포함한 북한의 경제개선안들은 북한 역시 사회주의 개혁개방의 역사적 경로를 필연적으로 밟을 수밖에 없음을 보여 준다.

　실제 북한의 경제개선조치들 속에는 과거 사회주의 건설과정에서 행해졌던 개혁 조치들이 스며있다. 레닌의 신경제정책(NEP)이나 1965년

코시킨 개혁과 리베르만 방식의 도입, 1978년 초기 중국의 개혁, 심지어 쿠바의 시장 도입 등 북한 경제개선조치들의 내용은 분명 이전 사회주의 개혁국가들의 개혁사례를 스승으로 삼고 있다. 더군다나 이제 북한에게 시장은 더 이상 경계와 배척의 대상이 아닌 것처럼 보인다. 북한은 '계획에서 시장으로'의 변화를 스스로 받아들이고 '계획과 시장의 공존'이라는 개념 아래 경제발전과 체제옹호를 도모할 수밖에 없는 역사적 필연성에 직면해 있는 것이다.

그러나 역사적 필연성에 직면해 있다고 해서 북한이 다른 사회주의 국가들이 걸어왔던 개혁개방 일직선 프로그램을 순차적으로 따라갈 것이라 전망할 수는 없다. 그 이유는 두 가지이다.

하나는 경로의 다양성이다. 초기 사회주의 경제개혁의 일반적 특징은 국민경제의 현대화를 중심 방향으로 설정하고 계획경제의 고수와 경제효율성 증대를 목적으로 전개된다. 따라서 초기 경제개혁의 양상은 계획과 시장의 공존 형태인 이중경제 형태로 나타나게 된다. 그러나 이중경제 형태의 개혁모델은 경제개혁의 진행결과 국가마다 다른 경로로 진행될 수 있음을 보여준다. 즉, 개혁이 중도에서 실패하여 계획체제로 회귀하거나 개혁이 점진적 체제이행으로 진행되거나, 혹은 급격한 체제전환으로 나타나는 등 경로의 다양성을 보여준다. 따라서 현재 북한의 경제개혁이 시작점에 놓여 있다는 사실을 감안할 때 향후 경로의 예측은 단언하기 힘든 상태이다.

또 다른 하나는 대부분 사회주의 개혁의 배경에는 경제위기라는 설정이 잠재해 있다는 것이다. 그러나 북한은 현재의 위기를 경제위기 상황으로 인식하지 않고 있기 때문이다.

북한의 『노동신문』을 비롯한 공식간행물에 따르면 북한은 현재의 위기를 심각한 국가위기 상황으로 인식하고 있다. 따라서 국가적 위기

상황에서 경제위기는 어쩌면 당연한 부속물처럼 결과적 현상일 뿐 경제적 위기로부터 국가가 위협받는 위기 상황이 아니라는 인식이다. 경제위기는 국가 위기가 해소되면 될수록 극복가능하며 오히려 국가가 보다 더 강국이 될 때 경제도 발전할 것이라는 철저한 국가중심적 시각이 자리 잡고 있다. 이와 같은 인식은 구체제에 대한 비판적 평가로부터 개혁의 당위성이 제기되는 방식이 아니라, 국가강국건설의 필요성으로부터 개혁의 당위성이 제기된다.

따라서 이것은 7·1조치를 통해 경제관리방식을 '우리 식대로' 개선·완성하겠다는 북한식경제개혁 노선으로 발현된 것이다.

이 책은 필연성에 직면해 있지만, 철저하게 북한식 변화를 꾀하고자 하는 1998년 이후 현재까지 전개되고 있는 북한의 경제개혁을 어떻게 해석할 것인가에 대한 문제의식에서 출발한다. 다른 한편 기존 연구들이 북한 사회주의 경제개혁의 대안은 오로지 시장경제로의 전환이라고 전제하며 도식적으로 단계를 설정한 시장화프로그램에 맞춰 북한의 경제개혁을 전망하는 흐름에 대한 문제의식도 짙게 깔고 있다. 예를 들어 사회주의 개혁에서 소유제 개혁이 가장 본질적이지만 초기 개혁을 소유제 개혁으로부터 시작하는 나라는 거의 없다. 일반적으로 사회주의 계획경제의 강화로부터 출발하는 사회주의 개혁은 직선 프로그램이 아니라 부문별로 회전하며 개혁이 심화되고, 한 부문의 개혁이 다른 부문으로 그 여파를 확장시키며 전개되기도 한다. 또한 농업과 공업처럼 분리 개혁이 가능한 영역도 있고, 기업개혁과 동시에 재정금융개혁이 이루어져야 한다던가, 상업개혁 이전에 물가와 가격에 대한 개혁이 전제되어야 하는 순서성과 연계성도 존재한다. 그러나 단계별로 평가된 사회주의 각국 모델은 오늘날 북한에 기계적으로 대입되어 비교되고 있다. 따라서 더딘 속도와 비례하여 다양한 곡선과정으로 전개될 것으로 예측되는 북한의 경제개혁을 비교적 단순하게 '대외조건 개선 없는 내부 개혁의 실패' 혹은 '개혁의 심화와 시장으로의 이행' 만으로 전망하는 결론은 더 이상 논의할 흥미를 잃게 된다. 이상과 같은 문제제기는 사회주의체제의 개혁분석은 정치경제학적 접근을 요구하며, 정치와 경제의 나선형적 복합과정을 통해 분석될 때만이 사실(fact)에 가까이 다가갈 수 있다고 보았다. 이렇듯 본고는 북한식 경제개혁을 해석하기 위한 노력의 결과물로 탄생하였다.

이 책은 필자의 박사학위 논문을 수정한 것으로 북한식 경제개혁의 다소 복잡한 나선형 진행과정을 '계획과 시장의 관계'라는 틀로 조명해 보고자 했다. 시장 도입여부만으로 본다면 개혁의 계단을 올라선 것이지만 앞선 문제제기처럼 시장 도입을 단선적으로 볼 것이 아니라, 시장 자체의 형성발전 과정과 함께 유지·잔존되고 있는 계획체계와의 관계 속에서 고찰하고자 한 것이다. 그리고 과연 북한이 도입한 시장이 개혁적 역할을 할 것인가, 나아가 북한의 개혁진행과정은 어떻게 전망할 수 있을 것인지 연구하였다. 방법론적으로는 계획과 시장의 이중구조를 통해 성공적 개혁을 진행하였던 중국을 비교연구대상으로 하였다. 특히 비교범주의 일치를 위해 현 시기 북한의 개혁진행과정과 일치하는 중국의 초기 경제개혁 시기(1978~1984년)를 연구범위로 한정하여 연구를 심화시켰다. 비교연구를 제대로 한다는 것에 많은 어려움을 느껴 여러 차례 비교틀을 뒤집었다 엎었다 반복하였지만 결론적으로는 시기적으로 앞선 중국의 경제개혁과정을 앞서 서술하고, 뒤이어 북한의 개혁과정을 같은 맥락으로 병렬적 서술하였다. 따라서 1, 2, 3부로 구성된 글은 양국의 개혁과정이 각기 다른 주제, 다른 측면에서 분석되어 독립성을 지닐 뿐 아니라 '중국편', '북한편'으로 분류도 가능하도록 하였다.

필자가 지난 10년 동안 북한 연구에 매진할 수 있었던 것은 출발부터 훌륭한 선생님과 함께할 수 있었기 때문이다. 의욕만 앞서고 학문의 기초가 부족했던 본인에게 서강대 김영수 교수님은 늘 격려를 아끼지 않으셨으며, 지도교수님이신 북한대학원대학교 양문수 교수님은 논문과의 지루한 싸움 속에서 학문적 영감을 많이 주셨다. 성심을 다해 안내와 조언을 아끼지 않았던 육군사관학교의 정성임 연구교수님은 현재까지도 벗이자 동지이자, 스승으로 감사를 표하고 싶다. 중국 연변대학교 민족문제연구소의 전신자 교수님, 양옥금 교수님은 필자가 중국에서 공부할 수 있도록 도와주셨으며, 이분들의 배려 속에 중국에서 진행한 연구는 필자의 학문적 시야를 넓히고 능력을 향상시켜주는 계기가 되었다. 특히 중국 유학시절 부족한 필자의 중국어 번역을 도와준 양슈성(洋述星) 학생에게 감사의 인사를 전하고 싶다. 해석이 난관에 부닥칠 때마다 왜 중국사람인데 모르냐고 타박을 하면 자신은 그 당시 태어나지도 않았다면서 항변하던 슈성이 없었으면 말도 안되는 해석을 교정할 길이 없었을 것이다. 이밖에도 이화여대 북한학 협동과정의 무궁한 발전을 위해 애쓰시는 정세현 교수님, 최대석 교수님, 김석향 교수님, 조동호 교수님께 감사를 전한다. 논문 작성 기간 동안 연구실에서 물심양면 도와주었던 조영주 후배를 비롯한 많은 후배들에게 감사를 전한다. 일일이 거론치 못하지만 이들이 훗날 필자보다 더 좋은 논문으로 이대 북한학 출신 연구자들의 길을 넓혀주길 바란다.

해를 거듭하며 연구 결과물을 완성하기까지 아이는 자라났고, 부모님은 연로하셨다. 주어진 많은 역할을 포기하면서 오로지 내 이름 석 자의 이기적 삶을 살았다. 이 책으로 가족과 부모님께 죄송함과 감사함을 전하고 싶다.

2009년 1월
통일을 염원하며

목 차

서론
  1. 연구목적과 의의   15
  2. 연구범위와 방법   27
  3. 구성 및 자료   43

제1부 시장 도입의 정치경제적 배경

1. 중국 개혁의 정치경제적 배경   49
  1) 문화대혁명 이후 경제적 실태와 정치적 조건   49
  2) 경제조절에서 경제개혁으로 전개   56
  3) 1984년 '경제체제개혁에 관한 결정
     (关于经济体制改革的决定)'과 시장의 공식화   82

2. 북한 개혁의 정치경제적 배경   98
  1) 고난의 행군 시기 경제적 실태와 정치적 조건   98
  2) 계획의 정상화 방침과 사적 시장의 확대   106
  3) 2002년 7·1경제관리개선조치와 종합시장의 공식화   131

제2부 시장의 확대·발전과 특징

1. 중국 시장의 확대·발전과정과 시장의 성격   154
   1) '집시무역(集市貿易)에서 자유시장으로' 확대·발전   154
   2) 비국유부문의 등장과 상품시장의 다양화   178
   3) 중국 자유시장의 생산적 성격   183

2. 북한 시장의 성격변화과정과 시장의 기능   191
   1) 북한 농민시장의 '장마당·종합시장으로' 성격변화   192
   2) 개인 사영업의 확대와 노동의 상품화   224
   3) 종합시장의 비생산적 기능   231

제3부 계획과 시장의 결합 관계

1. 중국의 계획과 시장의 결합 관계   243
   1) 국가의 총체적 전략 수정   243
   2) 계획체계의 해체과정   256
   3) 계획에서 시장으로 수평적 이행   276

2. 북한의 계획과 시장의 결합 관계   284
   1) 북한의 체제 유지와 발전전략 고수(固守)   284
   2) 계획체계의 잔존형태   300
   3) 시장을 통한 계획의 수직적 연계   314

결론
    북한식 경제개혁의 특징과 전망   333

참고문헌   345
찾아보기   367

I. 연구목적과 의의

1) 문제제기

　이 책은 김정일 체제 출범 시기인 1998년부터 2006년까지 북한의 경제개혁을 중국의 초기 경제개혁과 비교함으로써 북한식 경제개혁의 특징과 전망을 살펴보는 것이 목적이다. 주지하다시피 북한은 2002년 7월 가격과 임금인상을 주요내용으로 하는 경제관리개선조치(이하 7·1조치)를 발표하였다.1) 잇따라 신의주특별행정구(2002년 9월), 금강산관광특구(2002년 10월), 개성공업지구(2002년 11월)를 선포하며 경제특구정책을 확대하였다. 보다 주목할 만한 것은 북한이 계획경제시스템 내부에 시장을 도입했다는 점이다. 북한은 기존 농민시장을 종합시장으로 확대 개편(2003년 3월) 하고, 국내 물자교류시장과 수입물자교류시장을 개설(2005년 6월) 하는 등2) 종합적으로 '제한적 대외개방 – 내부 경제개혁 – 시장도입'의 개혁 프로그램을 가동시키기 시작했다. 이러한 북한의 개혁 조치들은 과거 사회주의 국가들이 시행했던 '결정권의 분권화, 소유제도의 다양화, 시장요소의 도입, 대외개방'이라는 개혁 내용을 포함하며3), 코르나이(J. Kornai), 라빈(M. Lavigne)의 사회주의 경

---

1) 「김정일 지시문 요약」, 『중앙일보』, 2002년 8월 2일 ; 김용술, 「북한 경제정책 설명」, 『KDI 북한경제리뷰』 2002년 10월 ; 「북한 내부자료/ '7.1 경제관리 개선 조치에 대하여'」, 『月刊朝鮮』 2003년 1월호.

2) 『연합뉴스』, 2003년 6월 10일 ; 『동아일보』, 2005년 11월 30일.

3) Edward P. Lazear, "Economic Reform: Appropriate Steps and Actual Policies", in Edward P. Lazear(ed.), *Economic Transition in Eastern Europe and Russia: Realities of Reform* (Standford: Hoover Institution Press, 1995), p.16.

제개혁 개념에 비추어 보아도 체제의 기본적 속성은 유지하되 시장적 요소를 도입하여 계획과 시장의 조화를 모색하려 했다는 점에서 '개혁(Reform)'이라 정의할 수 있다.4)

그러나 또 다른 측면에서 북한의 경제개혁은 개혁이라 하기에는 미진한 정책 조치와 함께 그 성과 역시 불확실성을 내포하고 있다. 먼저 북한은 개혁 조치를 공식적인 경제노선으로 표명하거나 구체적 정책방향으로 분명하게 밝히고 있지 않다. 북한은 1994~1996년 제3차 7개년계획 시기 완충기 전략으로 '혁명적 경제전략'을 수립한 이후 고난의 행군(1996)-사회주의강행군(1998)을 거쳐 2000년 4월 최고인민회의 10기 3차 회의를 통해 전력, 석탄, 식량증산으로 목표로 하는 "혁명적 경제정책"으로 경제전략을 수정한 바 있다. 그리고 2002년 10월 선군시대 경제건설노선인 국방공업우선발전론을 전략적 노선으로 채택한 이후 경제강국건설의 기치 아래 식량, 에너지 문제해결 3개년계획(2003~2005년), 3단계 전력증산계획 중 1단계 계획(2003~2005년), 과학기술발전 5개년계획(2003~2007년) 등 경제개혁 조치들을 공식적 경제정책으로 표명하지 않고 현재까지 단기 계획안만 수립하여 발표하고 있다. 또한 7·1조치를 포함한 북한 경제개혁안에는 산업별 구체 개혁안이 포함되어 있지 않다. 소유제 개혁의 미비와 국유기업 개혁안의 결여,

---

4) 코르나이의 개혁 개념은 "공식적 지배이데올로기 또는 공산당 지배에 의한 권력구조, 국가소유체계, 관료적 조정메커니즘이라는 세 가지 영역 가운데 한 가지 이상에서 비교적 급진적인 변화가 일어나야 하지만, 체제의 기본적인 속성은 유지되어야 한다"는 것이다. 라빈의 개혁 개념은 "계획경제의 기본 틀을 유지"하면서, "공산당 통제력의 완화를 통한 의사결정의 분권화, 국가소유의 독점완화를 통한 소유제의 다양화, 시장적 요소의 도입을 통한 정부의 계획과 시장의 조화"가 진행되는 것을 개혁으로 정의한다. Janos Kornai, *The Socialist System: The Political Economy of Communism* (Princeton: Princeton Univ. Press, 1992), pp.387~392 ; Marie Lavigne, *The Economy of Transition from Socialist Economy to Market Economy* (New York: St. Martin's Press, Inc., 1995), pp.29~43.

국유기업을 둘러싼 재정, 금융, 가격의 개혁 등 국가-기업-노동자 간 결합의 계획 메커니즘이 분화·해체되어 있지 않다. 결정적으로는 북한을 둘러싼 대외정세의 불안정성이 북한 경제개혁 조치의 불확실성을 부각시킨다. 신의주특별행정구 정책은 발표와 동시에 무산되었고, 북미관계는 지속적으로 악화되었다. 급기야 북한은 핵보유 사태를 불사하며 개혁 조치 천명에도 불구하고 체제옹호적인 보수 이데올로기를 강화시키는 모순적 상황을 도출시키고 있다. 여기에 북한 사회주의체제 특성상 경제보다 정치가 우선시되었던 특수성과 사회주의 건설 역사과정에서 개혁의 경험이 거의 없었던 북한의 체제 특성, 역사적 경험, 대내외 조건까지 고려한다면 북한의 경제개혁은 역사적 필연성만으로 낙관적 견해를 펼치기 힘든 상황이다.

북한의 경제개혁은 이처럼 개혁 조치의 제한성과 그 성과의 불확실함 때문에 각기 다른 평가와 전망을 파생시키며 오늘날 북한의 변화를 정확하게 읽어내는 것을 방해하고 있다. 그렇다면 북한의 경제개혁을 가장 잘 해석해내기 위해서는 어떻게 해야 하는가? 북한 경제개혁을 입체적으로 분석할 수 있는 새로운 창은 무엇인가? 이 문제제기로부터 본 연구는 시작되었다.

2) 기존연구

기존 연구들을 검토해 보면 크게 두 측면으로 나누어 볼 수 있다. 하나는 북한 경제개혁을 보는 관점에 따라 그 평가를 달리하는 것이다. 또 다른 하나는 북한 경제개혁을 어떻게 해석하는가에 따라 그 성격과 특징을 달리 분석하고 전망하는 것이다. 경제개혁의 관점에 따른 구분은 사회주의 경제개혁의 일반성 측면에서 보는 관점과 북한 사회주의 특수성 측면에서 보는 관점으로 나뉜다. 경제개혁의 성격과 특징을 분석하고 전망하는 견해는 국가의 의도 중심으로 해석하는 견해와 도입된 시장의 의미와 파장 중심으로 해석하는 견해로 구분되며 이들은 서로 다른 전망을 도출한다.

(1) 사회주의 일반성과 북한체제의 특수성

계획경제와 관련해 사회주의 개혁의 역사적 과정을 보면 첫째, 사회주의적 생산관계에 적합한 경제체제를 어떻게 만들 것인가를 논의했던 1920년대 계산논쟁과 발전전략 논쟁 시기, 둘째, 1930년대 중공업 우선발전전략에 따른 중앙집권적 계획경제체제의 확립과 상품-화폐관계에 대한 논쟁 시기, 셋째, 중앙집권적 계획경제체제의 모순을 해결하기 위하여 중앙-지방, 지역-부문 간의 분권화 논쟁 시기, 넷째, 중앙집권적 계획경제체제 자체에 대한 변화를 모색하며 가치법칙과 상품화폐관계, 계획과 시장의 결합, 소유제에 대한 새로운 해석 등의 개혁 논쟁 시기로 전개된다. 그리고 이와 같은 역사적 전개과정은 각 나라별로 시기를 달리하며 나타났다. 다만 사회주의 개혁의 초기 모습은 대부분 계획경제체제의 모순을 개선(improvement)의 과정으로 통해 해결하려 하였지만, 모순과 문제점을 해결하지 못하고 개혁(reform) 혹은 체제전환(transformation)의 단계로 넘어가는 비슷한 경험과 경로를 보였다.

북한 경제개혁을 위와 같은 사회주의 일반성에 비추어 평가하는 견해는 북한 또한 사회주의 계획경제의 역사적 노정과 크게 다르지 않을 것이란 점을 전제한다. 북한의 7·1조치를 이러한 관점으로 접근했던 연구는 조동호, 박형중의 연구가 대표적이다.[5] 이들은 개선-개혁

-전환으로 전개되는 사회주의 개혁 단계를 명령형 계획지표의 유무에 따라 중앙집권적 명령체계와 분권적 유도체계(유도형 분권모델)로 구분하고, 현재 북한은 계획지표를 완전히 폐기하지 않은 중앙집권적 명령체제 내의 '부분개혁체제'라고 정의한다. 따라서 일반성에 비추어 볼 때 북한의 경제개혁은 기존 사회주의 개혁안에 비해 산업부문별 구체 개혁안도 제시되어 있지 않을 뿐 아니라 개혁을 추진해 나갈 확고한 의지, 동력, 현실성도 결여되어 있다고 본다. 국외학자인 마커스 놀랜드(M. Noland) 역시 북한의 7·1조치에 대해 "시장의 운영원리에 대한 심각한 오해를 반영할 가능성이 있는 여러 가지를 뒤섞어 담은 보따리"에 비유하며 효율성 제고를 극찬하는 새로운 슬로건을 도입하였으면서도 "선군주의 정책을 버리지 않고, 경제정책 분야에서는 우유부단하고 신속하지 못한 대응을 보이고 있다"고 평가한다.[6] 따라서 이들은 북한이 반드시 시장사회주의로 이행한다고 볼 수 없다는 입장이다.[7]

반면 북한 사회주의 특성에 비추어 평가하는 견해는 좀 다르다. 북한 사회주의체제는 줄곧 자립적 민족경제건설노선 아래 중공업우선발전전략을 전개해 왔으며 경제노선의 변화가 없었을 뿐 아니라 경제문제 또한 지도자에 의한 집단운동 방식으로 해결해 온 정치 우선적 체제 특성을 갖고 있다. 따라서 사회주의 개혁의 일반성에 비추어 볼 때

---

5) 조동호, 『북한 경제정책의 변화 전망과 남북 경협의 역할』, 한국개발연구원, 2003 ; 박형중, 『북한의 경제관리체계—기구와 운영, 개혁과 변화』, 해남, 2002.
6) M. Noland, "The Future of North Korea's Economic Reform", *Korean Journal of Defence Analysis*, Vol. 14, No. 2 (2002), pp.73~90.
7) 이석, 「북한의 중앙계획자, 과연 타올을 던졌는가?」, 7·1조치 관련 KDI 토론회 발제문, 2004. 6. 22 ; 김병연, 『북한 경제 이행의 정치적 조건: 구소련·동유럽과의 비교』, 대외경제정책연구원, 2005.

개혁 내용상 미진하다 하여도 북한의 '제한적 대외개방 – 7·1조치 – 시장도입' 조치는 기존 경제정책과 뚜렷한 차별성을 지닌 개혁적 변화라고 해석하는 입장이다. 남성욱은 기존 정책과의 뚜렷한 차별성을 이유로 토지개혁에 버금가는 조치로 평가하였고,[8] 양문수·조명철 등 또한 이전 시기로부터 비약적인 발전을 이룬 것으로 평가하였을 뿐 아니라,[9] 김영윤·홍순직은 북한이 시장 도입과 함께 시장육성의 의지를 담고 있다는 전망적 평가도 한다.[10]

그러나 이와 같은 관점과 시각의 차이는 아래의 〈그림〉과 같이 일반성과 특수성이 각각 강조되기도 하지만, 평가와 전망을 통해 재조합되기도 한다. 즉, 일반성의 시각에서 북한의 개혁 조치는 미진하다. 따라서 개혁이라 평가하기 위해서는 뒤이은 개혁 조치의 확대·심화가 필연적이다. 반면 특수성의 시각에서 보면 비약적 조치이다. 다만 체제의 특성상 퇴행가능성도 존재한다. 반면 재조합의 결과로 보면 미진하기 때문에 퇴행가능성도 존재하고, 비약적 조치이기 때문에 개혁 조치를 확대할 것으로 전망하기도 한다는 것이다.

---

[8] 남성욱, 「2002년 북한의 임금과 물가인상에 따른 주민생활, 소비형태의 변화에 관한 연구」, 『통일문제연구』 제15권 2호, 2003.

[9] 양문수, 「역사적 관점에서 본 7·1경제관리개선조치: 과거 정책변화와의 유사점과 상이점」, 조명철 외, 『7·1경제관리개선조치 현황평가와 과제: 북한 경제개혁의 전망』, 대외경제정책연구원, 2003.

[10] 김영윤·홍순직, 「7·1경제관리개선조치 이후 북한 상업유통 분야의 변화 동향과 전망」, 『통일정책연구』 제12권 3호, 2003.

〈그림〉 북한 경제개혁에 대한 관점과 평가

사회주의 개혁 일반성		북한의 개혁 조치		북한사회주의 특수성
소유제의 다양화 의사결정 분권화 시장 도입 대외 개방	미진하다 부분개혁 조치 ⇨ ⬅ 개혁확대 필요	제한적 대외개방 7·1조치 시장 합법화	비약적 조치 시장육성의지 ⬅ ⇨ 퇴행가능성 존재	체제의 특성 역사적 경험 대내외 조건

(2) 계획개선적 개혁과 시장지향적 개혁

 7·1조치로 대표되는 북한 경제개혁에 대한 기존연구들은 대체로 다음의 6가지 항목을 중심으로 한다. 첫째, 개혁의 배경, 둘째, 개혁의 성격(개념과 단계구분), 셋째, 개혁에 관한 국가의 의도, 넷째, 개혁의 의미와 파장, 다섯째, 개혁안의 단기적 성과와 한계, 여섯째, 개혁의 방향과 유형 혹은 향후 전망 등이다.
 개혁배경과 관련해서 기존 연구들은 대부분 일치된 견해를 보이고 있다. 1990년대 중반 이후 북한 공식경제의 붕괴와 이에 따른 비공식 부문의 팽창이 가져온 불균형 구조를 완화시키고자 한 것이 개혁의 의도였다는 점이다.[11] 1990년대 중반 이후 북한의 심각한 경제난은 계획경제시스템을 붕괴시키고 비공식 경제활동을 촉진·확대하는 결과를 초래했다. 파행적으로 확대·성장하는 시장과 물가상승, 화폐유통 등은 국가경제의 정상적 운영을 불가능하게 하였고, 더 이상 개혁을 뒤로 미룰 수 없었던 원인이 된 것이다. 따라서 북한 경제개혁 조치들

---

11) 차문석은 '고난의 행군'으로 북한 경제체제의 성격이 변화하여 의도적이든 아니든 간에 시장적 조정 양식을 수반하게 되었다고 본다. 차문석, 「고난의 행군과 북한 경제의 성격 변화」, 『현대북한연구』 제8권 1호, 2005.

은 경제위기가 불러온 고육책, 어쩔 수 없는 선택, 정책적 양보라는 평가를 받는다.12)

그러나 북한이 경제개혁 조치를 단행한 의도와 배경, 조치들의 성격을 분석함에 있어서는 계획개선적 개혁과 시장지향적 개혁이라는 엇갈린 평가와 전망을 도출하고 있다.13) 개혁에 관한 국가의 의도를 강조하는 견해는 계획개선적 개혁이라는 성격으로 진단하며, 개혁이 갖는 의미와 파장을 강조하는 견해는 시장지향적 개혁이라고 전망하기도 한다.

개혁에 관한 국가의 의도를 강조하는 견해는, 개혁 사안들을 위주로 검토하는 특징을 보인다. 박형중은 북한의 개혁안들이 다른 사회주의 국가들이 시행했던 부분 개혁 조치와 유사하다는 사실을 강조한다. 따라서 국가재정 확충과 노동 의욕 고취라는 국가 정상화의 관점에서 7·1조치를 분석한다.14) 조동호는 북한 경제개혁의 배경을 외부로부터의 자본유입차단에 따른 체제 내적 자본동원을 목적으로 한 공식부문의 정상화로 분석한다.15)

반면 7·1조치가 갖는 의미와 파장을 강조하는 연구는, 북한 경제개

---

12) 이무철, 「북한의 생산조직 재편: 의미와 전망」, 『통일문제연구』 제12권 2호, 2000 ; 김연철, 「북한의 개혁개방 시나리오와 남북경협」, 『과학기술정책』 제13권 3호, 2003.
13) 이무철, 「북한 경제개혁 연구의 쟁점」, 『현대북한연구』 제9권 2호, 2006, 49~87쪽.
14) 박형중, 「〈노임 및 물가인상〉 및 〈경제관리의 개선강화〉 조치에 대한 평가」, 『통일문제연구』 제14권 2호, 2002.
15) 조동호, 「북한 경제정책의 변화 전망과 남북경협의 역할」, 한국개발연구원, 2003 ; 조동호, 「변화하는 북한 경제 평가와 전망」, 『수은북한 경제』 2004년 여름호. 이 밖에도 국가의 의도를 강조하면서 7·1조치를 계획개선 정책의 연장으로 보는 견해는 다음과 같다. 이정철, 「계획계량형 사회주의와 북한의 90년대 경제정책의 변화」, 김연철·박순성 편, 『북한 경제개혁연구』, 후마니타스, 2002 ; 하상식, 「북한 경제의 개혁전망: '7·1경제관리 개선조치'의 성격 평가를 중심으로」, 『한국동북아논총』 제32집, 2004 등.

혁의 배경이 되는 1990년대 중반 상황을 강조한다. 즉, 기존의 북한 계획경제시스템이 더 이상의 기능을 하지 못하게 된 측면을 강조하는 것이다. 대표적으로 김연철은 7·1조치가 '계획체계, 대안의 사업체계, 배급제'의 측면에서 과거와의 단절이라고 평가한다. 특히 대안의 사업체계가 그 의미를 상실하게 되었으며, 이로 인해 '계획의 분권화, 자재공급의 물자교류시장으로 전환, 후방공급의 화폐임금제로의 전환'은 의미 있는 제도개혁이라고 평가한다.16) 양문수는 같은 맥락에서 북한이 7·1조치를 통해 기업관리체계의 핵심이론인 '계획의 일원화, 세부화 원칙과 대안의 사업체계 원칙의 약화'를 공식적으로 인정한 사실에 주목한다. 또 독립채산제와 노동 인센티브 시스템의 강화 조치도 이전의 명시적 문구에서 벗어나 개혁을 위한 제도적 여건을 마련하였으며, 이는 향후 북한 경제개혁에 전향적 영향을 미칠 것이라고 평가한다.17) 이 밖에도 정세진18), 남성욱19), 이영훈20) 등이 같은 맥락의 견해를 갖고 있다.

---

16) 김연철,「북한 경제관리 개혁의 성격과 전망」, 김연철·박순성 편,『북한 경제개혁연구』, 후마니타스, 2002.
17) 양문수,「역사적 관점에서 본 7·1 경제관리개선조치: 과거 정책변화와의 유사점과 상이점」.
18) 정세진은 소비재 생산 중심의 지방공업의 경우 실질적인 독립채산제 강화를 통한 부분적 분권화 경향이 가속화되면서 점진적 시장화(gradual marketization)가 이루어 질 것이라 전망한다. 정세진,「이행학적 관점에서 본 최근 북한 경제변화 연구」,『국제정치논총』제43집 1호, 2003.
19) 남성욱은 7·1조치를 시장개혁으로 보고, 북한 경제가 이전의 북한 경제와는 완연히 달라졌음을 강조한다. 남성욱,「2002년 북한의 임금과 물가인상에 따른 주민생활, 소비형태의 변화에 관한 연구」.
20) 이영훈은 7·1조치가 1992년 북한의 가격현실화 조치에 비해 파격적이라고 평가하면서, 가격현실화와 경제관리방식의 변화가 결합하여 기업의 독립채산제가 확대 실시될 것으로 보았다. 이영훈,『북한 경제정책의 변화와 향후 전망: 가격을 중심으로』, 한국은행, 2005.

또한 이들은 북한의 경제적 상황, 붕괴된 시스템에 주목하고 있기 때문에 '시장'의 성격, '시장화' 전망에 대한 견해를 제시한다. 김연철은 계획정상화와 생산정상화 방침이 양립할 수 없기 때문에, 북한은 시장제도의 누적적 확산과정을 통해 점진적 경제개혁의 방향으로 나아갈 것으로 본다.[21] 이영훈은 시장경제의 수용과 억압, 그리고 재수용이 반복되면서 시장경제가 확대될 것으로 보았다. 그리고 이를 계획과 시장의 나선형의 발전추세라고 설명한다.[22] 양문수는 북한은 중앙이 장악력·통제력을 상실한 상태에서 국가의 책임을 지방, 기업, 개인에게 전가하는 형태로 경제개혁이 진행되고 있으며, 시장이 불법과 합법이 혼재된 상태로 파행적으로 확대되고 있음을 강조한다.[23]

이처럼 북한 경제개혁의 논쟁 지점은 분석에 있어 국가의 의도를 중심에 놓고 해석하는가 아니면 그 의미와 파장을 중심에 놓고 해석하는가에 따라 그 평가가 달라진다. 다만 일반성과 특수성에서 벗어나 경제개혁의 성격을 논하는 기존연구들은 비교적 논리적 일관성을 보인다. 즉, 계획개선적 개혁으로 보는 연구들은 그 성격을 계획정상화로 보기 때문에 시장화의 전망을 낮게 본다. 그럼에도 불구하고 만약 계획개선적 개혁이 시장화로 진전될 경우가 생긴다면 그것은 국가도 의도하지 않은 결과로 봐야한다고 전망한다.

---

[21] 김연철, 「북한 신경제 전략의 성공 조건: 시장제도 형성과 탈냉전 국제환경」, 『국가전략』 제8권 4호, 2002.

[22] 이영훈, 「북한의 '자생적 시장화'와 경제개혁의 전개」, 『통일문제연구』 제17권 2호, 2005년 하반기.

[23] 양문수, 「북한에서의 시장의 형성과 발전: 생산물시장을 중심으로」, 『비교경제연구』 제12권 2호, 2005.

〈그림〉 북한 경제개혁에 관한 성격과 전망

계획개선적개혁 (improvement)		북한의 개혁 조치		시장지향적개혁 (reform)
개혁 조치 분석 국가의도 강조	미진하다 부분개혁 조치 ⇨ ⇦ 계획정상화	제한적 대외개방 7·1조치 시장 합법화	비약적 조치 시장육성의지 ⬅ ➡ 시장화	계획경제 붕괴 의미파장 강조

3) 연구 목적과 의의

 이상과 같이 기존연구를 사회주의 일반성과 북한체제의 특수성의 관점에서 고찰해 보고 또 경제개혁의 성격을 중심으로 고찰해 보았을 때 나타나는 특징은 뚜렷하다. 그것은 북한 개혁 조치의 제한적 성격을 강조하면서 북한 경제개혁의 의미를 축소하고 중앙 당국의 의도만을 강조하거나, 북한의 경제개혁을 1990년대 경제위기-계획경제시스템의 붕괴-개혁-시장화로 전망하는 일면적인 고찰에 머무르고 있다는 점이다. 북한 경제개혁의 성격과 성과를 정확하게 고찰하기 위해서는 이러한 일면적인 시각이나 접근법으로는 부족하다. 문제의 핵심이 북한 당국의 경제에 대한 통제력과 장악력 여부라면 계획의 정상화라는 국가 의도와 도입된 시장의 확대·발전과정을 함께 보는 입체적 접근이 필요하다. 따라서 필자는 다음과 같은 문제의식을 토대로 연구목적을 수립하였다.
 첫째, 북한의 경제개혁 조치들이 제한적이며 불안정하다고 하여도, 북한이 시장을 합법화했다는 것은 구체적 사실(fact)이다. 더불어 시장을 합법화함으로써 북한은 계획과 시장이 공존하는 이중구조를 형성하게 되었다. 그러나 기존연구들은 북한의 경제개혁과 시장을 연구하는 데 있어 시장의 도입 배경 및 그 의미를 강조할 뿐, 개혁의 전개과정과 그 특징 속에서 어떠한 시장이 어떻게 형성·확대·발전되었는가에는 관심을 돌리지 않았다.

둘째, 계획과 시장이 공존하는 이중구조 형태는 계획과 시장의 결합관계에 따라 여러 유형으로 나뉜다. 예를 들어 중국은 사회주의 국가들의 개혁과정에서 '계획과 시장과의 관계'는 각기 다르며, 이를 소련·헝가리·유고의 형태로 구분할 수 있다고 보았다.[24] 이 사실은 시장이 자체의 독자적 기능과 역할만을 갖는 것이 아니라, 기존 계획체계와의 관계 속에서 형성·발전·쇠퇴하기도 한다는 것을 의미한다. 따라서 시장의 성격을 살피는 것만큼이나 그것이 계획과 어떻게 관계를 맺고 있는가도 중요하다.

결론적으로 본고는 '계획과 시장의 결합관계'를 통해 북한의 경제개혁을 연구하는 것을 그 목적으로 한다. 구체적 연구과제로는 첫째, 경제개혁의 배경과 진행과정을 통해 시장의 합법화를 설명하고, 둘째, 개혁과정에서 확대·발전된 시장의 성격과 기능을 고찰하며, 셋째, 합법화된 시장이 현재 북한에서 어떻게 계획체계와 결합하고 있는가를 살펴볼 것이다. 이를 통해 북한식 경제개혁을 전망할 수 있는 토대를 마련하고자 한다.

---

[24] 소련은 지령성계획이 국가경제관리의 중요 형태이며, 상품화폐관계는 종속적 지위에 놓여져, 상품화폐관계는 계획관리를 강화하는 데 복무하는 관계라고 보았다. 헝가리는 계획과 시장을 유기적으로 결합한 관계로서 시장이 더욱 적극적인 작용을 발휘하는 관계로 보았다. 유고슬라비아는 시장과의 연계가 보편적인 형태로 독립적 상품생산자인 자치기업은 독립경영을 하며 시장에서 자유경쟁이 허용된 시장 위주의 계획경제체제로 보았다. 郑洪庆, 「苏联东欧国家经济体制改革的理论和实践」, 『紅旗』 1986年 12期, 27~35頁.

2. 연구범위와 방법

1) 비교연구

앞서 보았듯이 북한 경제개혁의 제한성과 불안정성의 원인은 북한의 경제개혁 조치가 기존 사회주의 국가들이 실시했던 개혁 조치의 범위를 넘어서고 있지 못하기 때문이다. 아울러 북한이 처한 특수한 대내외적 상황도 한몫을 한다. 따라서 북한 경제개혁의 좌표를 선명히 하기 위해서는 사회주의 국가의 개혁이라는 일반성과 북한 경제개혁의 특수성을 횡축과 종축으로 놓고, 이 둘을 조합한 결과물로 북한 경제개혁을 이해하는 과정이 필요하다. 그렇다면 사회주의 국가들 중 어떤 나라의 사례를 종축에 놓을 수 있을 것인가.

본고는 먼저 북한의 '제한적 대외개방 – 내부 경제개혁 – 시장도입'이라는 개혁 프로그램에 대해 다음과 같은 네 가지 사실에 주목한다. 첫째, 북한의 경제개혁은 혁명 1세대인 김일성 사후, 김정일 체제로의 권력승계가 일어난 시점에서 시작되었다는 점이다. 둘째, 북한의 경제개혁이 1990년대 중반 이후의 심각한 경제난이라는 경제적 배경에서 시작되었다는 점이다. 셋째, 소유제 개혁 없는 경제개혁을 사회주의 원칙으로 고수하고 있다는 점이다. 넷째, 개혁 조치의 결과로 계획과 시장이 공존하는 이중구조를 형성하게 되었다는 점이다. 아울러 본고는 위와 같은 사실은 북한의 경제개혁이 중국의 경제개혁 초기 시기 점진적 모델과 유사하다고 보았다. 첫째, 정치적 배경이 유사하다. 중국 역시도 마오쩌둥(毛澤東) 사망 이후 후계자 화궈펑(華國鋒) 체제 아래 덩샤오핑(鄧小平)의 경제개혁이 시작되었다. 둘째, 경제적 배경이 유사하다. 중국도 '10년 동란'이라 불리는 문화대혁명 이후 경제성장이 가장 낙후한 상태일 때 경제개혁을 시작했다. 셋째, 경제개혁의 방식이 유사하다. 중국도 초기 개혁 당시 ① 소유제 개혁 없는 경제개혁, ② 인민경제 전반에 상품-화폐관계를 활용하여 경제적 효율성의 제고, ③ 시장도입이라는 방식을 취하였다. 넷째, 중국도 '계획과 시장의 이중구조'를 형성하면서 개혁을 전개했다. 이 점은 본고가 가장 크게 주목하는 부분이다.

따라서 중국과 북한 경제개혁의 유사성을 근거로 중국을 비교대상으로 선정하고, 중국과 북한의 경제개혁을 비교연구함으로써 북한 경제개혁의 성격을 좀 더 명확하게 밝히고자 하였다. 북한은 경제개혁을 진행하면서 다른 사회주의 국가들의 개혁 사례를 검토했을 것이다. 성공적인 체제이행을 하고 있는 중국의 경제개혁 모델은 북한에게 늘 학습의 대상이다. 이런 점에서 볼 때도 중국과의 비교연구는 큰 의미를 갖는다고 할 수 있다.

2) 연구범위

북한과 중국의 개혁개방에 관한 비교연구는 북한이 7·1조치를 구체화하기 이전부터 진행되어온 주요 연구 주제였다. 그러나 필자는 중국과의 비교연구에서 흔히 전개되고 있는 통사(通史)적 비교에 대한 문제제기에 기초한다. 이제 막 개혁을 시작한 북한과 30여 년의 개혁개방 역사를 가지고 있는 중국과의 통사적 비교는 비대칭적이기 때문이다. 한 예로 조명철·홍익표의 비교연구[25]에서는 북한의 개혁방향을 고찰하기 위해 초기 여건 및 정책을 중국·베트남과 비교하고 있다. 여기서 분석단위로 '소유형태의 변화, 경제활동의 자유화, 시장 인프라의 구축'을 설정하였다. 그러나 이 세 가지 분석단위가 과연 초기 북한의 개혁방향을 설명할 수 있는가는 의문이다. 왜냐하면 북한은 소유형태의 변화도 없고, 경제활동의 자유화는 아주 미시적이며, 시장 인프라는 더욱 존재하지 않기 때문이다. 박정동의 연구[26]도 조명철·홍익표의 비교연구와 마찬가지이다. 박정동은 개발경제론에 입각해서 중국의 개혁개방 과정에서 전개되었던 농업개혁, 국유기업개혁, 가격개혁, 재정·금융개혁, 대외경제부문개혁 등 총 5개 분야의 개혁과정을 서술하였다. 그리고 이 과정에서 집행되었던 정책들이 향후 북한이 경제 개혁개방을 추진해 나가는 데 참고가 될 것이라고 하였다. 그러나 결론을 보면 농업개혁에 있어서는 농가경영청부제 도입, 기업개혁에 있어서는 소유와 경영의 분리, 가격개혁에 있어서는 시장가격의 확대와 계획가격의 축소, 재정개혁에 있어서는 연성예산제약의 탈피, 금융에서는 일원적 은행제도의 폐지, 대외경제관리개혁에서는 무역의 분권화를 비롯한 제반 조치들을 강조하고 있다. 즉, 중국의 개혁개방 과정을 시장화 프로그램에 따라 각 부분별로 서술하고, 이를 북한이 따라 할 것으로 보고 있는 셈이다. 이처럼 기존 중국과 북한의 비교연구 방식은 중국의 개혁개방 전 과정 속에서 북한의 경제개혁이 어디만큼 위치하는지 혹은 얼마나 미미한지를 다룰 수는 있어도, 현 연구의 쟁점이 되고 있는 제한적이며 불안정한 북한 경제개혁의 원인을 설명하고, 다양한 변수가 작용하는 개혁 전망을 제시하기는 어렵다.

본고의 비교과정은 통사적 비교 방식, 사회주의 개혁 국가 모델이나

---

[25] 조명철·홍익표, 『중국·베트남의 초기 개혁·개방정책과 북한의 개혁방향』, 대외경제정책연구원, 2003.
[26] 박정동, 『중국과 북한의 비교 — 개발경제론』, 서울대학교출판부, 2004.

유형비교가 아니라, '계획과 시장의 관계'라는 주제를 가지고 비교연구를 진행하고자 한다. 따라서 북한 경제개혁을 비교분석하는 범위로 중국의 초기 개혁시기(1978~1984년)만을 선정했다. 시기 선정의 근거는 두 가지이다.

첫째, 북한의 경제개혁은 1990년대 중반 이후의 심각한 경제난을 배경으로 시작하여 2002년 7·1조치로 가시화되었다. 이처럼 북한 경제개혁의 역사는 매우 짧다. 따라서 본고는 북한의 개혁을 '시작된 개혁, 초기 개혁'이라고 정의한다. 따라서 중국의 시기 선정에 있어서도 초기 개혁 시기를 선정하였다. 중국의 1978~1984년까지 초기 개혁 시기는 북한 경제개혁이 갖는 제한성과 불안정성이 동일하게 나타난다. 중국 역시도 북한과 마찬가지로 이념적 완고성이 경제작동시스템에 막대한 영향을 미쳤던 사회주의 국가이다. 따라서 중국은 처음부터 시장경제를 지향하며 경제개혁을 시작한 것이 아니었으며, 모색 및 조절과 개혁의 병존상태를 거쳐서 비로소 본격적인 개혁에 돌입했다. 특히 현재의 시각이 아닌 당시의 시각으로 보면, 1978년 중국의 개혁이 어디로 가며 현재 어디쯤에 있는지 누구도 전망하기 힘들었을 것이다. 따라서 초기 개혁에서 나타나는 국민 경제의 불안정성, 거시조절과 미시운용과의 관계, 개혁의 딜레마, 개혁의 연쇄적 파급효과와 반응 등에 대해 중국이 어떻게 대응하며 개혁을 진행시켰는지는 매우 주목할 만하다. 결국 북한도 이 과정을 어떻게 겪어 나가는가에 따라 진전 있는 개혁이 되는 것인지, 과거로 회귀하는 것인지, 장기적 정체상태로 답보할 것인지에 대한 예측이 가능할 것이기 때문이다.

둘째, 본고는 북한의 경제개혁을, 2003년 3월 공식화된 종합시장으로 인해 형성된 계획과 시장의 이중구조를 중심으로 고찰하고자 한다. 그런데 중국의 초기 개혁은 1984년 전반 경제관리체제개혁의 결정 방침을 통해 시장을 공식화하면서 '계획과 시장의 이중구조'를 형성한다. 따라서 중국의 1978~1984년 시기는 양국의 비교 범주가 대칭적이며, 내용적으로도 유사하다. 따라서 본고는 비교의 시기를 중국의 1978년 12월~1984년 10월까지의 초기 개혁 시기와 북한의 1998년 9월~2006년 12월 시점까지로 설정하고 이를 연구범위로 할 것이다. 다음의 〈표〉는 북한과 중국, 양국의 초기 시기 경제개혁 조치들을 대칭적으로 비교한 것이다.

〈표〉 북한(1998.9~2006.12)과 중국(1978.12~1984.10)의 경제개혁비교

		북한 (1998.9~2006.12)	중국 (1978.12~1984.10)
정치체제	이데올로기	선군시대 강성대국건설 신사고, 과학기술, 실리 강조	중국 특색 사회주의 4개 현대화 사상해방, 실사구시
	당정관계	국가주석제 폐지 국방위원장 중심 내각책임제 도입	국가주석제 폐지 당 총서기제 국무원 중심 총리책임제 도입
거시조절	원칙	사회주의 원칙을 확고히 지키면서 가장 큰 실리를 얻는다	계획을 위주로 하고 시장조절을 보조적으로 한다
	경제이론	상품-화폐 도입 돈에 의한 계산, 평가, 분배	가치법칙의 활용 상품-화폐관계 도입
	중앙-지방 재정관계	지역별예산수납체계	劃分稅種 核正稅收 分級包干
	중앙-기업 재정관계	번수입지표를 통한 先국가납부	이윤유보-이개세(조세)
	은행 금융	신탁은행 신설 현금 유통 및 대부계획 수립 변동환율제 실시 환전소 설치	상업적 전문은행 설치 (외환은행, 건설은행, 농업은행, 공상은행 등)

미시경영	공업	계획외 생산 허가 기업소 이익금 유보 감가상각비 유보(대수리비 제외) 물자교류시장 참여	계획지표축소 기업소 이익금 유보 감가상각비 유보 기업의 전업과 재조직 허용 노동자모집제도 허용 등
	농업	수매가 보상 폐지 분조 단위 축소 작물선택권 부여 개인소유 범위 확대 시장판매 허용	인민공사해체 包产到户(가족영농) 전업호와 연합경영 향촌기업 건설
	상업유통	국가수매상점과 종합시장, 물자교류시장 공존	국영, 합작사 상업과 자유시장의 공존
대외	제한적 개방	라진, 선봉, 신의주, 금강산, 개성특구	광동(广东), 복건(福建)성에 深圳, 珠海, 汕头, 厦门 특구

3) 연구방법

(1) 비교사회주의방법

비교의 방법은 "사회현상에 대한 보다 나은 이해(understanding)를 추구하는 방법일 뿐만 아니라, 사회현상의 인과관계 또는 법칙을 찾아내 그 현상을 설명(explanation)하는 방법"[27)]으로, 비교 대상과의 비교를

---

27) 비교분석은 첫째, 사회현상의 생성원리, 즉 법칙을 생산하기 위한 분석방법이다. 둘째, 비교분석을 통한 법칙의 정립과정은 사회현상의 생성경로에 관한 인과형 가설을 주로 교차사례분석(cross-cases analysis)을 통해 검증하는 과정이다. 셋째, 비교분석은 가설의 검증과정에 다양한 시간적·공간적 조건을 부여함으로써 도출된 법칙의 성립범주, 즉 성립선행조건을 명확히 규정하는 작업이다. 넷째, 비교분석은 모든 사회과학적 설명의 기초가 되는 체계적 서술을 특히 이론적으로 의미 있는 분류 및 유형화를 통해 시도하기 위한 방법이다. 다섯째, 비교분석은 이미 정립된 법칙이나 이론의 적용범주와 설명능력을 재

통해 인식을 확장하거나 인과관계를 더욱 분명히 하는 방법이다. 특히 북한과 같이 제한이 많은 연구대상을 연구할 때 유익하다. 더불어 앞서 개혁을 시행해 온 다른 사회주의 개혁 국가와의 비교 방법은 현재 북한 경제개혁을 해석하는 데 유익한 방법이다. 따라서 본고는 연구 대상을 북한과 중국의 경제개혁으로 설정하고, 연구 범위를 양국의 초기 시기로 설정하였다. 그리고 비교의 방법으로 사회주의 또는 공산주의 국가를 체계적으로 분석·설명하는 비교사회주의방법을 활용한다.[28]

그동안 비교사회주의방법을 도입한 북한 연구는 북한과 다른 사회주의체제와의 유사성을 강조하는 연구 경향을 강하게 보여 왔다.[29] 왜냐하면 사회주의 또는 공산주의 분석의 기본 틀로 냉전체제의 산물인 '전체주의(totalitarianism)' 이론을 전제하기 때문이다. 따라서 비교사회주의적 관점에서 북한 경제개혁을 연구할 때도, 구 사회주의 국가들이 걸어왔던 길을 순차적으로 '따라가기' 할 것으로 전망하는 견해가 적지 않다.[30] 그러나 사회주의 각 나라별로 역사적 경험과 주어진 조

점검함으로써 이론을 세련화하는 사회과학의 가장 기초적인 연구방법이다. 김웅진, 『비교정치연구의 논리』, 전예원, 1993.

[28] 비교사회주의는 냉전체제의 산물인 전체주의(totalitarianism) 이론에 기초해 사회주의, 공산주의를 분석했던 기본 틀에서 벗어나, 사회주의 국가도 사회과학의 연구대상으로 설정하여 보편적 법칙성에 근거해 사회주의를 연구하는 학문 분과이다. 양문수, 「북한경제 연구방법론: 시각, 자료, 분석틀을 중심으로」, 경남대학교 북한대학원 엮음, 『북한연구방법론』, 한울, 2003.

[29] 양문수는 비교사회주의방법을 도입한 북한연구는 대체로 다른 사회주의체제와의 유사성을 강조하고 정치체제의 비교에 집중하는 최대유사체계분석이 주류를 이루고 있고, 미시적 수준에 주목하는 최대상이체계분석은 거의 없는 편이라고 보았다. 그리고 그 이유를 북한의 특수성을 강조하는 내재적 접근법에 대한 비판으로 비교사회주의 방법이 도입되었기 때문에, 비교사회주의를 통한 연구 결과가 유사성에 주목하는 것은 '예정된 연구결과'라고 하였다. 양문수, 「북한경제 연구방법론: 시각, 자료, 분석틀을 중심으로」, 298~299쪽.

[30] 김성철 외, 『북한의 경제전환 모형: 사회주의 국가의 경험이 주는 함의』, 통일연구원, 2001 ; 정형곤, 『체제전환의 경제학』, 청암미디어, 2001.

건이 다르기 때문에 각 맥락이 있는 미시적 전개과정을 통해 보편성과 특수성이 균형 있게 연구되어야 한다. 이에 양문수는 북한에 대한 비교사회주의 연구의 심화를 위해서는 최대상이체계분석, 사례지향적 비교연구, 비교사의 거시인과분석 등이 요구된다고 하였다. 반면 구갑우는 스카치폴(T. Skocpol)과 소머즈(M. Somers)의 비교사를 소개하면서, 각 맥락과 조건, 상황이 다른 대상의 비교에서 나타나는 과소 사례, 과다 변수의 문제점을 해결하기 위해 ① 이론의 유사증명(parallel demonstration of theory)으로서의 비교사 ② 맥락의 대조(contrasts of contexts)로서의 비교사 ③ 거시인과분석(macro-causal analysis)으로서의 비교사 방법을 소개한 바 있다.[31]

이와 같은 견해를 반영한 최근의 연구로 통일연구원의 '북한과 중국의 초기 개혁개방과정의 비교연구'가 있다.[32] 이 비교연구는 본고와 연구대상 및 범위가 일치하는 연구로서, 이 연구의 비교방법을 보면 다음과 같다. 북한의 7·1조치는 중국 경제개혁의 1단계(1979~1984년)에 상응한다고 가정하고, ① 이데올로기, ② 개혁중점, ③ 기업, ④ 국가와 기업의 재정관계, ⑤ 국가와 지방의 재정관계, ⑥ 은행, 금융, ⑦ 농업, ⑧ 사회보장, ⑨ 가격 부문에서 취한 중국 개혁 내용에 비추어 북한의 경제개혁을 진단하고 있다. 그리고 향후 북한이 중국의 2단계(1985~1992년)에 상응하는 조치, 중장기적으로는 중국의 3단계(1992년 이후)에 상응하는 조치를 취하게 될 것이라 전망하였다.

통일연구원의 연구는 스카치폴과 소머즈의 비교사 방법 중에 양

---

[31] 구갑우, 「북한연구와 비교사회주의 방법론」, 경남대학교 북한대학원 엮음, 『북한연구방법론』, 한울, 2003.

[32] 이교덕 외, 『북한체제의 분야별 실태평가와 변화전망: 중국의 초기 개혁개방과정과의 비교분석』, 통일연구원, 2005.

국의 초기 개혁 내용이 일치한다는 것을 근거로 역사적 맥락을 대조(contrasts of contexts)하는 방법을 사용했다. 따라서 위의 연구는 중국 개혁과정을 단계별로 유형화하여, 이를 북한에 대입시키는 방법으로 양국의 '일치점과 차이점'을 단순 비교하였다. 그리고 북한이 중국의 개혁 시간표와 같은 30여 년의 점진적인 개혁의 길을 따라 갈 것이란 전망을 도출하게 되었다.

　문제는 위의 연구가 중국이라는 비교 대상국가의 기준에 맞추어 양국의 '일치점과 차이점'을 분석했기 때문에, 일치점이 많으면 많을수록 경로가 유사할 것이라는 전망을 도출하게 되었다는 점이다. 본고 역시 과다변수의 문제를 해결하기 위해 비교 대상과의 범위, 시기, 자료 등 비교 조건을 최대한 일치시키고자 하였다. 그러나 북한의 경제개혁을 시작된 개혁으로 보았고, 중국의 개혁을 초기시기로 한정하여 비교하였기 때문에 위와 같은 '맥락의 대조방법'을 사용하지 않는다. 맥락의 유사성으로부터 중국이라는 비교대상 국가 사례를 선택했지만, 실제 연구 내용에서는 양국의 시간적 맥락보다는 일 국가 내에서 개혁이 전개되는 상황과 조건(인과관계)을 더 주된 요인으로 본다. 이것은 계획경제체제가 어떻게 시장을 도입하는가의 문제이며, 각국의 상황과 조건이 영향을 미친 시장도입과정은 결과론적으로 어떠한 '계획+시장'의 결합관계를 형성하게 되는가의 문제이기 때문이다. 이와 같은 비교 틀을 그림으로 나타내면 다음과 같다.

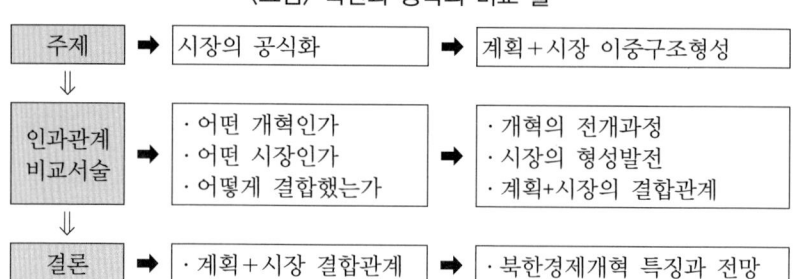

〈그림〉 북한과 중국의 비교 틀

(2) 비교분석틀

비교사회주의방법론으로 북한의 경제개혁을 중국과 비교연구했던 기존연구들을 살펴보면 두 가지 분석틀을 사용하고 있다. 하나는 중국과 같은 점진적 모델이 북한의 개혁모델로서 가능한가를 고찰하기 위해 양국의 다양한 제반 조건을 비교하는 것이다. 또 다른 하나는 '초기조건-개혁정책-개혁의 성공여부'라는 내적 연관성에 따라 중국 개혁의 성공요인을 북한과 비교하는 방식이다.

7·1조치 이전 시기 비교연구에서는 양국의 혁명화 과정 속에서 나타난 '사회주의 건설과정의 유사성'으로부터 중국식 모델의 도입 가능성을 연구하였다.[33] 이 시기 중국 모델은 이행과정의 속도로 구별되는 점진적(gradual) 경제개혁모델의 대표적 사례였다.[34] 그러나 북한이

---

[33] 오승렬의 연구와 같이 중국의 개혁개방은 ① 개혁지도자들의 정치적 입지 강화(개혁 리더쉽), ② 경제정책 변화 경험의 축적(분권화의 경험), ③ 실험적 접근방식을 통한 개혁개방, ④ 홍콩, 대만 경제의 역할과 경제특구의 건설 등의 특성을 갖고 있는바, 북한이 점진적 중국 모델을 차용할 가능성이 낮다는 것이 대체적 견해였다. 오승렬, 『중국경제의 개혁·개방과 경제구조: 북한경제 변화에 대한 함의』, 통일연구원, 2001 ; 양운철, 『중국형 경제발전 전략의 북한 적용에 관한 연구』, 세종연구소, 2001.

[34] 점진적 방법론은 Peter Murrell, "Evolutionary and Radical Approach to Economic

'제한적 대외개방-내부 경제개혁-시장도입'이라는 개혁프로그램을 가동하자, 비교의 초점은 북한이 과연 중국과 같이 성공적 개혁을 이루어 낼 수 있을 것인가의 문제로 모아졌다. 즉, 중국처럼 점진적 개혁이 가능한가의 문제가 아닌, 중국의 경제개혁이 성공했다면 그 원인이 무엇인지 분석하여 북한의 성공적 개혁 여부를 검토하기 위한 비교이다.35)

국내에 이루어지고 있는 중국과의 비교연구는 대체로 서구에서 연구되어진 중국 경제개혁의 성공요인 분석 결과를 기준으로 삼아 북한과 비교하는 방법을 사용하고 있다.

첫째, 초기조건이 경제성과와 체제개혁에 미치는 영향을 분석하는 방법이다.36) 이는 개혁을 실행한 국가들은 저마다 다른 조건(경제발전 수준, 산업구조, 초기의 사회정치적, 경제적 구조, 대외적 관계 등)을

Reform", *Economics of Planning*, Vol. 25, No. 1 (1992) ; P. Nolan. *China's Rise and Russia's Fall: Politics, Economics and Planning in the Transformation from Socialism* (New york: St. Martin's Press, 1995). 북한 경제개혁에 관한 점진론과 급진론 소개는 다음 문헌을 참조. 박형중, 『북한의 경제관리 체계』, 해남, 2002 ; 임반석, 『중국의 전통, 경제발전, 그리고 민주화』, 해남, 2002.

35) 피셔의 연구 결과에 따르면 개혁개방의 속도와 경제발전 및 그 성과와는 별 관계가 없는 것으로 나타난 바 있다. 피셔는 일부 구사회주의 국가와 중국의 개혁 속도 및 그 성과를 비교한 결과 양자의 상관관계는 약하다는 결론을 얻었다. 동구의 헝가리, 폴란드, 체코와 같은 급진적 개혁개방을 한 나라들과 발트 3국의 경제 역시 양호한 경제성과를 보였기 때문이다. S. Fisher, "Socialist Economy Reform: Lesson of First Three Years", *American Economic Review Papers and Proceedings* (1993. 5).

36) 사회주의 개혁의 시장화 프로그램을 담당하고 있었던 세계은행(World Bank) 소속 서방경제학자들은 급진적 방법론을 동구 사회주의 개혁이론에 접목시켰지만 이는 실패로 귀결되었고, 그에 반해 중국과 같은 새로운 이행기 모델이 등장했다. 또한 중국과 베트남은 개혁 이후 지속적인 경제성장을 보인 데 반해 구소련과 동유럽 국가들의 경제난은 심각했다. 이에 세계은행 소속 서방경제학자들에 의해 이들 나라들이 나타내고 있는 경제성장의 차이를 비교하기 위한 새로운 지표로 초기조건과 경제개혁 이후 경제성장의 문제를 연결지어 분석하는 방법이 시도되었다. EBRD, "Transition Report 1997" (London: European Bank for Reconstruction and Development, 1997).

가지고 있고, 이런 차이는 개혁의 성패와 매우 밀접한 연관이 있다는 것이다.[37]

국내에서는 권영경,[38] 김석진,[39] 양문수,[40] 안예홍,[41] 형혁규[42] 등이 초기조건을 강조하며 사회주의 국가들과의 비교분석 방법을 쓰고 있다. 이들 연구의 대체적 견해는 북한은 산업구조상 중국과 다르다는 것이다. 즉, 북한은 산업구조상 농업중심보다 공업중심으로 형성되어, 잉여 노동력과 시장의 발달이란 측면에서 농업부문의 완충 조절(cushion adjustments)의 여지가 없다고 보았다. 따라서 북한이 중국 모델을 수용하는 것은 불가능하다고 보았다.

그러나 모순되는 점은 정웅[43]과 같이 북한은 산업구조상 공업화의 단계가 높은 선진국형이어서 중대형 국유기업과 기간산업 개혁이 성공해야만 한다는 견해와 임반석[44]과 같이 농업·공업 모두 큰 비중을

---

[37] 중국 경제개혁의 성과가 중국 경제의 초기조건에 기인했다고 보는 입장은 ① 낮은 농업 중심의 구조와 농업개혁의 성공, ② 많은 잉여 노동력과 이를 기초로 하는 새로운 노동집약적 경공업의 성장, ③ 상당 정도의 분권화, ④ 홍콩, 대만 등의 화교자본 유치 용이함을 그 근거로 한다. Sachs, J. and W. T. Woo, "Structural Factors in the Economic Reforms of China, Eastern Europe, and the Former Soviet Union", *Economic Policy* (1994. 4), pp.101~145 ; Qian, Yingyi and Chengan Xu, "Why China's Economic Reform differ: The M-Form Hierarchy and Entry/Expansion of the Non-state Sector", *The Economics of Transition*, Vol. 1, No. 2 (1993), pp.135~170.

[38] 권영경, 「북한경제의 위기구조와 중국·베트남의 초기 개혁·개방정책에 비추어 본 북한의 개혁·개방 평가」, 『안보학술논집』 제13집 2호, 2002.

[39] 김석진, 「북한 경제의 성장과 위기: 실적과 전망」, 서울대 대학원 경제학박사학위논문, 2002.

[40] 양문수, 「북한 시장화 초기 거시경제운용방향」, 『아세아연구』 제46권 2호, 2003.

[41] 안예홍, 『중국의 경제개혁과 북한에 주는 시사점』, 금융경제연구, 2004.

[42] 형혁규, 『새로운 북한, 중국이 대안인가』, 한국학술정보, 2006.

[43] 정웅, 「중국경제의 체제전환모형에서 본 북한경제 변화 전망」, 『공안연구』 제15권 3호, 2003.

점하는 경제구조로서 동시개혁이 필요하다는 견해, 반대로 1990년대 중반 이후 북한의 경제난으로 인해 산업구조상 양국의 차이가 거의 없다는 견해[45] 등 상이한 초기조건 분석에도 불구하고, 북한이 중국과 같은 경제성장을 이루기 어렵다는 결론에는 모두 일치한다는 점이다.

즉, 현재 초기조건(initial conditions)이란 분석틀은 한 나라가 개혁을 시작할 때의 모든 조건을 일컫는다 해도 과언이 아니다. 세계은행(World Bank)이 정의한 초기조건이란 "체제 이행 초기 경제성장에 영향을 미치는 요인으로서 지리, 역사, 구조, 가격의 왜곡 정도 등과 외부로부터의 경제적 충격 정도"를 지칭하는 것이다.[46] 또한 초기조건은 구조(structure), 왜곡(distortions), 제도(institution)라는 지표(indicators)를 사용하여 초기조건이 경제성과에 미친 영향을 검증할 수 있다고 했다. 그러나 초기조건이란 범위가 넓고, 계량한다는 것이 쉽지 않다. 즉, 1990년대 북한의 경제실태를 초기조건으로 상정한다면 1990년대 북한의 경제지표들이 정확히 산출될 수 있는가의 문제가 제기된다. 따라서 초기조건이 경제성과에 미친 영향을 정확히 지표화하여 계량한다는 것이 쉽지 않기 때문에 위와 같이 초기조건에 대해 상이한 분석에도 같은 결론을 도출하게 되는 것이다.[47]

---

[44] 임반석,「북한은 중국의 체제개혁경험에서 무엇을 학습할 수 있는가」,『공안연구』제15권 5호, 2003.

[45] 이무철,「북한의 중앙·지방관계: 중국과의 비교」,『국제정치논총』제45집 4호, 2005.

[46] "Transition The First Ten Years: Analysis and Lesson for Eastern Europe and the Former Soviet Union", World Bank (2002).

[47] 초기조건을 소개했던 드 멜로(De Melo) 자신 또한 초기조건과 개혁정책 가운데서 어느 쪽이 더 중요한 결정요인인가에 대해 분명하지 않으며, 오히려 시간이 경과할수록 초기조건의 중요성은 점점 감소하고 개혁정책의 중요성이 점점 커져 간다고 했다. 드 멜로의 초기조건 지표를 소개한 김석진도 북한 경제개혁의 초기조건을 검토해 보려고 하였을 때 사회주의 개혁에는 계량화하기 어려운

둘째, 중국 경제개혁의 성공요인을 분석하는 또 다른 분석틀은 중국의 개혁정책 자체가 성공적이었다는 점을 강조하는 것이다.[48] 이들은 중국이 점진적 개혁을 통해 기존의 자원배분체계를 마비시키지 않았고, 사회적 안정을 유지했다는 점을 성공요인으로 본다. 그리고 개혁의 수혜자 집단을 계속 창출하여 기득권층이 개혁의 장애요소가 되기보다는 개혁의 참여자가 되도록 한 점을 높이 평가한다. 특히 개혁 정책을 강조하는 입장은 중국 개혁이 비국유기업을 중심으로 한 신규 생산자의 시장진입을 통하여 경쟁적 시장을 창출하고, 국유기업의 독점이윤을 축소시켜 온 것으로 보았다.[49]

이와 같이 개혁 정책과 개혁의 성공을 연결 짓는 연구방법론은 신제도주의 방법론의 사회적 연결망- 거래비용의 관점에서 볼 때도 같은 결론을 도출한다.[50] 신제도주의론자들은 마오쩌둥 사후 후계구도가 불명확한 상태(화궈펑의 허약과 덩샤오핑의 고령)에서 후계 경쟁에 참여하는 중앙의 지도자들이 지방 엘리트들과 관계망을 형성하려 했다고 보았다. 그리고 중앙과 지방의 후견-피후견 관계라는 제도적 동기들이 재정분권화와 지방분권화를 지속적으로 확대하며 점진적 시장개혁

요인들(특히 정치적 요인들)이 있다는 것을 한계로 지적하였다. Martha De Melo, Cevdet Denizer, Alan Gelb and Stoyan Tenev, "circumstance and Choice: The Role of Initial Conditions and Policies in Transition Economies", *Working Paper* (World Bank, Oct, 1997).

[48] McMillan, J. and B. Naughton, "How to Reform a Planned Economiy: Lessons from China", *Oxford Review of Economic Policy*, Vol. 8 (1992).

[49] 경제정책을 중요한 개혁성공의 원인으로 보는 입장은 또 다시 나뉜다. 이는 국가의 의도가 있었는가 그렇지 못한가의 입장으로 나뉜다. 노튼(Naughton)과 같은 경우는 중국 경제개혁이 국가의 합리적 선택과는 무관하게 자발적으로 진행된 것으로 보는 입장이다. Naughton, B, *Growing out of the Plan: Chinese Economic Reform 1978~1993*, (London: Cambridge University Press, 1995).

[50] 정용덕 외, 『신제도주의연구(The New Institutionalism)』, 대영문화사, 1999.

으로 나아가게 되었다고 본다.51) 또한 분권화를 통한 점진적 시장개혁은 거래비용 측면에서도 급진적 개혁에 비해 유용하다는 입장이다. 즉, 급격히 자본주의적 시장제도를 창출함으로써 체제이행에 따르는 막대한 비용을 한꺼번에 지불하고 일정 기간 후에 성장(이른바 J-커브효과)을 기대하는 급진적 개혁에 비해 거래비용이 낮다는 논리선상에 있다.52)

국내에서는 초기조건이 달라서 중국 모델을 적용하기 어렵다는 대부분의 견해에도 불구하고 김익수,53) 정세진,54) 이무철55) 등이 거시적 측면에서 보편적 모델로서의 중국 경제개혁 모델이 가지는 의미를 강조한다. 또한 관료적 저항을 최소화하며 분권화를 통한 점진적 개혁의 가능성을 북한과 비교연구하였다.

본고는 양국 개혁의 전개과정 - 시장도입 - 계획과의 결합관계를 비교함에 있어서 기존연구 분석틀에서 두 가지 요소를 배제하였다. 하나는 연구의 범위를 개혁의 초기시기로 한정지었기 때문에 통사적(通史的) 관점에서 중국 개혁의 성공요인으로 거론하고 있는 '비국유부문의 성장과 국유부문의 개혁과정(Growing out of the plan)'을 주된 요인으로 다룰 수 없다. 왜냐하면 초기 시기 북한과 중국은 국유기업개혁에 대한 진전도가 미미하기 때문이다.56) 또 다른 하나는 기존 연구들이 보

---

51) Susan L. Shirk, *The Political Logic of Economic Reform in China* (Univ. California, 1993) ; 최완규 옮김, 『중국경제개혁의 정치적 논리』, 경남대학교출판부, 1999.
52) 김시중, 「중국의 경제체제개혁과 사회주의시장경제의 모색」, 한국비교경제학회 편, 『비교경제체제론』, 박영사, 1997.
53) 김익수, 「북한의 '중국식 모델' 도입: 가능성, 한계 및 남한의 역할」, 『동북아경제연구』 제12권 2호, 2001.
54) 정세진, 「이행학적 관점에서 본 최근 북한경제 변화 연구」.
55) 이무철, 「북한의 중앙·지방관계: 중국과의 비교」.
56) 이것은 연구범위 내에서 배제된다는 것이 아니라, 주요 분석단위로 설정하기

여준 바대로 초기조건 그 자체를 양국 개혁의 비교분석틀로 사용하는 방법은 배제한다. 이것은 초기조건이 변수가 많고, 계량화의 한계가 존재하며, 초기조건을 비교한 결과 양국의 차이점만을 강조하게 되는 결론을 피하기 위해서이다.

본고는 양국에 도입된 시장을 중심으로 시장을 합법화할 수밖에 없었던 경제개혁의 전개과정을 고찰해 보고, 양국의 개혁과정이 시장의 형성·발전과정에 영향을 미쳐서 각기 다른 시장을 형성하게 된다는 것을 밝히고자 하였다. 그리고 각도를 달리하여 이 시장을 다시 계획과의 관계 속에서 분석·고찰함으로써 양국 경제개혁을 입체적으로 분석하고자 하였다. 특히 본고는 계획과 시장의 결합관계를 개혁의 전개과정에 따라 계획체계가 해체되고, 시장체계로 대체되는 시소(seesaw)적 과정으로 설정하였다.[57] 따라서 개혁 국가의 시장화 방향과 그 수준은 계획체계의 해체 정도와 시장의 대체 정도에 따라 다르게 전개될 것이다.

〈표〉 계획과 시장의 결합관계 비교 틀

	계획체계의 해체과정	시장체계의 대체과정
계획과 시장의 결합 양태 비교 내용	·국가의 발전전략 ·국가의 통치구조 변화 ·경제건설노선 ·개혁의 주요정책	·개혁정책의 성과 ·시장의 확대·발전과정 ·생산-판매 메커니즘 ·가격 형성 메커니즘 ·자본-임노동관계 형성

힘들다는 것을 의미한다.
[57] 시소(seesaw)적 과정은 계획과 시장의 수평적 기울기를 상징하는 정의이다.

3. 구성 및 자료

1) 구성

본고는 서론과 결론을 제외하고 총 3부로 구성되어 있다. 서론을 포함하여 제1부에서는 중국과 북한이 각기 다른 경제적 실태와 정치적 조건 속에서 전개한 개혁의 특징을 비교한다. 이로써 북한 경제개혁의 특징과 그 성격을 규정하고, 이를 통해 어떻게 시장이 각기 다른 양상으로 합법화되었는가를 살펴본다. 중국은 덩샤오핑의 개혁지도부 형성과 당의 공작중점을 경제건설로 이동하는 1978년부터 1984년 '경제체제개혁에 관한 결정(中共中央关于经济体制改革的决定)' 방침이 확정될 때까지를 고찰한다. 그리고 북한은 고난의 행군 시기 이후 김정일 체제가 출범한 1998년 9월부터 2002년 7·1경제관리개선조치와 종합시장의 형성을 주요 대상으로 삼는다.

제2부에서는 중국과 북한의 개혁 특징이 담긴 시장의 성격과 그 기능을 비교 고찰한다. 특히 개혁 이전 시기부터 존재해 왔던 중국의 집시무역과 북한의 농민시장이 개혁의 전개과정을 통해 어떻게 확대·발전해 왔으며, 합법화된 양국의 시장은 어떠한 성격을 갖게 되는가를 고찰한다. 그리고 시장의 기능과 역할을 살펴본다. 중국은 집시무역에서 자유시장의 형성과정을, 북한은 농민시장에서 장마당, 그리고 종합시장으로의 과정을 고찰한다. 그리고 분권화―상품화―화폐화의 개혁과정과의 관계 속에서 시장의 성격과 기능을 고찰한다.

제3부에서는 중국과 북한의 계획과 시장의 결합관계를 비교 고찰한

다. 중국의 국가전략과 경제건설노선을 고찰하여 계획체계의 해체과정을 살펴보고, 도입된 시장이 계획과 어떠한 형태적 결합을 하고 있는가를 살펴본다. 북한의 경우 또한 국가전략과 경제건설노선을 통해 계획체계의 해체과정을 살펴보고, 시장의 기능과 역할을 통해 형성된 시장과의 결합 관계를 비교 고찰한다.

결론에서는 중국과 북한의 '개혁 전개과정-시장의 성격과 기능-계획과 시장의 결합 관계'를 총괄하여, 양국의 경제개혁의 특징과 그 양태를 비교한다. 나아가 북한 경제개혁이 갖는 성과와 한계를 분석하고 시장화를 포함한 향후 전개과정을 간략히 전망한다.

2) 자료

북한과 중국의 비교 틀에 입각해서 양국의 구체적 내용비교는 양국 공식 문헌을 통한 내용분석(contents analysis)에 따른다. 따라서 북한과 중국의 1차 자료를 그 대상으로 하였다. 북한 연구는『김일성저작집』,『김정일선집』등 지도자의 어록을 중심으로 한 공식간행문헌과 단행본 등 북한 1차 자료들을 사용하였으며, 최근 경제개혁 동향을 알기 위해 경제이론 잡지인『경제연구』,『김일성종합대학학보』, 그리고『로동신문』,『민주조선』등 신문 자료를 활용하였다. 이 밖에 해당시기 개혁 사례로는 통일부의「북한방송 종합보도」를 취합하여 방송 보도 속의 사례들을 활용하였으며, 재일 조총련기관 소속 일간지『조선신보』의 인터뷰 기사를 사례로 활용하였다. 또한 현재 진행형인 시장화의 과정은 기존연구들이 진행한 탈북자 면접조사 방식의 연구 성과물들을 광범위하게 활용하였다. 동일한 선상에서 중국의 자료 역시 공식간행문헌을 주로 하였다. 특히 초기 개혁과정을 주도했던 중국공산당의 입장을 주요한 분석대상으로 하였기 때문에 1978년부터 1984년 기간의 중국공산당 기관지 『紅琪』와 경제잡지 『經濟硏究』, 『經濟學動態』를 주요 자료로 활용하였다. 또한 중국 개혁개방을 현재적 시점에서 총론적으로 연구한 저작물들은 배제하고, 1978년부터 1984~1985년의 시기에 간행된 단행본만을 참조하였으며, 이 밖에 『人民日報』, 『光明日報』 등의 신문자료와 1978년부터 1984년 해당 시기 출간된 중국의 통계자료 『中國統計年鑑』을 활용하였다.

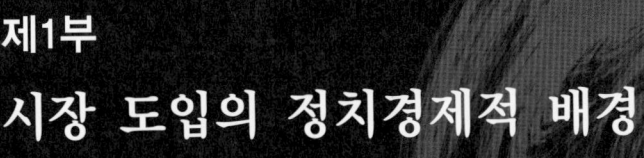

제1부
시장 도입의 정치경제적 배경

중국과 북한

1. 중국 개혁의 정치경제적 배경

1) 문화대혁명 이후 경제적 실태와 정치적 조건

중국의 경제개혁은 문화대혁명(1966~1968년) 이후 계속되는 정치적 갈등과 경제 파탄 속에서 시작된다. 이에 중국의 경제개혁은 당면한 정치경제적 위기 앞에 당과 국가가 어떻게 대응할 것인가를 모색하는 과정 속에서 태동하게 된다.

(1) 문화대혁명 이후 경제적 실태

중국은 1949년 국가성립 이후 기타 사회주의 국가들과 마찬가지로 "중앙집권적 계획경제"를 건립하였다.[1] 그러나 사회주의 제도를 구축

---

1) 중국의 중앙집권적 계획경제는 ① 사회재생산 과정의 생산·분배·교환·소비 각 부분 등 국민경제 주요경제활동을 직접적 혹은 간접적 국가계획체계 안에 넣어 전체 사회생산과 수요를 통일적으로 계획·분배하며, ② 주요기업의 주요 생산물에 대해 지령성계획을 실행하고, 국가가 직접 국가계획과 국민생활의 중요 생산물을 생산·분배하고, 중요기업의 활동을 장악하고, ③ "통일계획, 분급관리(統一計划, 分級管理)"의 원칙 아래 큰 권력은 집중하고 작은 권력은 분산하는 계획시스템으로 정의된다. 何建章·王積業, 『中國計划管理問題』, 北京: 中國社會科學出版社, 1984, 670~671頁.

하였음에도 불구하고, 넓은 국토와 지역별 여건의 차이, 교통 통신의 미발달, 중앙계획 수립 및 실시를 위한 통계 및 행정체계의 미비 등의 문제로 정교한 중앙집권적 계획경제체제는 구축되지 못하였다.[2] 또한 지방 경제는 자력갱생, 자급자족의 원칙에 따라 지방 간의 비교우위가 무시되었다. 따라서 각 지방은 소규모 중복 투자가 남발하는 등 '소이전(小而全)', '대이전(大而全)' 상태에 놓여 있었다. 더불어 군사전략적 방침의 '연안에서 내륙으로의 삼선전략(三線戰略)'은 공업 입지의 경제성을 무시하고 일방적인 내륙공업화정책으로 전개되었고, 이는 경제적 측면에서 투자의 효율성을 크게 하락시켰다.

이와 같은 중국의 계획경제체제는 1966년 발발한 문화대혁명으로 인해 심각한 경제파탄의 결과를 낳게 된다. 문화대혁명은 반수정주의의 기치하에 폐쇄적 자력갱생을 기본정신으로 하여 경제정책의 중심 임무를 국방공업 발전으로 돌렸다. 그리고 중공업 발전을 위주로 하여 대규모 기본건설을 진행하였다. 따라서 문화대혁명 기간 동안 계속된 대규모의 기본건설과 건설기간의 장기화, 높은 축적률은 국민경제의 비례관계와 균형관계를 파괴하고, 공·농업생산을 정체 혹은 하락시켰다. 때문에 중국은 시장상품(소비품)은 부족하고, 국민경제의 물질문화생활은 장기간 개선되지 못하는 상태에 놓이게 된다.[3]

문화대혁명으로 인한 경제적 후과(後果)는 특히 농촌에서 심각하게

---

[2] 중국의 중앙계획에 따른 계획 품목은 500여 개 정도로 구소련의 2만여 개에 크게 못 미쳤으며, 나머지 품목의 분배는 지방차원의 계획이나 사후적인 협상과 거래를 통하여 이루어졌다. 집중화의 정도가 비교적 높았던 시기에도 중국은 약 600여 가지의 계획 품목에 한해서만 생산과 배분을 통제하였다. Susan L. Shirk, *The Political Logic of Economic Reform in China* (Univ. California, 1993) [최완규 옮김, 『중국경제개혁의 정치적 논리』, 경남대학교출판부, 1999].

[3] 挂世鐮·劉洪·利广安 主編, 『計划体制改革苦干問題的硏究』, 北京: 中國財政經濟出版社, 1986, 189頁.

나타났다. 1966년부터 1976년까지 10년간 인민공사 집체로부터 분배받은 농민 1인당 평균 수입은 60위안(元) 정도였다. 또한 1976년 농민 1인당 분배 몫은 겨우 62.8위안(元)이었으며, 이 중 현금 수입은 14.9위안(元)으로 전체 분배 몫 중 23.7% 정도밖에 되지 않았다. 또한 중국의 경제개혁이 시작된 1978년에도 농민 1인당 분배는 74.7위안(元)이었으며, 50위안(元) 이하인 인민공사가 전체의 29.6%를 차지하고 있었다.4) 이처럼 중국 국민경제는 당시 전국의 약 2억에 가까운 농민들이 '먹고사는 문제(溫飽問題)'조차 해결하지 못할 정도로 극히 어려운 상태였다.5) 따라서 문화대혁명이 종료된 이후 중국에는 농업의 장기적 정체 상황을 타개하기 위한 농업 정책의 전환과 농촌 생산관계의 변혁이 농민들의 절박한 요구일 수밖에 없었다.

반면 1976년 9월 마오쩌둥의 후계체제로 출범한 화궈펑 체제는 1978년 2월 제5기 전국인민대표대회 제1차 회의를 통해 '1976~1985년 국민경제발전을 위한 10개년계획(發展國民經濟十年規劃綱要)'(이하 10개년계획)을 발표한다.6)

화궈펑 체제의 10개년계획은 8년 안에 철강생산을 배로 늘리고, "1980년도까지 기본적으로 농업기계화를 실현한다"라는 등 과도한 계획량을 표방하며 실현 불가능한 구호를 제시했다.7) 또한 10개년계획은 높

---

4) 1978년도 전국 농민의 1인당 연평균 수입은 1957년에 비해 60.62위안(元) 정도 증가한 133.57위안(元)이었다. 이때 전국 농민의 1인당 연평균 수입이 농가 자류지에서의 생산과 가정 부업 수입 등 기타 수입을 모두 합친 것임에도 불구하고 연평균 성장률은 2.9%에 불과하였다. Susan L. Shirk, *The Political Logic of Economic Reform in China*.

5) 농민의 식량 분배 상황을 살펴보면, 1인당 식량 분배량이 180kg(1일 약 500g) 이하였던 농촌 인민공사가 22.7%를 차지했고, 그중 반수 정도는 150kg 이하였다.

6) 華國鋒, 「團結起來, 爲建設社會主義的現代化强國而奮斗──一九七八年二月二十六日在第五屆全國人民代表大會第一次會議上的政府工作報告」, 『紅旗』 1978年 3期.

은 속도와 중공업우선발전전략에 기초하여 1958년 '대약진운동 시기' 다음으로 높은 축적률을 계획하였다. 따라서 10개년계획은 착수단계에서부터 자원, 재정, 인력, 외환 등 모든 면에서 국민경제의 비례와 균형 상태를 파괴하게 된다. 결과적으로 10개년계획은 이제까지 파괴된 국민경제의 불균형상태를 더욱 악화시킬 뿐만 아니라, 경제발전에 불리한 영향을 끼치며 문화대혁명 이후 악화된 경제상황을 한층 더 심화시키게 된다.[8]

이처럼 문화대혁명 이후 중국에는 전체 국민 중 대다수를 차지하는 농민들의 생활이 피폐해질 대로 피폐해져, 농민의 부담을 줄이고 생활의 안정을 찾는 것이 무엇보다 급하게 요구되었다. 또한 사회적으로는 10년 동안 받은 수많은 고통이 한꺼번에 분출하기 시작했다. 문화대혁명 기간 동안 날조되었거나, 잘못 재판된 사건을 구체적으로 해결해 줄 것을 요구하는 목소리가 높아져 사회적 혼란이 가중되었다.[9]

---

[7] 1985년에 8,000억 근의 식량과 7,200만 단의 면화, 6,000만 톤의 철강, 9억 톤의 석탄과 2.5억 톤의 석유 등의 공·농업 생산목표와 14개 중공업기지 건설, 120개 중대항목의 건설이라는 무리한 목표를 제시하여, 국가예산에서 직접 분배하는 중점적 건설항목만 기본건설 투자액이 2,800억 원이 되었다. 華國鋒, 「團結起來, 爲建設社會主義的現代化强國而奮斗——一九七八年二月二十六日在第五屆全國人民代表大會第一次會議上的政府工作報告」, 『紅旗』 1978年 3期.

[8] "실제 '10개년 계획'이 제시한 분투목표를 실현하기 위해 1978년 계획에서 추가로 기본건설자금 80억 원을 책정했고, 원래의 년초 계획이 1/4 증가했다. 동시에 급하게 대외무역을 통해 22개의 중대항목의 수입을 계약했고, 1년 내 수입해야 하는 미화는 78억 불이 달했으며, 이 중 1978년 12월에만 해도 30만 달러의 미화가 필요했다. 이는 명백히 국정과 국력의 가능성에서 멀어진 것이었다." 何建章·王積業, 『中國計劃管理問題』, 660~662頁.

[9] 문화대혁명 이후 중국의 사회적 혼란과 사회적 위기에 관한 문헌은 다음을 참조. L.루이링거 지음, 최평·김용권 옮김, 『중국을 보는 제3의 눈』, 소나무, 1995, 154~163쪽.

(2) 덩샤오핑의 개혁지도부 형성

마오쩌둥의 후계체제로서 화궈펑 체제가 등장할 수 있었던 이유는 문화대혁명으로 리샤오치(劉少奇)와 덩샤오핑과 같은 지도자들이 대거 숙청되었기 때문이다.10) 화궈펑은 문화대혁명의 실질적 수혜자로서 당시 중국의 경제상황은 최소한의 조정만으로도 문화대혁명의 후과를 극복하고 통제력을 회복할 수 있다는 입장을 취했다. 따라서 10개년계획과 같은 기존의 경제정책을 지속하고자 했다. 또한 화궈펑은 "무릇 모 주석의 결정은 견결히 유지되어야 하며, 무릇 모 주석의 지시는 계속 따라야 한다"는 '양개범시론(兩个凡是論)'을 통해 정치적 안정을 도모하고자 했다.11) 화궈펑은 권력의 공고화를 위해 마오쩌둥의 후광을 빌려야 했다. 마오쩌둥에 대한 계속적인 숭배는 그의 지위를 확립시키는 데 도움이 되었기 때문이다.

그러나 문화대혁명 시기에 정치적으로 숙청당하거나, 개인적 피해를 입었던 원로 혁명 지도자들은 화궈펑에게 마오쩌둥과의 단절을 요구하게 된다. 마오쩌둥의 문화대혁명을 비판함으로써 자신들의 명예를 회복시켜 줄 것을 요구한 것이다.12) 특히 화궈펑이 양개범시론을

---

10) 문화대혁명시기 "자본주의 노선을 걷는 당내 실권파" 또는 "중국의 흐루시초프" 등 다양하게 지칭되던 리샤오치(劉少奇)와 "자본주의 노선을 걷는 제2인자"로 알려진 당 총서기 덩샤오핑(鄧小平)은 실각 상태에 있었다. 덩샤오핑은 1977년 7월 제10기 당중앙위원회 제3차 회의에서 다시 공식적으로 복권되었다. 마크 블레처 지음, 전병곤·정환우 옮김, 『반조류의 중국』, 돌베개, 2001, 136쪽.
11) '양개범시론(兩个凡是論)'은 문화대혁명의 후과를 오로지 '4인방'을 중심으로 한 일부 세력들의 오류로 국한시켰고, 화궈펑(華國鋒)에 의한 '4인방' 타도를 "불후의 역사적 공훈"으로 추켜세웠다. 또한 화궈펑은 "위대한 영수 모주석의 직접적인 배양과 교육"을 받은 혁명적 계승성을 담보한 인물로, "맑스-레닌주의와 마오쩌둥 사상을 장악하고 20여 년 동안 혁명적 실천과 빛나는 업적"을 쌓은 '정통적 후계자' 임이 강조되기 시작한다. 《人民日報》, 《紅旗》雜志, 《解放軍報》社論, 「學好文件抓住綱」, 『人民日報』, 1977年 2月 7日.

통해 마오쩌둥의 정치적 후광을 지속하려 하자 원로 혁명 지도자들은 10개년계획과 같은 경제정책의 실패를 기점으로 하여 문화대혁명 시기 숙청되어 물러나 있던 덩샤오핑을 당 부주석, 국무원 부총리, 그리고 인민해방군 총참모장 등의 직위에 복귀시키고, 덩샤오핑과 원로 혁명가들로 구성된 개혁 지도부를 형성하게 된다.

혁명 원로들의 입장에서 보면, 덩샤오핑 등 문화대혁명 시기 정치적 숙청을 당했던 인물들을 정치 일선에 등장시켜 이들로 하여금 문화대혁명의 오류와 후과를 청산하도록 하는 것이 곧 자신들의 정치적 명예를 회복하는 방법이었다. 역으로 덩샤오핑 입장에서 보면, 천윈(陳雲) 등 보수주의적 개혁주의자들과 제휴를 함으로써 다시 정치 일선에 복귀할 수 있는 기회였다. 또한 덩샤오핑은 이를 통해 화궈펑을 불신임하고 중앙경제부문에서 득세하고 있는 중공업 부문의 관료들을 약화시키면서, 새로운 개혁을 추진하는 데 필요한 정치연합을 형성할 수 있었다. 이로써 덩샤오핑은 마오쩌둥 사후 그의 후계체제인 화궈펑 체제에서 본격적인 정치 행보를 걷기 시작하였으며, 이는 중국의 개혁이 왜 1978년인가 혹은 왜 "中國共産黨第十一屆中央委員會第三次全体會儀(이하 11기3중전회)"를 통해서인가라는 시기의 문제를 해명해 준다.

(3) 사상해방(思想解放)과 당의 공작중점 전환

덩샤오핑이 복권된 1977년 말 이후 화궈펑의 '양개범시론'과 '10개년계획' 등의 경제정책은 본격적으로 비판받게 된다. 화궈펑 체제의 경

---

12) 여기에는 "葉劍英과 李先念 등 문화대혁명 시기 정치적 숙청을 피했던 지도자들과 陳雲과 彭眞 등 숙청되었다가 毛澤東 사후에 다시 복권된 지도자들이 포함"된다. 김재철, 『중국의 정치개혁』, 한울, 2002, 90쪽.

제정책에 문제를 제기하게 된 시발적 사건은 1978년 5월 『光明日報』의 「실천만이 진리를 검증하는 유일한 규준(實踐是檢驗眞理的唯一標准)」이라는 글이다.13) 이 글은 장기간 좌적 사상의 영향을 받아온 사람들의 머리 속에는 여전히 '금지구역(禁區)'이 있다면서, 사상적 금지구역을 타파하여 새로운 실천에서 제기되는 새로운 문제를 연구해야 한다고 강조한다. 즉, 단순히 10개년계획의 과도함을 조정할 것에 대한 요구가 아니라, 이와 같은 경제정책이 지속되는 근본 문제가 정치·사상적 문제라는 것을 의미한다. 이러한 논쟁은 1978년 상반기 내내 지속되었다.

1978년 12월 13일에 진행된 중앙사업회의는 소위 중국 개혁의 시발점으로 불리는 11기3중전회의 예비회의 성격을 갖는다. 이 회의에서 덩샤오핑은 "해방사상(解放思想), 실사구시(实事求是), 일치단결을 향하여(團結一致向前看)"라는 연설을 발표한다. 그 결과 "사상을 해방하지 않고는 4개 현대화를 실현할 수 없으며, 사상해방은 당면한 중요한 정치적 문제" 임을 전면에 등장시키게 된다. 따라서 중국 공산당은 당 11기3중전회 본회의를 통해 당의 공작중점을 사상해방을 통한 사회주의 중국의 "4개 현대화(농업·공업·국방·과학기술)를 실현하는 것"으로 전환하게 된다. 이에 "계급투쟁을 기본 고리로 해야 한다"는 화궈펑 체제의 정책노선은 수정되고, "조정(調整), 개혁(改革), 정돈(整頓), 제고(提高)"의 新8字 방침이 채택된다.14)

그러나 중국이 당 11기3중전회를 통해 초보적인 경제개혁에 착수하게 되었을 때, 중국 개혁의 실질적 지도자 덩샤오핑은 마오쩌둥의 후

---

13) 本報特約評論員, 「實踐是檢驗眞理的唯一標准」, 『光明日報』, 1978年 5月 11日.
14) 「中國共産党第十一屆中央委員會第三次全体會儀公報(1978年12月22日通過)」, 『人民日報』, 1978年 12月 24日.

계자가 아니었다. 즉, 혁명 원로들과 연합하여 추진하는 초기 중국의 경제개혁은 많은 중국 관료들과 일부 경제학자들조차도 '문화대혁명 이후 혼란에 빠진 계획경제를 복원하고 개선하는 것'이라고 여겼다. 그리고 과거 정치적으로 비판받았던 실용주의적 인물들이 대거 정치일선에 복귀하면서, 중국의 새로운 지도부는 당면한 과제를 심각하게 파괴된 국민경제의 비례·균형관계를 조절하는 것으로 설정하게 된다.

2) 경제조절에서 경제개혁으로 전개

(1) 초기 경제개혁의 방향

중국은 초기 경제개혁 당시 계획경제시스템 자체를 문제의 원인으로 보지 않았다는 점이 특징이다. 중국은 경제개혁을 경제조절로 인식하고, 당면한 과제를 국민경제의 비례·균형발전을 도모하는 것으로 설정한다. 중국이 설정한 경제개혁의 방향은 다음과 같다.

가. 경제개혁의 목표모델

신중국의 창건 당시 중국은 농업과 수공업이 83%를 차지하고, 현대 공업에서도 중공업은 거의 없는 낙후한 농업에 기반한 국가였다. 이와 같이 낙후한 중국 경제가 역사상 가장 높은 경제성장률을 기록한 시기는 1950~1957년까지 '경제회복 시기'와 '1차 5개년계획 시기'였다.

신중국 성립 이후 1950~1957년까지 시기는 사회주의계획경제의 우월성이 집중적으로 증명된 시기이며, 이 시기의 경제성장은 같은 시기 미국(2.8%)이나 영국(4.1%)의 공업 성장속도보다 훨씬 빨랐다. 또한 전후 가장 빠른 성장속도를 보였던 일본(16.7%)에 비해서도 빠른 속도를 보였다. 이와 같은 사실은 중국의 개혁지도부로 하여금 "사회주의만이 중국을 구할 수 있다"는 인식을 갖게 하였다.15) 따라서 초기 중국이 경제개혁을 바라보는 인식은 계획경제 자체의 문제가 아니라, 계획경제의 운영의 문제였다.

> 사회주의 개조과정이 너무 순조롭기 때문에 신중하지 못하고 너무 급히, 너무 빨리 발전시킬 것을 요구하는 좌적 사상에 빠져들었다. 공유화의 수준을 높이는 것이 생산력 발전을 추진하는 가장 좋은 방법이라고 간주하면서 인위적으로 공유화의 정도와 범위를 생산력 발전이 요구와 허용 한도를 초월하여 〈크면 클수록 좋고, 공유하면 공유할수록 좋은 것〉을 여겼으며, 이에 따라 〈공산풍〉을 일으키고 〈절대적 평균주의〉를 실시하게 된 것이다.16)

따라서 국민경제의 비례와 균형이 잘 맞았으며, 중국 계획경제하에서도 높은 경제성장률을 보였던 1950~1957년 시기의 경험, 특히 '1차 5개년계획 시기'의 경험은 당면한 경제개혁의 정책과 노선을 수립하는 데 있어 기본모델로 등장한다.17)

나. 경제개혁의 경험적 평가

중국이 경제개혁을 계획경제의 운영의 문제로 바라본 결과, 경제개

---

15) 薛暮橋,「論社會主義經濟制度的优越性」, 中國人民大學政治學習資料室 編,『中國社會主義經濟問題』, 北京: 地質出版社, 1983, 5頁.
16) 李光远,「关于发挥社会主义公有制优越性的问题」,『紅旗』1980年 13期, 2頁.
17) 1차 5개년계획 시기의 성과는 ① 신민주주의 경제가 사회주의 경제로 전환, ② 사회주의적 국민경제 체계의 구조 및 사회주의 경제의 전통적인 계획적 관리체제를 수립, ③ 경제성장속도의 급속한 진행, ④ 사회주의 국가를 건설하려는 국민들의 열정과 적극성을 팽배시켰다는 것이다.

혁은 '1차 5개년계획 시기'를 목표모델로 삼게 된다. 이어서 운영의 문제라고 인식한 중국은 역사적 운영과정을 경험적으로 평가하며, 이를 통해 경제개혁 방식에서의 새로운 문제를 도출하게 된다.

1978년 당 11기3중전회 이전 시기 중국의 계획경제체제는 일정한 반복적 흐름을 보이며 역사적으로 전개되어 왔다.[18] 중국은 이와 같은 반복적 전개과정을 국민경제의 비례·균형문제의 해결이라는 경험적 측면에서 다음과 같이 평가한다.

첫째, 농업과 공업의 비례균형의 측면에서 볼 때, '1차 5개년계획 시기'와 '60년대 경제조정 시기'는 농업과 공업의 비례균형을 이루었던 시기였고, 비교적 빠른 성장을 가져온 시기로 평가된다. 반면 '대약진 시기'와 '문화대혁명 시기'는 비례균형이 파괴되어 중공업부분에서는 높은 경제성장률을 기록하지만, 전체 국민경제와 국민생활은 정체 또는 하락되었던 시기로 나타난다.

둘째, 중앙과 지방의 비례균형의 측면에서 볼 때, 1차 5개년계획 시기와 60년대 경제조정 시기는 계획권한이 중앙에 집중되었던 시기이고, '대약진 시기'와 '문화대혁명 시기'는 계획권한이 지방에 하방되었던 시기이다. 즉, 1차 5개년계획 시기와 60년대 경제조정 시기에는 계획권한이 중앙에 집중되었으나, 국민경제는 균형을 이루고 비교적 빠른 성장률을 보였다. 그러나 대약진 시기와 문화대혁명 시기에는 계획권한을 지방으로 하방했으나, 국민경제는 비례균형이 파괴되고 경제

---

[18] 중국 경제의 시기구분은 다음과 같다. ① 3년경제회복 시기(1950~1952년), ② 1차 5개년계획 시기(1953~1957년), ③ 대약진 시기(1958~1960년), ④ 60년대 경제조정 시기(1961~1965년), ⑤ 10년 동란 시기(1966~1976년), ⑥ 11屆3中全會 이후 시기(1977~1984년). 桂世鏞·劉洪·利广安 主編, 『計划体制改革苦干問題的硏究』, 167~198頁. 시기구분에 대해서는 학자마다 조금씩 다른 견해를 보인다. 문화대혁명 시기를 아예 누락시키며 시기구분을 하기도 하고, 반복적으로 1차 5개년계획부터 5년 단위 주기로 계획차수에 따른 구분법을 쓰는 학자도 있다.

성장률은 하락했다.

　이와 같은 중국의 역사적 경험에 비추어 보면, 지방의 권한을 강화하였다고 해서 경제성장률이 높아지는 것은 아니다. 오히려 지구 및 지방의 분할 현상 등으로 인하여 국민경제의 거시통제 및 조절 기능은 약화되었고, 여기에 공업 일면도의 경제성장은 맹목적 성장과 낭비를 초래하는 주요한 원인이었다. 따라서 국민경제의 비례·균형발전의 문제를 해결하기 위해서는 중앙－지방 간의 '분권화'만이 아닌 통일적 계획 아래 '생산단위의 자주권을 부여'하는 문제가 더욱 중요하다고 평가하게 된다. 즉, 각 부문 생산단위에 자주권을 부여함으로써 경제적 효과성을 높이고, 이를 통해 사회주의 계획경제의 우월성을 발휘해야 된다는 것이다.

다. 경제개혁의 방식

　중국이 역사적 경험을 통해 경제조절 방식으로 새롭게 도출해 낸 방식은 '생산단위의 자주권 부여'였다. 그리고 생산단위에 자주권을 부여할 뿐 아니라 경제적 효과성을 높이기 위해서는 전반 경제관리체제 운영에서 가치법칙을 전면화할 것이 제기된다.[19] 이에 가치법칙을 이용하지 못하여 발생한 계획경제의 문제는 수도 없이 많이 제기된다. 당시의 문제제기를 몇 가지로 나누어 보면 다음과 같다.

　첫째, 일부 농부산물의 수매가격이 지나치게 낮기 때문에 농민들의

---

[19] 중국 역시 1952년 스탈린의 『소련의 사회주의 경제 문제』에서 제기하고 있는 "상품외각론"의 논리를 채용하여, 과도기 사회 경제 안에 같지 않은 소유제형식이 존재한다는 이유로 상품생산과 상품교환 과정에서 가치법칙의 작용을 인정하고 있다. 다만 가치법칙은 "국민경제계획을 실현하는 보조적 수단으로서 계획사업의 도구"라는 측면에서 그 역할을 제한적으로 규정해 왔다. 許滌新, 「利用价值規律爲社會主義服務」, 『紅旗』 1978년 3期, 98~103頁.

농업생산량은 하락하고, 생산한다 하더라도 국가에 팔려하지 않는다. 반대로 일부 개별적 제품은 수매가격이 지나치게 높기 때문에 수요여부를 고려하지 않고 맹목적으로 생산하는 경향을 파생시킨다.

둘째, 생산수단 생산뿐 아니라 일용 공업제품 생산에서도 어떤 제품은 가격이 너무 높았기 때문에 기업소에서 손쉽게 많은 이득을 얻고, 어떤 제품은 가격이 너무 낮았기 때문에 애를 써도 이득을 얻기 어렵다.

셋째, 경제채산을 고려하지 않는 경향은 공급과 수요 간에 비정상적인 현상을 초래하였고, 소비 기준량이 없고, 원가를 따지지 않아 노동생산능률이 낮으며, 낭비를 초래하게 된다.

넷째, 도시와 농촌의 상품유통에서도 가치법칙을 응용하여 경영관리를 개선하지 않아 낭비와 부족현상이 보편적으로 존재하게 된다.

다섯째, 국민경제상 국가와 국민들이 필요로 하는 물품은 대량으로 생산하지 못하여 충분히 공급할 수 없고, 일부 필요치 않은 물품은 계속 생산하여 재고가 쌓이게 된다. 이로써 국민경제의 비례관계를 심각하게 파괴한다.[20]

따라서 계획경제의 문제점을 극복하기 위해서는 경제적 방법으로 경제를 관리할 것을 요구하게 된다. 즉, 가치법칙을 응용하여 합리적인 가격정책을 제정하고, 이를 통해 경제에 대한 관리수준을 높여야 한다는 것이다. 이와 같은 과정을 그림으로 정리하면 아래 〈그림 1-1〉과 같다.

---

[20] 劉國光·何建章·黃振奇,「計划經濟和价值規律」,『紅旗』1978年 6期, 65~70頁 ; 本刊特約評論員,「運用經濟規律, 提高經濟管理水平」,『紅旗』1978年 8期, 74~79頁.

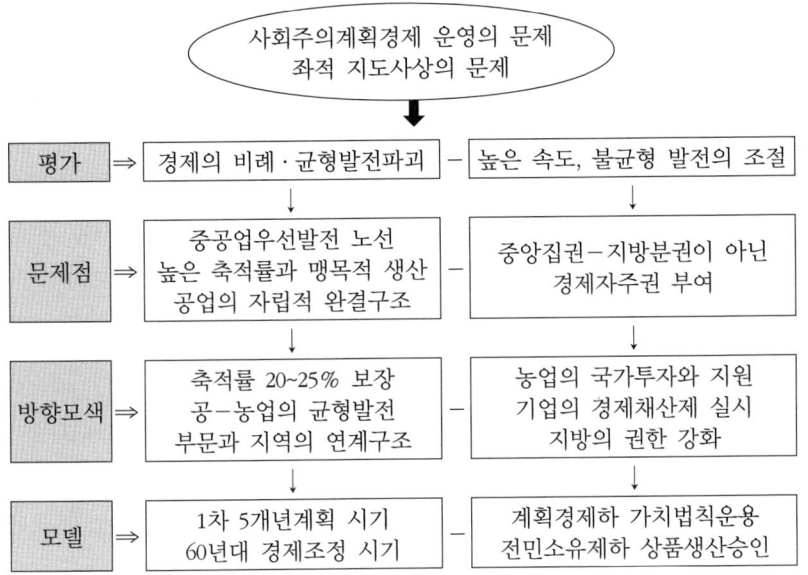

〈그림 1-1〉 중국 초기 경제개혁의 목표와 방향

(2) 농업생산단위의 자주권 부여

중국은 당면한 사회주의경제의 문제를 농업과 공업의 비례관계가 심각하게 파괴된 것으로 보았으며, 중공업우선발전전략에 따른 높은 축적률과 이로 인한 만성적인 소비품 부족의 문제를 해결하여 국민경제의 균형적 발전을 도모하고자 하였다. 따라서 중국 초기 경제개혁은 공업·경공업·농업 등 각 산업 간의 불균형 문제를 해소하기 위해 농업우선발전정책을 채택하고, '양곡생산을 틀어쥐는 것'으로부터 시작된다. 또한 그 방식은 생산대 중심의 농업생산단위에 자주권을 부여하는 것으로부터 시작된다.

가. 농업우선발전정책 채택

문화대혁명 이후 덩샤오핑의 개혁을 지지하는 각 성급 간부들은[21] 1978년에 들어서면 대체로 같은 견해를 갖고 농촌문제에 대한 개혁적 문제제기를 시작한다.[22] 이에 중국은 1978년 7월 22일 '전국농업기본건설회의(全國農田基本建設會議)'를 통해 농업발전을 위한 1차 정책수정을 단행한다.[23] 그리고 중국은 1978년 12월 당 11기3중전회를 통해 농업의 우선적 발전을 위한 '농업발전문제에 관한 결정 초안(中共中央關于加快農業發展苦干問題的決定(草案)'과 '인민공사사업에 관한 조례(農村人民公社工作條例(試行草案)'를 제정하여 통과시킨다.[24] '결정'과 '조례'는 농업생산 발전을 위해서 농민들의 사회주의 적극성을 발휘시키는 것을 최우선 과제로 놓고, 이를 위해 경제면에서는 농민들의 물질적 이익에 관심을 돌리며, 정치면에서는 그들의 민주권리를 보장할 것을 법률적으로 공표한 것이다. 그 핵심적 내용은 다음과 같다.

---

[21] 胡耀邦의 중앙조직부, 선전부의 장악, 習仲勛(广東省), 趙紫陽(四川省), 陳杯顯(湖北省), 段居毅(河南省), 任重義(遼宁省), 秦其偉(北京), 蘇振華·彭冲(上海), 陳偉達(天津) 등이다. Tien, Hung Mao, "The Communist Party of China: Party Powers and Group Politics from The Third Plenum to the Twelfth Party Congress", Contemporary Asian Studies Series, No. 2 (1984), pp.10~11 ; 유희문, 「중국 정치경제개혁의 상호 역학관계(1978~1992)」, 『中蘇硏究』 1995년 봄호에서 재인용.

[22] 개혁파로 정치일선에 나섰던 쓰촨성(四川省)의 자오쯔양(趙紫陽)과 안후이성(安徽省)의 완리(万里)는 1978년 1월 문헌부터 농업개혁에 대한 의견을 당에 제시한다. 자오쯔양은 1975년부터, 완리는 1977년부터 각각 성의 제1서기를 맡고 있었으며, 실제 농업개혁의 시작 전부터 이들과 같은 개혁파들은 지방에서부터 광범위한 의견을 당에 제시해왔다. 趙紫陽, 「奮發努力加快四川建設 — 爲國家爲人民多作貢獻」, 『紅旗』 1978年 1期 ; 万里, 「認眞落實党的農村經濟政策」, 『紅旗』 1978年 3期.

[23] 李先念, 「在全國農田其本建設會議上的講話」, 『紅旗』 1978年 9期.

[24] 「中國共産党第十一屆中央委員會第三次全体會議公報(1978年12月22日通過)」, 『人民日報』, 1978年 12月 24日.

첫째, 생산대의 노동력과 자금, 생산품과 물자를 국가가 무상으로 사용하고 점유하지 말아야 한다. 따라서 생산대를 중심으로 한 생산단위는 3측면의 자주권을 갖게 된다. ① 생산대 간부와 농민들은 생산대의 노동력, 토지, 농기구 등 생산수단을 지배할 권리를 갖는다. ② 생산대 간부와 농민들은 계절과 토지의 비옥도에 맞게 생산 계획을 수립하고 농작물을 재배할 권리를 갖는다. ③ 생산대 간부와 농민들은 생산대의 실정에 따라 경영관리의 방법과 집체의 이익분배를 결정할 권리를 갖는다.[25] 즉, 생산대의 소유권, 분배권, 경영관리권, 그리고 정치면에서 사원의 민주권리를 보장하는 자주권을 부여함으로써 농민들의 집체소유제를 존중하겠다는 법률적 공표이다.

둘째, 인민공사 각급 경제조직은 반드시 노동에 따라 분배하는 사회주의원칙을 지켜야 한다. 이에 평균주의 타파를 목표로 하여 노동의 수량과 질량에 따른 보수를 계산하도록 하였다. 또한 농민들의 집체소유제를 존중함과 동시에 농민의 자류지(자유경작지), 가정부업과 집시무역(농민시장)은 사회주의경제의 보충부문으로 필요하다고 법률적으로 승인한다.

구체적 세부 조치로는 농업품과 공업품의 교환 가격차이 축소를 위한 1차 가격개혁안을 마련한다. 1979년 여름부터 식량수매가격을 시장거래가격보다 20% 높게 인상하고, 이 기초하에 초과 수매부분에 대해서는 50%를 더 인상하도록 하였다. 그리고 목화, 식료기름, 당료, 축산품, 수산품, 임산품 등 농부산품의 수매가격 역시 인상하기로 한다. 반면 농업기계, 화학비료, 농약, 농업용 비닐 등 농업용 공업품의 공장 출하 가격과 소비가격은 1979년과 1980년까지 10~15% 정도 하락시키

---

[25] 本刊評論員, 「必須尊重生産隊的自主權」, 『紅旗』 1979年 2期.

며, 하락에 따른 가격이득금은 농민에게 돌리기로 하였다. 더불어 농산품 수매가격의 인상 이후 반드시 성·시(城·市) 노동자들의 생활수준이 하락하지 않게 하기 위해 식량소비가격은 일률적으로 변동시키지 않는다고 하였다. 또한 약간의 가격 인상으로 인한 소비자의 부담은 정부가 적당한 보조금을 준다는 내용이었다. 즉, 가격개혁은 농업부문에 대한 파격적 우대 조치였다. 그리고 가격개혁은 1979년 3월과 11월 조치를 통해 실행된다.26) 이러한 농업개혁 1, 2차 가격개혁을 정리하면 〈표 1-1〉과 같다.

〈표 1-1〉 농업개혁 — 1차, 2차 가격개혁안

시기	개혁안	비고
1979년 3월	· 식량 등 18종의 농산물 수매가격 인상 - 식량수매가격 20% 인상 - 초과 수매산품은 50% 인상 - 농부산품 수매가격 인상 - 농기계, 화학비료, 농약 등 농업용 공업 제품의 공장출하가격과 소비가격의 10~15% 하락	※ 가격인상의 기준은 시장거래가격 ※ 수매가 인상과는 별도로 식량소비가격은 변동 없음 ※ 판매가가 수매가보다 낮은 역현상으로 제2의 가격개혁 필요
1979년 11월	· 주요 부식품 가격 인상 (돼지고기, 소고기, 양고기, 가금류, 채소, 수산품, 유가공품 등) · 노동자 임금 40% 인상	※ 물가상승을 우려해 가격인상제품에 대한 판매가격은 고정 ※ 가격 차이는 국가가 보상

※ 자료:『人民日報』, 1978年 12月 24日 ; 1979年 11月 1日.

이처럼 중국의 농업우선발전정책은 농업부문에 소유권, 분배권, 경영관리권이라는 자주권을 부여하고, 농산물의 수매가격 조정과 함께 부식품 및 임금 조정으로 나타났다. 1978~1979년에는 '계획경제의 조

---

26)「中國共産黨第十一屆中央委員會第三次全體會儀公報(1978年12月22日通過)」,『人民日報』, 1978年 12月 24日 ;「党中央, 國務院決定 — 今日起提高主要副食品銷価并給職工補貼」,『人民日報』, 1979年 11月 1日.

절'이라는 이름으로 진행되었지만 바로 이와 같은 농업우선발전정책이 중국 경제개혁의 신호탄이 되었다.

나. 농업부문의 분권화 조치와 생산력 증대

국민경제의 비례·균형발전에 입각하여 농업우선발전정책을 채택한 중국은 농업부문에 대한 국가적 지원과 투자를 전제로 하여 생산단위의 자주권을 다음과 같이 부여한다. 부여된 자주권의 핵심적 권한은 농민들의 작물선택권과 생산량책임제의 실시였다.

(가) 다종경영(多種經營)

중국은 농업생산의 증가를 위해 생산대의 자주권을 강조했는데, 이후 실제적 조치는 '다종경영'을 강조하는 것으로 나타난다.27) 특히 문화대혁명 이후 낙후한 농촌경제의 상황은 기존의 일방적인 알곡증산정책만으로는 문제를 해결할 수 없었다. 따라서 다종경영은 그 대부분이 시장의 수요를 고려한 상품생산을 강조하는 것으로 나타난다.

다종경영 방침의 구체적 내용은 첫째, 생산대를 중심으로 집체경제의 발전에 영향을 주지 않은 조건하에서 농민들이 가정부업을 할 수 있다는 것이다. 이에 농민들의 가정부업의 범위와 품목이 매우 확대되게 된다. 다종경영 방침은 농민들이 자류지에 심고 싶은 농작물을 심을 수 있다는 것, 돼지·양·토끼·닭·오리 등 가축(家畜)과 가금(家禽)을 기를 수 있고 씨암 돼지도 기를 수 있다는 것, 산간지구에서는 소도 기를 수 있고 농민들이 과외시간을 이용하여 채집, 고기잡이와

---

27) 다종경영(多种经营) 방침은 양곡 중심의 기존 사회주의농업경제정책의 기본방침에 어긋나는 것이 아니면서도, 생산지와 생산자의 특성에 맞는 농업정책을 강조함으로써 생산량 확대와 동시에 수요에 적응시키는 사회주의이행기 농업정책의 전형이라 할 수 있다. 铁瑛, 「大力发展多种经营」, 『紅旗』 1979년 2期.

사냥, 양봉 등 부업생산을 할 수 있다는 것 등의 내용으로 농민들에게 양곡 이외의 작물선택권을 광범위하게 부여한 것이다. 둘째, 농민의 자류지 생산물과 가정부업생산물(국가 수매분을 제외)을 해당지역의 농민시장에 내다가 팔 수 있다고 하여, 다종경영 방침에 의해 생산된 농부산물의 시장교역활동을 승인한다.

이로써 다종경영 방침은 국가적 차원에서는 농업·임업·목축업·농촌부업·어업을 골고루 발전시키며, 인민공사 차원에서는 인민공사에 알맞은 농부업생산물 가공업 등을 발전시켜, 인민공사를 다종경영을 하는 공업·농업 연합기업소로 점차 변화시킬 것을 요구한다. 그 결과 1978년 알곡생산이 크게 증가하여 알곡 무당 수확고는 1,400여 근으로 올라갔으며, 다종경영의 총생산액이 1억 4,500만 원으로 농부업 총수입의 54.7%를 점유하게 된다.[28]

(나) 생산량책임제(包産)

다종경영 방침과 함께 농촌에 부여한 생산대 중심의 소유권, 분배권, 경영관리권 등의 자주권 확대방침은 '생산량책임제'의 보편적 실시로 이어지게 된다.[29] 중국의 '생산량책임제'는 생산량의 책임을 생산대

---

[28] 铁瑛,「大力发展多种经营」,『紅旗』1979年 2期.

[29] 1978년 초 이미 안후이성의 완리와 같은 경우는 다양한 책임제가 실시되고 있었다. 즉, 어떤 곳에서는 기준량에 따라 공수를 매기는 방법(按定額記分工), 어떤 곳에서는 농망기에는 소면적을 맡기고(有的農忙實行小段包工), 농한기에는 시간에 따라 평가하는 방법을 실시(按時記工加評議)하였다. 또 어떤 곳에서는 생산대 밑 작업조 단위의 채산과 분배방식을 실시하고(包工到作業組), 생산량과 노동 보수를 연결하여, 생산량을 초과하면 장려(超産獎顧)하는 방법 등을 실시하였다. 이에 '생산량책임제'를 실시한 133개 생산대 가운데 81% 생산대는 증산의 효과를 가져 온 반면 '생산량책임제'를 실시하지 않은 생산대 가운데 증산한 생산대는 43%밖에 안 된다는 통계를 내놓았다. 周日礼,「落实农村经济政策的几个问题」,『紅旗』1979年 4期.

밑의 작업조에 맡기는 방법으로, 생산대 밑 작업조에게 노동력, 포전 (토지), 생산량, 원가, 공수(노동량)를 정해주어 생산량을 초과하면 장려해 주는 제도를 말한다.30)

중국은 당 11기3중전회 이후 여러 가지 형식의 생산량책임제가 건립되었는데, 초기에는 생산대－작업조와의 관계에서 두 가지 유형이 존재했다. 하나는 "적은 범위에서 공수(노동량)를 맡기고 정액에 따라 보수를 계산하는 방법(小段包工, 定額計酬)"이고, 다른 하나는 "공수(노동량)와 생산량을 맡기고 생산량에 연계하여 보수를 계산하는 방법(包工包産, 聯系産量計酬)"이었다.31) 그러나 생산량책임제의 원칙은 '농민의 자원호혜 원칙'에 좇아, '실정에 맞게' 하는 것이었기 때문에, 생산량책임제의 형식은 다종다양했다.

반면 중국이 초기 농촌에 공식적으로 허가했던 생산량책임제는 인민공사－생산대대－생산대의 3급 소유제 원칙을 견지하며, 생산대 밑의 작업조에서 생산량책임제를 실시하는 방법이었다. 따라서 이는 집체적 통일경영 밑에서 분공책임제로 이루어져야 했다. 그러나 실제 집행과정에서는 집체적인 통일경영을 하는 것이 아니라 분산적인 개체경영을 하는 것으로 나타난다. 그 이유는 농업 생산－분배 단위를 작업조로 축소하였음에도 불구하고, 낙후한 농업생산수준으로 생산－분배 단위의 축소가 경제적 효과로 연결되지 못했기 때문이다. 즉, 생산대와 작업조의 관계에서 생산대는 작업조에게 보장해 줄 자금력과 물력이 없었고, 작업조들은 생산대의 지원이 없는 상태에서 통일적 영도

---

30) 中共广東省委辦公廳調査硏究室, 「對農業聯系産量責任制的看法」, 『紅旗』 1979年 4期.

31) 本刊評論員, 「關鍵在于怎樣對生産有利 — 論加强和完善農業生産責任制」, 『紅旗』 1980年 20期.

밑에 분공 협조할 필요가 없었다. 또한 작업조의 생산량은 주로 자급성을 띤 생산에 불과할 뿐, 상품으로서의 생산이 얼마 되지 않았다. 이에 실제 통일적으로 분배한다 하더라도 이것은 작업조에서 마땅히 받아야 할 분배 몫에 불과했다. 즉, 작업조 단위의 통일적 분배란 장부상의 거래에 불과했다. 결국 작업조 단위의 생산량책임제는 "국가수매량과 집체에 남기는 것을 제외하고 나면, 나머지만 개별 농민들에게 분배되어(保証國家的, 留足集体的, 剩下全是自己的)" 농업생산의 경제적 효과도 거두지 못하고, 농민들에게 물질적 자극효과도 거두지 못했다. 이로부터 1979년 하반기부터 "생산량을 매호에 맡기는 책임제(包産到戶)", 즉 가족농 형태의 생산량책임제가 등장하기 시작한다.[32] 그리고 가족농 형태의 생산량책임제는 1984년까지 급속히 확대된다.[33]

도입되자마자 급속한 확산속도를 보였던 가족농 형태의 생산량책임제는 "三自一包(자류지 생산, 자유시장, 손익자기채산)"를 허용한다는 측면에서 사유제 토대하의 개인영농이 아닌가 하는 의구심을 낳았다. 즉, 사회주의와는 서로 부합하지 않는 것으로 여겨졌다. 그리고 이를 둘러싼 활발한 논쟁이 이루어진다.[34] 당내 논쟁은 1980년 5월 30일의

---

[32] 중국은 '농가단위생산책임제(包産到戶)'의 출현 배경에 대해 다음과 같이 설명한다. "과거 인민공사화의 과정에서 전민소유제를 일면적으로 강조하여 '과장풍', '공산풍', '맹목적 지휘풍' 등의 문제가 발생했다. 이에 농촌경제의 집체경제가 무너지고, 농업 생산력이 정체와 하락된 상태에서 ① 생산대의 규모가 너무 커서 분배에서 평균주의가 지속되고 농민들의 적극성을 고취하지 못하였다. ② 농촌 간부들의 집체경제 관리 능력이 낮은데다가, 어떤 사람은 농업노동에 참가하지 않으면서 탐오·절도하고, 어떤 사람은 많이 먹고 많이 차지하는 현상이 나타나게 되었다. ③ 마음이 맞지 않고 하기 싫은 것을 하는 것보다 개인영농을 하는 것이 더 낫다." 余國耀, 「怎樣看包産到戶」, 『紅旗』 1980年 20期.

[33] 1981년 6월까지는 '정액포공'(小段包工, 定額計酬), '연산도조'(包工包産, 聯系産量計酬)가 주류를 이루었지만 1981년 10월에는 '包産到戶'가 38%, 1984년 말에는 '包干到戶'가 99%를 이루었다. 박정동, 『개발경제론 — 중국과 북한의 비교』, 서울대학교출판부, 2003, 65쪽.

덩샤오핑 담화와 농업정책을 주관하고 있었던 완리(万里)에 의해 가족농 형태의 생산량책임제를 정식으로 승인하고, 중앙75호 문건을 추인함으로써 일단락 짓게 된다.35)

농업부문에서 각 성·시의 분권화에 기초해 부여한 다종경영과 생산량책임제라는 자주권은 농업생산을 크게 증대시켰다. 특히 생산량책임제가 매호 단위로 진행되는 가족농업이 된 후에는 농업생산액의 증가가 두드러졌다. 또한 다종경영을 통한 농민의 작물선택권 부여는 농업 산출 구성에 다변화를 가져온다. 즉, 개혁 이전 시기에는 쌀을 비롯한 경종작물 생산액의 비중이 높았지만, 개혁 이후에는 축산 및 수산업이 전체 농업생산 성장을 주도하는 구조로 변화하였다.36) 이것은 농업부문에서의 분권화 및 자주권 부여 조치가 농업생산의 증대로 나타났고, 농업생산의 증대는 곧 알곡 중심의 자급자족적 생산을 넘어, 특화작물 및 고기, 육류 및 야채 등의 다변화된 상품 생산물을 생산하

---

34) 당시 가족농 형태의 생산량책임제를 옹호했던 주된 논리는 다음과 같다. "농가단위 생산책임제(包産戶)는 경작한 땅에 대한 단지 사용권을 가질 뿐이지 사유권이 아니다. 생산을 책임지는 것(包産)은 생산책임제의 특징이다. 농업 집체 소유제의 부정이 아니다. 생산책임제로서의 包産은 경작지를 농가가 소유하는 것(分田到戶)과 근본적으로 구별이 된다. 分田到戶는 명백히 개인농이다. 이것은 반드시 반대 입장을 견지해야 한다. 그러나 생산책임제로서의 包産은 일종의 생산의 노동조직형식으로 과거 평등주의(大呼隆)와 도장만 찍는 출근형식(出勤不出工)을 부정하는 것이며, 과거 노동에 따른 분배를 위반하고 다같이 나눠먹는(大概工分)것을 부정하는 것이다." 許滌新, 『中國社會主義經濟發展中的問題』, 北京: 中國社會科學出版社, 1982, 4~5頁.

35) 중앙 75호 문건에 대한 중앙당교의 보고문에 따르면, 일부는 "농가단위생산책임제(包産到戶)"를 요구하고, 일부는 여전히 통일적 경영과 정량보수를 요구한다면, 억지로 하게 할 것이 아니라 "농가단위생산책임제"도 실시하고, 원래의 형식도 공존하도록 하였다. 왜냐하면 "지금 이른바 생산책임제란 원래의 개념을 넘어서 농업체제를 개혁하는 것과 관계되기 때문에", 함부로 손을 대지 말고 먼저 조사연구를 진행하며, 시험을 진행해 본 후에 확정해야 한다는 것이다. 杜潤生, 「农业生产责任制马农村体制改革」, 『紅旗』 1981年 19期.

36) 이일영, 『중국의 농촌개혁과 경제발전』, 서울대학교출판부, 1997, 11~13쪽.

는 농업구조로 변화하고 있다는 것을 의미했다.

다. 전업호의 출현과 상품유통

가족농 형태의 책임제가 중국 농업형식으로 정식 인정됨에 따라, 가족농 형태의 책임제는 "전업에 따라 맡기는 책임제(專業包産責任制)"로 세분화되기 시작한다. 이 책임제는 농업에 기능이 있는 농민과 농가에게 경지 전부를 맡기고, 부업에 기능이 있는 농민과 농가에는 부업을 맡기는 방식이다. 그리고 전업방식의 책임제는 전문대(생산대), 전문조(작업조), 전문호(농가), 전문인원제(농민)로 다양하게 조직되었다. 특히 앞선 다종경영 방침과 가족농 중심 가정부업이 급격히 '전업호'로 발전하게 된다.

당시 사례에 의하면 간쑤성(甘肅省)의 성급 단위 전업호의 상황은 ① 온 식구가 부업 노동에 종사하거나, 대부분 식구가 부업 노동에 종사하는 전업호 ② 대부분 식구가 집체농업 노동에 참가하고, 개별적 식구가 부업에 종사하는 농호 ③ 온 식구가 집체농업 노동에 참가하고, 개별적 식구가 여유시간을 타서 부업에 종사하고 있는 농호 등 여러 형태의 전업호가 존재하는 것으로 나타났다.[37]

문제는 가정부업이 전업호로 이동하면서 농사만을 전담하는 전업호와 부업 생산만을 전담하는 전업호로 자연스럽게 구분되고, 농사를 짓는 전업호에게 농사를 짓지 않는 농호가 '토지를 위탁하는 현상(土地转包责任制)'이 나타났다는 것이다.

중국은 1980년부터 공식 승인한 가족농 형태의 생산량책임제를 공평하게 실시하기 위해 토지를 인구에 따라, 노력에 따라 균등 분할하

---

37) 檐武·林樣金·黃毅, 「對社員家庭副業專業化的初步探討 — 甘肅省農村專業戶調查報告」, 『紅旗』 1980年 22期.

였다. 그러나 토지를 균등 분할하다보니 농가 별로 좋은 땅과 나쁜 땅을 골고루 나누게 되었다. 여기에 농가마다 노력의 다소(多少)와 강약(强弱)이 다르고, 기술수준이 다르며, 생산도구를 가지고 있는 형편도 달랐다. 따라서 실제 농업생산에서는 토지와 노력에 따라서 다시 이들을 재조합할 것이 요구되었고, 재조합 과정은 자연스럽게 전업호를 발전시키게 된 것이다. 그리고 이와 같은 분업과 협작을 통한 전업호의 출현은 단순히 농업생산을 증대시키는 결과만이 아니라, 농가소득을 크게 증대시켰다.38)

또한 부업 생산을 전담하는 전업호들은 그 경영범위를 농업생산 영역으로부터 가공, 유통 영역까지 넓히는 '연합 경영'을 도모하게 된다. 이처럼 농업부문에서 이루어진 다종경영 → 생산량책임제를 통한 생산 증대와 전업과 협작 → 전업호 출현을 통한 농가소득증대는 사회주의 계획경제체제 아래서의 농업구조를 완전히 변화시킨다. 그리고 이와 같은 농업개혁의 성과는 중국 경제개혁의 목표를 '조절에서 개혁'으로 변화시키는 원동력이 된다.

〈표 1-2〉 중국의 농가소득증대 추이

	1978	1980	1984	1985
1인당 순수입(元)	133.6	181.3	355.3	397.6
1인당생활소비지출(元)	95.1	162.2	273.8	317.4
농가저축연말잔액(億元)	56.7	117.0	438.1	564.8

※ 자료: 國家統計局, 『中國統計年鑑』, 北京: 中國統計出版社, 1986, 항목별 종합 재구성.

---

38) 전업호 가운데서 연간 수입이 1만 원 이상의 농가를 '만원호(萬元戶)'라고 부르는데, 1983~1984년에 걸쳐 신문에 크게 선전될 정도였다. 윤영자 역, 『鄧小平時代의 中國經濟』, 비봉, 1987, 152쪽.

(3) 시험적 기업개혁과 경제관리체제개혁

가. 기업개혁의 출발점

1978년 12월 중국의 당 11기3중전회는 국민경제의 비례·균형발전을 목표로 하여 농업우선발전정책을 택하였지만, 전반 경제관리체제의 개혁에 대한 총적인 방향을 제시한 것은 아니다. 다만 역사적 경험에 근거하여 중앙-지방의 권한분담방식이 아니라, 생산단위의 자주권을 부여하는 방식을 통해 경제관리체제를 조절해야 한다는 입장이었다. 그리고 국민경제의 경영관리방법에서 경제법칙에 따라 가치법칙의 작용을 중요하게 생각하고, 경제적 공간과 경제적 수단을 더욱 활용하여야 한다는 방침을 제기하였다.

이와 함께 1978~1979년 당시 중국의 국영기업소는 소위 기업개혁을 시작하기에 경제적 조건과 기업 상황이 좋지 않았다.

첫째, 경제의 균형이 파괴되면서 원자재, 연료, 전력 공급이 따라가지 못해 많은 기업소들에서 생산이 중지되거나 생산량이 하락하고 있는 상태였다. 당시의 상황에서 기업소의 경제책임제(독립채산제)를 실시하면 외부 요인으로 인해 생산계획을 완수하지 못할 것이 분명했다. 이에 이윤손실에 대한 책임을 기업소에 물을 수는 없었다. 즉, 당면한 원자재, 원료, 전력 등의 공급문제를 해결하지 않고서는 기업소의 책임을 따질 수도 없고, 또 기업소의 생산성과와 이윤에 따라 물질적 장려를 할 수 있는 근거도 없었다.

둘째, 국가 공급체계를 통한 국유기업소 생산물 제품의 가격이 가치를 실제적으로 반영하고 있지 못하였다. 이에 국가에 시급히 요구되는 생산품(양식, 석탄)은 가격이 낮고, 국가에 요구되지 않는 생산품의 가격은 오히려 아주 높았다. 또한 원자재 가격은 낮고, 가공품 가격은 높앉다. 이런 상황에서 기업소의 손익을 자체로 해결하라고 한다면, 국가에서 요구되는 원자재·연료 생산은 줄어들거나 심지어는 중지되게 될 것이며, 반대로 가공공업은 크게 발전하여 국가의 균형은 더욱 파괴될 것이 예상되었다.

셋째, 당시 세금제도는 낡은 것이어서 업종 및 기업소의 발전방향을 조절하기 힘들었다. 국가에서 요구되고 공급이 따라가지 못하는 제품들은 세금이 비교적 많고, 요구되지 않고 창고에 쌓여있는 제품은 세금이 적었다. 또한 많은 업종(주로 채취업)들이 자연조건의 제한을 받아, 각 기업소 간의 이득 차이가 컸기 때문에 이윤을 나누는 제도가 잘 실시될 수 없었다. 더불어 어떤 기업소는 국가에서 많이 투자하고 설비가 좋으므로 노동생산능률이 높지만, 어떤 기업소는 반대여서 기업소 간의 이윤을 나누는 제도가 잘 실시될 수 없었다.[39] 이에 중국은 1979년 6월 18일 제5기 전국인민대표대회 제2차 회의를 통해 당면한 4개 현대화를 위한 국민경제의 조정(調整), 개혁(改革), 정돈(整頓), 제고(提高)의 新8字 방침을 다시 한 번 강조하며, 3년간의 조정기를 갖기로 한다.[40] 따라서 '3년간의 조정기'를 통해 중국의 초기 기업개혁은 기업개혁의 필요성과 방향성을 모색하고, 이에 따른 시험적 조치 등을 실시하는 것으로 매우 제한적으로 시작하게 된다.

중국의 초기 기업개혁은 이 같은 조정기 방침에 따라, 자주권 부여 단위를 제한적으로 선정하여 '시험적 기업개혁'을 실시하는 한편, 기업

---

[39] 薛暮橋, 「經濟管理体制改革問題」, 『紅旗』 1979年 8期 ; 薛暮橋, 『中國社會主義經濟問題研究』, 北京: 人民出版社, 1982, 191~216頁.

[40] '조정(調整)'은 국민경제의 불균형을 비례관계로 조절, '개혁(改革)'은 경제관리체제의 개혁, '정돈(整頓)'은 현유기업소들의 정돈, '제고(提高)'는 생산수준, 기술수준 및 관리사업수준을 크게 높이는 것이다. 華國鋒, 「在五屆人大第二次會議上的政府工作報告」, 『紅旗』 1979年 7期.

전반에는 '기업소 재정비'를 기본 사업을 설정한다. 이때 시험적으로 자주권을 확대 실시하기로 결정된 기업들은 채산성이 높고 기업 환경이 좋은 곳이다. 즉, 중국의 기업분권이 행해지는 우선순위는 국가의 중점적·전략적 기업이 아닌 채산성 실시가 용이한 기업이었다는 점이 주목할 만하다.

나. 시험적 단위 기업의 자주권 확대

중국의 국가경위, 재정부, 외무부, 중국 인민은행, 국가노동총국과 물자총국 6개 부문은 1978년 말부터 1979년까지 우선 쓰촨성(四川省) 100개 기업과 베이징(北京), 티엔진(天津), 상하이(上海)의 8개 기업을 선정하여 기업의 자주권 확대를 시험적으로 실시하기로 했다. 그리고 1979년 7월 국무원은 '국영기업소의 자주권 확대를 위한 약간의 규정(關于擴大國營工業企業經營管理自主權的苦干規定)'을 통해 각 지구, 각 공업부문에서 비교적 정돈이 잘되어 있고, 관리가 잘되는 기업 가운데 이익을 내는 곳을 선택하여 국가경위를 거쳐 재정부에 심사를 받게 하였다. 심사 결과 1979년 말 기업소의 자주권을 시험적으로 실시하게 될 기업은 총 4,200개로 정해졌다. 1978년 100개 기업에서 1979년 4,200여 개 기업으로 자주권 실시 기업이 증가한 이유는 초기 쓰촨성 100개 기업들의 경제적 성과가 명백했기 때문이다.

1979년 당시 쓰촨성 내 100개 기업소에서 시험적으로 실행한 자주권 확대 조치는 7가지의 내용을 담고 있었다. ① 이윤을 비례에 따라 공제하는 권한, ② 자체로 자금을 마련하여 확대재생산을 진행하는 권한, ③ 고정재산의 감가상각비를 많이 공제하는 권한, ④ 부분적 제품의 판매권한 및 계획외의 생산 권한, ⑤ 비례에 의한 외화공제 권한, ⑥ 자금의 기동적 사용권한, ⑦ 징벌권한이 그것이다.[41] 결과적으로 이 조치로 인해 쓰촨성 내 84개 지방공업기업소의 상반기 공업생산총액이 전년도 같은 기간에 비해 15.1% 증가, 이윤은 26.2% 증가하였으며, 전 성(城)적으로 공업생산총액은 9%, 이윤은 17.1% 증가하였다. 또한 국가에 상납한 이윤도 지난해 같은 기간보다 25%나 증가하였다. 이에 쓰촨성의 기업소 자주권 확대 사례는 뚜렷한 경제적 효과를 보았으며, 개혁을 지향하는 사람들의 높은 지지를 받았다.

또 다른 자주권 시험 도시는 티엔진시(天津市)이다. 티엔진시는 경공업 중점 도시로 당시 기업에 하달하는 계획지표를 적당히 줄이고, 줄인 지표만큼 사회적 수요에 맞는 생산품을 생산하도록 하였다. 이에 정해진 국가 상납액을 제외하고도 기업의 이득을 창출했다. 티엔진시의 경우는 기업이 자체로 상품판매와 유통에 나서는 것도 승인했다. 기업이 직접판매를 통해 이득을 창출하도록 한 것이다. 다음의 〈사례 1〉은 티엔진시 화학공업국과 기계공업국 산하 기업들이 계획지표 조절을 통해 판매 가능한 상품을 자체 생산한 사례이며 〈사례 2〉는 기업이 직접 주문판매를 통해 이들을 창출한 사례이다.[42]

〈사례 1〉 기업 계획권한의 자주권 부여

① 기업소 자체적으로 수요 있는 계획지표의 상향 조정 사례
1979년 티엔진(天津市) 화학공업국은 상급에서 하달한 118가지 제품의 생산량 계획 중 63가지 제품이 사회적 수요량이 계획숫자보다 많다고 판단했다. 또한 기업소 자체의 생산 능력이 있다고 판단하여, 63가지 제품의 생산량은 평균 40%씩 더 생산하여 기업소의 생산능력을 향상시켰다.

---

41) 馬洪, 「改革經濟管理体制与擴大企業自主權」, 『紅旗』 1979年 10期.
42) 이하 사례는 다음을 참조. 方放 · 宋福成 · 遇春光, 「重視流通過程, 把經濟搞活」, 『紅旗』 1980年 10期.

② 계획지표의 축소, 기업소 자체 수요 창출 사례
티엔진시(天津市) 기계공업국은 1979년 계획임무가 1978년에 비해 7% 정도 감소된 채 하달되었다. 감소된 계획지표는 시장의 수급조절을 통하여 수요가 많은 상품에 대해 더 많은 생산을 하였고, 이를 통해 3억 원의 생산액이 증가하였다. 이는 1979년 계획산품의 총생산량의 17%를 차지하였고, 전년대비 총생산량의 9.48%를 더욱 많이 생산하였다

〈사례 2〉 기업 판매 유통의 자주권 부여

티엔진시(天津市) 치약화장품공사는 10여 개 성, 시의 상업 2급참과 대형상점대표가 참가한 상품감정선택회를 개최하여 100가지 새 제품 가운데 75가지 제품에 대한 주문 판매를 받았다. 이에 1주일 동안 1천 500만 원의 매매액을 달성하였다.

이상 두 가지 사례에서 볼 수 있듯 중국은 일시에 기업의 자주권 범위를 확대할 수 없기 때문에, 각각의 특성에 맞게 기업의 경제채산제를 실시하도록 하였다. 그리고 시험적 조치의 성공은 기업개혁을 심화시키는 논거로 작용했다. 차후 시험적 단위들의 높은 경제적 효과는 이들 단위에 이윤유보액을 더욱 증가시킬 수 있도록 1980년 1월 국무원은 국가경위와 재정부가 입안한 '국영기업소의 이윤유보실행에 관한 방법(關于國營工業企業利潤留成實行辦法)'을 비준한다. 이 '방법'은 자주권 확대 기업에 대해 이윤유보액을 늘리는 것이다. 그러나 이윤유보액을 늘리는 방법은 각기 다른 유형의 기업, 그리고 각기 다른 상황에 처해 있는 기업소에 일률적으로 적용할 수 없었고, 일부 기업의 적극성을 우선적으로 추동하는 데 불리했다. 따라서 국가-기업의 이윤 분배에서 ① 전액이윤을 남기는 방법(全額利潤留成), ② 이윤유보액을 증가시키는 방법(增長利潤留成), ③ 계획이윤유보액 초과 시 잉여이윤을

자체로 책임지는 방법(超計划利潤留成, 利潤盈亏包干), ④ 세금으로 이윤을 대신하고 손익을 스스로 책임지는(以稅代利, 自負盈亏) 등 다양한 방법을 채용할 필요성이 제기된다. 그리고 1980년 9월 국무원은 각개 기업소들이 적합한 방법을 채택하는 것을 허락한다.[43]

이처럼 기업의 자주권 부여 단위는 더욱 확대되어 1980년에는 6,000여 개의 기업을 대상으로 하였고, 이들은 국영기업의 총 숫자 중 15% 정도에 해당하였다. 또한 자주권 확대 기업이 국가에 상납한 이윤액은 1979년에 비해 1980년 6.3% 증가하였다. 이에 1981년 4월 국무원은 국영기업소의 경제책임제 실행을 더욱 확대할 것을 안건으로 제출한다. 따라서 1979년에 시작한 기업소의 자주권 시험 조치는 해를 거듭할수록 각 기업소의 다양한 이윤을 유보시켜, 기업소 이익과 손실에 대해 스스로 책임지는 방법(경제채산제, 독립채산제)을 실시할 수 있도록 하였다.

〈표 1-3〉 중국의 자주권 확대 이후 국가와 기업의 이윤 증가액

년도	기업의 국가상납액	국가지출액	국가의 실제수입	기업의 유보자금
1978	1.8억 원	1억 5,000만 원	2,300만 원	없음
1979	2.1억 원	7,000여 만 원	1.4억 원	1,900만 원
1980	2.4억 원	5,000여 만 원	1.9억 원	3,900만 원
1981	2.7억 원	1,000여 만 원	2.59억 원	4,000만 원

※ 자료: 國家統計局, 『中國統計年鑑』, 北京: 中國統計出版社, 1986, 항목별 종합 재구성.

---

43) 趙蔭華,「堅持改革方向, 認眞總結經驗不斷發展和完善工業生産經濟責任制」, 中國人民大學政治學習資料室 編,『中國社會主義經濟問題』, 北京: 地質出版社, 1983, 200~212頁.

다. 현유(現有) 기업소의 재정비[44]

중국의 1978년까지 공업관련 기업 수는 총 34만 8,000개로, 이 중 34만 4,000개가 소기업에 해당하였다.[45] 따라서 소수 기업소의 자주권 확대 시험은 "노동생산율 향상과 생산량 증대"에 기여하였지만, 국민경제 전반에 걸쳐 다수를 차지하는 현유 기업소 재정비는 "경제적 효과성"을 목적으로 하였다. 이에 기업소의 재정비는 중점기업을 중심으로 국가예산 내 투자를 통한 설비갱신과 기술개조를 한편으로 하고, 다른 한편으로는 기업의 폐쇄, 정지, 합병, 전환의 과정을 통해 기업의 전문화·협업을 통한 재조직의 방향으로 전개된다.

(가) 설비갱신과 기술개조

중국의 기업 설비관리제도는 '1차 5개년계획 시기'의 소련 방법을 그대로 들여왔다. 이 제도는 일반적으로 감가상각년한을 25~30년으로 잡고, 설비갱신을 세 가지 절차에 따라 나누어 진행하는 것을 골자로 하고 있다. 첫째는 일상적보수비, 둘째는 대수리비, 셋째는 설비갱신비로 새로운 건설공사나 새 설비를 구입하는 데 쓰는 것으로 나눈다. 그리고 일상적 보수비와 대수리비로 쓰는 기금은 기업소에 남겨두고, 양적으로 가장 많은 설비갱신비는 국고에 바치게 되어 있었다.[46]

---

[44] 중국의 현유(現有) 기업소란 '현재 존재하는 기업소'이다. 시험적 기업개혁을 전개했던 기업소 외의 시험적 단위에 들지 않았던 기업소를 지칭한다.

[45] 중앙정부와 부처의 통제를 받는 대기업은 2,500여 개로 전체 공업산출의 30~40%를 담당하고 있었다. 그리고 성(省), 시(市) 경영기업은 3만~4만여 개로 이들은 주로 국영기업이었으며, 12만 5,000개는 집체소유기업이었다. 그 외 대부분을 차지하는 소규모 기업은 현(縣), 향(鄕) 관리기업으로 4만~5만여 개에 달했다.

[46] 孫冶方, 「從必須改革'复制古董, 凍結技術進步'的設備管理制度談起」, 『紅旗』 1979年 6期.

이 설비제도의 문제는 기업에서 낡은 설비를 갱신하거나, 새로운 설비를 구입하려면 새로운 기업소를 건설하는 것과 마찬가지로 절차와 과정이 복잡하다는 점이다. 기본건설항목의 결재절차에 따라 한급 한 급씩 상급에 보고하여 결재를 받아야 하는 것이었다. 때문에 결재가 용이하지 않은 현실에서 국고에 바쳐진 설비갱신기금은 주로 새로운 기업소를 건설하는 데 돌려지고, 원래의 기업소를 개조하는 데 쓰이지 않았다. 또한 일상적 보수비와 대수리비의 사용목적에 따른 구분이 명확하여 서로 돌려 쓸 수 없었다.

> 1978년 발전소에서는 일상적 보수와 기술혁신을 위해 주어진 280만 원의 일상적 보수비를 다 써버렸다. 따라서 일상적 보수를 중시하여 규정대로 대수리를 할 때가 되었는데도 그들은 실제적으로 대수리를 할 필요가 없었다. 400만 원의 대수리비를 은행에 예금해두고 한 푼도 쓰지 않은 채, 이후 일부 설비들을 계속 보수하고 싶고, 기술혁신을 하고 싶어도 일상적 보수비를 다 써버렸기 때문에 하지 못하고 있다.[47]

더불어 길게 책정되어 있는 감가상각년한은 그나마 감가상각률 또한 매우 낮게 책정하게 하였다. 당시 기업의 감가상각비는 고정재산총액의 3.3%로 책정되어 있었고, 이 중 50%는 국가에 바치고 실제 기업이 차지는 감가상각비율은 고정재산총액의 1.65% 정도였다.[48]

---

[47] 孫冶方, 「從必須改革'复制古董, 凍結技術進步'的設備管理制度談起」, 『紅旗』 1979年 6期.

[48] 예를 들어 上海市 공업의 감가상각률은 평균 4.2%로 현행규정에 따라 70%를 기업소에서 사용하면 설비를 갱신하는 데 34년 이상이 걸린다. 또한 안산강철 공사의 감가상각률은 2.92%로 전액 기업소에서 쓰게 하면 34년, 현행규정대로 70%를 쓰게 하면 설비 갱신에 48년 이상이 걸린다는 통계가 산출된다. 周冠五, 「工業經濟責任制是企業依靠群衆提高經濟效益的新路子」, 中國人民大學政治學習資料室 編, 『中國社會主義經濟問題』, 北京: 地質出版社, 1983, 218頁.

현유 기업소의 재정비 과정에서 나서는 1차적 요구는 감가상각률을 점차 높여 감가상각기금의 전부를 기업소에 돌리는 것이었다. 그리고 이를 통해 현유 기업소의 갱신과 기술개조를 촉진하고자 하였다. 그러나 1981년 당시 국가는 재정적자의 상태였다. 이에 감가상각률을 대폭 올리는 것은 불가능했다. 또한 감가상각률을 높여 오랜 기업의 기술개조를 하느니 새로운 기업을 건설하는 것이 더 효과적이라는 견해도 존재하였다.[49] 문제는 기술개조 자금의 조달이었다. 따라서 제5기 전국인민대표대회 제4차 회의(1981년 11월 30일~12월 1일)에서 자오쯔양(趙紫陽) 총리는 기업의 감가상각기금, 이윤유보금 중 생산발전기금, 그리고 상급에서 나누어준 유관한 자금 모두를 구별 없이 현유 기업소의 기술개조와 설비갱신에 사용할 것을 강조한다. 즉, 고정재산 투자기금 및 감가상각기금에 의존한 설비갱신과 기술개조가 아니라, 기업에 유보되는 각종 자금 모두를 설비갱신과 기술개조에 사용하라는 것이다.[50] 이로써 현유기업소의 설비갱신과 기술개조를 위한 기업의 재정유보자금은 확대되게 된다.

---

[49] 일부 재무일꾼들이 반대하는 이유는 현유 기업소가 만일 감가상각유보율을 1% 높인다면, 해마다 재정수입이 몇 십억 원씩 줄어들기 때문이었다. 孫治方, 「從必須改革'复制古董, 凍結技術進步'的設備管理制度談起」, 1979年 6期. 당시 감가상각률을 7~10% 정도 올려야 한다는 제기가 많았는데, 이처럼 반대 의견도 있었다. 따라서 초기 개혁의 과정에서는 감가상각률을 높이는 방법보다는 이윤유보금 중 새로운 건설 자금을 동결하는 방법을 더 많이 사용하였다. 馬洪, 「對現有企業進行技術改造是我國經濟發展的一項戰略任務」, 中國人民大學政治學習資料室 編, 『中國社會主義經濟問題』, 北京: 地質出版社, 1983, 116~117頁.

[50] 趙紫陽, 「当前的經濟形勢和今后經濟建設的方針 — 1981年11月30和12月1日在第五屆全國人民代表大會第四次會議上的政府工作報告」, 『中華人民共和國全國人民代表大會常務委員會會報(第五号)』, 北京: 中華人民共和國全國人民代表大會常務委員會辦公廳, 1983年 12月 25日.

(나) 기업의 재조직

　전반 기업에 대한 설비갱신과 기술개조가 추진되는 것과 동시에 현유 기업의 재정비는 낮은 질의 제품을 생산하는 기업, 원자재 소모율이 높은 기업, 장기간 이익을 보지 못한 기업, 오염을 일으키는 심각한 기업들을 대상으로 하여 폐업, 정지, 합병, 전환을 시작한다. 당시 현유 기업의 재정비는 1984년까지 완성을 목표로 1차 단계로 추진되며, 1981년 당시 국민경제 중 중요 의의가 있는 300개의 기업에 대해 우선적으로 정돈하기로 한다.

　국가는 우선 대형, 중형 골간적 기업소들을 선택하여 정돈하여야 했기 때문에 대형, 중형 골간 기업소 정돈을 위해 중소형 공업기업소들을 폐업, 정지, 합병, 전환하려고 했다. 따라서 국가는 ① 특별히 에너지 소모가 많은 야금공장, 화학공장 ② 제품의 질이 매우 좋지 못한 기계, 전자공장 ③ 경제적 효과성이 매우 낮은 석유정제공장 ④ 선진적 기업소와 원자재, 연료, 동력을 서로 차지하려고 다투게 되는 일부 현급, 공사급 공업기업소들을 폐업시키거나 생산을 중지시킬 것을 요구했다.[51]

　그러나 현실은 국가의 의도와는 다르게 진행되었다. 현실은 기업소의 자주권이 확대되고, 기업이 융통할 수 있는 재정권한이 생기게 됨에 따라 이윤이 나는 생산에 주력했다. 또한 이윤이 남는 생산을 위해 자체 건설을 지속적으로 전개했다. 따라서 '경제적 효과성'을 목표로 한 기업소의 재정비는 전업화, 협업, 연합경영을 통해 자유로운 기업의 재조직 및 재건설을 지향하는 것으로 전개되었다. 그리고 이와 같은 기업의

---

[51] 허위적인 속도, 수요에 맞지 않는 생산을 통해 생산액을 늘리는 데 열성이 높지만 당면한 주요 문제는 효과성 문제라고 지적한다. 趙紫陽,「關于当前經濟工作的几个問題」,『紅旗』1982年 7期.

재조직 과정은 부문과 부문, 지구와 지구, 군수와 민영 공업 사이의 구분을 없애고, 각이한 소유제 형태의 구속을 받지 않고, 경제의 내재적 연계와 전문화·협업의 원칙에 따라 재조직할 것을 요구하게 된다.52)

이처럼 시험적 기업개혁이 성과를 거두었음에도 불구하고, 이를 전반 기업에 적용하는 데 어려움이 따랐다. 특히 국영기업소를 기술 개조하기 위한 자금 확보와 보장이 문제였다. 이에 따라 시험적 기업개혁은 국가가 재정적자 상태에서 기술 개조 및 투자자금을 보장하지 못하기 때문에, 기업소 자체적으로 이윤이 나는 생산조직으로 재조직, 연합, 협작하는 방향으로 기업개혁이 확대 전개된다. 그러나 국유기업의 재조직은 반드시 체제개혁과 결합되어야 했다. 즉, 원자재와 제품의 분배체계, 가격과 세금체계, 기업소의 계통별, 기구별 관리체계, 유통체계 개혁과 연관되어야 하는 문제인 것이다. 또한 가격-재정-금융의 전반 경제관리체제의 개혁이 요구된다. 따라서 중국은 농업개혁의 성공과 시험적 기업개혁의 성과에 기반하여, 1984년 시장을 공식화하면서 개혁을 전면화시키게 된다.

3) 1984년 '경제체제개혁에 관한 결정(关于经济体制改革的决定)'과 시장의 공식화

앞에서 고찰한 바와 같이 중국의 경제개혁은 농업부문에서는 지방분권의 형태로, 기업부문에서는 기업분권의 형태로 책임-권한-이익의 자주권을 확대해 나갔다. 농업부문에서는 수매가 가격인상, 보조금 지급 등의 우대정책을 펼쳤으며, 농민들의 재량권(소유권, 작물 재배

---

52) 薛暮橋, 「再論計划調節与市場調節」, 『紅旗』 1981年 1期.

권, 부업생산경영권)을 크게 확대하여 농업생산 증대에 기여하였다. 특히 농업개혁은 고무적인 농업생산 증대에 힘입어 농업구조 개혁에 이르게 된다. 반면 시험적 기업개혁은 일정한 성과를 거두었음에도 불구하고, 사회주의 국유기업개혁이 갖는 특성상 기업개혁을 전면화하기 위해서는 가격-재정-금융 등의 전반 경제관리체제의 개혁이 요구되었다. 따라서 중국은 농업과 공업부문의 단계적 개혁을 진행하면서 다음과 같은 두 가지 문제에 직면하게 된다.

첫째, 빠르게 전개된 농업개혁의 성과는 기존 식량공급체계, 상업유통체계와 마찰을 빚었다. 그리고 이는 시장을 활성화시키고, 가격을 상승시키는 등 전반 경제의 물가상승을 불러일으키는 원인이 되었다.

둘째, 농업우대정책과 이윤유보로 자주권을 시험했던 기업소 개혁은 국가의 재정문제를 심각하게 만들었지만, 국가의 재정통제능력은 적었고 자주권을 확대한 기업의 재정유출은 더욱 확대되었다.

이와 같은 개혁의 전개과정상의 모순들은 개혁의 심화정책을 더욱 요구하게 되었다. 구체적으로는 농업생산물의 유통체계를 시장 중심으로 확립하는 것과 기업소 개혁의 전면화를 통해 가격-재정-금융의 2차 개혁을 진행할 것이 요구되었다. 이에 중국은 1984년 '경제체제 개혁에 관한 결정(이하 '84 결정)'을 선포하고, 시장을 공식화하면서 계획과 시장의 이중구조를 형성하게 된다.

(1) 개혁의 딜레마와 '84 결정

가. 산업 간 불균형과 시장질서의 문란

개혁의 전개과정에서 부닥친 첫 번째 문제는 산업 간 개혁 속도의 차이에서 비롯된 것이었다. 특히 개혁 속도의 차이는 상품생산과 유통,

판매문제와 긴밀히 연관되었다. 첫째, 농업개혁으로 인하여 농산물과 부업생산물의 상품률이 대대적으로 상승하였고 농민과 상업, 농민과 시장 간의 관계가 밀접해져 농촌의 상품 유통은 날로 확대되어 갔다. 그러나 계획수매와 배정수매 등 국영상업, 공급판매합작사에 의해 경영되는 농촌상업관리체제는 이런 변화에 적응하지 못하였다. 여기에 인민공사에서는 국가에서 규정한 판매량 임무를 완수한 후에 초과 생산물을 자체로 가공하여, 질이 떨어지는 생산물은 국가에 팔고 질이 좋은 생산물은 자체판매를 통해 이득을 취했다.

둘째, 기업개혁 측면에서는 시험적 단위들에게는 주로 재정적 권한을 유보하고, 전반 기업소에는 이윤유보와 함께 재조직 권한을 부여하였다. 그러나 생산계획권, 물자수매-판매권, 임금지배권, 가격조절권 등의 권한이 제한되었다. 이에 기업의 파행적 운행이 지속되면서 많은 문제를 발생시켰다. 먼저 기업은 생산액이 높고 이윤이 많으며, 원자재와 연료공급을 해결하기 비교적 쉬운 제품들을 대대적으로 생산하였다. 반면 시장의 일용소상품은 적게 생산하는 등 이윤에 따른 맹목적 생산이 계속되었다. 이에 국가는 기본건설 투자규모를 줄이려고 하였지만, 기업은 확대투자-건설을 지속하였다. 따라서 사회의 단순재생산을 보장하는 데 요구되는 일부분의 물자가 기본건설에 돌려지고, 기업소 설비 갱신과 개조에 필요한 물자는 부족하게 되었다. 또 다른 한편에서는 원료·연료와 동력을 생산조건이 좋지 못한 소형 기업소에서 쓰고 있고, 선진적인 기술 장비를 가지고 있는 기업소에서는 역으로 원료·연료·동력이 부족하여 양적 질적으로 제품에 대한 국내외 시장의 수요를 충족시키지 못하는 등 공업 성장 속도에 영향을 미치었다.[53]

---

53) 魏礼群, 「論降低積累率的必要性和途徑」, 『紅旗』 1980年 23期.

이처럼 원료와 연료 공급이 제대로 보장되지 못하자 지방, 부문의 대외 무역 권한을 일부 확대하였다. 그 결과 기업은 제각기 유력한 조치에 따라 무역을 앞 다투어 하고, 값을 낮추어 파는 상행위를 빈번히 하였다. 또한 밀수하고 금지품을 팔며 투기협잡하고 탐오하며 뇌물을 받아먹는 등의 경제 영역에서의 위법 범죄활동 또한 급증하게 된다.[54]

셋째, 이와 같은 농업과 공업의 개혁 속도 차이로 전반 경제체제의 효율성이 저하되고, 지방 본위주의와 기관 본위주의의 행태가 더욱 심하게 나타났다. 즉 부문, 지구, 기업소들이 자신의 이해관계를 좇아 자신의 경제활동을 쉽게 결정하고, 사회적 수요에 맞지 않아도 이윤을 쫓아 맹목적인 생산을 진행했기 때문이다. 반면 상업, 물자부문에서는 그런 제품을 사다 창고 안에 쌓아두어도 조급해 하지 않았다. 또한 어떤 지방에서는 다른 지역의 제품이 자기 지역 내의 시장에 들어오는 것을 허락하지 않거나 제한하고, 일부 지역과 기업소들의 경쟁에서 선진기술, 선진공예에 대해 비밀을 엄수하도록 하는 등 경쟁의 부작용도 나타났다.[55] 모든 것이 자기 지방의 이해관계로부터 출발하였고, 이익을 보호하기 위해 지방의 문을 닫아걸었다.

넷째, 도시 노동자의 취업문제이다. 기본건설을 축소하고 부분적 기업소들이 문을 닫거나 생산중지, 합병하게 되면서 취업문제가 돌출하게 된 것이다. 매년 연말마다 3,000~4,000명의 미취업인원이 존재하게 되면서 노동자모집제도의 개혁과 함께 제3산업을 발전시킬 것이 요구되었다.[56]

---

[54] 趙紫陽, 「關于当前經濟工作的几个問題」, 『紅旗』 1982年 7期.
[55] 劉卓甫, 「怎樣看当前市場物价問題」, 『紅旗』 1982年 1期.
[56] 庄啓東·孫克亮, 「調整時期的城市勞動就業問題」, 『紅旗』 1981年 11期.

나. 재정적자: 개혁과 국가통제의 문제

농업과 공업의 개혁이 선후차를 가지고 단계적으로 진행되면서 국가는 재정적자에 시달렸다. 농업부문의 우대 조치와 기업의 자주권확대에 따른 이윤을 유보했기 때문이다. 따라서 개혁을 보다 심화시키기 위해서는 국가 재정의 확충 문제를 해결해야만 했다. 먼저 국가 재정의 적자 발생 요인을 살펴보면 다음과 같다.

첫째, 국민경제의 비례·균형관계를 조절하는 것을 목표로 설정한 중국 경제개혁의 우선적 조치는 농업 우대정책을 실시하는 것이었다. 그리고 국가에서 가격 차이에 대한 보조금을 지불하기로 한다. 당시의 예상 보조금은 60억 원이었다.57) 그러나 실제 진행 결과 2년 동안 농산물 수매가격은 35% 정도 인상되었고, 노동자 임금도 예정한 계획 이상 증가하였다. 이에 국가재정은 170억 원의 적자를 냈고, 1980년에도 여전히 120억 원의 적자를 발생시켰다. 또한 물가 상승을 방지하기 위해 국가가 양곡, 기름 등의 수매가격을 올릴 때 판매가격을 올리지 않았기 때문에 수매가격이 판매가격보다 더 높아지게 되었다. 이에 농민들의 손에 현금이 많아지게 되니 유동자금양이 증대 하였다. 따라서 시장 가격을 편법적으로 올려 농민시장 상품들의 가격이 계획가격보다 훨씬 높아지는 등의 폐단이 발생하게 된다.58) 따라서 다음 〈표 1-4〉에서 보듯, 국가는 물가 안정을 위해 더더욱 보조금을 확대하게 된다.

---

57) 「党中央, 國務院決定 ― 今日起提高主要副食品銷价并給職工補貼」, 『人民日報』, 1979年 11月 1日.

58) 채소와 같은 경우는 공급부족으로 인해 국가의 보조금도 해마다 많아져 1979년에는 2억 4,000만 원, 1980년에는 3억 1,000만 원, 1981년에는 4억이 좀 넘게 보조하였다. 즉, 공급의 부족은 부식물의 가격이 오른 중요한 원인이었으며, 사람들은 많은 상품들을 하는 수없이 협의가격과 시장가격으로 사지 않으면 안 되었다. 劉卓甫, 「樣看当前市場物价問題」, 『紅旗』 1982年 1期.

〈표 1-4〉 중국 국가재정에서 지출한 물가 보조금

(단위: 억원)

년도	합계	수매가격 인상 후 판매가격과의 차이로 인한 잉여손실 보조금	농업생산 증대를 위한 농업부문의 우대 보조금	수입물자에 대한 국내시장안정을 위한 양식, 목화, 화학비료, 농약 등 5종 상품 잉여손실 보조금
1978	93.86	55.60	23.91	14.35
1979	180.71	136.02	21.79	22.90
1980	242.07	178.56	20.41	43.10
1981	327.72	217.72	21.74	88.26
1982	318.36	240.22	21.35	56.79
1983	341.66	269.52	13.46	58.68
1984	370.00	320.85	8.15	41.00

※ 자료: 國家統計局, 『中國統計年鑑』, 北京: 中國統計出版社, 1986, 611쪽.

즉, 국무원은 소비품의 소매가격을 동결하였고, 다년간 기본 생활필수품과 농업지원용 생산물에 대해 보조금을 지급하기로 하였다. 그러나 도시 노동자의 임금과 상금 등을 올림으로써 개별 가정생활은 향상되었으나, 국민 경제적으로는 임금상승폭과 물가상승폭의 불균형이 초래되었다. 이로 인해 국가는 물가보조금을 해마다 몇 십억 원씩 지불하던 것을 몇 백억 원씩 지불하게 된다. 특히 농업에서 풍작이 될수록 보조금을 더 많이 지불해야 하는 결과를 초래하여, 국가의 재정적자를 빚어내는 중요한 원인으로 작용하게 된다.

둘째, 기업소 개혁에 따라 국영기업소의 순소득에서 중앙에 바치는 재정부분의 비중이 줄어들었다. 여기에 기업소 내부의 임금, 상금, 집체복리기금 등의 사용권을 확대한 결과 기업소들에서는 상금을 남발하게 된다.[59] 즉, 기업소들에서는 이윤에 따라 노동생산능률과 제품의

---

[59] 상금 남발이란 "① 주요한 경제기술지표를 완성하지 못하였거나 경영상의 손

원가를 낮추어 상금을 발행하는 것이 아니라, 가격을 올리거나 편법을 통해 상금을 더 많이 내주는 경향이 발생하였다. 기업소 상금은 비록 국가에서 지불하는 것은 아니지만, 기업소의 생산원가나 이윤의 크기에 비례하여 결정되는 것으로 상금의 다소(多少)는 국가에 내는 이윤금액에 영향을 준다. 또한 생산발전이 빠르지 못하고 시장의 상품공급이 부족한 상태에서 상금을 너무 많이 지불하면 구매력과 상품공급량의 불균형이 초래된다. 이에 국가 재정수지의 균형을 맞추는 데 장애를 초래하게 된다. 즉, 여러 명목의 상금 남발은 상금을 포함한 임금총액을 국가가 장악하기 어렵게 되어, 축적과 소비의 수요총량이 국민소득의 공급을 초과하는 문제가 발생하게 되는 것이다.[60]

셋째, 국가는 1980년 하반기 기업소의 경제책임제 실시를 위해 국가재정에서 내어주던 정액유동자금을 은행에서 대부금의 형식으로 기업소에 대부하도록 결정했다. 그 결과 어떤 지방에서는 기업소들이 원래 가지고 있던 일부분의 유동자금을 지방재정에 납부하여 그것을 다른 기본건설에 돌렸다. 그리고 기업소들에서 모자라는 유동자금은 은행의 대부금으로 해결하였다. 따라서 은행의 대부금은 증가하고 기본건설의 투자규모는 줄지 않는 현상이 발생하게 된 것이다. 이는 화폐발행과 인플레의 요인이 된다.[61] 따라서 국가는 재정적자가 심각해지자,

---

실이 생겼음에도 불구하고 상금을 주는 것, ② 국가의 정책을 어기고 물가를 높이며 불법적 이윤을 획득하며 판매액과 원가의 일부를 상금으로 돌려 불법적인 수단으로 상금을 지불하는 것, ③ 국가 또는 상급에서 규정한 표준을 초과하여 상금을 주는 것, ④ 팔리지 않는 상품을 팔았다거나 부족한 상품을 사들였다는 구실을 대고 상금을 주는 것, ⑤ 기업소 간에 서로 관계를 맺으면서 상금을 보내거나 상급부문이 산하기업소에서 상금을 가져가는 것, ⑥ 국가의 재산을 나누어 가지고 편법적 방법으로 여러 가지 실물 장려를 주는 것 등"을 모두 포괄한다. 孫楨, 「企業獎勵制度的几个問題」, 『紅旗』 1981年 10期, 46~48頁.

[60] 王積業·吳凱泰, 「調整与綜合平衡」, 『紅旗』 1981年 4期.
[61] 段云, 「關于財政, 信貸和物資和平衡的若干問題(續)」, 『紅旗』 1980年 18期.

몇 해 동안 화폐를 120억 원 이상 발행하였다. 1981년부터 국가는 수입을 늘리고 지출을 줄이는 것 외에 해마다 40억 원의 국고 채권을 발행함으로써 재정적자를 30~40억 원 정도로 줄였다. 그러나 화폐 발행량이 계속 증가하여 1983년에는 1978년보다 화폐 유통량이 150% 늘어났지만, 사회 상품 소매액은 83%밖에 늘어나지 않았다.[62]

〈표 1-5〉 중국 국가재정수지 총액 및 지수

년도	총수입 (억원)	총지출 (억원)	수지차액 (억원)	지수(백분율 %)	
				총수입	총지출
1978	1,121.1	1,111.0	10.1	128.2	131.7
1979	1,103.3	1,273.9	-170.6	98.4	114.7
1980	1,085.2	1,212.7	-127.5	98.4	95.2
1981	1,089.5	1,115.0	-25.5	100.4	91.9
1982	1,124.0	1,153.3	-29.3	103.2	103.4
1983	1,249.0	1,292.5	-43.5	111.1	112.1
1984	1,501.9	1,546.4	-44.5	120.2	119.6
1985	1,866.4	1,844.8	21.6	124.3	119.3

※ 자료: 國家統計局, 『中國統計年鑑』, 北京: 中國統計出版社, 1986, 595쪽.

당면한 개혁의 새로운 요구사항은 재정, 신용대부, 물자의 균형을 실현하는 것이었다. 균형의 실현 문제는 국가의 경제에 대한 적극적 개입을 요구한다. 즉, 중국은 국가가 이러한 문제들을 해결하기 위해 과거의 행정적 관리방법을 쓸 것인지 아닌지 판단해야 하는 시점에 도달하게 된 것이다. 이에 중국은 1984년 전반 경제체제의 개혁 방침을 결정하고, 개혁을 전면화한다. 그리고 시장을 공식화하여 계획체계와 시장체계를 공존시키게 된다.

---

[62] 薛暮橋, 「我國社會主義經濟建設的回顧和前瞻」, 『紅旗』 1984年 18期, 2~10頁.

(2) 1984년 '경제체제개혁에 관한 결정(关于经济体制改革的决定)'의 내용

중국은 1984년 10월 당 12기3중전회를 통해 '경제체제개혁에 관한 결정(关于经济体制改革的决定)'(이하 '84 결정)을 통과시킨다.[63] '84 결정의 중심적 내용은 첫째, "사회주의 경제는 공유제를 기초로 한 계획적 상품경제"라는 명제를 당의 공식 입장으로 확정하고, 경제개혁의 중점을 농촌부문에서 도시부문으로 옮겨 개혁의 속도를 가속화한 것이다. 둘째, '84 결정은 "계획경제의 실행과 가치법칙의 운용, 상품경제의 발전은 상호 배척하는 것이 아니라 상호 통일적인 것"이라는 새로운 경제운영메커니즘을 총체적으로 개괄 천명한다. 이로써 계획과 시장의 결합이라는 새로운 경제운영메커니즘을 형성한다. 셋째, 중국은 '84 결정을 통해 계획경제를 위주로 하고 시장조절을 보조로 하는 원칙 아래 지령성계획, 지도적계획, 시장조절의 세 가지 형식을 취하게 된다.[64]

중국의 '84 결정은 앞선 '개혁의 속도 차이, 보다 심화된 기업개혁의 요구, 물자와 신용과 화폐의 불균형으로 인한 물가의 불안정 등' 개혁과정에서 제기되는 문제를 시장 조절을 확대하여 해결해 나가겠다는

---

[63] 이하 서술되는 '84년 결정에 관하여서는 다음 문헌을 참조하였다. 「中共中央关于经济体制改革的决定」, 『中国共产党第十二届中央委员会第三次全体会议一九八四年十月二十日通过』 1984年 20期, 2~13頁.

[64] ① 계획경제를 실시한다는 것은 지령성계획을 위주로 한다는 것을 의미하지 않으며 지령성계획과 지도성계획은 모두 계획경제의 구체적인 형식이다. ② 지령성계획은 반드시 집행해야 하는 것이지만, 지도성계획은 주로 경제공간의 작용에 의하여 실현하게 되며 가치법칙을 적용하여야 한다. ③ 계획사업의 중점을 중기계획과 장기계획에 두고, 연간 계획을 적당히 간소화하여야 하며, 그에 상응하게 계획방법을 개혁하고 경제정보와 예측에 충분히 중시를 돌림으로써 계획의 과학성을 높여야 한다. 蒋学模, 「怎样认识我国的社会主义全民所有制」, 『紅旗』 1984年 5期, 25~30頁.

개혁 의지의 천명이다. 무엇보다 '84 결정의 핵심 내용은 기업개혁의 전면화이다. 즉, 국가의 계획적 관리 밑에서 기업소들이 ① 신축성 있고 다양한 경영방식을 선택하며, ② 자체로 생산·공급·판매 활동을 조직하고, ③ 기업소에 남긴 자금을 소유·지배할 수 있으며, ④ 규정에 따라 본 기업소의 일군을 자체로 임명·초빙·선거하고, ⑤ 노력사용방법과 임금 및 상금의 장려방식을 자체로 결정하며, ⑥ 국가가 허용하는 한계 내에서 본 기업소제품의 가격을 결정하는 등 다방면에서 기업소 자주권을 확대 부여하게 된다. 이처럼 기업개혁을 전면화함과 동시에 수반되는 계획체제, 가격체계, 국가기구의 경제관리직능 및 노동임금제도 등 계열적 개혁을 진행할 것에 대한 방침 또한 수립한다.[65] 그리고 국유기업과 가격체계의 개혁에 따라 재정체제와 금융체제 개혁에 대한 초보적 방침을 수립한다. 이 밖에도 대내외 경제기술교류 확대를 위해 전민소유제 경제, 집체 경제, 개인 경제 간의 다양한 합작과 연합을 도모하도록 하였다. 특히 일부 소규모 전민소유제 기업소들은 집체나 개인에게 임대하거나 위탁 경영하게 하면서, 소유제의 구속됨 없이 합작·경영할 수 있도록 유도하였다.

한편, 전면적 개혁 조치를 선언한 중국의 '84 결정은 기업 개혁의 전면화 의미 이외에 또 다른 의미를 내포하고 있다. 그것은 선부용론(先富用論)을 국가적으로 승인했다는 점이다. 중국은 '84 결정을 통해 "다

---

[65] 당면한 가격체계의 불합리성은 ① 같은 류의 상품이 질적 차이에 의한 가격 차가 크지 못하고 ② 같지 않은 상품 간의 비교가격이 합리적이지 못하며 ③ 특히 일부 광산생산물과 원자재의 가격이 낮고 ④ 주요한 농업, 부업생산물의 수매가격과 판매가격이 전도되어 판매가격이 국가의 수매가격보다 낮다는 것이다. 따라서 국가에서 통일적으로 값을 매기는 범위를 점차 줄이고, 일정한 한계를 가지는 변동가격과 자유가격의 범위를 적당히 넓혀, 가격이 사회의 노동생산능률과 시장의 공급과 수요와의 관계의 변화를 비교적 예민하게 반영할 수 있도록 해야 한다고 하였다. 「中共中央关于经济体制改革的决定」, 1984年 20期.

같이 부유해진다는 것은 결코 완전한 평균을 의미하거나, 모든 사회성원들이 같은 기간에 같은 속도로 부유해진다는 것을 의미하는 것이 아니"라면서, "일부 지구, 일부 기업소, 일부 사람들이 근면한 노동에 의하여 먼저 부유해지는 것을 허용하고 고무·추동하여야" 한다고 하였다. 즉, 농업이나 기업개혁을 통해 등장하게 되는 개인 자본 축적가들의 존재를 인정하고, 개혁이 파생시키는 소득격차, 계층분화에 대해 승인적 입장을 취했다는 점이다. 이와 같은 중국의 '84 결정의 구체적인 내용을 도표로 정리하면 다음 〈표 1-6〉과 같다.

〈표 1-6〉 중국의 1984년 전반 경제관리체제 개혁안

부문	개혁 이전 문제	개혁안
계획관리제도	· 가치법칙의 차단 · 계통·부문별관리방법	· 지령성계획과 지도성계획, 시장조절의 결합 · 부문·지역을 벗어난 그물식 경제구조
생산수단분배	· 계획적 분배	· 계획임무 완수 후, 초과분은 협상가격으로 판매
재정관리체제	· 이윤의 국가상납 · 재정에서 손실 보조	· 상납 이윤에 따른 초과액을 할당 · '84년부터 이윤 대신 세금, 소득세상납
물가관리제도	· 물가통제 · 불합리한 가격체계	· 공급량 증대로 물가조절에 적극 나섬 · 화폐류통량을 통해 물가 총수준 안정
인사관리제도	· 상급에서 파견·배치 · 기구방대, 인원 남아돔	· '84년부터 공장장책임제 아래 직무와 정원규정 · 종업원 선발 · 급과 임금 조절
임금제도	· 국가에서 통일적 규정 · 올릴 수는 있어도 내릴 수는 없음	· 국가는 임금총액만 규정 · 공장에서 사업 직무에 따라 임금 조절 · 최고액수는 무제한이나, 손실시 상금을 주지 않고 임금의 최저액수도 보장해 주지 않음
상품류통	· 통일적 수매 · 통일적 판매	· 시장의 수요에 따라 공장으로부터 선택 수매

		· 공장은 선택수매하지 않은 생산물을 자체 판매
대외무역 관리체제	· 통일적 경영 · 손실시 재정부문 보조	· 지구, 기업소들에서 자체로 대외무역을 경영 · '84년 대외무역부의 통일관리, 독자경영, 손실책임 · 수출입의 허가제, 일부 생산물은 최저가격 규정
당정관계	· 당·정 일체 · 기업소 경영 직접간섭	· 당과 정부사업을 가르고, 정부와 기업체를 가르며 · 행정을 간소화하고 권한을 내려 보냄

(3) 단계적 개혁과 시장의 공식화

가. 중국의 단계적 개혁 특징

이상에서 살펴본 것처럼 초기 중국의 경제개혁은 문화대혁명 이후 경제적 실패와 덩샤오핑의 복권이라는 정치적 조건을 통해 경제조절 방침이 경제개혁으로 단계적으로 진행된 특징을 보인다. 1단계에서는 화궈펑 체제 아래서 당의 공작중점이 경제건설로 이동하였다. 당의 공작중점이 경제문제로 이동하면서 문화대혁명과 '4인방'의 좌적 사상에 대한 평가가 전개되었다. 그리고 과거 편향없이 계획경제가 가장 잘 구현되었던 시기로 1차 5개년계획 시기를 평가했으며 이 시기가 초기 개혁의 모델이었다.

2단계에서는 1차 5개년계획 시기가 모델로 등장하면서 1958년 8차 중공공산당대회 당시의 속도조절 및 중공업과 경공업·농업의 비례균형을 강조했던 실용파들이 대거 경제건설의 책임자로 등용되었다. 이들은 소위 '경제조절'의 입장에서 1950~1960년대 조정기 정책을 개혁 초기에 도입하였고, 이들은 경공업·농업발전을 중시여기면서 농업개혁과 시험적 기업개혁을 전개하였다.

　3단계에서는 화궈펑 체제 아래 과거 실용주의 노선을 택했던 '경제조절파'들이 개혁을 '과거로부터의 조절'로 여기자, 여기에 반대하는 새로운 경제 개혁파들이 부상하면서 개혁을 심화시키게 된다. 즉, 과거 시기 집권-분권을 반복하며 계획경제를 개선하려고 했던 경험은 경제성장과 무관했다는 점이다. 따라서 경제성장을 위해서는 가치법칙의 전면 작용과 함께 경제단위에 자주성을 부여해야 한다는 '경제 개혁파'들이 등장한 것이다. 이들은 농업개혁의 성공을 근거로 하여 중국의 경제개혁은 '과거로부터의 조절'이 아니라 '새로운 개혁'으로 진행되어야 한다는 것을 강조하게 된다. 이에 1984년에 이르면 기업개혁을 전면화하면서 전반 경제관리체제를 개혁할 것을 결정하게 된다.

　이와 같이 3단계에 이르는 과정을 통해 덩샤오핑은 처음 1단계에서는 화궈펑 체제 아래서 정치적 지위를 보존했고, 2단계에서는 구체제 혁명세력들을 일선에서 물러나게 함으로서 개혁세력에 힘을 실어주었으며, 3단계에서는 완전히 개혁세력이 집권을 하게 하였다. 그리고 3단계의 정치적 변화과정은 개혁의 전개과정에 그대로 영향을 미치면서 농업개혁에서 기업개혁으로, 기업개혁에서 전반 경제관리체제개혁으로 단계적 확대를 하게 된다. 본고는 이와 같은 중국의 경제개혁 특징을 '단계적 개혁'이라 정의한다.

　총론적으로 말하면 중국의 경제개혁 각 과정에서 가장 큰 영향을 미친 변수는 1단계에서는 농업개혁이고, 2단계에서는 정치적 변화이며, 3단계에서는 기업개혁의 순으로, 개혁이 운동하면서 진행되었음을 볼 수 있다.

〈표 1-7〉 1978~1984년 중국 경제개혁의 단계별 구분

	1단계 (1978~1980년)	2단계 (1980~1982년)	3단계 (1982~1984년)
개혁지도부 변화	· 당의 공작중점 이동 · 경제의 '조절' · 1차5개년계획모델	· '조절'과 '개혁' 논쟁 · 혁명원로들의 퇴진	· 자오쯔양 총리책임제 · 경제의 '개혁' · 시장의 조절작용
농업개혁 전개	· 국가투자와 가격개혁 · 소유권 확대 · 생산대중심 책임생산제	· 다종경영과 생산증대 · 매호중심 책임생산제	· 전업호, 중점호 등장 · 인민공사 해체 · 농부산물 시장확대
기업개혁 전개	· 사천성 100개 기업 · 북경, 상해, 천진의 8개 기업대상 시험	· 시범기업 6천개 · 이윤유보방식 시험 · 현유기업소 정비	· 기업의 재조직 · 전업화 협작 · 이개세 실시

나. 시장의 공식화

중국의 단계적 개혁은 '84 결정을 통해 시장을 공식화함으로써, 계획과 시장의 조절을 받는 이중경제구조를 형성하게 된다. 여기서 '84 결정이 표방한 중국의 계획과 시장에 대한 규정을 보면 다음과 같다.

첫째, 국가계획은 주요한 것을 장악하고 중점은 매우 뚜렷해야 하며 과도하게 독점해서는 안 된다. 또한 계획을 제정하고 실행할 때 가치법칙을 충분히 이용할 것을 고려한다.

둘째, 국가계획은 국가의 균형적 발전을 고려하여 주요경제활동은 집중적·통일적으로 관리한다. 그러나 기업의 경제활동에 대해서는 융통성이 있는 권리를 부여하고, 동시에 노동관리와 기업의 민주권리를 확대하고, 단순히 행정수단에 의존하던 경제관리방법을 개혁하여 행정수단과 경제수단을 결합한다.

셋째, 기존의 행정적 관리방식이 아닌 경제공간과 경제 법률을 통한 경제관리 방식으로 그 내용을 변화시킨다.

넷째, 전적으로 시장에 의하여 생산과 교환이 이루어지는 부분은 주로 부분적인 농업, 부업 생산물, 일용세소상품 및 복무수리업종의 노동활동이며, 이것들은 국민경제에서 보조적인 그러나 없어서는 안 될 작용을 한다.66)

이처럼 1984년 계획과 시장이 결합된 중국의 이중경제구조를 설명하는 문구를 보면 시장의 범위가 그리 크지 않다. 대신 시장에 의한 보조적 조절메커니즘을 허용했다는 의미를 가진다. 반면 계획적 조절메커니즘에는 큰 폭의 변화를 주었다. 국가의 계획관리체계에 있어 행정-명령식 계획지표의 하달방식을 개선하여 많은 부분의 책임-권한을 기업소 및 지역에 하방하였다. 다만 이와 같은 자주권의 하방 방식이 지령성계획을 지도성계획으로 완화시킴으로써 계획에 의한 국가의 거시통제조절능력을 잃지 않으려고 했다. 또한 경제관리체제만이 아닌 경제지도관리체계 또한 개혁의 대상이 되면서 경제적 분권화 조치는 훨씬 심화된 개혁의 방향으로 나아가게 되었다. 이를 그림으로 표현하면 〈그림 1-2〉와 같다.

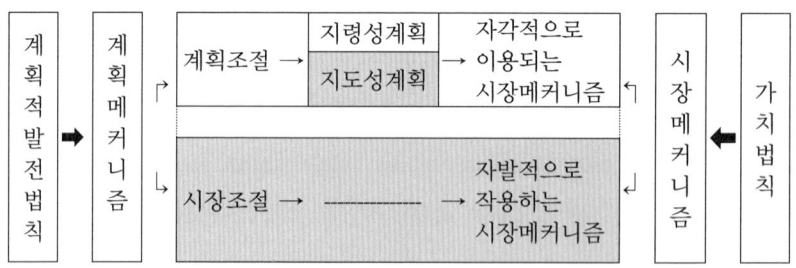

〈그림 1-2〉 중국의 계획주도, 시장조절 운행 메커니즘

---

66) 「中共中央关于经济体制改革的决定」, 1984年 20期.

'84년 결정은 기존 지령성계획의 많은 부분을 지도성계획으로 변경하고, 나아가 시장조절을 허용했다. 〈그림 1-2〉의 진한 바탕이 '84년 결정의 주요 내용을 이룬다. 그러나 문제는 지도성계획이 무엇인가 하는 점이다. 지도성계획은 탄력적 계획지표이다. 국가의 전반적 방향 속에서 제시되는 지표이긴 하지만 반드시 보장되어야만 하는 지표는 아니다. 따라서 이 같은 유동성은 국가계획을 수행하는 기업소로 하여금 여전히 물질적 유인이 많은 시장 활동과 시장거래를 하게 만든다. 농업부문에서 이루어진 농산물 시장이 시장메커니즘 체계 안에서 생산-소비-유통되며 농촌과 도시를 넘나들 듯이, 공업부문에서 지도성계획 지표는 많은 부분 시장을 통해 수요 있는 생산물을 생산하도록 유도하게 되는 것이다. 따라서 국가는 '84년 결정을 통해 개혁의 전면화를 선언했지만, 개혁의 진전 상태는 '84년 결정방침을 사실상 넘어서고 있었다. 특히 농업개혁에 따른 시장화의 진전은 도시와 농촌을 넘어서는 시장질서를 이미 형성한 상태였다. 또한 시험적으로 전개된 기업개혁은 성(省), 시(市)마다 불법적 생산재 시장을 형성하며 시장을 통한 생산·판매 메커니즘을 확립해가고 있다.

이렇게 보았을 때 '84년 결정은 국가의 사후적 승인 조치로서의 의미가 매우 강하다는 것을 알 수 있다. 중국은 개혁이 전개됨에 따라 새롭게 요구되는 정책변화를 사후적이라도 정책에 공식 반영함으로써 국가와 시장이 충돌하는 일이 발생하지 않도록 한 것이다. 그리고 시장지향적 개혁의 전개과정 속에서 국가 정책이 형성되고 정리되었기 때문에, 개혁 지도부는 신뢰를 얻었고 개혁을 추진하는 과정에서 민심을 장악할 수 있었다.

2. 북한 개혁의 정치경제적 배경

1) 고난의 행군 시기 경제적 실태와 정치적 조건

북한 사회주의 경제체제는 사회주의 소유제를 토대로 국가가 노동력과 자원을 계획적으로 이용하며, 생산·분배·축적(투자)·소비를 계획적으로 실현함으로써 확대재생산을 도모하는 계획경제체제이다. 따라서 계획적 자원배분은 경제체제의 유기적 순환의 핵심을 이룬다. 그러나 북한은 1990년대에 들어서면서 총체적 위기 상황에 봉착하게 된다. 사회주의권이 붕괴되었고, 탈냉전의 새로운 국제환경은 북미관계를 전면화시켰다. 또한 심각한 경제위기 속에서 김일성 주석은 사망한다. 이처럼 1990년대 북한의 총체적 위기상황은 심각한 경제난을 불러오며 북한의 계획경제체제를 마비시킨다.

(1) 계획경제체제의 마비

북한은 사회주의권 붕괴 이전부터 낮은 경제성장률을 보여 왔다. 그리고 북한의 낮은 경제성장률은 1990년대에 들어오면 마이너스 성장률을 보이며, 이는 GDP(국내총생산)의 감소세로 나타난다. 또한 북한

GDP는 1990년대 후반까지 지속적인 감소세를 보이며, 1999년 GDP는 1993년의 절반 수준으로 떨어진 통계수치를 보인다.[67] 즉, 북한은 사회주의권의 붕괴로 인해 그동안 북한이 맺고 있던 사회주의 경제권과의 경제관계가 단절되었고, 그 결과 대외무역 부문의 악화→국내 산업부문의 침체→농업생산의 하락으로 이어지는 공식경제의 연쇄적 붕괴 현상을 보이게 된 것이다.[68] 이에 북한은 식량생산이 급감하는 1994년에서 1995년부터 식량난과 함께 고난의 행군 시기에 돌입하게 된다.[69]

북한의 계획경제체제는 사회주의권의 붕괴를 기점으로 '대외무역 부문의 악화→국내 산업부문의 침체→농업생산의 하락'으로 이어지는 연쇄적 붕괴과정을 통해 마비된다. 이를 두 측면에서 간략하게 고찰하면 다음과 같다.

첫째, 사회주의권 붕괴로 인한 대외무역의 급감은 북한 경제 내부에 심각한 에너지, 원자재 난을 불러오면서 공장가동률을 낮추는 요인이 된다. 북한의 계획경제체제는 자력갱생의 원칙에 기초한 자립적 민족

---

[67] 북한 총산출량에 대한 한국은행 추정치는 1999년 158억 달러, 1993년 205억 달러였고, 북한 공식 발표 역시도 1999년 102.7억 달러, 1993년 209.4억 달러로 비슷한 통계치를 보여준다. DPRK, *Core Document Forming Part of The Reports of Parties* (24 Jun 2002) ; 한국은행,『북한의 GDP 추정결과』, 1993 · 1999.

[68] 이석,「북한경제와 경제제재」,『KDI 북한경제리뷰』, 2005년 3월.

[69] 북한에서 '고난의 행군'은 1996년 1월 1일자 신년공동사설에서 최초로 언급되었다. 그리고 1998년 1월 1일자 신년공동사설을 통해 "고난의 행군의 어려운 고비들을 성과적으로 극복하고 새로운 전진과 비약의 돌파구를 열어 놓았다"고 평가하면서 사실상의 종료를 선언한다. 이에 본고는 시기 구분 개념으로 '김일성 주석의 사망 후부터 김정일 체제가 공식출범하기 전까지'의 시기를 지칭하는 개념으로 '고난의 행군 시기'를 사용한다.「붉은기를 높이 들고 새해의 진군을 힘차게 다그쳐나가자」,『로동신문』, 1996년 1월 1일 ;「위대한 당의 영도따라 새해에 총진군을 다그치자」,『로동신문』, 1998년 1월 1일.

[70] 이석의 논문에서 〈표 1〉과 〈표 2〉를 종합하였고, 본고에서는 통계치를 증명하는 것이 아닌 경제적 추이를 살펴보는 까닭에 한국은행 추정치로만 표를 수정하였다.

〈표 1-8〉 1990년대 북한의 경제 상황[70]

	무역총량 (억 달러)	식량생산 (알곡, 백만MT)	GDP (억 달러)
1990	46.4*	9.10	231
1991	25.8	(8.90)**	229
1992	25.6	(8.80)**	211
1993	26.5	(9.00)**	205
1994	21.0	7.08	212
1995	20.5	3.50	223
1996	19.8	2.50	214
1997	21.8	2.69	177
1998	14.4	3.20	126
1999	14.8	4.28	158
2000	19.7	3.26	168

* 1990년 무역총액은 통일부 추정치
** ( )는 평양방송 발표
※ 자료 : 이석, 「북한경제와 경제제재」, 『KDI 북한경제리뷰』, 2005년 3월, 6~7쪽 ; 한국은행, 『북한의 GDP 추정결과』, 각 년도.

경제건설을 표방하는 체제이다. 그러나 북한 경제체제는 100% 자립에 기초한 계획경제가 아니다. 30~40%의 원자재가 외국으로부터 수입되지 않으면 정상적으로 가동할 수 없는 자립도 70% 정도를 지향하는 계획경제체제이다.[71] 따라서 사회주의권의 붕괴로 인한 원자재 수입의 갑작스런 중단은 생산단위에 공급할 수 있는 원자재의 총량이 갑자기 30~40% 축소된 것과 같은 의미를 지니게 된다.[72] 때문에 대외무

---

[71] "공업이 튼튼한 자립적인 공업으로 되려면 원료의 70% 이상을 자체의 것으로 보장하여야 합니다." 김일성, 「학생들을 사회주의, 공산주의 건설의 참된 후비대로 교육교양하자」(1968.3.14), 『김일성저작집 22』, 조선로동당출판사, 1983, 62~63쪽.
[72] 박석삼, 『북한경제의 구조와 변화』, 한국은행 금융경제연구원, 2004, 113쪽.

역의 차단은 북한 경제내부에 심각한 에너지, 원자재 난을 불러오면서 공장가동률을 낮추는 요인이 되었다. 한국은행의 1999년 기준 추계에 따르면, 북한의 제강업은 23%, 기계공업 25%, 화학비료 25%, 화학섬유 15.3%, 시멘트 및 비료는 30% 선에 머무르는 등 전반적으로 산업 전체 가동률이 30%도 안 되는 것으로 추정된다.[73] 또한 아래와 같은 북한관련 보도에서도 낮은 공장가동률을 정식으로 보도하고 있다.

> 북한의 대표적 기업인 남흥청년화학연합기업소(평남 안주)는 연간 74만 톤의 요소 비료와 폴리에틸렌 등의 화학제품 생산능력을 지녔으나, 나프타의 공급부족으로 정상가동을 못하고 있다. 순천 비날론연합기업소(평남 순천)도 정상가동을 못하고 있다가 97년 8월 25일부터 일부 가동하고 있으나, 그 생산은 1만 톤 정도로 가동률 10%에 그치고 있다. 또한 연간 60만 톤의 생산능력을 지닌 천리마제강연합기업소는 전력 및 탄소봉 등의 기초 원자재의 절대부족으로 16개 용광로 가운데 4개 용광로만 가동하고 있는 상태로 가동률 40%에 못 미치고 있다.[74]

둘째, 사회주의권 붕괴로 인한 대외무역의 급감은 원유수입 중단으로 인해 화학비료 생산을 불가능하게 하였다. 나아가 트랙터 및 이양기 등의 부품과 연료공급이 중단되어 농기계를 활용할 수 없게 되었다. 따라서 비료 생산이 중단되고 농기계 등을 사용할 수 없게 되자, 곡물 생산량이 급감하는 연쇄파급 효과를 낳게 된다.[75] 또한 1994년

---

[73] 권영경, 「북한경제의 危機構造와 중국, 베트남의 初期 개혁·개방 정책에 비추어 본 북한의 개혁·개방 평가」, 『안보학술논집』 제13집 제2호, 2002.

[74] 『조선신보』, 2001년 1월 10일.

[75] 이석은 1990년대 북한의 곡물생산 실패원인과 관련하여 크게 네 가지 가설을 검토한다. 첫째, 자연 재해설, 둘째, 농자재 투입 붕괴설, 셋째, 사회주의 농업체제의 비효율성, 넷째, 식량위기에 따른 공식부문 생산성 충격 가설이다. 이를 토대로 결론을 내리면 곡물생산실패의 가장 커다란 원인은 자본(비료) 투입량의 감소였다. 따라서 북한 사회주의 농업체제의 비효율성 자체를 가지고 1990년

중국의 대북한 곡물수출 중단 조치가 발표되고, 자연재해까지 겹치면서 1995년부터 시작된 '고난의 행군'은 대규모의 아사자와 함께 국가의 식량 배급체계가 붕괴되는 초유의 사태를 맞게 된다.[76]

〈표 1-9〉 북한의 지역별 배급 감량 및 중단 시점

지역	감량배급 시점	배급중단 시점
평양시	1995년 9개월 1996년 2개월분만 배급	감량배급 지속
평북, 신의주	1993년부터 배급 간격 불규칙 1994년 5개월분만 배급	1995년
함북 함흥	1993년, 3개월분 배급	1994년
평남 양덕	1994년 2~3개월분 배급	1995년
함북 회령	1992년말 월 3kg으로 감소	1993년 중반
개성시	1992년 이후, 5달 이상 중단	1996년 1~7월까지 1달치 배급

※ 자료: 이석기, 「북한의 1990년대 경제위기와 기업 행태의 변화」, 서울대 대학원 경제학박사학위논문, 2003, 83쪽.

북한이 고난의 행군 시기 30% 내외의 낮은 공장가동률과 생필품 및 식량배급체계가 마비된 상황은 곧 북한 사회주의 계획경제의 작동메

대 식량위기를 설명하는 것에 한계가 따른다고 하였다. 이석, 『1994~2000년 북한기근: 발생, 충격 그리고 특징』, 통일연구원, 2004, 183~190쪽.

76) 양문수는 북한의 식량 배급체계가 1980년대 말, 1990년대 초부터 흔들리기 시작하여, 배급의 지연현상 → 배급량 감소 → 배급 중단으로 이어졌으며, 1994~1995년에 사실상 중단되었다고 보았다. 반면 김연철은 1992~1993년부터 배급이 불규칙해지기 시작해서 1995년 5월 이후 배급이 급감했으며, 1997년에는 대부분의 지역에서 식량배급이 사실상 중단되었다고 한다. 이석기는 이 양자의 차이를 인터뷰한 탈북자들의 지역적 차이로 보고 1995년 무렵부터를 사실상의 배급이 중단된 시점으로 간주한다. 양문수, 「1990년대 경제위기와 지방경제 운영체계의 변화」, 최완규 엮음, 『북한 도시의 위기와 변화』, 한울, 2006, 74쪽 ; 김연철, 「북한의 배급제 위기와 시장개혁 전망」, 삼성경제연구소 연구 보고서, 1997 ; 이석기, 「북한의 1990년대 경제위기와 기업 행태의 변화」, 서울대 대학원 경제학박사학위논문, 2003, 83쪽.

커니즘이 멈추었다는 것을 의미한다. 따라서 북한 경제는 지난 1994년 제3차 7개년계획의 완충기 전략인 '혁명적 경제전략'의 상태에서 멈춰서 있게 된다. 즉, 문제해결능력을 초과한 상태에서 거듭된 상황악화는 새로운 경제정책을 수립할 수 없게 했다.

(2) 김정일 체제의 유훈통치

1994년 혁명적 경제전략 상태에서 정지된 북한의 경제정책은 1995년 이후 김정일의 유훈통치 아래 경제난에 맞선 현실타개책으로 나타난다.[77] 김정일의 현실타개책은 두 가지 방향에서 전개된다. 하나는 북한 주민들의 생계 보장에 관한 사업이고, 또 다른 하나는 군대사업(생산 및 후방공급사업)이었다.

북한 주민들의 생계 보장을 위한 사업은 먹는 문제 해결방침 속에 농업부문을 추켜세우는 것이 관건적 사업으로 제기되었다. 그리고 김일성 유훈에서 시작된 토지정리사업과 함께 감자농사혁명 및 각종 부업경리의 장려로 이어졌다. 또한 생산의 정상 가동이 보장되지 않은 상황에서 지방산업이 강조되었고, 공장 가동을 위한 '중소형발전소' 건설산업이 강조되었다.

군대사업에서는 주로 군수공장들을 김정일이 직접 현지지도하면서 중공업 및 기간 공업들의 우선적 보수와 정비를 서둘렀고, 군인들의

---

[77] 김정일은 김일성의 유훈교시를 세 가지로 정리했다. 첫째, 4월 25일 인민군대에게 준 마지막 유훈으로 군 영도권 계승의 옹호·고수의 교시, 둘째, 사망 직전인 7월 6일의 사회주의 경제건설에서 튼튼히 쥐고 나가야 할 강령적 교시, 셋째, 당면하여 집행해야 할 유훈교시로서 새로운 혁명적 경제전략을 관철하는 것이다. 김정일, 「위대한 수령님을 영원히 높이 모시고 수령님의 위업을 끝까지 완성하자」(1994.10.16), 『2000 북한연감: 북한자료·인명편』, 연합뉴스, 2000, 334~338쪽.

물자 및 식량 보급을 위해 양어장 및 타조·돼지 등의 각종 부식물 대책들을 마련하였다. 또한 김정일은 군인들을 집단 제대시켜 노동력이 요구되는 산간의 감자농사지역이나, 토지정리 후 살림집 건설 및 주요 공장의 보수 건설에 배치시킴으로써 이 같은 방침이 집행되도록 독려하였다. 특히 제대군인의 배치과정은 주로 국가가 주력하는 사업단위에 제대군인을 배치함으로써 국가사업의 성과를 크게 부각시켰다. 또한 노동력 부족을 해소하는 것과 동시에 군·민 일치사업의 일환으로 조직되어 이를 통한 비사회주의적 분위기를 정화하려는 정치적 목적도 가지고 있었다. 이에 제대군인이 사회로 이동하는 과정은 역으로 청년들 속에서 군입대를 자원케 하거나, 사회적으로 원군혁명미풍을 강조하는 등 김정일의 선군혁명령도의 일환으로 전개되었다.

(3) 농민시장의 활성화

이미 고난의 행군 시기 북한 주민들은 낮은 공장가동률과 식량생산의 급감으로 인해 시장 활동과 시장거래를 통해 생계를 유지할 수밖에 없는 상황이었다. 즉, "부양여성이 시장에 출근해서 영세한 음식장사나 잡화 소매장사 등을 해서 번 하루 수익금을 가지고 가족의 하루 끼니분 식량을 구입하는 가구들이 대부분"이었다. 또한 신발, 옷 가공 등 잡다한 부류의 영세 가내 임가공 등으로 근근이 생계를 유지해 나가고 있었다.[78] 나아가 김정일의 유훈통치 아래 전개된 현실 타개책은 분

---

[78] 최봉대는 시장화의 진척과 경제적 계층분화의 실태를 연구조사하면서 경제적 하층의 시장 활동 내용으로 위의 인용문구와 같은 시장 활동을 지적했다. 그리고 고난의 행군 시기 북한 주민들은 대체로 경제적 하층이었을 뿐 아니라, 중간층의 일부 가구에도 해당되는 시장 활동 행위로서 초기의 보편적 행태였음을 지적한다. 최봉대, 「계층구조와 주민의식 변화」, 『1990년대 이후 북한사회

조관리제의 축소, 개인 부업 및 텃밭 경작의 개인 허용 등 규제되지 않는 생계대책들을 허용·묵인함으로써 농민시장을 더욱 활성화시켰다. 물론 농업부문의 변화는 일정 정도 농업생산 증대에 기여했다.[79] 그러나 약간의 식량 생산 증대 마저 농민시장 활성화에 기여하게 된 것이었다.

농민시장은 부족한 식량과 생필품을 구입, 교환하는 과정에서 번창하기 시작해서, 식량을 매개로 하여 생필품·소비품·사치품까지 취급하며, 품목과 가격이 법의 테두리에서 벗어나기 시작했다. 게다가 이윤추구의 상거래가 행해지는 장(場), 즉 사적 시장으로 더욱 번창하기 시작했다. 또한 공업에 비해 농업의 회복력이 빠른 까닭에 농업부문에서 취한 조치들은 금방 효과를 나타내기 시작했지만, 공업생산의 정상화는 이루어지지 않았다. 활성화된 시장으로 공장의 절취물들이 흘러 들어 갔으며, 군부대에 지원된 각종 배급물자 역시 농민시장으로 흘러 들어 가면서 사회적으로 인플레 현상을 심화시켰다.

> 농민시장 등에서 판매되는 상품의 원천은 무엇인가. 크게 보자면, 우선 개인 텃밭이나 뙈기밭 등에서의 사적 경작물, 각종 가내부업의 생산물, 각 공장·기업소, 농장 등 소속직장에서 절취한 완제품이나 원료 등의 각종 물자 (중략) 가령 평양의 장마당에서는 중국 등지의 보따리 장사가 가져온 생필품, 농촌에 은닉됐거나 군부대 및 정상배급체계에서 불법 유통된 쌀이 주거래 품목……[80]

변화』, 한국방송공사, 2005, 180쪽.
79) 북한의 김영숙 농업부상은 1999년 11월 16일 FAO 총회 기조연설을 통해 북한 곡물생산량이 342.4만 톤으로 1998년보다 1.4배 증가했다고 발표했다. FAO/WEF 합동평가조사단의 평가 결과 1999년 곡물생산은 347.2만 톤이었다. 통일부,『주간 북한동향』, 1999년 11월.
80)『조선일보』, 1996년 9월 15일 ; 정세진,『'계획'에서 시장으로: 북한체제변동의 정치경제』, 한울, 2000, 90쪽.

그러자 북한 내에서는 국정가격과 큰 차이를 보이고 있는 농민시장 가격을 안정화시켜, 농민시장을 통해 농민들의 생산의욕 자극과 주민생활을 높이는 데 기여해야 한다는 '농민시장 활용론'이 나오기 시작하다.[81] 즉, 농민시장 가격을 안정시키기 위해서는 정부, 국영사업단체, 협동농장 등이 적극적으로 농민시장 가격형성에 개입해 시장메커니즘에 의해 농민시장을 정상화시켜야 한다는 요지의 의견이 제출되기 시작한 것이다.[82] 문제는 북한 지도부가 이와 같은 총체적 위기상황을 해결해 나가는 데 있어서 제각각 다른 입장을 가지고 있었다는 점이다.

2) 계획의 정상화 방침과 사적 시장의 확대

(1) 초기 계획의 정상화 방침

북한의 김정일 체제는 수령의 후계체제로서 유훈통치 방침을 천명했고, 김정일 체제는 1994년 '혁명적 경제전략'을 관철·집행해 나가야 했다. 그러나 김정일의 입장에서 보면, 1994년 김일성 주석의 '혁명적 경제전략'은 당면한 현실에서 전개하기 힘든 경제노선이었다. 김일성 주석의 농업, 경공업, 무역 3대 제일주의라는 '혁명적 경제전략'은 "적기가를 부르며 난관과 시련"을 이겨나가야 하는 체제 위기 상황[83]과 '먹는 문제' 해결에 총력을 기울여야 하는 1990년대 중반 상황과 맞지 않았다. 따라서 북한 지도부 사이에서는 '유훈통치' 아래 '혁명적 경제

---

[81] 리동구, 「사회주의사회에서 농민시장가격의 올바른 조정」, 『김일성종합대학학보(철학·경제학)』 1998년 3호.
[82] 「경제자료―북한농민시장 관련자료」, 『KDI 북한경제리뷰』, 1999년 2월.
[83] 「붉은기를 높이 들자」, 『로동신문』, 1995년 8월 25일.

전략을 어떻게 실행할 것인가에 대한 논의가 일종의 '사상전' 양상으로 전개된다. 당시 이와 같은 논의의 갈래는 다음의 세 가지 입장으로 정리할 수 있다.

가. 전시경제체제로 대응하자는 입장

전시경제체제로 위기를 타개해 나가자는 입장은 보통 사회주의 국가의 체제전환 과정에서 흔히 형성되는 보수적 흐름을 대변한다. 즉, 이들은 위기의 크기를 한국전쟁 시기와 같은 것으로 본다. 따라서 "인민경제계획전반을 조절하여 기본건설을 대폭 줄이고, 평화산업을 군수산업위주의 경제로 전환시키며, 농촌경리를 중시하고 알곡생산을 늘임으로써 전선과 후방의 수요를 원만히 보장하는 데 모든 력량을 집중" 할 것을 주장하였다.[84] 이들의 입장은 한국전쟁 시기에 보여주었던 전시경제체제의 생활력을 강조하며 사회주의계획경제의 우월성, 그리고 자력갱생, 간고분투의 혁명정신으로 현 시기의 경제위기를 돌파해 나가자는 것이다. 그러나 다수는 아니었으며, 간헐적으로 등장하면서 당면한 시기를 전시경제체제에 빗대어 군사적 방법을 앞세울 것을 강조하게 된다.[85]

나. 혁명적 경제전략을 중국식 개혁개방으로 해석하는 입장

혁명적 경제전략을 중국식 개혁개방으로 해석하는 입장은 혁명적 경제전략에 대한 사상 이론적 분석에 있어, 1997년 망명한 황장엽처럼

---

84) 박영초, 「위대한 수령 김일성동지의 현명한 령도밑에 확립된 조국해방전쟁시기 전시경제체계와 그 생활력」, 『경제연구』 1993년 3호.
85) 리학순, 「위대한 수령 김일성동지의 령도에 의한 조국해방전쟁시기 인민경제의 전시체제에로의 개편과 그 특징」, 『경제연구』 1998년 3호.

주체사상을 '사람 중심'의 통치철학으로 해석하지 않고, '생산력 중심'의 맑스-레닌주의와의 연관성 속에서 주체철학을 해석하는 부류였다. 이것은 생산력 발전을 우선시했던 중국식 개혁개방을 지향하게 되는 결과를 파생시켰다.[86]

'무역부문'에서는 무역일꾼들이 자체 책임과 권한의 범위를 넓혀 수입의 일정량을 자체의 자금으로 사용토록 하자는 건의가 제기되었다.[87] 이것 역시 중국식 개혁의 한 예로 무역부문에서의 경제적 분권화 조치를 염두에 둔 건의였다. '무역제일주의'는 필연적으로 무역확대정책으로 뒷받침될 것이고, 이는 생산성 제고와 품질개선을 위한 기업관리의 합리화로 이어지게 되는 연관관계를 가지고 있다. 이렇게 되면 수출상품 생산단위는 효율적 생산 및 품질 제고 등을 위해 독립채산제의 실시, 경제적 공간의 활용이라는 경제적 분권화 개혁이 전제되어야만 했다.[88]

---

[86] 김정일은 이에 대해 "일부 사회과학자들은 주체사상 선전을 대외선전의 특성에 맞게 하기 위하여 주체철학을 맑스주의유물변증법을 발전시킨 철학으로 해설하였다고 하는데 주체철학이 새로운 혁명철학이라는 것을 똑바로 인식시켜야지 그것이 그저 선행철학을 발전시킨 철학이라고 인식"시켜서는 안된다면서 "주체철학을 어떻게 대하는가 하는 문제는 순수 철학리론에 관한 문제가 아니라 당의 사상에 대한 관점, 립장과 관련된 문제"라고 질타를 가한다. 김정일, 「주체철학은 독창적인 혁명철학이다」(1996.7.26), 『김정일선집 14』, 조선로동당출판사, 2000, 200~201쪽.

[87] "지금 일부 단위들에서는 자기 단위에서 버는 외화가운데서 얼마를 떼여 자체로 무엇을 사오겠다고 제기하는데 그것은 사회주의대외무역에 대한 옳은 인식을 가지지 못한데로부터 나오는 편향입니다" 김정일, 「당의 무역제일주의방침을 관철하는데서 나서는 몇가지 문제」(1995.2.1), 『김정일선집 14』, 조선로동당출판사, 2000, 8~9쪽.

[88] 이에 김정일은 "사회주의사회에서 자본주의적 무역방법을 허용하면 사회주의를 침식시키는 엄중한 후과를 가져온다"면서 "국가의 통제에서 벗어나 제가끔 자본가들과 거래하고 외화를 벌어 망탕쓰게하면 제국주의자들이 바라는대로 '개혁', '개방'이 되고 나라의 경제가 자유화, 자본주의화"된다고 비판하였다. 김정일, 「당의 무역제일주의방침을 관철하는데서 나서는 몇가지 문제」(1995.2.1),

'농업부문'에서는 논쟁이 더욱 컸던 것으로 보인다. 김일성이 농업제일주의 방침을 택할 때 가진 구상은 ① 토지정리사업과 ② 협동적 소유를 전인민적 소유로 전환시키는 것이었다.[89] 이 구상은 토지정리사업을 통한 농촌경리의 봉건적 잔재를 일소한 후에, 물질기술적 토대를 강화하여 농촌경리를 높은 수준에서 공업화·현대화한다는 것이었다. 즉, 군 단위로 독립채산제를 실시하는 공업화된 농업의 형태를 지향하는 것이었다.[90] 그러나 당면한 북한 현실에서 농업부문의 소유제 전환과 독립채산제를 같이 실시하는 것은 농업이 공업(농촌경리의 국가기업소 단위)을 먹여 살려야 하는 결과로 나타나게 된다. 따라서 이 방법은 농업문제를 해결할 수 있는 현실적 타개책이 되지 못하였다. 또한 필연적으로 농민들의 저항을 불러올 것이기 때문에 농업생산을 증대시킬 수 있는 방법도 아니었다.[91]

『김정일선집 14』, 조선로동당출판사, 2000, 8~9쪽.

[89] 김일성, 「사회주의농촌테제의 기치높이 농촌문제의 종국적해결을 위하여」(1994. 2.24), 『김일성저작집 44』, 363쪽.

[90] 김일성의 의도는 국가기업소의 비료, 농기계, 기름 등이 제대로 보장되지 않아서, 협동농장의 농업생산이 하락하는 사태를 막고자 한 것이었다. 또한 낭비와 비효율을 막고, 자체의 힘으로 농업생산을 책임지는 독립채산제 실시에 관한 방법적 모색이었다. 즉, 협동적 소유와 전인민적 소유라는 다른 소유제 방식이 농촌경리에 병행 존재하기 때문에, 생산의 유기적 연관관계가 단절되고, 이로 인해 초래되는 비효율을 극복하고자 한 것이다.

[91] 일단 김정일은 김일성의 구상대로 새로운 군 단위 전민소유제 방식의 시험적 형태로 숙천군에는 '군농업련합기업소'를, 만경대구역에는 '구역국영농장'을 창설했다. 그리고 김일성이 제시한 바와 같이 토지정리사업을 시작한다. "농사문제와 관련하여서는 수령님께서 지난해 2월에 진행된 전국농업대회에 보내신 서한에서 구체적으로 밝혀 주신것만큼 거기에 제시된 과업을 그대로 집행하면 됩니다." 김정일, 「당의 두리에 굳게 뭉쳐 새로운 승리를 위하여 힘차게 싸워나가자」(1995.1.1), 『김정일선집 14』, 조선로동당출판사, 2000, 4쪽. 그러나 김정일은 토지정리사업 과정에서 "협동농장을 국영농장으로 간판만 바꾸어서는 문제가 해결되지 않는다"면서, "뜨락또르와 농기계, 기름이 충분히 보장되여야 국영농장을 제대로 운영할 수 있다"고 했다. 이것은 '소유제 전환 방식'이 맞지

따라서 김일성의 '소유제 전환방식의 문제제기'는 오히려 논쟁만을 불러일으키게 된다.[92] 전환방식상의 논쟁은 연합기업소 방식[93]과 국영농장의 형태에 관한 것으로 나누어졌다. 사상적 차이는 현 시기 소유제 전환방식이 필요한 것인가에 대한 의문을 갖고, 중국과 같이 생산책임을 강화하는 방식의 분조관리제를 더욱 확대하자는 입장이었다.[94]

다. 혁명적 경제전략을 경제체제 재정비와 연결하는 입장

중국식 개혁개방에는 찬성하지 않지만, 경제적 공간을 활용한 전반 경제체제를 재정비해야 한다고 생각했던 사람들은 김일성의 혁명적 경제전략의 외피를 쓰게 된다. 이 입장에 동조하는 부류는 혁명적 경제전략을 "생산수단 생산부문보다 소비재생산에 더 큰 힘을 넣어 인민생활을 결정적으로 추켜세우기 위한 전략"으로 이해하였기 때문에, 전력시설이나 갱 건설 같은 것은 "자재보장 정도"에 맞게만 건설하자는 정책적 건의를 하게 된다.[95]

않는다는 생각의 단면이다. 이에 김정일은 김일성의 주체농법의 틀에서 조용히 벗어나면서 김정일 식의 농업구조 개혁으로 이어가게 된다. 김정일, 「당면한 경제사업의 몇가지 문제」(1997.9.16), 『김정일선집 14』, 조선로동당출판사, 2000, 362쪽.

[92] 본고와 입장을 달리하는 이정철은 농업부문에서 국영화 논쟁이 1990년대 중반의 식량난의 한 원인이었으며, 국영화(연합기업소 방식) 방식은 농민들의 지지를 받지 못했기 때문에 실패했다고 보았다. 그리고 농민들이 지지하지 않은 이유는 농민들의 보수성 때문이어서, 이 보수성을 없애려고 토지정리를 시작했다고 주장한다. 이정철, 「북한의 신농업정책: 농업 국영화 논쟁과 토지정리사업을 중심으로」, 『아세아연구』 제46권 2호, 2003.

[93] 주호준, 「농업련합기업소는 협동적소유를 전인민적소유로 전화시키는 합리적인 형태」, 『경제연구』 1994년 4호.

[94] 문면호, 「분조관리제의 우월성을 원만히 발양시켜 농업생산을 높이기 위한 몇가지 문제」, 『경제연구』 1996년 1호.

[95] 김상학, 「우리 당의 혁명적경제전략과 축적과 소비사이의 균형」, 『경제연구』

'리기성'96) 같은 경제이론가도 "당의 혁명적 경제전략에 따라 일정한 기간 소비재위주로" 나간 다음, 석탄·전력 등의 선행부문에 대한 투자를 빨리 높이는 방향으로 나가자는 입장을 제시한다.97) '한득보' 역시 "경제적 효과성"을 강조하며, 또 다른 한편에서는 국가의 중앙집권적 지도를 강조한다.98) 즉, 이들은 중국식 개혁개방은 반대하지만, 혁명적 경제전략을 강조하면서 경제적 효과성 타산, 소비재 생산의 중시, 기본 건설 축소 등의 경제체제의 재정비를 말하고 있는 것이다. 이에 국가의 중앙집권적 지도를 강조하면서도, "경제적 공간의 활용 문제"를 제기하게 된다.99)

이에 기존의 노동시간에 의한 도매가격 제정 방식을 '원가에 의한 도매가격' 제정 방식으로 변경할 것을 제기한다.100) 또한 기존 거래수입금 부과방식을 "생산수단과 소비재를 포괄하는 생산물 일반에 대하여 다 같이 부과하는 제도"로 변경하도록 한다.101) 뿐만 아니라 ① 사회적 필

1996년 2호.
96) 본문의 앞뒤로 거론되는 '한득보'와 '리기성'은 김정일의 주체사상을 경제이론화하는 작업을 담당하며, '주체의 정치경제학'을 정립했던 북한 경제이론계의 중심 인물이다.
97) 리기성, 「위대한 령도자 김정일동지께서 밝히신 현시기 경제운영방향과 자립적민족경제 잠재력의 옳은 리용」, 『경제연구』 1997년 4호.
98) 한득보, 「사회주의적생산의 집약적발전에서 생산의 효과성범주」, 『경제연구』 1992년 2호.
99) 경제적 공간은 "가격, 원가, 리윤, 상금과 같은 경제범주들을 통해 사람들의 경제활동을 계산, 자극, 추동하는 기능을 하는 공간"이다. 『경제사전 1』, 사회과학출판사, 1985, 110쪽.
100) 리해원, 「원가에 기초한 도매가격제정방법의 특성」, 『경제연구』 1990년 2호.
101) 오선희, 「거래수입금의 제정 및 적용에서 제기되는 몇가지 문제」, 『경제연구』 1994년 3호. 이영훈은 이 시기 소비재 대부분이 농민시장에서 거래되면서 소비재가격은 현실화되어 가고 있었던 반면 생산재는 국정가격으로 고정되어 있어 생산재와 소비재 간의 가격불비례가 매우 컸기 때문에 도매가격조정을 통한 가격 현실화의 요구로부터 부과방식을 설명한다. 이영훈, 「북한 경제정

요노동시간을 정확히 계산하여 인민 생활비를 지급하는 문제,[102] ② 유동자금의 순환과정과 유휴화폐를 국가재정으로 인입하는 문제,[103] ③ 기업소의 고정재산 갱신에 관한 상각기간과 고정자금의 규모를 설정하는 문제[104] 등을 연구·제기한다. 즉, 중국식 개혁개방의 입장에는 반대하지만, 중국과 같이 경제 전반에 가치법칙을 도입하여 경제적 효과성을 높일 것에 대한 요구는 국가적 차원에서도 필요하다는 것이다.

반면 김정일은 중국의 농업개혁방식 등을 국가의 중앙집권적 지도가 관철되지 않는 자본주의적 관리방식으로 보았다.[105] 따라서 김정일은 혁명적 경제전략을 지렛대 삼아 중국식 개혁개방 입장을 피력하는 세력들에 대해 명백한 대응을 할 필요를 느끼게 된다. 북한은 1998년 9월 만 3년의 유훈통치를 종결하고, 김정일 체제를 공식 출범하면서 전반 계획경제체제 재정비 입장을 다음과 같이 밝힌다.

책의 변화와 향후 전망: 가격을 중심으로」, 『금융경제연구』 제220호, 2005.

[102] 이 문제는 주민의 수중에 있는 화폐와 그 화폐로 살 수 있는 물자 사이의 균형의 문제로 항상 북한의 재정체계에서는 임금과 생활비를 국가화폐량과 현물량에 맞추어야 하는 문제, 즉 경제계산을 바로 하는 문제에 부딪혀 있었다. 박동원, 「사회적필요로동시간계산의 필요성과 그 계산에서 나서는 몇가지 문제」, 『경제연구』 1992년 4호 ; 렴호준, 「생활비는 기술발전을 추동하는 중요한 경제적공간」, 『경제연구』 1991년 4호.

[103] 사회주의적 재생산의 순환문제로서 적체된 생산물들이 소비되지 못함으로써 자금이 묶이고, 임금과 생활비는 지급되지만 살 물건들이 없거나, 자체 조달로 인해 화폐자금이 개인의 수중에 머물러 있으면서 전반 경제의 화폐자금이 선순환되지 못하는 것을 어떻게 개선할 것인가의 문제로 제기된다. 최경희, 「사회주의사회에서 화폐류통공고화의 기본방도」, 『경제연구』 1993년 3호.

[104] 과학과 기술의 발전으로 인해 고정재산이 마멸되는 성격과 시기가 달라지기 때문에, 경제가 침체국면일 때는 감가상각비의 조성과 조성규모, 쓰임에 대한 문제를 어떻게 할 것인가의 문제였다. 결론은 기술투자가 불가능한 상태에서 기존의 생산시설과 설비를 개조하여 더 써야 한다는 것이었다. 백성해, 「고정재산리용의 경제적효과성제고방도」, 『경제연구』 1992년 2호.

[105] 김정일, 「올해에 당사업에서 혁명적전환을 일으킬데 대하여」(1997.1.1), 『김정일선집 14』, 조선로동당출판사, 2000, 256·258쪽.

첫째, 김정일은 "사회주의의 붕괴과정은 현대수정주의가 대두하여 수령과 혁명선배들을 헐뜯고 로동계급의 혁명사상을 외곡변질시키면서부터 시작"되었다고 본다. 이에 당면한 사회주의 위업은 혁명전통의 계승 문제였고, 김일성의 대를 잇는 혁명과업수행을 자신의 임무로 설정한다.[106]

둘째, 수령의 대를 잇는 방식은 김일성이 1990년 제9기 제1차 최고인민회의에서 자신에게 이양했던 '국방위원회'를 격상시키고, '국방위원회'를 최고 통치기관으로 세우는 것이었다. 이에 군사를 앞세워 사회주의 혁명과 사회주의 국가를 옹호·고수하는 선군정치방식의 국가체계를 확립한다.[107]

셋째, 김정일은 이와 같은 입장에 따라 '국방위원회 위원장'을 최고 통수권자로 하는, '국방위원회 – 최고상임위원회 – 내각책임제 · 내각중심제'로 국가구조를 개편한다. 그리고 당면한 경제난 해결을 위해 내각책임제 · 내각중심제를 통한 전반 계획경제체제의 재정비를 시작한다. 김정일은 경제사업을 자신의 본연의 임무로 삼지 않았다. 국방을 틀어쥐고 사회주의체제를 옹호·고수하는 것을 자신의 1차적 영도 임무로 삼았다. 따라서 내각을 통해 전반 계획경제체제를 정비해 들어가겠다는 그의 구상은 내각을 이전 시기 정무원 구조와 다르게 독립적으로 강화하게 된다.

---

[106] 김정일, 「혁명선배를 존대하는 것은 혁명가들의 숭고한 도덕의리이다」(1995. 12.25), 『김정일선집 14』, 조선로동당출판사, 2000, 115쪽.

[107] 김정일이 국방위원장으로 재추대되는 1998년 9월 5일, 제10기 최고인민회의 제1차 전원회의에서는 1990년의 김일성 시정연설을 녹음테이프로 들었다. 이 시정연설은 바로 '사회주의원칙'을 강조하며 김정일에게 국방위원회 제1부위원장을 이양했던 회의의 연설이었다.

(2) '내각책임제·내각중심제'의 경제조직사업

1998년 9월 헌법 개정을 통해 새롭게 격상한 '내각책임제·내각중심제'(이하 내각)는 경제전반의 책임기구이다. 내각의 역할은 "중앙집권적인 경제사업체계이며 질서"로 규정되었고, "당의 방침대로 경제사업을 내각이 통일적으로 틀어쥐고 작전하고 지도하며 경제사업과 관련된 문제들을 일체 내각에 집중시키고 내각의 결심과 주관 밑에 풀어나가는 규률을 엄격히 세우는 것"이 그 기본요구로 설명되었다.[108] 그리하여 새로운 내각은 첫째, 지위가 격상되어 경제 문제에 관한 한 전권을 위임받았다. 둘째, 중앙집권적 지도체계를 구축함과 동시에 경제 문제 해결에 있어서는 정치적 논리의 개입을 줄이려고 하였다. 셋째, 효율적 중앙관리체제의 운영과 긴축재정의 상태에 맞게 각 부서를 대폭 축소하였다. 넷째, 세대교체와 함께 신진 전문 기술 관료들의 약진이 두드러지게 되었다.

김정일 체제는 사상적 계승 입장에서 '선군'에 의한 국가운영체계를 확립했지만, 혁명적 경제전략을 그대로 관철·집행할 수 없는 현실적 상황 속에서 당면한 현실에 맞는 새로운 경제정책을 수립해야 했고, 이를 내각을 통해 모색하도록 한 것이다. 내각은 김정일의 사상적 계승입장에서 새로운 경제전략을 조합할 것을 요구받았고, 이는 '계획경제의 현실화-국가재정의 공고화-국유기업의 정상화'의 과정이었다.

먼저 강화된 내각의 경제조직사업은 1999년 인민경제계획법에 따라 계획이 곧 법으로 관철·집행될 수 있도록 계획경제의 현실화 작업을 수행하였다. 그리고 계획경제의 현실화 작업은 첫째, 국가재정 유출을

---

[108] 리영화, 「경제에 대한 국가의 중앙집권적통일적지도는 사회주의경제강국건설의 근본담보」, 『경제연구』 1999년 3호.

막고, 국가재정 수입을 증대하며, 국가재정체계를 튼튼히 하는 방향에서 국가재정체계를 개선한다.[109] 둘째, 국가기업소를 중심으로 기업소 정비 및 통폐합, 기술개건을 시작한다. 그리고 기업소 정비 및 기술개건의 자금 확보를 위한 대외무역을 확대한다. 셋째, 경제학자 및 내각 부처의 관료들로 하여금 외국사례를 연구하고, 기술 전수를 받기 위한 해외 연수를 조직한다.[110] 넷째, 기타 인민경제계획법에 따라 필요한 하위 법들을 제정·공포하는 것을 목표로 진행되었다. 내각 사업을 국가재정체계 개선과 기업소 정비 두 측면에서 살펴보면 다음과 같다.

가. 국가 재정체계 개선

내각의 일차적 사업은 재정에 대한 통제권을 확보하는 것이었다. 그러나 앞서 살펴보았듯이 1998년 9월 시점의 북한은 총생산물(GDP)이 가장 낮을 때였다. 또한 전체 공장 정상가동률은 30% 내외였다. 전력난, 에너지난을 해결하기 위해서 '자금'이 필요했지만, 실제 국가 기업소에 전적으로 의존하고 있는 국가 재정의 위기는 더욱 심각했다. 국가재정 위기를 타개하며 재정에 관한 통제권을 확보하기 위해서는 국가의 재정 유출을 막고, 국가 재정을 확보하는 방법을 고려해야 했다. 따라서 북한의 재정체계 개선은 인민경제의 추가적 혜택 자금을 축소·동결하거나 폐지하고, 노동보수제에 대한 전면적 검토로 진행되

---

[109] 북한은 1999년 4월 7~9일 열린 북한최고인민회의 제10기 제2차 회의에서 김일성 사망 이후 처음으로 국가의 예·결산을 토의하고, 인민경제계획법을 채택한다. 또한 강력한 재정규율확립을 강조하면서 국내 경제에 대한 재정적 통제력을 회복하고자 한다. 한국은행 조사국, 「북한경제의 현황과 전망」, 한국은행 조사자료 2000-3, 2000.

[110] 통일부는 1997~1999년까지 UNDP 등 국제기구의 지원 아래 미국, 호주, 태국, 싱가포르, 중국, 헝가리 등지에서 자본주의 시장경제교육을 받은 북한의 경제관료를 총 215명으로 추정했다. 『연합뉴스』, 1999년 8월 29일.

었다. 그리고 국가예산의 수납체계를 변경하였다.111)

　북한은 1993년 혁명적 경제전략 방침 아래 국가재정 확보와 기업에 대한 통제권을 강화하기 위한 목적으로 '거래수입금' 부과 방식을 변경한 바 있다. 이는 소비재 생산 기업소에 한해서만 거래수입금을 부과하던 방침에서, 생산재 생산기업소까지 포함 범위를 확대·변경시킨 것이다. 이에 따라 위원회·부·연합기업소를 중심으로 하는 기존의 부문별 수납체계가 지역별 수납체계로 변화하였다. 이러한 변화는 과거에 비해 거래수입금의 납부기관 수가 급증하였고, 각 지역별로 분산된 기업소들이 지리적으로 멀리 떨어져 있는 위원회·부·연합기업소 등에 납부해야 하는 불편을 감소시키기 위한 것이었다.112) 그러나 1998년 내각의 기능을 강화하게 되자, 지방재정기관이 담당하던 재정수납관리 업무도 중앙부처인 성이나 관리국으로 이관될 필요가 제기되었다.113) 이에 2001년에는 이와 같은 예산수납체계를 변경한 부문별 수납체계 방식을 도입하여 시행하였다.114)

　2001년 최고인민회의 제10기 제4차 회의를 통해서 변경된 부문별 수납체계 방식에 따라 성, 관리국들이 산하기관들의 수입예산계획에 직접 관여하게 되고, 이들의 집행을 직접 관리·감독하게 되었다. 또한 책임과 함께 권한도 위임되었다. 산하 기업들의 정상화를 위해서 자체

---

111) 박성호, 「새로운 국가예산수납체계의 특징과 우월성」, 『경제연구』 2000년 4호.
112) 오선희, 「거래수입금의 제정 및 적용에서 제기되는 몇 가지 문제」, 『경제연구』 1994년 3호.
113) "성, 관리국을 기본단위로 하는 새로운 부문별 수납체계에서는……생산과 관리의 부문별 지도기관인 성, 관리국이 해당부문에서의 수입예산의 집행에 대하여 전적으로 책임진다." 박성호, 「새로운 국가예산수납체계의 특징과 우월성」, 『경제연구』 2000년 4호.
114) 북한 최고인민회의 제10기 제4차 회의 관련 자료는 다음을 참조. 통일부, 『주간 북한동향』 2001년 4월.

관리자금을 가지며 나머지 부분은 재정성에 납부하도록 했다. 그리고 수납체계의 변화와 함께 분기, 반년, 연간 결산 및 재정총화를 강화하는 조치도 병행되었다. 내각의 성, 관리국 산하로 재정을 집중시킨 것이다.

국가예산 지출항목 변경도 단행하였다. 먼저 국가의 추가적 혜택부분을 예산항목에서 분리하였다. 종래의 예산 항목은 ① 인민경제비, ② 사회문화시책비, ③ 군사비, ④ 관리비 등 지출목적별 대분류 금액만 제시했었다. 2001년 지출항목에서는 ②의 사회문화시책비를 '인민적 시책비'로 변경한다. 그리고 '인민경제비' 내역 안에 포함되어 있는 불분명한 추가적 혜택 몫을 삭감하고, 이를 '인민적 시책비'라는 새로운 항목에 통합 계산하였다. 이에 따라 '사회문화시책비'를 '인민적 시책비'로 바꾸어 계산한 결과, 기존의 '인민경제비'는 65% 정도에서 40.1%로 감소하였고, '인민적 시책비'는 19% 수준에서 38.2%로 증가하였다.

이와 같은 예산지출항목의 변경은 국가가 주민들에게 주는 혜택의 크기를 분명히 하려는 것이다. 또한 국가재정의 수입에 따라 국가적 혜택도 연동하여 조정할 수 있도록 하며, 국가 몫과 주민들에게 돌아가는 몫을 재정체계와 맞물리게 한 것이다. 따라서 경제가 어려워서 국가가 경제활동을 위해 쓰는 몫은 줄었음에도 불구하고, '인민적 시책'은 역으로 늘었다는 계산이 나오게 된다. 경제가 어려워지면 그만큼 국가는 재정적 압박을 받게 되고, 이에 국가의 추가적 혜택도 연동하여 줄어야 한다는 북한 당국의 의도를 반영한다.

나. 국가 기업소의 재정비

국가가 재정의 통제권을 확보하기 위한 재정체계 개선 이외에 두 번째 방법은 공장·기업소를 시급히 재정비하는 것이다.[115] 공장가동률이 30%밖에 되지 않는 국유기업의 생산을 정상화시키기 위해서는 전력, 석탄 등의 에너지 문제를 해결하는 것이 북한의 가장 시급한 현안이었다. 그럼에도 취할 수 있는 대책은 '중소형발전소'를 대대적으로 건설하여 공장·기업소의 자체 전력을 보장하는 것뿐이었다.116) 이에 1999년 이후부터는 대규모, 다단계, 저낙차 발전소 등의 다양한 발전소 건립과 함께 중소탄광 개발을 강조한다. 시, 군 등 지방단위뿐만 아니라 공장, 협동농장, 편의봉사사업소 등 개별 단위까지 개발에 참여하도록 독려하면서 이를 통해 지방 단위 자체적으로 석탄을 수급하도록 강조하였다. 그리고 2000년 들어 중소탄광 개발 건수는 30% 이상 급증한다.117)

중소형발전소, 중소탄광 개발로 인한 자체 전력보장은 공장가동률을 높이는 데 일정 부분 기여했다. 따라서 이상과 같은 자체 전력보장책은 공장·기업소의 가동률을 높였고, 그 결과 계획완수 단위와 건설실적이 증가하는 것으로 나타났다.118)

---

115) 사회주의 국가 기업소는 그 자체가 재정의 단위이다. 국가와 기업소는 회계뿐 아니라 관리에서도 밀접히 관계를 맺고 있다. 국가-기업소와의 관계에서 국가는 ① 인민을 대신한 소유자의 기능을 가지고 있는 단위로서 기업소의 소유자이다. 따라서 국가는 기업의 이익을 분배받는다(국가기업리득금). ② 행정관리자로서의 기능을 가지고 있는 단위로 기업의 행정관리자로서 세금을 징수받는다(거래세).

116) 1997년부터 강조되어 대대적으로 건설하기 시작했던 중소형발전소는 1999년 말 시점으로 총 6,458개, 26만 6,000kW 전력을 생산하며, 개당 평균 41kW의 전력을 생산 공급하는 그야말로 중소형발전소이다. 그러나 문제는 부실공사였다. 1998년 여름 홍수와 수해로 많은 중소형 발전소들은 또다시 제 기능을 다 하지 못하였다. 이에 김정일은 "많이 건설하는 것보다 전기를 1년 내내 생산하는 것이 더욱 중요하다"면서 질을 높이고 용량을 늘릴 것을 주문한다.『로동신문』, 1999년 1월 18일.

117) 통일부,『주간 북한동향』2000년 7월.

118) 통일부,『주간 북한동향』, 1997~2002년, 각 주간호.

〈표 1-10〉 1997~2002년 북한의 상반기 계획완수 공장·기업소

구분	1997	1998	1999	2000	2001	2002
에너지	5(45.4%)	6(17.6%)	-	5(8.3%)	10(10.2%)	11(17.5%)
금속·기계	2(18.2%)	6(17.6%)	-	2(3.3%)	28(28.6%)	28(44.4%)
경공업	3(27.3%)	15(44.1%)	-	25(41.7%)	41(41.8%)	6(9.5%)
광업	-	-	-	-	(12.2%)	11(17.5%)
기타	1(9.1%)	7(20.6%)	-	-	(7.2%)	7(11.1%)
전체	11(100%)	34(99.9%)	-	60(100%)	98(100%)	63(100%)

※ 자료: 통일부, 『주간 북한동향』(1997~2002년), 각 주간호 종합 재구성.

〈표 1-10〉에서 볼 수 있듯, 2000년 이후 계획완수 공장·기업소들은 증가세를 보인다. 그러나 특이한 것은 2000년 계획완수 단위 중, 눈에 띄는 변화로 경공업 부문의 공장·기업소가 계획완수율이 높았다는 사실이다. 이것은 경공업부문 중에서도 견직, 방직 공장·기업소의 계획완수율이 높았기 때문인데, 그 이유는 북한이 1996~2001년 기간 동안 잠업개발 사업을 위해 IFAD(국제농업개발기금)로부터 1,573만 달러의 차관을 도입하였기 때문이다. 그리고 영변견직공장, 박천견직공장의 현대화에 집중적으로 투자했기 때문이다.[119]

또한 〈표 1-10〉에서 보듯, 북한 공장·기업소들 중 생산 정상화를 보이고 있는 곳은 국가 투자 단위 기업소(금속·기계 부문), 외국 자금지원 단위(경공업의 일부 단위), 지방 자체로 전력과 원료문제를 해결할 수 있는 단위들로, 이들 공장·기업소만이 가동되고 있는 현실을 보여준다. 즉, 모든 산업 부문이 동시 발전하기 보다는 특정 부문의 일부

---

[119] 통일부 측의 분석으로는 이는 당창건 55돌을 계기로 주민생활향상에 높은 정책적 관심을 두었기 때문이라 하였지만, 실제로 편직·견직 등 섬유공업부문의 계획완수 공장·기업소가 증가한 것은 투자 몫의 증가 때문이라고 보아야 한다.

공장·기업소들을 중심으로 생산이 증가하는 불균형적 성장 현상이 나타나게 되는 것이다. '특정 부문'의 '일부 공장·기업소'들의 생산이 높아지는 불균형적 성장 현상과 낮은 공장가동률은 노동력의 대체동원을 보면 더욱 분명해진다.

〈사례 1〉 수안 규조토광산의 조업: 신발공업부문 근로자들의 노력투쟁에 의해 광산이 조업, 그리고 광산에서 나온 규조토는 다시 신발공장 원료로 사용됨.(2000. 5. 3 중앙방송)

〈사례 2〉 평남도 온천양어장 개건, 확장공사가 착공 4개월 만에 완공: 도내 남흥청년화학공장을 비롯한 여러 생산단위의 유휴 노동력을 활용하여 추진. 그리고 주민들에게 식용으로 공급.(2000. 5. 26 중앙방송)

〈사례 3〉 평양-남포고속도로 건설지원에 낙랑종이공장, 낙랑영예군인수지일용품공장 등의 로동자 지원.(2000. 7. 10, 7. 13 중앙방송)

〈사례 4〉 평양시 상원군 문포천에 새로 건설된 5·7다리, 문포천 다리, 풍년다리는 대외봉사국과 평양시, 평안북도, 황해남북도, 함경남도, 강원도 등의 봉사기관 일군들과 건설자들이 완공.(2001. 5. 9 중앙방송)

〈사례 5〉 함남 성천강 계단식 발전소 33개 중 27개 완성, 마감단계에 있는 6개 발전소의 하나인 25호 발전소 건설을 담당한 흥남비료연합기업소는 설비조립을 진행하는 것과 함께 단 며칠 동안에 흙과 돌을 처리.(2001. 7. 24 중앙방송)

〈사례 6〉 평양승강기공장 일꾼, 노동자들이 메기사료 종합가공설비를 제작 완성(2001. 8. 11 중앙방송)

〈사례 1〉, 〈사례 5〉와 같은 경우는 생산가동을 꼭 해야 하는 단위들이지만, 국가투자가 부족한 현실에서 필요한 원료 및 발전시설을 직접

생산노동자가 해결하여 공장을 가동시키는 경우이다. 이렇게 자체 해결 단위들은 계획완수율을 전반적으로 상승시키는 역할을 했다.

〈사례 2〉의 남흥청년화학공장은 북한 유일의 석유화학공장으로 유럽에서 기계 설비를 도입하여 1989년에 완공한 중앙단위 공장이다. 그러나 상식적으로 화학공장은 주로 경공업제품을 생산한다고 할 때, 2000년 경공업 분야의 계획완수율이 높았던 실정을 감안하면, 남흥청년화학공장의 생산가동 중지와 유휴 노동력의 대체노동 현실은 의외이다. 즉, 직접 투자를 받지 못한 공장·기업소는 동일 업종 내에서도 불균형 성장을 하고 있는 사례를 보여준다.[120]

〈사례 3〉, 〈사례 4〉, 〈사례 6〉은 모두 생산이 '정상가동 될 리 없는 단위'들로 건설 및 다른 노동에 동원되고 있음을 보여준다. 이것은 공장·기업소의 정상화에 있어 절대적인 자금과 설비지원을 필요로 하고 있는 현실을 보여준다.

이와 같은 현실은 2000년 1월 연합기업소 단위로 묶여 있던 기업연합을 해체하고, 같은 해 9월 다시 재조직하는 등 기업소 재정비로 이어지게 된다.[121] 그리고 기업소의 재조직은 경제적 전·후방 효과가 큰 전력, 석탄, 금속공업 등 선행부문의 특급 공장·기업소들과 수출

---

[120] 북한의 주요 화학공장이 정상가동하지 못하는 이유는 '소금 및 제염의 부족' 때문이었다. 따라서 북한은 '소금밭 건설'과 '제염공장 건설'을 지속적으로 강조해 왔지만 소금생산량을 늘리지 못하고 있는 상태에서 경공업분야의 기업 생산이 차이가 나는 것은 투자의 유무 때문이다.

[121] 1999년 4~5월부터 석탄부문의 연합기업소들은 축소, 해체되기 시작하였다. 그리고 1999년 말부터 2000년 초에 걸쳐서는 석탄 이외의 부문에서도 축소, 해체가 진행되었고, 2000년 당시 전력, 철도운수부문에서는 연합기업소가 하나도 남아있지 않았다. 그러나 당시 기업소 재정비는 석탄, 전력, 철도, 운수 부문에서 이루어 졌을 뿐 모든 연합기업소를 대상으로 한 것은 아니었다. 中川雅彦,「김정일의 경제재건: 공업조직에서 진행되는 리스트럭쳐링」,『KDI 북한 경제리뷰』2000년 5월.

에서 전략적 가치가 높다고 인식되는 경공업부문의 관리 운영조직들을 중심으로 이루어졌다.

특히 기업소의 재조직 과정에서 북한은 2000년 남북정상회담, 북미 간 관계개선 및 새로운 유럽과의 관계 형성, 그리고 기존 사회주의 나라(러시아, 중국 외)들과의 관계 복원 등 대외환경의 변화를 맞이하게 된다. 따라서 9월 재조직의 과정에서는 대외무역과 관련하여 유관한 경공업 부문들을 연합회사로 조직하면서 연합회사 제도를 광범위하게 도입한다.[122] 수출을 통해 외화를 벌어들여야 수입을 할 수 있는 북한의 경제상황에서 대외환경이 변화하자 수입물자의 요구가 높아졌다. 또한 보다 많은 그리고 빠른 외화획득을 위해서는 절차와 수순이 간단한 무역체계와 생산구조, 생산방식으로 변화해야 했다. 이에 연합회사 제도를 광범위하게 도입하게 된 것이다. 그 결과 노동집약적이고, 외국 투자로 현대화된 생산설비를 도입했으며, 수출품으로 경쟁력이 있다고 생각되는 방직, 신발, 비단 등의 경공업 공장들을 주로 '연합회사'로 편재하였다. 반면 기억해야 할 것은 이들 연합회사들이 2002년 말 대외환경 악화로 수출입 통로가 차단되자, 다시 수출용에서 내수용으로 생산을 돌린다는 점이다.

다. 기업소의 기술개건

대외환경의 변화는 또한 인식의 변화를 가져왔다. 그것은 2001년 신년공동사설을 필두로 하여 "신사고", "과학기술"을 통해 "우리식경제관리체계의 개선"을 강조하는 것으로 나타났다. 기존의 각종 봉화운동과 제2천리마대진군 등의 대중운동방식을 통한 경제건설 방식이 아니라,

---

[122] 연합회사란 동일 업종의 여러 공장·기업소를 하나의 경영단위로 통합하여 판매, 수출, 자재 수급 등을 공동으로 수행하는 회사조직이다.

과학기술을 통해 북한경제의 전반적 기술개건을 실시하겠다는 것이다.123) 이에 따라 2001년 최고인민회의 제10기 제4차 회의의 홍성남 총리의 보고는 1993년의 '혁명적 경제전략'이 '당의 혁명적 경제정책'으로 바뀌었음을 보여준다.124)

북한의 전반적 기술개건 방침은 다음과 같은 네 가지 입장으로 전개된다. 첫째, 북한은 1998년 8월 강성대국 건설을 선포하며, 1999년 강성대국 건설의 3대 기둥 중 하나인 과학기술 중시사상을 천명한 바 있다. 그리고 이어 2001년 김정일의 '종자론'을 통해, 강성대국 건설의 종자는 과학기술로 정립된다.125) 둘째, '과학기술과 생산의 결합'을 통해 인민경제 전반을 현대적 기술로 개건한다는 것이 2001년 사업방향으로 확정된다. 셋째, 현대적 기술로 개건하는 작업은 각 부분에 '본보기 공장'을 먼저 꾸리고, 그 경험을 일반화하는 과정으로 전개한다. 넷째, 현대적 기술개건과 함께 기존 공장·기업소의 재정비 사업을 전개한다.

북한의 기존 공장·기업소의 재정비 사업 원칙은 "전기를 많이 쓰고 뒤떨어진 공정들과 실리가 나지 않는 생산 공정들을 대담하게 털어버리고, 투자의 효과성이 높은 대상부터 개건"하는 것이다. 이에 내각 국가계획위원회는 각 성 중앙기관이 제출한 자료에 근거하여 "기술개건 사업계획"을 수립하며, 다음 〈표 1-11〉과 같이 각 시도별로 대상선정을 완료한다.126)

---

123) 「지난 시기의 낡고 뒤떨어진 것을 붙들고 앉아 있을 것이 아니라 대담하게 없앨 것은 없애버리고 기술개선하여야 한다」, 「대담하게 공업을 최신설비와 기술로 장비시켜야 한다」, 『로동신문』, 2001년 1월 4일.
124) 「최고인민회의 제10기 제4차 회의 — 내각의 2000년 사업정형과 2001년 과업(홍성남 총리 보고)」, 통일부, 『주간 북한동향』 2001년 4월.
125) 「종자론을 튼튼히 틀어쥐고 나가자」, 『로동신문』, 2001년 3월 6일.
126) 『로동신문』, 2001년 2월 1일.

〈표 1-11〉 북한 2001년 시도별 기술개건 사업단위와 목표

평양시	· 만경대, 서포 닭 공장 등의 설비교체 · 평양화력발전연합기업소, 동평양화력발전소 발전량 제고, 전기절약
남포시	· 천리마제강연합기업소, 대안중기계연합기업소 중심 철강재, 발전설비 증산계획
개성시	· 2모작 면적의 1.2배 확대
함경북도	· 김책제철연합기업소, 성진제강연합기업소, 청진제강소 등의 설비현대화
함경남도	· 룡성기계연합기업소 등의 생산공정 현대화
양강도	· 대홍단군종합농장과 포태종합농장을 중심으로 돼지목장 운영, 감자농사 증산
자강도	· 운봉, 위원발전소 등 대규모 수력발전소 설비 보수 정비 · 강계닭공장, 메기공장, 맥주공장, 고려약공장 건설 추진
평안북도	· 태천3호발전소 건설 조기 완공
평안남도	· 북창화력발전연합기업소, 청천강화력발전소 설비 보수 교체
황해북도	· 황해제철연합기업소 기존설비 교체
황해남도	· 토지정리 추진, 2모작면적 확대
강원도	· 원산청년발전소 건설 모든 역량 집중

※ 자료: 『로동신문』 2001년 2월 1일자 참조.

그러나 시도별 기술개건 단위들을 살펴보면, 북한이 선정한 시도별 사업단위가 일련의 특징을 가지고 있음을 알 수 있다. 〈표 1-11〉의 남포·함남·함북·황북지역은 기계 제철을 중점으로 한다. 평남·평북·자강도·강원도 지역은 전력, 석탄을 중점으로 한다. 평양·개성·황남·양강도 지역은 먹는 문제 해결을 중점으로 한다. 즉, 선행공업부문 (전력, 석탄, 제철, 기계 등)을 중점적 대상으로 하고 있음을 알 수 있다.

또한 북한은 기업소의 기술개건사업 방침을 확정하고 개건 원칙을 통해 ① 남포 유리공장 등 여러 공장·기업소들을 폐업하고, 평양일용품 공장의 칫솔직장 등은 새로 조업시켰다. ② 또한 주민생활과 밀접한

신발, 섬유 등 일용소비품과 관련되는 공장들을 대상으로 시설 현대화 및 생산능력 확장을 추진하였다. 이에 따라 사리원 신발공장, 풍천 과일가공공장, 강계포도주공장, 신의주화장품공장 등에 대한 기술개선 사업이 진행되었다. ③ 반면 기간공업 부문에서는 전력 설비 시설들을 먼저 현대화하고, ④ 제철, 제강, 석탄 부문의 기술개건 사업을 선행하였다. ⑤ 그리고 각 지역의 닭 공장들에 대한 설비 현대화를 추진하였다.[127]

여기에 앞의 ②의 대상 기업소들은 앞서 기업소 재조직 과정에서 대외무역을 위해 '연합회사' 단위로 묶인 단위이다. ③은 통신, 전력계통의 현대화 사업을 추진하면서 외국 자금 및 기술지원을 받는 단위이다.[128] ⑤는 유럽의 기술지원으로 현대화 과정을 밟았던 단위이다.[129] 즉, 2001년 전반적 인민경제의 기술개건 사업 역시 자금과 기술의 지원을 받는 부문을 우선적 대상으로 하고 있음을 알 수 있다. 따라서 기술개선 사업 역시도 시간이 지남에 따라 투자여력의 한계로 부진해질 수밖에 없게 된다.[130]

---

[127] 『조선신보』, 2002년 1월 14일.

[128] 구체적 투자계약은 스위스-스웨덴계 다국적 기업 ABB(Asea Brown Boveri)그룹과 이루었다. ABB는 북한 금속기계공업성 및 전기석탄공업성과 "전기설비 생산과 전력망계통 현대화를 위한 협력합의서"를 체결하였다. 통신 분야에서는 프랑스의 알카텔사가 북한의 국제전화 교환기 보수 및 교체사업에 독점업체로 참여하였다. 조동호 외, 『북한 경제개발전략의 모색』, 한국개발연구원, 2002, 193~194쪽.

[129] 보도에 의하면 유럽국가의 기술지원으로 먼저 '강계 닭공장'이 현대화 사업을 추진하였다. 『조선신보』, 2002년 2월 13일.

[130] 기술개건사업은 시기적으로 김정일이 중국을 방문(2001. 1)하고 난 이후부터 강조되기 시작하여 5월 말까지 39건이 추진되었으나, 그 이후에는 단지 7건에 불과하여 부진한 것으로 나타났다. 통일부, 『주간 북한동향』 2001년 12월.

(3) 내각사업의 한계와 '장마당'의 창궐

김정일 체제의 공식 출범 이후 북한의 내각이 중점적으로 전개했던 전반적 경제체제의 재정비 과정은 앞서 고찰한 바와 같이 절대적인 자금 부족과 자금 부족으로 인해 특정 부문의 일부 공장·기업소를 중심으로 한 불균형적 생산의 양상으로 전개되었다. 따라서 내각을 중심으로 전반 계획경제체제를 재정비하고자 했던 김정일 체제는 역으로 내각 사업을 통해 더욱 개혁적 요구 앞에 나서게 되는 결과를 초래하게 된다. 이는 세 측면에서 고찰해 볼 수 있다.

첫째, 내각을 중심으로 경제체제를 정비하고자 했을 때 농업개혁은 더 이상 전개되지 않았다. 따라서 농업생산이 뒷받침되지 못하는 현실로 인해 국가의 어떤 정책도 의도대로 관철·집행되기 어려웠고, 가격 인플레는 계속 고조될 수밖에 없었다. 둘째, 국가의 중점적 중앙 기업소 외에는 자력갱생이 요구되었다. 따라서 지방기업을 중심으로 한 자력갱생에의 요구는 식량문제 미해결과 맞물려 시장 활동을 더욱 강화시켰다. 셋째, 국가의 재정체계를 공고히 하기 위해 공장·기업소들에게 요구했던 독립채산제 실시 방침은 생산의 파동성과 불균형적 성장에 따라 더욱 생산재 유통시장과 가격개혁을 요구하게 되었다. 즉, 내각이 총력을 기울이며 전개하려 했던 '계획경제의 현실화, 국가재정의 공고화, 국유기업의 정상화' 방침은 역으로 물가를 상승시키고, 사적 시장을 더욱 번창하게 하는 결과를 초래하게 된 것이다.

내각은 이처럼 경제조직사업에 있어 주요하게 국가재정의 확보와 생산의 정상화를 위해 국유기업소를 재정비하였다. 공장·기업소 단위들의 재정비, 재조직, 기술개건을 통해 기업소 단위의 독립채산제 방침을 강화하려고 한 것이다. 이때 독립채산제 방침은 자재공급이 보장되지 못하는 현실에서 계획지표를 줄이고, 기업의 재량권을 확대한다는 측면에서 기업분권의 의미를 갖는다. 그러나 기업이 독립채산제를 실현하기 위해 먼저 원활한 자재수급을 위하여 생산수단의 유통이 허가되어야 했다. 또한 기업이 독립적 채산을 공평히 할 수 있는 조건이 먼저 형성되어야, 기업 간 이윤을 정확히 계산할 수 있었다. 따라서 기업소 간의 여러 조건 차이가 반영되지 않는 기존의 유일적 가격사업이 문제가 될 수밖에 없었다. 즉 국가재정-국가 기업소-가격사업은 상호 연관되어 있다는 것이다.

북한의 계획 정상화 방침 아래 명시적 독립채산제의 강조는 현실에서 공장·기업소의 계획지표 축소로 나타났고, 계획지표 축소와 생산 가동률의 동반 하락은 유휴 노동력의 증가로 이어졌다. 이에 북한 노동자들은 계획지표의 축소, 낮은 공장가동률, 낮은 임금으로 인해 생계유지 방편을 또 따로 마련해야만 하는 상황에 놓이게 되었다. 따라서 노동자들은 생산물량을 시장에 빼돌리고, 장사를 통한 생계유지에 더욱 의존하였다.

> 고난의 행군 이후 시기에 가장 먼저 참가한 계층은 노동자층이다. 고난의 행군 이전 시기부터 가두여성들이 농민시장에 참가해왔고 고난의 행군을 지나며 그 인원이 대대적으로 확대되었고 그 다음으로 노동자들이 농민시장으로 들어왔다. (중략) 고난의 행군이 끝났다고 선언하는 1998년 이후 이전 직업에 상관없이 인텔리라 칭해지던 의사나 교원들까지도 장사를 시작한다.[131]

앞의 사례는 기존에 농민들이 자신의 부업생산물을 농민시장에 들고 나와 물물교환을 하던 것과 달리, 노동자들조차 시장에 보다 적극

---

131) 박민정, 「1990년대 북한의 '고난의 행군'과 '농민시장' 변화 연구」, 경남대 북한대학원 석사학위논문, 2004, 45쪽.

적인 태도를 취하게 되는 과정을 보여준다. 특히 노동자들은 농민들과는 달리 개인생산물을 가지고 있지 못하다. 그로 인해 공식계획 영역 내에서 사적 경제활동을 하거나, 절도·밀수 등의 방법을 모색할 수밖에 없었다. 따라서 농업부문의 농민들과 광범위한 지방산업의 유휴인력, 그리고 국유기업 내 공장 근로자들까지 참여하는 농촌과 도시의 시장 활동은 이제 더 이상 기존의 농민시장으로서의 물물교환 시장이 아닌 이윤을 쫓고 이윤을 창출하는 사적 시장으로 변모하게 된다. 즉, 어디에나 시장이 있고, 잉여생산물의 비합법적 유통이 진행된다고 할 때 문제는 자본과 상품이다. 누구든지 돈이 있거나, 팔 물건이 있다면 시장 활동을 통해 이득을 창출할 수 있게 되는 것이다.

　이처럼 북한의 계획 정상화 방침은 국가의 '의도'와 다르게 사적 시장을 활성화시키며 '의도하지 않은 결과'를 파생시키게 된다. 내각의 경제조직사업이 사적 시장, 즉 장마당의 창궐로 이어지게 되는 메커니즘을 그림으로 그리면 다음 〈그림 1-3〉과 같다.

〈그림 1-3〉 북한 내각 사업과 사적 시장의 관계

계획경제의 현실화	⇒	동원가능한 계획지표 하달 ↓ 생산물량의 빼돌릴 공간 확보			
국유기업의 정상화	⇒	자재공급차질로 공장가동률 저하 ↓ 공장가동률 저하로 노동력 유출	➡	사적 시장 ⬅	변경무역 ↙ 농업부문의 변화 ↖ 지방산업
국가재정의 공고화	⇒	공급부족으로 개인수중의 화폐 증가 ↓ 사적 시장에서 화폐소비−재정유출	↗		

상황이 이렇게 되자, 기업의 생산 정상화는 더욱 다급한 문제로 떠오르게 된다. 그리고 '농민시장 활용론'에 이어 '생산재 유통시장'과 '가격개혁'을 강조하는 논의들이 형성되기 시작한다. 이는 세 측면에서 논의되었다.

첫째, 사회주의 사회에서 교환거래를 하는 데 있어 거래 쌍방에 부당한 손익관계가 생기기 않도록 보충적 가격 종류들을 이용하자는 것이다.132) 이때 보충적 가격이란 기존의 '가치와 배리된 가격' 외에 '가치에 기초한 가격'들을 따로 설정하여 함께 작용하도록 하자는 것이다. 역시 독립채산제 실시의 문제는 가격문제와 연동되기 시작했다.

둘째, 생산수단의 유통을 도매시장화하자는 의견이다. 현재 생산수단이 공급될 수 없는 상황임을 설명하면서, 생산수단의 유통에 있어서도 경제적 공간을 이용하자는 의견이 제기된 것이다.133) 이는 부가금, 유통비, 유통량, 생활비, 이윤 등을 다양하게 반영하여 가격을 설정하자는 의미이다. 나아가 사회주의의 과도적 성격으로 '상품 화폐 관계'가 존재한다는 중국식 경제논리가 등장한다. 따라서 "같은 국가소유의 기업소들 사이에서 거래되는 생산수단까지도 상품화폐관계를 리용하여 류통시켜야 한다"는 제기가 나온다.134) 특히 리장희는 "기존의 선행 경제이론이 계획적 성격과만 결부시켜 시장을 거부했고, 시장 도입에

---

132) 림현숙, 「사회주의사회에서 등가성원칙에 기초한 교환거래의 중요특징」, 『경제연구』 2001년 1호.
133) 생산수단 유통의 본질은 공급이나, 이는 생산수단에 대한 사회주의적 소유와 사회주의 근로자들 사이의 동지적 협조와 방조, 국가의 통일적 지도와 계획적 지도에 의하여 경제가 운영될 때만이며, 그 가운데 어느 하나의 요소라도 이루어지지 못하면 생산수단의 유통이 본질상 공급으로 될 수 없다. 장인백, 「생산수단류통에서 경제적 공간리용의 본질적특징」, 『경제연구』 2000년 1호.
134) 리장희, 「사회주의사회에서 생산수단류통영역에 대한 주체적견해」, 『경제연구』 2002년 1호.

관한 문제가 나오면 '그것마저 반혁명적인 〈시장경제론〉에 의해 오도되고 도외시' 되어서 현실을 말할 수 없었다"고 한다. 그러면서 '국내사회주의시장'은 '사회주의 방식의 조직시장'임을 강조한다.

셋째, 기업소의 독립채산제 방식에 관한 의견이 여러 측면에서 나오고 있는 것과 맥을 같이 하면서, 기존의 예산제 기관들을 어떻게 독립채산제로 전환시킬 수 있을 것인가를 검토한다. 주로 여기에 해당되는 단위들은 대외봉사기관, 과학연구기관, 자재상사와 상업기업소 등이다.135) 이것은 독립채산제가 실질적으로는 실현되지 못했던 현실에 비추어 볼 때, 생산재 유통과 가격개혁 사업을 전제로 하여 전반 경제단위로 확대 실시될 것을 의미하는 것이었다.

이와 같이 김정일 체제는 내각 중심하에 전반 경제체제를 정비하면서 경제조직사업을 활발히 전개했지만, 산업 전반이 정상화되지 않은 상황에서 불균형적 성장을 하고 있는 경제는 농민시장을 사적시장으로 만들며 시장 활동을 보다 확대시키게 된다. 이에 국가재정은 부족한데 인플레는 심화되어 화폐자금이 개인의 수중에서만 맴돌게 되면서 전반적으로 국가의 경제체제의 혼돈을 심화시켰다. 이제 북한은 '재정-기업-가격'이라는 사회주의 계획경제시스템의 근본문제와 마주하게 되면서, 또 다른 한편으로 '농업-상업-사적시장'에서 나서는 문제를 해결해야 하는 사회주의 경제개혁의 근본요구에 한발 더 다가서게 되었다.

---

135) 림광업, 「자재상사독립채산제의 본질과 특성」, 『경제연구』 2001년 1호 ; 김진주, 「대외봉사기관, 기업소 재정의 본질과 특성」, 『경제연구』 2001년 1호 ; 리정민, 「과학연구기관재정관리의 특성과 기본요구」, 『경제연구』 2001년 3호.

3) 2002년 7·1경제관리개선조치와 종합시장의 공식화

(1) 구체제 평가와 7·1조치

개혁의 요구가 분명해질수록 북한에서 역시 '구체제', 즉 과거시기의 경제건설 사업에 대한 자체 반성과 평가가 나오기 시작한다. 물론 북한은 사상적 계승의 입장에 서 있었기 때문에 과거 경제건설의 사상이나 경제건설의 과정에 대한 평가를 직접적으로 언급하지 못했다. 따라서 주로 '변화한 현실과 조건'이라는 상황적 변화에 따라 실제적 이익, 실리보장 차원에서 '가치법칙'을 활용하자는 강조로 이어졌다. 즉, 기존의 시스템은 ① 가치에 따른 가격의 올바른 적용이 이루어지지 않아 생산의욕을 하락시키고, ② 생산의욕의 고취를 위해 쓰는 추가적 혜택은 사회주의의 공산주의적 정책에 해당하는 것으로 국가경제에 부담만 되었으며, ③ 추가적 혜택에도 불구하고 낮은 노동생산성은 분배에서의 평균주의를 내오게 된 문제를 안고 있었다는 것이다. 이로부터 북한은 "최근 년 간 우리는 사회주의경제건설에서 가격사업을 바로 하지 못하여 나라의 경제사업 전반에 엄중한 후과를 빚어냈다"는 자체 평가를 했다.[136] 그리고 자체 평가는 경제사업에서 실제적 이익을 따져보는 데 적합한 "돈에 의하여 계산평가 할 수 있는 계산체계"를 확립하는 것으로 이어졌다.[137]

이는 1990년대 경제난의 결과로 국가의 식량배급과 물자공급이 중

---

[136] 정창현, 「7·1조치 후 기업과 주민들 '돈계산'에 관심고조」, 『민족 21』 2004년 3월호.
[137] 김양호, 「경제사업에 실리보장과 가치공간의 합리적리용」, 『김일성종합대학학보(철학·경제학)』 2003년 1호.

단되자 기존의 계획과 공급체계에 기반을 둔 가격 제정 원칙과 국정가격으로는 더 이상 국가의 재정적 통제와 자원배분의 기능을 할 수 없는 현실을 반영한 평가였다. 따라서 이와 같은 평가는 가치법칙의 전면 활용, 가격개혁을 통한 전반 경제관리체제의 계산-평가-분배 체계의 개선, 공업·농업부문의 경제책임제 실시로의 개혁을 구상하게 된다. 이와 같은 과정을 보다 구체적으로 고찰해 보면 다음과 같다.

가. 가치법칙의 전면 활용

북한이 "가격사업"의 문제를 제기하고 "돈에 의한 계산체계"를 수립한 것은 사회주의경제관리에서 가치법칙을 전면 도입했다는 것을 의미한다. 가치법칙이란 "사회적필요로동지출에 기초하여 생산과 교환이 진행될 것을 요구하는 상품생산의 경제법칙"이다. 그러나 기존의 가치법칙은 그 활용에 있어 제한성을 가지고 있었다. 북한은 1952년 스탈린의 상품외각론에 근거하여138) "소비재의 생산과 류통 분야 그리고 일부 생산수단의 령역, 다시말하여 고유한 의미에서의 상품생산과 류통이 이루어지는 곳에서 내용적으로 작용한다"139)는 제한적 상품-화폐 관계의 활용입장을 가지고 있었다. 그러나 가치법칙을 전면 활용한다는 것은 소비재에 국한한 제한적 상품경제 영역을 전반 경제체제로 확대하였다는 의미이다. 즉, 사회주의체제 내의 상품생산과 유통을 승인하며, 상호 등가 교환을 전제로 가격을 매개로 한 화폐 교환을 승인하게 된 것이다.

반면 북한은 가치법칙이 사회주의 경제관리시스템 내에서 올바로

---

138) 웨이 쓰탈린, 『쏘련의 사회주의 경제문제』, 모쓰크와 외국문서적출판사, 1952년.
139) 리기성, 『주체의 사회주의정치경제학의 법칙과 범주 1』, 사회과학출판사, 1992, 442~443쪽.

작용해야 한다는 것을 강조하면서, 사회주의 경제관리체제를 세 영역으로 구별하였다. "첫째, 인민경제계획화공간으로 여기에는 로력, 설비, 자재, 자금의 계획화가 포함된다. 둘째, 로동에 의한 분배 공간이다. 셋째, 가격을 비롯한 가치공간들로 가격, 원가, 리윤 등이다."[140] 이 세 영역으로 구성되어 있는 경제관리체계에서 가치법칙을 올바로 작용하게 하는 것은 가격이다. 즉, 기존의 경제적 왜곡구조를 가격개혁을 통해 바로 잡으면 인민경제계획화 영역에서 가치법칙의 올바른 활용과 노동에 따른 분배 영역에서 가치법칙이 올바르게 작용한다는 것이다. 이에 따라 가치법칙을 전면화하면서 1차적 과제로 가격개혁을 단행하게 된다.

나. 가격개혁과 경제체제의 왜곡 조절

가치법칙을 전면화함으로써 사회주의체제 내에서 상품생산과 유통의 역할이 다시 부활되게 되자, 기존의 사회주의적 가격제정 원칙이 바뀌어야 했다. 국가재정의 지출로 이루어진 '소비자 위주의 가격'은 생산단위들이 경제활동에서 실리를 따지는 기초가 될 수 없으며, 국가경제를 추켜세우기 위해서는 '생산자 위주'로 가치에 상응한 가격과 생활비를 정하여 그들의 일 욕심을 불러일으킬 필요가 절실했던 것이다.[141]

이것은 기존 사회주의 계획경제체제가 농업·공업의 협상가격차를 이용하여 농업에서 공업으로의 사회주의 원시축적방식에 기초해, '가치와 가격의 배리'를 인위적으로 조성하여 낮은 상품가격을 책정했던

---

140) 신영훈, 「사회주의경제관리에서 경제법칙의 올바른 리용」, 『경제연구』 1986년 2호.
141) 김지영, 「토지개혁 이래 최대사변, 시장을 보는 눈이 달라졌다」, 『민족 21』 2003년 8월호.

원칙을 조정한 것이었다. 즉, 수요와 공급에 따른 원가, 가격 등의 가치가 제대로 반영하지 못했던 가격사업으로 인해 왜곡된 경제운영상태를 바로 잡는 것을 의미했다. 따라서 북한은 상대적 가격 차이를 반영한 가격개혁을 통해 국가의 과도한 사회주의적 시책으로 인한 재정지출을 막고, 국가 재정을 강화하는 것을 목적으로 하는 한편, 평균주의를 타파하고 노동을 강화하고자 하였다.

먼저 "번수입으로 자체 재생산을 제대로 못하는 모순이 두드러지게 나타나고 있던 농업부문"으로부터 가격 개혁의 요구는 시작된다.[142] 또한 국정가격이 농민시장 가격보다 낮아서 "장사 행위가 성행하고, 생산은 국가가 하고 있는데 상품과 돈은 대부분 개인의 손에 들어가는" 현상이 초래되고 있는 현실은 수매가를 기본으로 한 가격의 변화를 요구하였다.

기업 차원에서는 공장·기업소에 지급하는 보상금에 대해서 "극력 지출을 줄일 것"을 제기하며, 각종 보상금 지불로 인해 공장·기업소의 독립채산제가 제대로 실현되지 못하고 있는 현실을 개선할 것이 요구되었다.[143] 북한은 1947년부터 '독립채산제' 실시를 강조해 왔지만, 현실에서는 원가, 이윤, 수익성, 수요와의 관계를 타산하지 못한 맹목적 생산과 재고품의 적체, 국가의 보조금 증가 등의 문제를 파생시키고,[144]

---

[142] 김지영, 「자본주의와 공존 가능한 사회주의 경제 모색 중」, 『민족 21』 2003년 1월호.

[143] 국가가 지불하는 보상금의 종류는 다음과 같다. 계획손실보상금, 손실제품보상금, 공업원료계산가격편차보상금, 원가와 관련한 보상금, 무역편차보상금, 국가식량공급과 관련한 보상금, 연료 및 석탄 공급과 관련한 보상금, 상품가격과 관련한 보상금 등이다. 최윤식, 「보상금의 본질적특성」, 『경제연구』 2000년 2호.

[144] "생산확대의 일면만을 강조한 나머지 그 과정에 자재와 로력이 얼마나 지출되였는가, 말하자면 흑자인가 적가인가에 대하여 큰 관심을 돌리지 못했지요, 실리에 대한 관점이 없었던것입니다." 「〈변혁의 현장에서〉 최고학부 대학생

이윤을 내지 못하는 공장·기업소에 대한 국가의 부담 몫만 증대시켜 왔다는 것이다.

기업소와 노동자의 측면에서는 노동에 의한 분배의 원칙을 올바르게 시행하기 위해 평균주의와 공짜를 없앨 것을 요구하였다. 북한이 강조하는 노동에 의한 분배 원칙을 올바로 시행한다는 것은 임금을 차등 지급함으로써 생산력을 고취하려는 목적이 아니라 국가의 추가적 혜택을 줄이려는 것이다. 국가의 추가적 혜택 없이도 '노력과 열성을 자극하는 사명'을 보다 강조하고 싶어 했던 것이다.[145] 이에 "과도적 사회인 사회주의사회에서 사회주의분배원칙을 무시하고 추가적 혜택만을 지나치게 늘이는 것은 근로자들의 노력과 열성을 추동하는데서 일정한 제한성"을 가진다고 지적하면서, 지난 시기 사회주의분배원칙을 똑똑히 구현하지 못했음을 지적한다.[146]

북한이 이처럼 2001~2002년 시점에서 가격사업을 근본문제로 틀어쥐고 사회주의경제관리체제에 대한 개혁을 시도하고 있는 것은 1986년 북한의 경제 논리를 통해 재해석이 가능한 범주이다. 북한 역시도 1986년도부터 경제학자들을 중심으로 경제적 공간을 활용하자는 입장은 존재해왔고, 또한 1990년대 중반 경제위기를 통해 보다 강력하게 제기된 바 있다. 그러나 당시 경제적 공간의 활용 입장은 혁명적 경제전략인 중공업우선전략의 포기와 함께 제기되면서 '발전전략의 수정 + 가치법칙의 전면화 = 중국식 개혁개방'이라는 등식을 성립시키게 되었기 때문에 중앙집권적 지도를 포기하지 않으면서 경제적 공간을 활용할 데 대

들이 배우는 실천적경제학」, 『조선신보』, 2003년 11월 29일.
[145] 리기반, 「사회주의분배원칙을 정확히 구현하는 것은 경제관리개선완성의 중요한 요구」, 『경제연구』 2003년 2호.
[146] 김정길, 「사회주의원칙을 확고히 지키면서 가장 큰 실리를 얻게 하는 것은 사회주의경제관리완성의 기본방향」, 『경제연구』 2003년 1호.

한 다소 혼란스런 입장으로 전개되었다. 이를 이 글에서는 '혁명적 경제전략을 경제체제 재정비와 연결시킨 입장'으로 정리한 바 있다. 즉, 1986년도 방식의 구상은 사회주의 사회의 과도적 성격을 집중 강화한 경제건설방식이며, 무엇보다 이것은 김정일이 이룩한 '주체의 정치경제학'의 논리에 입각해 있다. 따라서 구체제에 대한 비판적 평가와 자력갱생의 원칙, 우선발전전략에 대한 수정 없이도 경제개혁의 효과를 창출하게 되는 것이다.

다. 경제 전반의 경제책임제 실시

이제 가치법칙을 전면적으로 활용하여 가격개혁을 단행하게 되면, 공업과 농업부문 및 경제 전반에 걸친 경제책임제를 실시하는 것이 가능해진다. 가격개혁을 통해 '화폐에 의한 계산－평가－분배체계'를 확립할 수 있기 때문이다. 또한 경제책임제를 실시하면 경제 전반의 낭비와 비효율을 개선할 수 있게 된다.

국가적 차원에서는 국가의 추가적 혜택과 인민들의 노동 보수가 섞여 있는 문제로부터 국가 몫과 개인의 몫을 구분하고, "지금 우리나라에서 매우 큰 규모를 이루고 있는" 추가적 혜택을 삭감할 것을 제기한다.[147] 이로부터 각종 국가부가금이 설정된다. 농업부문에서는 수매가 보상금이 폐지되고, 토지사용료를 징수하며, 주민들의 생활 속에서도 각종 사용료를 계산하게 되었다. 공업부문에서는 번수입지표를 도입하여 국가－기업소－노동자의 몫을 계산 평가하도록 하였다. 또한 자체로 벌어서 자체로 생산－판매－이득을 창출할 수 있도록 원가 대비 가격의 높낮이도 다시 설정하였고, 유동적으로 상품가격과 비용을 조

---

[147] 홍성국, 「추가적혜택규모계산방법론」, 『경제연구』 2000년 1호.

절할 수 있도록 하였다.

〈그림 1-4〉 북한의 구체제 평가에 기초한 개혁안

	평가 · 계산체계	분배체계
경제운영 법칙	· 돈에 의한 계산체계 확립	· 국가납부몫을 강조, 그 외 자체분배
가격체계 변화	· 수매가 조정 · '소비자 위주' → '생산자 위주'의 가격과 생활비 제정	· 추가적 혜택 전면 재조사 · 일한만큼 번것만큼 분배 몫 증대

국가재정유출 방지 국가 몫과 기업 몫의 정확한 구분	평균주의 타파 노동 강화 = 분배 몫 증대

이와 같은 논리적 연관성 속에서 북한은 가치법칙 – 가격개혁 – 경제채산제 실시로 그 개혁 방향을 잡고, 사회주의 내 상품생산과 상업유통을 허용하게 되어 사회주의물자교류시장과 종합시장을 공식화하게 된다. 또한 가격인상이 아니라, "모든 재화의 가격을 국가재정의 지출에 의거하지 않는 본래의 가격으로 환원"하는 방식[148]의 가격개혁을 통해 국가가 가격형성에 항상적으로, 인위적으로 개입하지 않겠다는 것을 표명하게 된다. 이로써 북한도 중국과 마찬가지로 계획경제체제에 시장을 도입하여 계획과 시장이 공존하는 이중경제구조의 형태를 갖게 된다.

---

[148] 김지영, 『민족 21』 2003년 1월호.

(2) 7·1조치의 내용과 성격

가. 왜곡된 경제체제의 개혁

북한은 다음의 〈표 1-12〉와 같이 2002년 7월 1일자를 시행령으로 하는 가격개혁을 단행하고, 경제개혁의 첫발을 내디뎠다. 가격인상 및 임금, 생활비 인상으로 나타난 가격개혁은 포괄적이면서도 다중적인 의도를 지니고 있다. 그러나 가장 큰 목적과 의도는 가치법칙의 전면 도입과 이를 통한 '돈에 의한 계산, 평가 그리고 분배'가 이루어지는 효율적 사회주의 계획경제체제를 만들고자 한 것이다. 즉, 가격개혁을 통해 왜곡된 거시경제관리체제를 개혁한 것이다. 이처럼 7·1조치를 왜곡된 거시경제관리체제의 개혁이라는 측면에서 해석하면 다음과 같다.

첫째, 경제계산의 도구로 금액지표를 전면 도입했다. 계획화 사업에서는 계획화사업 초기부터 현물계획과 함께 금액계획도 세우도록 하였으며, 인민경제계획 작성시기와 재정계획 작성 시기를 일치시키고, 인민경제 계획실행총화와 국가예산 집행총화를 동시에 진행하는 제도를 세웠다.[149] 농업부문에서는 협동농장을 비롯하여 농업에 복무하는 모든 기관, 기업소에서 현물계획과 함께 판매를 실현할 제품에 대해 농업생산계획과 순소득, 농산물 총원가와 단위당 원가계획을 세우도록 했다. 또한 기업부문에서는 기업소 경영활동의 평가지표로 '번수입지표'를 도입하였다.[150] 번수입지표는 새로 창조된 가치를 나타내는 지표로서, 생산량과 생산액의 장성률, 원가 저하 등을 종합하여 하나의

---

[149] 김양호, 「경제사업에서 실리보장과 가치공간의 합리적리용」, 『김일성종합대학학보(철학·경제학)』 2003년 1호.

[150] 장성은, 「공장, 기업소에서 번수입의 본질과 그 분배에서 나서는 원칙적요구」, 『경제연구』 2002년 4호.

〈표 1-12〉 북한 7·1경제관리개선조치의 가격 개정안

항목	세부내역	인상가격	인상률	비고
① 수매가격	쌀 1Kg	45전→20원	평균 25배	가격제정기준 식량가격으로 변경됨
	대 두 1Kg	40원		
	돼지고기 1Kg	110원		
② 우대가격	석 탄 1톤	1,500원	44배	국가수입에 의존하는 물자가격은 보다 상승
	전 력 1천Kw	2,100원	60배	
	코크스탄, 전기등, 생고무		45배	
	휘발유, 디젤유		70배	번수입으로 보수설비가 가능 하도록 인상폭 확대
	철도, 여객운임		35.8배	
	시내버스 운임		20배	
③ 대중소비품	남자용 운동화 한 컬레	180원		기존의 가격 기준 전부 폐지 수요와 공급에 따라 능동적으로 가격 조절
	세수비누 한 장	20원		
	세탁비누 한 장	15원		
④ 식료품	된 장 1Kg	17원		
	간 장 1Kg	16원		
	콩기름 1Kg	180원		
	조미료 1Kg	300원		
	소 주 1 L	43원		
	청 어 1Kg	100원		
⑤ 사용료	주택사용료 1개월 (1세대 60㎡)	78원		
	난방료 1개월	175원		
⑥ 생활비	1인 한달 생활비 (1세대 2인 노동)	2,000원	평균 18배	일한 것만큼 번 것만큼 계산
⑦ 우대생활비	탄광, 광산의 노동자 생활비	6,000원	20~25배	사회와 집단, 생산현장 기술자, 고급기능공, 과학자 우대원칙
	전문가 생활비 (과학연구, 대학교원)		19배	
	비생산부문, 지도단위일군 생활비		17배	
	농민 생활비	2,300원		

※ 자료:「가격과 생활비를 전반적으로 개정한 국가적 조치를 잘 알고, 강성대국 건설을 힘있게 앞당기자」,『강연 및 해설담화자료 — 내부 한정』, 조선로동당 출판사, 2002 ; 강성종,『북한의 강성대국건설전략』, 한울, 2004, 359~364쪽.

숫자로 나타낸다. 이와 같은 번수입지표를 기업소 평가지표로 도입하여 국가-기업소 간의 예산납부 관계를 반영하고, 일정한 비율로 국가납부 몫과 기업소 기술자금을 정하고, 나머지를 생산자들의 생활비와 장려금, 상금으로 지불하도록 하였다.

  둘째, 가치법칙을 통한 물질적 자극과 통제의 역할을 전면 도입했다. 경제적 효과성을 따지려면 원가, 이윤 및 수익성 등의 가치범주들을 잘 활용해야 한다. 그러나 이 가치범주들은 노동자들에게 물질적 자극이 직접적인 것이 아니라 간접적 형태로 다가가게 된다. 즉, 가치범주들이 반영된 '가격'을 통해 노동자들에게 물질적 자극이 가해지게 되는 것이다.151) 이러한 측면에서 7·1조치를 통한 가격개혁은 가격을 통한 물질적 자극 조치를 강화한 것이라 할 수 있다. 가격을 통해 물질적 자극을 가하는 기본적 공간은 '노동에 의한 분배'의 공간이다. 여기에는 노동자들의 '생활비'를 기본형태로 하고, 농촌경리에서는 노동 분배의 척도인 '노력 일에 의한 분배', 그리고 추가적 노동보수형태로 '상금, 장려금, 우대제' 등이 있다. 특히 7·1조치는 수매가 인상을 기본으로 하여 전반적 가격인상을 단행했다. 그러나 우대부분을 설정하여 생활비 및 임금의 인상폭을 다르게 반영하며 물질적 자극과 통제의 효과를 노렸다. 뿐만 아니라 작업반 우대제를 폐지하고, 가급금을 폐지하는 등 물질적 자극의 대상을 집단만이 아니라, 분조 및 개인으로 세분화시킴으로써 물질적 자극을 더욱 강화하였다. 반면 국가의 추가적 노동보수형태는 축소하였다.

---

151) 가격은 ① 직접 기업소 집단에 대한 물질적 자극 공간이며, ② 일부 수요조절의 기능도 수행하고, ③ 절약제도를 강화하도록 하며, ④ 개별 근로자들의 물질적 이해관계를 직접 자극하기도 한다. 김명렬, 『사회주의하에서 물질적 관심성과 가치법칙의 올바른 리용에 관한 주체의 경제리론』, 과학·백과사전출판사, 1986, 77쪽.

셋째, 가격은 물질적 자극만이 아닌 재정통제의 기능을 수행한다. 가격을 통한 재정통제의 기능은 주로 생산수단의 생산과 유통 분야에 영향을 미친다. 즉, 기계·설비를 비롯한 고정재산의 이용에 대한 재정통제는 벌금을 통해 실현되고, 원료·자재를 비롯한 노동대상에 대한 재정통제는 가격·벌금 등을 통해 진행된다. 그리고 이것은 노동자들의 생활비와 밀접한 연관관계를 맺음으로써 재정 통제의 효과를 갖는다.

또한 기업소의 독립채산제 실시는 가격을 통한 물질적 자극과 재정통제를 같이 할 수 있는 방법이다. 기업소는 독립채산제를 실시하면서 금액지표인 번수입지표를 통해 국가와 기업소-노동자의 몫을 평가 배분한다. 그리고 기계, 설비 등의 고정재산과 원료, 자재 등의 노동대상에 대한 엄격한 계산제도에 근거해서 손익차이를 따지게 된다. 따라서 이번의 가격개혁의 임금, 생활비 및 기업소의 번수입지표와의 관계는 기업의 독립채산제 실시 또한 추동하게 된다. 반면 협동적 소유부문인 농업부문에서는 '토지사용료'를 징수한다.152) 또한 기존의 무보수 노력동원에 대한 임금 몫을 협동농장에서 결산 분배할 때 삭감하며153), 과학기술 연구를 도입할 때에도 그 이득금을 저작권료로 지불하도록 하였다.154) 즉, 국가 재정에서 무상으로 나가는 것을 협동적 소유형태에 맞게 협동적 소유 단위들이 스스로 계산하여, 무분별한 국가 재산의 낭비를 줄이고 협동농장들에게는 물질적 자극을 가하겠다는 것이다.

특히 북한은 7·1조치를 실시하면서 가격사업에 능동적으로 대처한다는 입장을 보였다. 즉, 북한은 생산 공급량이 줄었다고 해서 가격이

---

152) 『조선신보』, 2004년 1월 1일.
153) 『조선신보』, 2004년 1월 21일.
154) 『조선신보』, 2004년 9월 29일.

올라가는 것이 아니라, 가격은 그대로 유지하면서 남는 돈을 거둬들이고, 역으로 생산 공급량이 늘어날 경우에도 가격을 내리는 것이 아니라 가격은 그대로 유지하면서 돈을 발행하는 방법으로 화폐의 발행과 유통을 계획적으로 조절하면 가격 안정을 꾀할 수 있다고 보았다.

결과적으로 7·1조치는 가치에 의한 계산, 평가, 분배체계를 통해 왜곡된 경제체제를 전반적으로 개혁하여, 국가재정을 강화하는 한편 물질적 자극을 강화하여 생산을 증대시키고자 하는 개혁이다. 또한 계산-평가-분배의 원활한 기능을 통해 국가의 몫을 우선적으로 보장하고자 하는 개혁이다. 북한은 7·1조치를 통해 가격의 안정성을 확보하고, 국민소득의 분배 및 재분배를 성과적으로 실현할 수 있게 될 것이라 본 것이다.

나. 다중적(多重的) 목적의 제한적 개혁

북한의 7·1조치는 돈에 의한 계산·평가·분배 체계를 확립하고, 가격개혁을 통해 왜곡된 거시경제관리체제를 바로 잡겠다는 의도였다. 그리고 이로 인해 각 부문별 경제채산제 실시를 전면화할 수 있게 되었고, 이는 곧 부문개혁의 효과를 창출하도록 설계되었다. 그러나 북한의 7·1조치는 중국과 같이 생산력 증대의 단일한 목표와 의도만을 갖는 것이 아니라, 왜곡조절·재정통제·노동강화·생산증대 등의 다중적 목적을 동시에 추구하는 것으로 나타난다. 이것은 앞서 고찰한 바와 같이 북한의 경제개혁이 김정일 체제가 의도하지 않은 '상황에 따른' 혹은 '어쩔 수 없는' 개혁이었기 때문이다. 2001년 10월 3일 소위 "김정일 경제개혁 강화 문건"을 통해 본 김정일의 생각은 이 같은 인식을 반영한다. 김정일은 "변화하는 현실에 맞게 대담하게 고칠 것은 다 고치고 창조해야 할 것은 적극적으로 창조하면서 우리식의 사회주의 경제관리방법을 개선"155)해야 한다고 하였다. 즉, 개혁은 불가피한데 국가의 주동성이 보장되는 방향으로 개혁을 전개해야 했기 때문에 다중적 목적을 가지면서도 제한적 성격을 갖는 개혁안을 발표하게 된 것이다.

또한 북한은 중국이 1978년부터 1984년까지 전개시킨 '구체제 평가와 농업·공업 개혁, 그리고 그 결과로 시장의 공식화'까지 중국 초기시기 6~7년간의 개혁과정을 단번에 7·1조치를 통해 실시하게 된다. 그리고 농업과 공업 부문에서 경제책임제를 실시할 수 있는 기반을 마련하고, 종합시장과 물자교류시장을 통해 상업망을 국가가 조직함으로써 개혁에서 국가의 주동성을 확보하고자 하였다.156) 이에 따라 북한은 중국에 비해 분권화의 수준은 매우 낮은 반면 책임-권한-이익의 배분 평가체계는 훨씬 계산적인 특징을 지닌다. 이것은 북한의 개혁 의도가 생산력 증대에만 초점이 맞춰져 있는 것이 아니라, 계획경제체제를 정상화하면서 경제적 효율성을 제고하기 위한 국가 중심적 의도가 매우 강조된 개혁안이라는 점에서 그렇다.

(3) 제한적 개혁과 시장의 공식화

북한의 7·1조치는 가격개혁을 통해 왜곡된 경제체제를 조정하며, 가격개혁을 먼저 시행함으로써 다중적 목적을 실현하려 했던 개혁 조치이다. 문제는 다중적 목적을 가진 제한적 개혁은 구체적 생산증대로

---

155) 『중앙일보』, 2002년 8월 2일.
156) 김용술 북한 무역성 부상은 2002년 9월 2일 재일조선합영경제교류협회의 초청으로 일본을 방문해 기업인 50여 명에게 7·1조치를 설명하면서 "2년 전부터 모든 부분에 쌀 가격을 기준으로 부문가격을 변화시키는 작업을 준비했는데 이에 관한 책이 몇 십 권 쌓였다"고 말했다.

이어지지 않는다는 점이다. 이는 두 측면에서 해석이 가능하다.

첫째, 7·1조치가 성공하기 위해서는 생산과 공급 확충을 통한 물자수급의 균형을 이루어야 한다. 즉, 공급능력의 확대를 위해서는 자본과 노동, 기술 등의 생산요소투입을 증대하여 공급을 통한 가격의 탄력성을 높여야 한다. 그러나 북한의 경제실태는 전반적 원자재 부족과 에너지 부족, 투자정책의 한계로 공장가동률을 높이고 있지 못한 상태이다. 북한도 이를 모르지 않았을 것이다. 다만 2000년 남북정상회담과 북미 공동코뮈니케 등의 대외환경 변화가 '전방위 외교'라는 대외교류의 확대로 이어졌기 때문에 공급능력의 확대를 낙관하였다. 또한 7·1조치와 함께 대외개방 조치를 병행 실시함으로써 자체의 공급능력 확대를 도모하였다. 마찬가지로 시장을 도입함에 따라 합법화된 시장은 생산 확대에 긍정적 영향을 미칠 것이라 생각했다. 그러나 이와 같은 북한의 개혁 구상은 사실상 실패했다.

둘째, 외부로부터 공급능력이 제한받아 물자 수급의 균형을 이루기 어렵다면 북한은 생산증대를 위한 개혁을 보다 심화시켜야 한다. 즉, 물질적 인센티브 강화, 하부 재량권의 전면적 확대, 그리고 관료적 조정의 포기 등을 말할 수 있다.157) 또한 농업의 생산책임제 단위를 축소하고, 기업의 하청-도급 형태의 도입이나 개인 상업 및 수공업 등을 허용하는 것을 의미한다. 특히 국가가 어떠한 것도 공급·보장해 줄 수 없는 상황이라면, 더더욱 자주적 권한을 확대 부여하지 않고서는 생산증대를 도모하기 힘들다. 그러나 북한의 7·1조치는 생산의 증대를 최우선의 목표로 삼고 있지 않다는 점에서 절대적 공급 부족의 현

---

157) 김근식, 「북한 경제개혁의 전망과 과제: 7·1조치를 넘어」, 조명철 외, 『7·1경제관리개선조치 현황평가와 과제: 북한 경제개혁의 전망』, 대외경제정책연구원, 2003, 251쪽.

상을 완화시키지 못한다. 따라서 제한적 성격을 띤 북한의 다중적 의도는 절대적 공급 부족의 상황에서 시장의 맹목성과 불법적 상행위만을 더욱 심화시켰다. 앞서 고찰한 바와 같이 북한은 이미 1990년대 중반 고난의 행군시기부터 식량 배급이 중단되고, 공장·기업소가 정상적으로 가동되지 못했다. 이에 대다수의 주민들은 시장을 통해 생계유지를 해 오고 있었다. 이 같은 상황에서 7·1조치는 "현재 당국에서는 부족한 식량 지원이 아니라 농업, 공업 전면 건설에 초점을 두고 있는데, 자체 힘이 안 되니 외부의 기술과 자금이 절대적으로 수요"[158]되는 상황에서 시장을 공식화함으로써 너도 나도 시장에 뛰어드는 현상을 초래하게 만들었다. 따라서 북한의 시장은 국가의 공식경제 밖에서 비정상적으로 확대된 시장을 공식경제로 끌어올리지 않으면 안 되었고, 그 결과로 시장은 공식화된다. 이에 북한이 2003년 3월에 평양 도시를 중심으로 공식화한 시장의 모습은 1990년대 경제위기 속에서 파행적으로, 음성적으로 확대되어온 시장의 모습이다. 따라서 공식화된 시장은 국가의 통제 및 규제와는 무관하게 합법과 불법의 경계를 허물어지게 하였다.

　북한과 중국은 초기 개혁과정을 통해서 시장을 합법화하고, 이로써 계획과 시장의 이중구조를 형성하게 된다. 그러나 양국의 경제개혁은 다른 경제적 배경과 정치적 배경을 가지고 진행되었다. 중국의 초기 경제개혁은 문화대혁명 이후 빈곤 낙후한 경제적 실태에도 불구하고 화궈펑 체제의 과도한 중공업우선발전전략으로 인하여 경제정책의 개혁이 요구되었다. 덩샤오핑을 중심으로 한 개혁지도부는 1978년 12월 당 11기3중전회를 통해 당의 공작중점을 경제건설로 이동하고, 농업우

---

[158] (사)좋은벗들, 『오늘의 북한 소식』 2007년 제55호.

선발전정책을 실행하는 것으로부터 경제개혁을 시작한다. 또한 초기 개혁의 방침은 국민경제의 비례·균형 문제를 해결하는 것으로 설정되었기 때문에 '1차 5개년계획 시기'를 경제개혁정책의 목표 모델로 삼았다.

반면 사회주의권 붕괴와 김일성 주석 사망, 그리고 고난의 행군 시기를 거치면서 북한의 계획경제시스템은 붕괴하였다. 이에 생계유지조차 어려웠던 북한 주민들은 기존의 농민시장을 확대·활성화시키게 된다. 그러나 김정일 체제는 개혁을 위협으로 간주하였고, 체제위기 의식과 유훈통치, 강성대국건설 방침을 통해 북한 사회주의 계획경제체제의 정상화 방침을 수립하게 된다. 그리고 내각을 통한 경제조직사업, 즉 계획경제의 현실화-국가재정의 공고화-기업생산의 정상화를 도모하게 된다.

양국의 초기 경제적 실태와 정치적 조건은 유사한 배경을 가지고 있다. 즉, 양국의 정치적 배경은 마오쩌둥과 김일성이라는 혁명 1세대가 사망한 직후라는 점에서 같다. 경제적으로는 중국의 문화대혁명 이후 시기와 북한의 고난의 행군 시기가 양국의 경제 침체와 사회적 혼란이 가장 컸던 시기라는 점에서 같다. 그럼에도 불구하고 중국이 덩샤오핑에 의한 개혁지도부를 수립하고 초보적인 개혁에 나선 것과 달리, 북한의 김정일은 개혁을 위협으로 인식하고 체제정비에 나서게 된 것이다. 따라서 양국의 초기 경제개혁 전개과정은 달리 진행된다. 중국의 경제개혁은 '경제조절에서 경제개혁으로' 단계적으로 진행되고, 산업 부문 개혁에서도 '농업개혁에서 기업개혁으로' 점진적으로 진행된다. 반면 북한의 경제개혁은 '계획경제의 정상화'라는 국가의 의도와는 달리 실패하고, 의도하지 않았던 '장마당의 창궐'로 귀결되었다. 이에 전반 경제관리체제를 개혁하게 된다. 중국의 개혁이 단계적 개혁이라는 특징을 갖고, 점진적 개방과 방향으로 진행되었다면, 북한은 중국의 초기 개혁과정을 모두 포함하는 다중적 목적의 제한적 개혁이라는 특징을 갖고 전개된다.

이제 중국과 북한 양국이 이처럼 다르게 전개된 개혁과정을 통해서 공식화한 시장은 어떤 다른 특징을 지니면서 양국의 이중구조를 형성하게 되는지 양국의 시장에 대해 비교 고찰해 보기로 한다.

제2부
시장의 확대·발전과 특징

중국과 북한

사회주의 계획경제체제는 생산수단의 국유화를 토대로 계획에 따라 공급-생산되는 계획관리체제이다. 이에 경제체제 내에 존재하는 모든 자원을 100% 동원, 이용하지 못한다. 즉, 놀고 있는 노동력, 놀고 있는 기술, 유휴자금과 이용되지 않는 원재료, 방치된 정보 등 자원이 합리적으로 사용되지 못한다. 따라서 일부 생산요소의 유휴화를 초래하게 된다. 그리고 이로부터 사적 경제부문이 형성된다. 가장 전형적인 분야는 계절적 영향을 받거나 지역적 특성에 따른 농부산물 및 소매상업, 음식업, 서비스업 등으로 사회주의 계획경제가 부족경제로서 만성적 공급부족에 시달리는 인민소비품의 생산과 판매 영역이다.

중국과 북한에는 사회주의 계획경제체제의 일반적 특징을 배경으로 사회주의체제를 형성했을 때부터 '시장'이 존재해 왔다. 이것을 중국은 집시무역(集市貿易)이라고 하고, 북한은 농민시장이라 한다. 그리고 양국은 시장과 상품화폐의 존재를 "인민이 요구하는 물질 문화적 수요를 충분히 충족시키지 못하는 사회주의의 과도적 특성"에 따른 것으로 설명한다.[1] 그런데 이와 같이 존재해 오던 시장을 중국은 1984년 '결정'을 통해 공식화했고, 북한은 7·1조치와 함께 공식화한다. 그리고 중국은 시장의 공식화를 통해 개혁의 전면화를 선언하고, 북한은 시장을 공식화함으로써 개혁의 첫발을 내딛게 된다. 즉, 집시무역과 농민시장의 형태로 존재해 왔던 양국의 기존 시장이 개혁과 함께 '공식화'된

---

[1] "사회주의 사회에서 국가가 인민들이 요구하는 모든 소비품들 특히 소소한 일용품들과 일부 부식물들을 넉넉히 공급하지 못하고 있는 조건에서 농민시장을 리용하게 된다."『경제사전 1』, 사회과학출판사, 1985, 368쪽.

것이다.

　일반적 개념으로 시장(Market)이란 재화, 서비스(용역)가 거래되어 가격이 결정되는 장소 또는 기구를 일컫는다. 그러나 사회주의 계획경제체제는 상품-화폐 관계와 가치법칙의 제한적 작용, 수요-공급 원리에 따른 가격결정방식을 사용하지 않는다. 엄밀한 의미에서 본다면 사회주의 계획경제체제 내에 시장은 없는 것이다. 이에 시장(Market)을 교환 장소라는 '공간적 의미의 시장(marketplace)'과 '제도로서의 시장(marketization)'으로 구분하여 볼 수 있다. 즉, 자본주의 시장경제체제는 교환 장소이자 제도로서 시장 개념이 일치하여 사용되지만, 사회주의 계획경제 내에서는 이를 구분할 필요가 있는 것이다.

　구분에 의하면 중국과 북한이 사회주의계획경제의 "과도적 특성에 따른" 시장의 존재를 허용했을 때, 양국의 시장은 교환 장소로서의 시장 개념이며, 공간적 의미를 가진다. 이때의 시장은 "의식적으로 리용" 되며, "국가의 지도적 역할, 국가의 조절적 작용"에 의해 통제되는 시장으로서 "가치법칙이 제한적으로 작용"하는 교환의 장소인 것이다.[2]

　반면 양국이 개혁과 관련하여 공식화하게 된 시장은 '제도로서의 시장'의 의미를 갖는다. 이때 시장은 가치법칙의 전면적 작용과 상품화폐관계의 발전, 그리고 수요-공급에 따른 가격형성을 통해 자체의 생산-소비-유통 경로를 형성하는 제도가 된다. 따라서 양국이 시장도입을 결정한 이후에는 자원배분 메커니즘이 '계획'에서 '시장'으로 이동하게 되며, 계획체계와 시장체계는 각자의 생산-소비-유통의 경로를 거치면서 확대·발전하는 과정을 거치게 된다.

---

[2] "사회주의국내시장은 자본가가 없는 시장으로서 상품시장으로만 남아있다. 이 시장에서는 가치법칙도 제한된 범위에서만 작용한다."『경제사전 2』, 사회과학출판사, 1985, 120쪽.

이처럼 '제도로서의 시장'이란 사회주의 계획경제체제의 관점에서 볼 때 계획 밖의 영역이며, 사회주의 공급체계가 미치지 못하는 범위와 영역에서 형성된다. 또한 사회주의 계획경제체계가 어떻게 개혁을 전개하는가에 따라 시장의 확대·발전과정도 달라지는 비례관계를 형성하게 된다. 달리 말하면 양국의 개혁과정과 시장의 양태는 밀접한 연관을 갖게 된다는 것이다.

본고는 1부에서 중국과 북한이 개혁에 이르는 과정을 고찰함으로써, 양국의 개혁이 다른 경로로 진행되고 있음을 밝혔다. 이제 2부에서는 양국의 전개과정을 유념해 두면서 중국과 북한의 시장 확대·발전과정을 통해 시장의 성격과 기능을 비교 고찰해 보고자 한다. 이에 첫째, 사회주의 계획경제체제 내에 존재해 왔던 중국의 집시무역이 중국 개혁의 특징인 단계적 개혁을 통해 어떻게 시장을 확대·발전시켰는가를 고찰하고, 중국 시장의 성격을 규명할 것이다. 둘째, 중국과 마찬가지로 북한의 농민시장이 북한의 제한적 개혁을 통해 어떻게 시장을 확대·발전시키면서 그 성격을 특징짓는가를 고찰할 것이다.

1. 중국 시장의 확대·발전과정과 시장의 성격

1) '집시무역(集市貿易)에서 자유시장으로' 확대·발전

(1) 집시무역의 형성

중국은 1953년 10월 중공중앙위원회의 '양곡의 계획수매·계획공급 실행에 관한 결의'를 통해 식량배급체계를 수립한다. 이에 따라 도시와 농촌에 있던 양곡교역소 및 자유시장을 국영양식시장(國營糧食市場)으로 재편하고, 개인양곡상업을 금지하였다. 다만 농민 사이에서만 소량의 양곡거래가 이루어지도록 허용하였다. 1954년에는 식용유, 면화 등 7가지 유료작물에 대해서도 자유 시장 거래와 개인상업의 수매를 금지하고, 국영상업에 의한 양곡·식용유·면화생산과 유통부문을 계획체계로 인입하였다. 또한 자본주의 상업, 비사회주의적 상업에 대해서 유상수매, 판매대리, 위탁판매, 공사합영 등의 다양한 사회주의적 방식을 통해 사회주의 경제 안으로 흡수하고, 농촌에서는 대리판매조, 위탁모집판매조, 합작상점 방식의 공소합작사(供銷合作社)를 조직하게 된다. 이로써 상업의 사회주의적 개조를 완료하게 된다.

그러나 식량배급체계는 정부 관리들의 경제와 유통에 대한 경험부족, 통계 자료의 부재로 농가 자체 소비량, 종자, 사료양곡에 대한 계산기준이 명확하지 않은 점 등의 문제를 야기시켰다. 정부와 농민 사이에 마찰이 일어나게 되자 중국은 '국가양곡시장'을 건립하여 농촌시장의 존재를 허용하게 된다. 즉, 중국의 사회주의 개조 시기이자 1차 5개년계획 시기(1953~1957년)에 농촌시장·집시무역을 사회주의 계획경제의 보충적 기능과 역할을 담당하는 것으로 승인하게 된다.

중국은 집시무역을 "농촌경제의 활성화를 도모하고, 농산물 생산을 촉진하고, 농가소득을 증가시키고, 농산물의 상품률을 제고시키며, 시장공급을 다양화시켜, 국영상업의 유익한 보충적 기능을 수행"의 역할을 하는 것으로 규정하였다. 또한 초기 집시무역에 대한 기본 정책은 "관리하되 저해하지 않으며, 활성화시키되 시장질서를 유지한다"는 것이었다. 따라서 집시무역을 허용했지만 집시무역에 대한 관리를 강화하고, 집시무역활동이 국가정책과 계획의 요구에 부응하도록 했다.[3] 이에 집시무역관리기관으로 각급 공상행정관리부문을 설립하여 집시무역 거래참여자들에 대해 '경영허가증'을 발급하고, '영업세'와 '교역세' 등을 징수하였으며, 시장참여조직과 개인은 제반 국가정책규정을 준수하도록 하였다. 또한 시장거래 참여자는 농촌에서의 생산조직, 농민, 도시소비자, 개인 수공업자와 상인 및 국영상업조직, 집체상업조직을 포함하고 있었는데, 이들은 국가정책 규정 내에서만 시장거래에 참여할 수 있었다.[4]

한편 중국의 '농산물분류관리제도(農産物分類管理制度)'에 의하면 농산물은 분급관리를 통해 3부류로 나누어져 있다.[5] 농산물 분급관리체

---

[3] 이용화, 「중국농산물유통구조의 변화 및 북한에 주는 시사점」, 서울대 대학원 농경제학석사학위논문, 1999, 29쪽.
[4] 이용화, 「중국농산물유통구조의 변화 및 북한에 주는 시사점」, 29쪽.

계를 통해 1, 2부류에 속하는 농산물은 모두 국가계획수매의 임무를 완수한 후에야 시장에서 거래될 수 있고, 국무원, 각 성·시·자치구 정부에서 규정한 일부 농산물(양곡, 면화 등)에 대해서는 시장거래가 불가능하다. 3부류에 속하는 농산물에 대해서도 국영상업과 계약을 맺은 농산물은 국가와의 계약 임무를 완수한 이후 잉여 농산물에 한해서만 시장 거래를 허용한다. 이때 시장 거래는 국가계획외의 상품이며, 국가관리하의 자유시장이라는 측면에서 가격은 쌍방이 자율적으로 협상하여 결정하도록 했다.

이처럼 중국 역시 공유제 경제만으로는 인민들의 물질문화 수요를 충족시킬 수 없었기 때문에, 시장을 기초로 한 다양한 비공유제 경제부문이 생존할 수 있는 수요공간이 존재하였다. 중국의 경우 특히 생산력 수준이 뒤떨어진 광대한 농촌지역에서 사회주의적 국유부문과 집체부문의 공업·상업 발전이 사회적 수요에 크게 못 미쳐, 농촌지역에서 집시무역이 형성·존재해 왔다. 그러나 개혁 이전의 집시무역을 보면 중국 집시무역은 중국의 사회주의 계획경제가 집권과 분권을 반복했던 역사적 과정 그대로 승인과 폐지를 반복하게 된다.

가. 집시무역에 대한 정책

집시무역에 대한 허용과 통제의 반복은 중국의 국영상점-공소합작

---

5) 제1부류는 국가경제와 국민생활에 밀접한 관계를 가지는 농산물로서 양곡, 면화, 직물, 당류, 피혁, 식염 등이다. 이는 국가가 독점적으로 취급한다. 제2부류는 ① 생산이 집중되어도 수요는 전국적인 것, ② 생산은 분산되어 있어도 특정지구에 대량 수요가 있는 것, ③ 안정된 공급을 보장해야 하는 원자재, ④ 주요 수출품목(사탕수수, 사과, 오렌지, 돈육, 계란, 잎담배, 황마 등)이다. 그리고 제2부류는 국영상업과 공소합작사가 국가수매계획에 따라 독점수매하고 그 외의 경영기관의 활동은 금지시켰다. 이종영, 『중국상업정책사연구』, 경북대학교출판부, 1991, 163쪽.

사-집시무역으로 나눠지는 국가공급체계의 정책 변화와 밀접한 연관이 있다. 특히 집시무역에 관한 정책은 공소합작사와 밀접한 관계가 있다.

공소합작사란 소규모 농민들의 생산, 판매활동과 소규모 도시 상업활동 등을 담당하는 중국의 유통조직이다. 공소합작사는 일찍이 대규모로 조직화된 국영상업의 어려움을 보완하기 위해 전국적 체계를 갖고, 각종 형식의 합작 형태로 형성되었다. 공소합작사가 애초에 설립될 때는 농민들이 출자하여 만든 집체소유제 상업망이었다. 그리고 "생산에 유리하며, 생활에 편리를 도모하고, 경제회계에 알맞게" 하는 원칙에 따라 도시와 농촌에 각각 설립된다. 그리고 도시와 농촌에 설립된 공소합작사 상업체계에 의해 중국 내 농산물과 도시 소비품이 공급되었다. 특히 농촌에서는 인민공사 소재지에 공소합작사 기층사를 설치하고, 몇 개의 생산대대를 묶어 그 중심에 공소합작사 분점을 설치하였으며, 생산대대에는 수매·판매 대행점을 설립하였다. 즉, 농촌과 도시를 연결하는 물자유통 통로로서 공소합작사는 생산대대를 최하위 단위로 하여 조직되어 있었다.6) 그러나 공소합작사 상업은 1958년 대약진 시기에는 국영상업과 통합되어 국영으로 전환되었다가, 1960년대 경제조정기에는 다시 농촌의 집시무역을 허용하는 것과 함께 집체단위로 승인된다. 또 1971년 문화대혁명 시기와 1978년 '대경을 따라 배우고, 대채를 따라 배우는 운동' 시기에는 다시 국영상업과 통합되어 전민소유제 단위로 전환하게 된다.

중국의 집시무역에 관한 정책도 공소합작사와 같은 맥락이다. 농업

---

6) 공소합작사 상업체계는 문화대혁명 시기 이후 '대경을 따라 배우고, 대채를 따라 배우는 운동'을 통해 국유제로 전환되어 집체소유가 아니었다. 이용화, 「중국농산물유통구조의 변화 및 북한에 주는 시사점」, 26쪽.

부문에 인민공사제도를 도입하였던 대약진 시기(1958~1960년)에는 농업의 사회주의적 개조를 완료함에 따라 자유시장을 폐쇄하고, 개인 상업행위를 금지시켰다. 그러나 대약진운동의 경제적 실패에 따라 1960년대 경제조정기(1961~1965년)에는 다시 공소합작사 상업과 자유시장을 부활시켰다. 그리고 또다시 1966년부터 시작된 문화대혁명의 시기에는 "모든 상품과 재산은 모두 국가소유이다"라는 전제하에 농촌에서는 인민공사, 생산대대, 생산대 및 개인 농민의 상업 활동을 일체 금지하게 된다. 또한 농가텃밭경영을 농민들의 소득격차를 늘리는 온상(溫床)이라며 금지시켰고, 가정부업도 엄격히 제한한다.[7]

이처럼 중국의 집시무역은 공소합작사와의 관계 속에서 농촌의 집시무역과 도시의 집시무역으로 나뉘어져 있고, 공소합작사가 국영상업망으로 편재되면 집시무역도 쇠퇴하고, 공소합작사가 집체소유로 정책적 변화를 가져오면 집시무역도 활발해지는 관계를 갖게 된다.

나. 문화대혁명 시기 집시무역

중국은 개혁 이전 문화대혁명의 좌적 여파가 매우 컸다. 농촌에서는 공소합작사를 국영화한 것이 대표적인 예고, 도시에서는 개체상업과 사영상업이 전혀 허락되지 않았다. 즉, 전면적인 전민소유제를 지향했다. 특히 문화대혁명 시기에는 집시무역을 "자본주의 꼬리"라고 하여, 집시무역의 허용은 곧 자본주의로 나아가는 것으로 인식되었다. 따라서 많은 지방에서는 집시무역이 폐쇄되거나 장터 시간이 단축되고, 어떤 성에서는 모든 집시무역을 폐쇄하여 집시무역 자체의 급격한 쇠퇴를 가져오게 된다. 이에 개혁 이전 시기 인민공사하에서 개별 농민은

---

[7] 이용화, 「중국농산물유통구조의 변화 및 북한에 주는 시사점」, 9~15쪽.

생산대장의 허락을 받지 않고서는 자신의 거주지를 떠나 아무 곳에도 갈 수 없었고, 노동점수제도와 식량 분배제도하에서 농업과 토지에 묶여 있을 수밖에 없었기 때문에 집시무역 거래에 활발하게 참여하지 못하였다. 그리고 생산물의 대부분이 국가계획수매에 의해 판매되었고, 국가의 농가텃밭경영과 농가부업 제한정책으로 인해 시장에서 거래되는 물량은 극히 적은 상태였다. 또한 농가와 개인, 사영의 도소매 활동을 금지하고, 농산물 운수·판매에서 개인과 사영상업의 참여를 엄격히 제한함으로써 국영상업부문을 제외한 기타 상업조직은 운수·저장·도매·소매를 할 수 없도록 하였다.

따라서 문화대혁명이 종료되고 1978년부터 농업생산량 증대를 위한 개혁의 요구성이 높아지자, 중국은 1978년 농업개혁 당시 농촌의 부업경리를 승인하고, 도시에서는 개체상업과 사영상업을 승인하게 된다. 그리고 공소합작사는 전민소유제에서 집체소유제로 소유제의 확대 조치를 취하게 된다. 또한 농업개혁과 함께 농촌 집시무역이 발전하고, 도시개혁과 함께 사영기업이 확대·발전하면서 농촌과 도시에서 각각의 집시무역은 공소합작사를 대체하게 되는 양태로 나아간다.

(2) 농촌 집시무역의 확대·발전

개혁 이전 시기 제한적 상품과 소소한 거래로 농촌에서 보충적 교환의 역할을 담당했던 집시무역이 활성화되지 못한 것은 국가의 농촌-도시를 연결하는 상품공급이 원활했기 때문이 아니다. 문화대혁명과 좌적 사상의 강조는 농업부문에서 일말의 자본주의적 요소에 대해서조차 견결한 태도를 취했기 때문이다. 그러나 문화대혁명의 결과는 농업부문의 빈곤상태의 악화로 이어졌고, 각 성·시 단위에서는 빈곤상태를 개선하기 위해 개인 자류지 및 개인부업활동을 성행시켰다. 따라서 1978년 농업개혁의 시작은 이와 같은 농업부문에서의 농민들의 요구를 받아들이고, 개인소유의 허용범위를 넓히는 것이 자본주의적인 것이 아님을 강조하는 '농업우선발전정책'의 채택으로부터 시작된다.

가. 개인 소유권의 확대와 집시무역의 허용

중국 경제개혁의 시초 역할을 담당했던 1978년 당 11기3중전회의 결정은 생산대의 소유권, 분배권, 경영관리권, 정치면에서 사원의 민주권리를 보장하여야만 농민들의 생산의욕을 더욱 높여 농업생산을 증대할 수 있다는 것이었다.[8] 그리고 이 결정 방침은 1978년 이후 농업부문에 부여했던 자류지 생산의 허용 및 개인부업 생산물의 시장판매 허용이라는 농업개혁정책으로 가시화되었고, 그 결과 농촌지역 내 집시무역의 활성화로 이어졌다. 그러나 당시 중국 농촌의 실정은 내용적으로 볼 때, 시장을 통해 각종 부업생산물을 교환 거래함으로써 생계를 근근이 이어가는 정도였다. 낮은 수매가로 인해 농사만으로는 생계를 유지하기 어려운 상태에서 인민공사는 국가의 사회보장혜택에 의거하여 생계를 유지해 갔다. 따라서 대개의 인민공사들은 오히려 국가에 빚을 지고 있었으며, 연말 결산 분배를 하고 난 후 분배 몫은 국가의 빚을 갚는 데 다 쓸 수밖에 없는 실정이었다. 따라서 초기 집시무역은 텃밭 경리와 부업생산을 통한 농민들의 일상생활을 유지해 나가는 장(場)에 불과하였다.

> 농민들의 수확이 정상적인 경우에 생산이 증가됨에 따라 개인수입이 증가될 수 있게 하여야 한다. 지금 두 가지 돌출적 문제는 빚이 너무 많아 분배정

---

[8] 11기3중전회의 농촌개혁정책에 관하여서는 제1부를 참조 바람.

책에 영향을 주는 문제와 생산대와 사원들이 부담이 너무 가중하여 많이 일하고도 많이 분배받지 못하는 문제이다. (중략) 많은 지방들에서는 분배정책이 잘되지 못하였기 때문에 사원들은 그저 빚을 적은 종이쪽지밖에 받지 못하였다.9)

이에 광범위하게 전개되고 있던 개인텃밭과 부업경리를 사회주의의 보충적 형태로 인정하고 승인함과 동시에 농업생산물을 증대시키기 위해서는 농업부문에 자주권을 부여해야 한다는 목소리가 높아졌다. 이는 곧 농업부문의 분권화와 각 생산대의 자주권을 부여하는 것으로 이어지게 된다.

나. 분권화와 집시무역의 활성화

당 11기3중전회를 통해 농업부문의 경제책임자들이 중앙 권력으로 진출하고, 농업부분에 대한 국가투자 및 가격개혁사업을 진행하는 등 농업생산 증대를 위한 국가적 노력은 농업부문의 '공산풍과 평균주의'에 대한 문제제기로 이어졌다. 아래의 〈표 2-1〉에서 볼 수 있듯 생산력 발전이 낙후한 사회주의 사회에서 농업부문에 일정한 개인 소유권을 허용하는 것 이외에도, 농업은 집체 소유형태로서 공유제 형식을 과도하게, 무리하게, 빨리 지향했다는 자체 평가가 이루어진 것이다.10)

---

9) 万里,「認眞落實党的農村經濟政策」, 『紅旗』 1978年 3期.
10) 당시 중국은 낙후한 생산력 발전과 사회주의적 생산관계의 개조로부터 시작된 전민소유제 형식의 모순에 대해 뜨거운 논쟁을 하고 있었다. 이 논쟁의 결과적 형태 중 하나는 사회주의는 전민소유제형식을 기본으로 한다는 것과 함께 개인소유권이 존재할 수 있으며, 집체는 집체다워야 한다는 것이었다. 따라서 농업부문에서 이루어진 분권화의 이론적 근거는 집체는 집체다워야 한다는 점에서부터 출발한다.

〈표 2-1〉 중국 인민공사의 공산풍과 평균주의에 관한 문제점

맹목적 생산 (1978.9)	(1) 일부 농부산물의 수매가격이 지나치게 낮아서 농민들은 자기 수요 외에는 더 생산하려하지 않았고, 생산한다 하더라도 국가에 팔려 하지 않았다. (2) 개별적 제품은 수매가격이 지나치게 높기 때문에 수요여부를 고려하지 않고 맹목적으로 생산했다.
낭비 현상 (1978.8, 1978.9)	(1) 어떤 상업부문에서는 계획에 들지 않은 상품을 많이 구입하였거나 구입한 상품의 질이 나빠서 하는 수 없이 싼값으로 처리하여 손실이 생긴다. (2) 상업에는 우회수송현상과 적치로 인한 훼손 및 경영 부당으로 인한 결손현상이 매우 엄중한 상태이다.
노동의 분배 (1979.3, 1980.3)	(1) 정치학습에 세 번 참가하지 않으면 상금을 한 등급 낮춘다고 하였고, 어떤 규정에서는 여성이 계획적 산아를 하지 않으면 상금을 취소한다는 등 상금을 이용하여 생산과 관계없는 다른 문제들까지 해결하려 한다. (2) 일부 단위들에서는 평균주의에 대해 교육하지 않고 너도 좋고 나도 좋고 모두가 좋도록 하자는 데 열중하면서 모든 사람들에게 상금을 평균적으로 나누어 준다.

※ 자료:『紅旗』, ( )은 『紅旗』의 출판년도와 권호[11]

 과거 시기 농업정책에 대한 평가에 의해 이루어지게 된 농업부문의 분권화 형태는 과도한 당의 행정적 간섭 일체를 금지하고 "생산대의 소유권, 분배권, 경영관리권, 정치면에서의 사원의 민주권리를 철저히 보장"하는 것만이 집체소유제를 진정으로 존중하는 것이라고 하였다.[12] 그에 따라 분권화 조치는 기존의 성급단위→성·시 안의 인민공사→생산대대→생산대의 농업관리조직 운영에서 가장 하부 단위인 생산대에 구체적 자주권을 부여하는 형태로 진행되었다.

---

[11] 本刊特約評論員,「运用经济规律, 提高经济管理水平」,『紅旗』1978年 8期, 74~79頁 ; 董太,「提高经济管理水平 必须大破小生产的经营思想」,『紅旗』1978年 9期, 55~58頁 ; 夏积智,「正确发挥奖金的作用」,『紅旗』1979年 3期, 70~71頁 ; 任仲夷,「社会主义建设必须遵循社会主义基本经济规律」,『紅旗』1980年 3期, 2~7頁.

[12] 本刊評論員,「必須尊重生産隊的自主權」,『紅旗』1979年 2期.

당시 생산대에 부여된 자주권의 첫 번째 권한은 생산대 차원에서 해당 지역의 실정에 맞게 다종경영을 하며 상품생산을 발전시킬 권리였다. 이에 따라 국가 수매임무를 완수하거나 분담수매임무를 완수한 후, 남은 생산물을 시장을 통해 판매하는 것이 허용되었다. 또한 사원들도 자류지의 생산물, 가정부업 생산물과 집체(생산대)에서 나누어가진 생산물 가운데서 자기가 쓰고 남는 부분을 시장을 통해 판매할 수 있게 되었다. 따라서 생산대의 다종경영 방침은 시장거래활동을 더욱 활발하게 만들었다. 특히 국영상업과 합작사 상업이 인력·물력의 제한을 받아 품종이 잡다하고 자질구레한 농부산물을 모두 수매·판매할 수 없기 때문에 자체 생산물은 집시무역을 통해 거래되었다. 농민들은 다양한 특화작물을 재배하거나, 시장에서 요구되는 다종작물을 재배하여 일부는 국가에서 수매하고 일부는 시장에서 판매하는 형식으로 시장거래 활동에 참여하고, 시장 활동이 보편화됨으로써 집시무역 역시 번창하게 된다. 당시 국가는 ① 농망기와 농한기를 가리지 않고 장사에 열중하는 현상, ② 국가의 수매계획을 지키지 않고, 농부산물을 불법적으로 사다가 되거리하여 국가의 계획적 수매를 파괴하는 현상, ③ 개별적 생산대에서 사람을 고용하여 장사를 하는 현상 등을 완강하게 지적하고 있지만, 이는 역으로 그만큼 시장이 활성화되기 시작했다는 것을 보여준다.

시장의 활성화는 또 다른 측면에서 거래 품목의 불법적 상거래를 활발하게 하였다. 중국 국가는 다종경영을 통해 양곡과 공예작물과의 생산액 비율이 7 : 3, 농업과 임업, 목축업, 부업, 어업 간의 생산액 비율 또한 7 : 3 정도를 유지하기를 희망했다. 그러나 다종경영 방침에 따라 각 농가에서는 계획적 할당방식의 국가 수매·판매가 되어야 하는 제2부류의 농산물들을 시장에 판매하기 시작했다. 집시무역을 통해 취급되는 제2부류의 농산물들은 야채와 과일 등 계절적 영향을 비교적 많이 받기 때문에 국가 공급이 부족한 농산물과 돼지, 소, 양, 토끼 등 가축과 가금류 그리고 수산물 등의 수요가 많은 생산물 등이다. 특히 야채와 육류, 계란의 거래 비중은 매년 늘어서 1979년부터 1985년 사이에 야채는 6.7%에서 94.8%로, 돈육은 2.9%에서 25.6%로, 계란은 3.5%에서 80.7%로 급증세를 보인다. 이는 생활에 필요한 농부산물이지만 국가가 충분히 공급하지 못하는 물품들이기 때문에 시장을 통해 활발히 거래된 까닭이다. 또한 시장에서는 가격이 높게 형성된다. 농민 입장에서 보면 국영상업망이나 공소합작사분점들에게 협의가격으로 판매하는 것보다 집시무역을 통한 직접 거래가 현금 소득을 증대시키기 때문에 집시무역 거래를 선호했다. 그러나 당시 중국 집시무역의 불법성과 그 수준은 국가가 지정한 제3부류의 농부산물 외에 제2부류의 야채와 육류, 계란 등의 국가 계획수매 품목정도 만이 거래되는 수준이었다.

  이처럼 생산대에 부여한 자주권의 첫 번째 권한, 다종경영 방침은 집시무역을 활성화시키고, 다종경영을 많이 하면 할수록 집체수입이 증가되며 농가소득을 올리게 되는 정비례관계를 형성하게 된다. 따라서 다종경영 이후 많은 농가에서는 양곡생산보다 수입이 높은 부업생산에 치중하는 결과를 낳았다. 다음의 〈표 2-2〉에서 보면 다종경영 방침에 따른 농가의 부업생산은 1982년 시점에서 당시 농산물의 상품률이 평균 30%에 이를 정도로 매우 활발했음을 알 수 있다.[13]

---

13) 詹武・史敬棠・王贵宸・俞坚平・刘文璞・张保民, 「发展我国农业的战略措施的设想」, 『紅旗』 1982年 10期.

〈표 2-2〉 중국의 다종경영에 따른 상품률

집체수입	다종경영수입	상품률
1인당 50원 이하 분배	20% 이하	18.5%
1인당 150원 이상 분배	40% 이상	55.2% (평균 30%)
1인당 300원 이상 분배	60~70% 이상	
1인당 400원 이상 분배	80% 이상	

※ 자료: 詹武·史敬棠·王贵宸·俞坚平·刘文璞·张保民,「发展我国农业的战略措施的设想」,『紅旗』1982年 10期.

생산대에 다종경영 방침을 허용함에 따라 농업부문에서는 더욱 자주권을 확대할 것이 요구되게 된다. 이의 요구는 두 갈래로 나뉘게 된다. 첫째, 생산대에 부여한 자주권이 확대되자 토지의 질이 좋고 노동력을 많이 갖고 있는 농가에서는 양곡 생산에 집중하며 양곡 생산을 통해 소득을 증대시키고자 하였다. 따라서 이들 농가단위는 더욱 축소된 형태의 생산량책임제를 요구하게 된다. 둘째, 농사를 지을 수 있는 노동력이 부족하거나 다종경영 방침에 따른 부업생산을 통해서 소득을 증대하는 것이 더욱 효율적인 단위는 더욱 부업생산 방침을 확대할 것을 요구하게 된다. 그리고 이와 같은 농업부문의 요구성에 근거하여 중국의 농업개혁은 가족단위 중심의 생산량책임제를 실시하고 분업을 전업화하는 전업호(专业户)와 중점호(重點戶)를 승인하게 된다.

다. 전업호와 집시무역의 시장화

집시무역이 활성화 단계를 넘어서 초보적인 시장체계를 형성하게 되는 결정적 계기는 생산량을 매호에 맡기는 생산량책임제의 실시와 가족 단위 중심의 전업호가 출현하면서부터이다. 생산량을 매호에 맡기는 생산량책임제와 전업호의 출현은 기존 국가 중심의 공급유통체계를 시장 중심의 상업유통체계로 변화시키게 한다. 중국의 집시무역이 초보적인 시장체계를 형성하게 되는 과정을 농업개혁을 통한 소유권의 분화-분권화-상품화-화폐화의 진전과 함께 설명하면 다음과 같다.

첫째, 소유권의 측면에서 보면 생산량을 매호에 맡기는 생산량책임제는 개별 농가단위로 농업체계를 분화시키고, 개별 농가는 농업생산과 재산 소유의 주체로 확립되게 한다. 개혁 이전 시기 개별 농민이 생산대에 제공할 수 있는 생산요소는 오직 '노동'뿐이었다. 생산대는 각 개인이 제공한 노동을 기초로 하여 노동점수를 매기고 노동점수에 따라 농산물과 현금 수입을 분배하였다. 따라서 개별 농민이 제공하는 노동에는 큰 차이가 있을 수 없었기 때문에 생산대로부터 분배받는 수입도 대체로 평균적이었다. 그러나 생산량을 매호에 맡기는 생산량책임제가 실시되면서 개별 농가는 농업생산과 재산 소유의 주체로 확립되어 갔다.

둘째, 분권화의 측면에서 보면 생산량을 매호에 맡기는 생산량책임제는 가족농이 전업호로 분업, 협업, 전업화되어 가도록 하였다. 생산량을 매호에 맡기는 생산량책임제 실시 이후 각 농가가 분배받은 토지의 비옥도와 위치, 관개시설의 이용 가능성, 대도시 인접도는 각기 달랐고, 각 농가의 생산수단 보유의 양과 질 등 또한 달랐다. 따라서 토지조건 및 농가의 노력 정도에 따라 재조합·재조직되면서 전업호가 형성되게 된 것이다. 이에 중국의 농업체계는 생산량을 매호에 맡기는 생산량책임제가 1982년 6월에 전국의 67%, 1983년 말까지 98.3% 보급되면서 사실상 가족농 중심으로 농업부문이 구조적 해체에 이르게 된다.

셋째, 상품화의 측면에서 보면 전업호와 중점호가 생기면서 농민들은 전문적으로 전업적인 생산과 봉사업에 종사하였고, 농촌의 생산을 보다 큰 규모를 가진 상품생산으로 전환시키게 된다. 그 결과 몇 년 동안 농산물과 부업생산물의 상품률이 매우 높아지게 되었다. 1983년에는 1978년에 비해 전국의 농산물과 부업생산물의 상품률이 35.6%에서 40.5%로 높아졌으며, 양곡 상품률도 20% 정도에서 30% 정도로 증가하였다. 이에 1983년 농산물과 부업생산물의 사회수매총액이 1,265억 원으로 증가하여 가격변동 요소를 제하고도 1978년보다 53.5% 늘어나 해마다 평균 9%씩 늘어난 셈이다. 또한 농민소비의 상품화 정도도 높아졌는데, 1983년에는 1978년에 비해 농촌상품소매총액이 1.1배 늘어나 해마다 평균 15.6%씩 증가하게 된다.[14]

넷째, 화폐화의 측면에서 보면 전업호와 중점호 중심의 상품생산율이 높아지고 집시무역을 통한 농가소득이 증대하게 됨에 따라 화폐화의 진전도 빠르게 이루어진다. 여기에 생산량을 매호에 맡기는 생산량책임제는 농민의 재산 소유권을 승인했을 뿐만 아니라, 이에 상응하여 농민이 자유롭게 경제활동에 종사하고 직업을 선택하며 그들의 사회적 신분을 전환할 자유도 확대시켰다. 전업호와 중점호들은 농작물의 종류와 생산방식, 노동시간을 스스로 선택하는 독립적인 상품생산자가 되었다. 그리고 이들 중 일부는 시장 예측과 생산 품목의 선택, 생산 발전방향의 결정 등을 통해 상당한 크기의 현금 잉여를 남기고 그것을 저축하거나 현금 보유의 형태로 축적하게 된다.

이는 〈표 2-3〉과 같이 1986년 안후이성(安徽省) 18개 촌의 1,420호 표본 농가의 소득 계층별 현금 수입과 지출 내역을 보면 잘 알 수 있다.[15] 이것은 1978년 당시 '종이쪽지'에 불과한 결산분배를 받고, 1인당 현금 수입이 많아야 60원에 불과했던 것에 비교하면 엄청난 변화이다.

---

14) 鄭幼云,「農村体制改革取得了巨大成就」,『紅旗』1984年 20期.
15) 서석홍,「1978년 以後의 中國私營經濟에 관한 硏究」, 서울대 대학원 경제학박사학위논문, 1994, 45쪽.

특히 현금 수입이 500원에서 1,000원 사이인 농가 수가 전체 30%를 차지하는데, 500원에 가까운 농가 수까지 포함하면 절대 농가의 현금 수입은 500원 이상이 됨을 알 수 있다. 또한 단순히 소득의 증가뿐 아니라 현금 수입이 1,000원 이상인 농가 수가 3.2%를 차지하는 반면 200원 미만의 농가 수도 10.2%나 되어, 농촌 농가의 소득 분배 상황이 계층별 차이까지 양산하고 있음을 알 수 있다.

〈표 2-3〉 1986년 중국 안후이성 농가의 소득계층별 현금 수입·지출 내역

1인당 수입 규모	호수	비중	1호당 현금 수입	생활소비지출 금액(비중)	생산성지출 금액(비중)	기타 지출 금액(비중)	연간현금잉여 금액(비중)
200원미만	151	10.6	888	538(60.5)	228(25.7)	120(13.5)	2(0.3)
200~500원	787	55.4	1,898	860(45.3)	495(26.1)	324(17.1)	219(11.5)
500~1,000원	437	30.8	3,474	1,387(39.9)	759(21.8)	600(17.3)	728(21.0)
1,000원 이상	45	3.2	7,675	1,777(23.2)	2,032(26.5)	1,113(14.5)	2,753(35.8)
전체	1,420	100.0	2,459	1,020(41.5)	598(24.3)	408(16.6)	433(17.6)

※ 자료: 赵洪·陈迅,「农户经济行为分析 — 安徽省18个村1420个农户调查」,『农业经济问题』, 1987년 11期, 53~56頁.
※ 기타 지출은 국가 및 집체에 납부하는 각종 세금과 비생산성 지출이 포함됨.

이처럼 다종경영과 매호 단위 생산량책임제가 파생시킨 분업과 협업 구도는 농업의 소유권 변화-분권화-상품화-화폐화를 추동하면서 일부 농가로 하여금 적지 않은 화폐자금을 축적하게 하였고, 개인 자금이 자본화될 수 있는 물적 토대를 구축하게 하였다. 따라서 이들의 시장 진입은 새로운 시장메커니즘을 형성하게 된다. 위의 전체 과정을 악주시(鄂州市)의 포단공사(蒲团公社)의 사례를 통해 하나의 줄거리로 살펴보면 보다 구체적으로 이해할 수 있다.

중국은 생산량책임제를 가족 단위로 실시하면서, 농가마다 노동력의 다소와 강약이 다르고, 기술수준과 생산도구 소유 수준이 다르기 때문에, 인구 또는 노동력의 비례에 따라 토지를 분배하였다. 그리고 토지 분배의 형평성을 위해 토지의 질에 따라 등급을 나누어 좋은 땅과 나쁜 땅을 골고루 가지도록 하였다. 그러나 이와 같은 분배방식은 토지가 너무 분산되어 영농에 불편한 문제가 발생했다. 이에 분배받은 토지를 다시 빌려주는 '토지전포책임제(土地转包责任制)'가 발생하게 된다. 즉, 분배받은 토지를 갖고도 농사를 짓지 않는 농가가 생겨났고, 정해진 토지만큼이 아니라 남의 토지까지 경작해서 소득을 배로 올리는 농가가 생겨난 것이다. 반면 농사를 짓지 않거나 적게 짓는 농가들은 부업생산에 주력했다. 이전에는 가정 구성원 가운데 어느 한 사람이 부업 경영을 하였으나, 점차 다수가 부업 경영을 하면서 전업적인 부업 경영이 장기적인 것으로 되었다. 또한 부업 경영을 통해 얻는 수입이 늘어나면서 식량이 보장되기 때문에 땅을 적게 분배받으려 하거나, 아예 농업보다는 땅을 전문 농가에게 맡기고 땅을 떠나는 현상이 발생하게 되었다. 이렇게 부업이 전업이 된 전업호들은 땅을 맡기고 아예 상업적 활동을 주로 하게 된다. 특히 도시로 들어가 장사에 열중하면서 자본을 축적하는 개인 상인들이 생기게 된다. 즉, 농업개혁은 농업을 전문적으로 하면서 농가소득을 증대시키거나, 전업이 주업이 되어서 농촌에서 상업을 전개하거나, 도시와 농촌을 오가면서 상업을 전개하는 양식으로 시장질서를 형성하게 된다.16)

따라서 국가는 1983년 1월, 농민이 개인 혹은 공동으로 대형 트랙터와 자동차 및 소형 동력선을 구입하여 장거리 운수, 판매활동에 종사하는 것을 허락하고, 특히 농민 개인이 도시로 들어가 영업활동을 하

---

16) 포단공사 총 5,756호의 농호 가운데 토지전포책임제를 실시하고 있는 농호는 380호로, 포단공사의 농호 총수 중 6.6%를 차지한다. 그런데 이 도시의 농촌은 비교적 생산조건이 좋고 생산력 수준이 높은 곳인 데도 불구하고 토지전포책임제가 점차 확산되고 있었다. 나아가 이 도시보다 생산력 수준이 낮은 농촌에서는 더 많이 광범위하게 토지전포책임제가 실시되고 있었다. 따라서 중국 정부는 토지전포책임제가 확산되는 원인을 분석하기 위해 포단공사를 조사·분석하였다. 그리고 이 사례는 중국의 농업개혁이 어떻게 심화되어 시장메커니즘을 형성하게 되는지 보여준다. 王兴隆, 「现阶段农村土地转包问题浅议」, 『紅旗』 1984年 8期, 24~28頁.

는 것을 허용한다. 이어 1984년 1월, 토지를 경종능력이 우수한 농민에게 집중시키는 것을 장려하면서 공업, 상업, 서비스업에 종사하려는 농민이 먹을 것을 스스로 마련하여 소도시로 나가 영업하는 것을 허락한다고 선포하게 된다. 그리고 곧이어 10월에 양식을 스스로 마련한다는 전제하에 농민 및 그 가족이 집진(현성은 제외)으로 호적을 옮기는 것을 승인하게 된다. 이처럼 중국은 농업개혁의 전개에 따라 집시무역이 점점 확대·발전하자 1985년 시장 거래 품목을 양곡과 면화 및 국가 상업부 소관 농산물 9종을 제외하고는 모두 허용한다. 이른바 자유시장을 형성하게 된 것이다.

아래의 〈표 2-4〉는 1978년부터 1986년까지 집시무역의 성장 현황을 보여준다. 표에 의하면 집시무역 총수는 3만 3,302개에서 6만 3,000개로 증가하였고, 총 취급액도 125억 원에서 890억 원으로 급성장하게 된다.

〈표 2-4〉 1978~1985년 중국 집시무역 성장 현황

		1978	1979	1981	1983	1985
시장수	도 시		2,226	3,298	6,144	8,013
	농 촌	33,302	35,767	39,715	50,356	53,324
	합 계	33,302	38,993	43,013	56,500	61,337
거래액	도 시		12.0	34.0	80.3	181.0
	농 촌	125.0	171.0	253.0	390.3	524.0
품목별	양곡, 식용유	20.1	28.6	34.6	43.4	49.6
	육, 계란	21.2	33.3	50.9	72.9	140.1
	수 산 물	5.2	6.6	12.1	18.8	33.2
	야 채	14.3	17.1	25.5	33.1	48.8
	과 일	4.0	6.0	8.8	13.3	25.5
	농업생산재	10.4	11.5	8.4	11.7	13.9
	가 축	20.9	29.8	38.9	41.6	32.6
	합 계	125.0	183	289	385.8	705.0

※ 자료: 國家統計局, 『中國統計年鑑』, 北京: 中國統計出版社, 1987, 580頁.

(3) 도시 자유시장의 확대·발전

농촌의 집시무역과 달리 중국 도시의 자유시장은 소비재 시장과 생산재 시장이라는 두 측면에서 고찰할 수 있다. 도시의 소비재 시장으로서 자유시장은 농촌의 집시무역이 급성장하면서 농촌과 도시의 교역시장이 활발해지자 도시에 농산물 도매시장이 형성되면서 확대·발전한다. 그리고 도시의 개인상업을 육성하면서 서비스업과 상업 활동이 살아나고, 도시의 자유시장을 통한 거래가 이루어진다. 이때 시장의 거래품목을 중심으로 보면 자유시장은 소비재 시장이라 할 수 있다. 또 다른 측면에서 기업의 생산재 유통시장으로서의 자유시장은 기업개혁이 본격적으로 진행되지 않았기 때문에 공공연한 암시장의 형태로 형성된다.[17]

가. 개체 및 사영기업 허용과 소비재 시장 형성

중국은 1984년 '결정' 당시 이미 농업생산물과 관련하여 제1부류의 양곡과 면화 등 9종 생산물을 제외한 완전 개방된 시장형태를 갖추게 되었다. 이것은 여전히 식량배급체제를 유지하고 있지만 일부 공급품목을 제외하고 도시 노동자들은 국영상업망에 의한 직매점이나 자유시장에서 농부산물을 구입해야 한다는 것을 의미한다. 도시의 자유시장이 확대·발전하는 과정을 살펴보면 다음과 같다.

앞서 보았듯이 1983년 국가가 농민 개인의 장거리 운송 및 판매를 허용하면서 농촌 전업호들은 도시에서 농부산물 판매를 직접적으로

---

[17] 중국의 시장을 소비재 시장, 생산수단 시장, 자금 시장, 노동력 시장 등으로 나누어 기본적 맥락을 서술한 글은 다음을 참조. 서석흥, 「1978년 以後의 中國私營經濟에 관한 硏究」, 23~31쪽.

할 수 있게 되었다. 이들의 생산물은 국가와의 계약관계에 있는 농부산물이 아니기 때문에 국가유통망에 들어가지 않고도 자유롭게 도시의 자유시장에서 판매될 수 있었다. 그리고 국가는 도시 개체상업 및 사영상업도 허용하였다.[18] 국가가 허용한 개체상업과 사영상업은 직접 산지에서 농산물을 구매하여 도시의 자유시장에서 판매를 하였다. 따라서 농업개혁 이전에는 국영상업의 형태로 공소합작사 상업에 의해 도시와 농촌에서 농산물 유통이 이루어졌지만, 농업개혁의 과정 속에서 공소합작사 상업은 집체소유제로 부활되고 농민들의 농산물을 협의수매·협의판매하게 된다. 그로 인해 기존의 국가 수매·판매의 단일한 농산물 유통경로는 농업개혁과 함께 국영상업, 공소합작자 상업, 도시와 농촌의 자유시장이라는 유통 경로로 다양해지게 된다. 그리고 이 경로를 통해 도시의 소비재 시장은 확대·발전하게 된다.

다양한 유통 경로는 다양한 가격체계를 형성하게 된다. 국가 수매·판매방식의 국정가격, 공소합작사 상업의 협의수매·협의판매의 협의가격, 전업호와 개체상업, 사영상업의 자유시장가격 등의 가격체계를 형성하게 된 것이다. 그러나 농민들은 직접 시장거래를 통해 농산물을 바로 현금화할 수 있으며 높은 가격으로 거래되는 시장 활동을 선호하였고, 여기에 개체상업과 사영상업의 적극적인 시장진출은 자유시장가격의 도시 자유시장을 활성화시키게 된다.

도시의 자유시장은 거래물품에 있어 도시의 자유시장에 진출한 전업호와 개체상업 및 사영상업에 의해 농산물 및 농부산물이 취급되었지만, 또 다른 측면에서 농부산물 가공이나 농기구의 제작과 수리, 일상

---

[18] 개체기업이란 개인이나 가족이 소규모로 공, 상업, 서비스 활동 등 각종 2, 3차 산업에 종사하는 것을 말한다. 7명 이내의 소수의 노동력을 고용하는 경우에도 통계상으로는 개체기업으로 취급되고, 8명 이상이 되면 사영기업으로 취급된다. 서석흥, 「1978년 以後의 中國私營經濟에 관한 硏究」, 57쪽.

생활용품 등도 취급되었다. 또한 도시의 자유시장은 소매상업, 음식업, 서비스업 등 개혁 이후 증가된 도시의 상품, 서비스에 대한 수요를 충족시키는 데 활용되었다. 10여 년간의 문화대혁명 기간 동안 집단 및 개인영업이 폐쇄되었기 때문에 도시의 서비스업과 상업 활동은 실질적으로 증발한 상태였기 때문이다. 따라서 도시 상품, 서비스에 대한 수요가 높았고 높은 수요는 서비스업과 상업활동을 활성화시켰다.

〈표 2-5〉 1981~1985년 중국의 농촌과 도시의 개체기업 증가 현황

(단위: 만 호, 만 명)

년도	농촌 개체기업		도시 개체기업	
	기업수	종업원 수	기업수	종업원 수
1981	96.1	121.8	86.8	105.6
1982	150.4	184.0	113.2	135.8
1983	419.5	537.9	170.6	208.6
1984	708.2	1,012.0	222.2	291.1
1985	891.1	1,381.1	279.9	384.9

※ 자료: 서석흥, 「1978년 以後의 中國私營經濟에 관한 硏究」, 서울대 대학원 경제학박사학위논문, 1994, 58쪽 재구성.

〈표 2-5〉에 볼 수 있듯, 개체기업은 농촌의 경우 1982년 생산량책임제 실시와 전업호 출현 이후부터 증가하며, 도시에서는 '84년 결정 방침을 통해 급속히 증가하였다. 그리고 개체기업의 증가와 도시로 진출한 농촌의 집시무역은 도시의 자유시장을 확대·발전시키게 된다. 이에 도시의 자유시장은 1978년부터 발전하기 시작하여 1986년에는 8,400여 개로 증가하였으며, 취급 금액도 농촌을 포함하여 도시의 자유시장 총 취급 금액의 약 30%를 차지하게 된다.

한편 농촌의 시장이 도시로 확대되면서 생산자와 소비자 사이의 농

산물 유통을 연결할 도매시장의 필요성이 대두된다. 통계에 의하면 쩌지앙성(浙江省,) 광조우시(廣州市), 우한시(武漢市), 중칭시(重慶市)의 도매시장은 1979년에는 1개도 없었지만, 1983년에는 39개, 1985년에는 284개로 증가한다. 그리고 시장을 공식화한 1984년에는 국가에서 지시를 내려 대·중 도시에 농산물 및 부업제품의 도매시장 건설을 추진하여 1985년에는 전국에 1,177개의 도매시장이 형성된다. 또한 도매시장은 품목별로 야채도매시장, 건과일·신선과일도매시장, 수산물시장, 육계란시장, 양곡시장, 식용유시장, 종자돼지시장, 중약재시장 등으로 나누어진다. 그리고 앞선 통계 보고에 있지 않은 기타 지역에서는 자유시장 외에 아침시장, 야간시장 및 노천매점이 집결된 시장을 신설하였고, 이는 전국적으로 3,000여 개에 이르게 된다.[19]

이처럼 도시의 자유시장은 농업개혁의 성과에 힘입어 농부산물이 자유롭게 거래되고, 여기에 개체상업이 결합함으로 부족한 소비품 공급을 보충하였다. 이에 따라 국가는 자유시장을 중심으로 한 지역별 도매시장을 건설하였고, 그 결과 농부산물 및 2, 3차 소비품에 관한 소비재 시장을 광범위하게 형성하게 된다.

나. 기업의 '투자기아증(投資饑餓症)'과 생산재의 암시장화

도시의 소비재 시장이 확대·발전하는 것과 달리 생산재 시장은 농업개혁보다 늦은 기업개혁으로 인해 형성·발전되는 과정이 다른 형태로 나타났다. 중국은 1979년 이후 시험적 기업개혁을 통해 부분적 계획권한을 하방하고, 기업소에 이윤을 유보하며, 자체로 확대재생산을 할 수 있는 재정적 권한을 부여하는 등 자주권을 확대하였다. 이에

---

[19] 이용화, 「중국농산물유통구조의 변화 및 북한에 주는 시사점」, 50쪽.

따라 기업의 경영환경이 크게 변화하였는데 기업 보유자금 면에서 각종 예산외자금이 증가하였다. 예산외자금이란 지방정부, 기업 및 그 주관부문, 사업 단위가 정부예산 이외에 독자적으로 관리할 수 있는 자금으로, 기업의 유보이윤, 주관부분이 가진 각종 기본수입, 감가상각비의 기업유보부분 등이 주를 이룬다. 이와 같은 기업의 예산외수입은 1978년에 378억이었던 것이 1982년에는 650억 원으로 늘어나 국가재정수입의 33.2%에서 약 60%로 거액이 되었다.[20]

기업에 유보했던 이윤 가운데 장려금이나 복지에 이용할 수 있는 비율은 한정되어 있기 때문에 유보이윤의 대부분을 생산발전기금으로 투자하지 않으면 안 되었다. 따라서 지방정부로서는 세수확보를 위해 기업이 설비의 갱신보다 기업의 확장, 신설에 투자하는 것을 장려하게 된다. 기업은 건설된 공장의 수익성을 고려하지 않고, 특히 적자의 경우에도 책임지지 않기 때문에 투자의 결정과 건설에 쉽게 나섰다. 또한 전반 인민경제차원에서 진행되는 건설과 투자가 아니었기 때문에, 기업차원의 중소형 규모의 투자와 건설은 대부분이 중복건설에 대한 투자로 이어졌다. 이와 같은 건설투자에 대한 과열 징조를 일컬어 '투자기아증'이라고 한다. 개혁 초기 투자기아증은 주로 기계가공업, 석유화학공업, 식품공업 및 시계, 재봉틀, 자전거, 담배 등 소비품과 관련한 기업들에서 나타난다. 이들 기업의 생산제품은 원재료는 싸지만, 가공품의 제품가격이 비싸기 때문에 기업은 저마다 유보이윤을 가공품 생산을 위한 건설투자에 집중하게 된다. 그리고 건설투자가 과열되면서 생산재에 대한 요구는 불법적인 생산재 시장을 형성하며 생산재의 암시장화를 초래하게 된다.

---

[20] 浜勝産 著, 尹榮子 譯, 『鄧小平時代의 中國經濟』, 비봉출판사, 1987, 57~59쪽.

중국에서는 1979년부터 이미 생산재도 상품이라는 이론이 공인되기 시작하여 생산재의 시장유통화가 시작된다. 이에 1965년에서 1982년에 이르기까지 정부가 조달·배분하는 생산재가 전국 생산량에서 차지하는 비중을 비교해 보면, 강재 95% → 53%, 시멘트 71% → 25%, 석탄 75% → 51%, 목재 63% → 57%로 정부가 장악한 생산재의 비율이 큰 폭으로 떨어졌음을 알 수 있다. 이는 역으로 기업이 시장에서 생산재를 조달할 수 있는 가능성이 증가하였다는 것을 말해준다. 따라서 대·중형 기업은 일부 생산재를 계획대로 정부에 넘기지 않고 시장으로 돌리고 있었다. 이 때문에 국가는 1982년에 시멘트 287만 톤, 강재 225만 톤, 석탄 1,182만 톤의 배분계획용 물자를 확보할 수 없었다. 따라서 1983년 정부는 정부조달분의 1/3에 해당하는 강재를 수입하고, 6억 원을 들여 지방에서 석탄 2,300만 톤, 시멘트 400만 톤을 구입하지 않으면 안 되었다.[21]

다. 계획 영역 축소와 물자교역센터 신설

시험적 기업개혁은 다른 한편으로 국가 차원에서 계획경제의 범위가 지속적으로 축소되는 과정이었고, 자원배분에 있어서 정부의 간여도도 점차 감소하게 되는 과정이었다. 예를 들어 지방정부 및 지방관리하의 기업이 필요로 하는 산업원자재 중 중앙정부의 명령적 배분계획에 의해 조달되는 부분은 그 비중이 1980년의 경우 70%에 달했으나, 1987년에는 20% 수준으로 감소되었다. 또한 1980년에는 국가계획에 의해 생산·공급되는 공산품이 120항목에 달했으나, 1987년에는 60항목으로 줄어, 정부에 의해 통합적으로 배분되던 생산원자재가 같은

---

[21] 浜勝産 著, 尹榮子 譯, 『鄧小平時代의 中國經濟』, 58쪽.

기간 동안 256항목에서 27항목으로 감소되게 된다. 이처럼 국가의 계획지표가 줄어들게 되자 계획외적 생산을 통해 수요가 있는 생산물을 만들기 위해서는 생산재 및 기타 원자재 교역을 위한 생산재 시장이 필요했다. 이것은 앞에서 기업이 신규건설을 위해 생산재 시장을 필요로 했듯이 계획외 생산제품을 생산하기 위해서도 생산재 시장이 필요했음을 보여준다. 이에 도시의 생산재 중심의 암시장은 지속적으로 확대 되었다.

또 다른 측면에서는 주로 경공업 소비재 생산 단위에서 계획지표가 축소되고 생산단위의 자체판매 비중이 증가함에 따라 이를 소화하기 위한 시장기구가 급속히 발전하였다. 따라서 계획지표의 축소는 원자재, 부자재의 생산재 시장만이 아니라 소비품에 대한 물자교역센터를 필요로 하게 된다. 이는 단둥(丹東市) 제2경공업계통의 자물쇠공장 사례를 보면 쉽게 이해할 수 있다.

국가가 우리공장에 하달한 생산계획에 의하면 40mm 민용 자물쇠 100만 개를 생산해야 하며 상반년의 계획생산량은 70만 개이다. 선택수매 및 자체판매제도를 실시하고 있기 때문에 단동시 상업부문에서는 상반기 우리 공장의 자물쇠를 30만 개밖에 수매하지 않는다. 만일 국가가 하달한 생산계획대로 생산한다면 상업부문은 부분적으로 수매할 것이고, 상업부문의 수매계획에 따르면 국가생산계획은 무효로 될 것이다. (중략) 민용 자물쇠는 원래 한 지방에서 생산하여 여러 지방에 파는 일상생활용품이다. 그런데 지금은 자체판매를 해야 하는 실정이다. 작년에 판매 소조를 조직하여 각기 동북과 서북의 광대한 지역에 가 판매하였다. 조금도 팔지 못하였다. 생산단위로서 직접 외지의 상업부문과 교섭하여 상품을 판다는 것은 매우 힘들다는 것이다. 그렇기 때문에 자체로 판매하는 방법이 상급의 명확하고 성문화된 규정이 있기를 희망한다.[22]

---

22) 「怎样才能自觉地利用价值规律?」, 『紅旗』 1979年 4期.

따라서 경공업제품과 생산재, 원자재 교역을 위한 생산재 시장은 1984년부터 다양한 종류의 물자교역센터로 설립된다. 그리고 물자교역센터는 1984년 '결정' 이후 더욱 급속하게 신설되어 간다.

2) 비국유부문의 등장과 상품시장의 다양화

(1) 비국유부문의 사적생산 확대

중국의 농업개혁은 인민공사를 해체했고, 그로 인해 농민 개인이 비농업 산업 활동에 종사할 수 있는 자유를 얻게 되었다. 특히 매호 단위의 자율적인 농업생산 방식으로 노동 생산성이 크게 증대하자, 농민의 잉여노동시간 또한 증대한다. 이것은 농민이 토지를 떠나 자유롭게 이동하며 비농업부문의 생산 활동에 종사할 수 있는 조건을 창출하게 됨을 의미한다. 게다가 1985년 국가는 "각지 정부의 통일적 관리하에 농민이 도시에 들어가 가게문을 열고 서비스업에 종사하며 각종 서비스를 제공하는 것을 허용한다"는 방침을 내려, 농민이 도시로 들어가 도시 주민이 될 수 있도록 제도적 장벽을 허물게 된다. 즉, 농민이 도시 주민으로 자신의 사회적 신분을 변화시킬 자유를 획득하는 데까지 나아가게 된 것이다.[23]

국가는 농업개혁이 인민공사를 해체하고 시장가격에 의한 상품유통체계를 확립해 감에 따라 1차 생산물을 자급자족의 범주에서 교환하는 시장이 아닌, 대형 농부산물의 가공생산물을 상품화하여 판매할 수 있는 시장으로 시장화의 수준을 높일 것을 유도한다. 이것은 2, 3차 산업을 발전시키는 문제로 제기되었다. 여기서 2차 산업은 농부산물의

---

[23] 서석흥, 「1978년 以後의 中國私營經濟에 관한 硏究」, 51쪽.

가공업을 말하며, 농업·부업 생산물을 가공하여 반제품과 완제품으로 만드는 일이다. 3차 산업은 여러 가지 봉사업이 해당된다. 이와 같은 국가방침을 쉽게 해석하자면 시장이라는 사적판매 구조가 확대·발전함에 따라 사적생산 단위 또한 확대·발전시킬 수밖에 없었던 것을 의미한다. 즉, 2차, 3차 산업은 국가 계획과 무관한 계획 밖의 사적 기업으로, 사적생산·사적판매를 하게 된다. 이미 시장을 공식화함에 따라 사적판매 구조는 형성되었기 때문에 2차, 3차 산업의 발전문제는 사적생산 영역의 확대문제였고, 이는 곧 소유제 변화문제였다.

또한 당시 이 같은 결정은 중국의 농업인구가 전체의 80%에 가까운 경제구조를 반영한 것으로서, 농민을 대량으로 도시에 들여보낼 수 없는 형편에서 유일하게 실시할 수 있는 방법이었다.[24] 농촌산업을 발전시킴으로써 생산 영역을 넓히고, 확대된 생산 영역이 남아도는 잉여 노동력을 받아들임으로써 과잉 노동력을 흡수하도록 한 것이다.

〈표 2-6〉 1980~1985년 중국 농촌의 과잉노동력 수

년도	농작물의 파종면적 (萬畝)	실제 농업노동력 (萬名)	단위면적당 실제노동력 (人/畝)	유효 이용 노동력 비율 (%)	과잉 노동력 비율 (%)	농촌 과잉 노동력 수 (萬名)
1980	219,569	29,425	0.134	61.2	38.8	11,417
1981	217,735	31,171	0.143	57.3	42.7	13,310
1982	217,132	32,031	0.147	55.8	44.2	14,150
1983	219,590	31,209	0.145	56.6	43.4	13,545
1984	216,332	30,902	0.143	57.3	42.7	13,225
1985	251,439	31,187	0.145	56.6	43.4	13,504

※ 자료: 郭慶·胡鞍鋼, 『中國工業化問題初探』, 北京: 中國科學技術出版社, 1991, 239頁.

[24] 추계에 따르면 1985년 중국 농촌에는 약 1억 3,500만 명 정도의 과잉노동력이 존재하고, 1979~1987년 9년 동안 농촌에서 향진기업 등의 발흥으로 약 8,000만 명의 노동력이 비농업부문으로 이동하였다. 『人民日報』, 1988년 6월 29일.

종합적으로 보면 중국은 전업호들의 축적된 화폐자금과 상품 형태로 개별화된 농민의 독립적인 노동력을 결합하여, 비농산업에 대한 투자와 2, 3차 산업의 건설 방향으로 개혁의 방향을 유도하게 된다. 이와 같은 국가의 유도방향은 당시 현금 수입의 증대에 따른 소비품에 대한 높은 사회적 수요가 있음에도 불구하고 그 수요를 충족시키지 못하고 있는 도시와 농촌의 현실에 부합하는 것이었다. 그리고 중국의 유도방향은 결과적으로 비국유부문을 확대하고, 사적생산을 추동하는 것으로 나타나게 된다. 이로써 비국유부문은 농촌의 전업호, 농촌과 도시의 개체기업, 사영기업 그리고 농촌의 전업호와 집체 혹은 농촌의 전업호와 개체기업이 연합하는 신경제연합의 형태로 2, 3차 산업에 종사하는 비국유기업을 형성하게 된다.

그러나 본고 범위에 한정하여 1984~1985년 당시 중국의 농업개혁을 통한 농민의 독립적 생산자 신분의 취득과 도시의 자유시장에서 활동하는 실업자들의 고용형태를 살펴보면, 2차 산업 비중은 15% 내외에 지나지 않았고, 상업·음식업·서비스업·교통·운수업 등의 3차 산업 종사 비중이 약 85%를 차지하고 있다. 이는 앞서 살펴본 농촌과 도시의 개체 기업이 2차 산업보다는 3차 산업을 중심으로 활발하게 건설되고 있으며, 3차 산업의 특성상 개별 노동이 확대되고 있음을 나타낸다.

(2) 노동시장 형성과 상품시장의 다양화

비국유부문의 2차, 3차 기업의 건설은 국영기업과 달리 원재료의 공급도, 제품의 판매도 모두 시장을 통해 이루어지지 않으면 안 된다. 따라서 비국유부문의 사영기업들이 조직되기 위해서는 자금시장, 노동력시장, 기술시장 등의 다양한 상품시장이 형성되어야만 했다. 따라서 중국은 개혁의 진행상황을 반영한 '84년 결정을 통해 노동시장을 용인한다. '84년 결정은 기업소의 경영자주권을 확대하면서 공장장책임제를 실시한다고 선언하였다. 그리고 기업은 노동자의 임금을 조절하며, 노동자 선발의 권한을 갖게 되었다. 이와 같이 기업에 부여된 노동자 선발의 권한은 역으로 보면 노동자 해고의 권한도 부여한 셈이 된다. 그리고 기업이 노동자의 해고와 선발을 자유롭게 할 수 있게 된다는 것은 노동시장이 형성되었음을 의미한다. 따라서 기업 개혁의 결과 공장장책임제와 함께 종업원 선발권을 기업의 권한으로 부여한 것은 노동시장의 형성과 함께 비국유부문의 사영기업이 탄생하는 데 유리한 환경을 제공하게 된다.

〈표 2-7〉 중국 100대 농촌사영기업 중 농민의 취업 동기와 경로

구분	설문 항목	비중(%)
취업동기	① 경제적 수입을 높이기 위해	46.1
	② 기술을 배우기 위해	21.7
	③ 세상 물정을 익히기 위해	2.3
	④ 바빠지기를 원해서	6.4
	⑤ 집에서 할 일이 없어서	19.7
	⑥ 기 타	3.8
취업경로	① 기업주와의 친척관계로 취업	22.5
	② 중개인의 소개를 통해 취업	23.7
	③ 본인의 구직 및 기업의 초청으로 취업	53.8

※ 자료: 中共中央農村政策硏究室, 國務院農村發展硏究中心 農村調査辦公室, 「對百家農村私營企業調査的初步分析」, 『農村經濟問題』, 1989年 1期.

위의 〈표 2-7〉에서 알 수 있듯이 당시 중국의 "취업 희망자 중" 과잉 농촌 노동력은 "경제적 수입"을 위해 취업을 희망했으며, 53.8%가 "기업의 초청"으로 취업을 하고 있음을 보여준다. 이는 기업의 구직활동과 노동시장의 활성화를 예측가능하게 해준다.

이 밖에 1984~1985년을 전후하여 농촌지역에는 다양한 형태의 민간 신용기구가 활발하게 출현한다. 이것은 농업개혁의 결과로 농산물 시장이 각지에 형성되고, 농촌에 비국유부문의 개체기업과 사영기업, 신경제연합 등의 비국유기업이 출현하게 됨으로써 농촌지역의 운영자금 수요가 증가하였기 때문이다. 농촌의 민간 신용기구는 ① 개혁 이전 시기 농촌에 전통적으로 존재했던 민간 호조(互助) 금융조직이 부활한 것, ② 향(乡) 정부가 자금을 모아 '신화복무공사(信貨服務公司)', '합작 기금회(合作基金會)', '농민신용사(農民信用社)' 등의 형태로 조직한 것, ③ 지방정부가 주체가 되어 각지의 농민과 홍콩, 마카오 교포 등의 자금을 모아 만든 '투자신탁조직(投資信託組織)' 등이다.25) 다양한 농촌 민간 신용기구들은 미약하나마 점차 자금 시장의 형성 기초가 되었다. 그리고 자금 시장의 초보적 형태는 비국유기업들의 설립과 운영에 필요한 자금의 일부를 직접 조달할 수 있도록 하였다. 이에 1980년대 중후반에 이르면 중국의 비국유기업들은 창업과 운영에 필요한 자금 중 자기가 마련한 자금은 약 50%를 차지하고, 그 나머지는 민간 금융시장의 자금이나 은행, 신용사로부터의 대출을 통해 해결하게 된다.

이처럼 중국의 시장은 농업개혁을 통한 소비재 시장의 형성과 초보적 기업개혁을 통한 생산재 시장, 그리고 노동시장을 용인하고 자금시장이 형성됨에 따라 초보적인 시장체계를 형성하며 다양화하게 된다. 그리고 중국의 시장은 더 이상 공간적 의미로서의 시장(Marketplace)이 아니라, 제도로서의 시장(Marketization)으로 전환하게 된다. 계획체계와 함께 자체의 생산-소비-유통의 체계를 갖는 시장체계를 형성하게 된다. 나아가 농촌지역 시장은 농촌과 도시를 연계하는 지역시장으

---

25) 서석홍, 「1978년 以後의 中國私營經濟에 관한 研究」, 28쪽.

로 확대되고, 도시의 시장은 기업개혁이 전개되고 비국유기업이 형성됨에 따라 다양한 제품생산과 제품생산의 판로를 쫓아 지역시장의 범주를 넘어서 전국적으로 통일된 시장으로 확대해 나갈 것을 요구하는 단계에 이르게 된다.

3) 중국 자유시장의 생산적 성격

중국 시장의 형성·확대·발전과정을 통해 보았듯이, 중국 시장의 특징은 무엇보다 성공적 농업개혁이 가져온 시장화라는 점이다. 농업개혁의 성공은 잉여농산물의 생산 증대와 농가 수입의 증대로 귀결되었고, 이는 시장의 확대·발전을 가져오게 된다. 그리고 시장의 확대·발전은 두 측면의 생산적 기능을 담당하게 된다. 첫째, 시장의 확대·발전은 새로운 시장체계를 형성하면서 계획체계와 공존하는 한편 계획체계를 대체하게 된다. 둘째, 시장의 확대·발전은 새로운 비국유부문을 창출하면서 다양한 상품시장을 형성하게 된다. 따라서 중국의 시장은 종국적으로 소유제의 다양화 및 사적 소유의 확대과정으로 이어지면서 개혁을 심화시키게 된다.

(1) 시장의 계획대체 기능

중국은 농촌과 도시의 자유시장을 승인하는 과정에서 시장 가격이 상승하면서 전반 물가 상승을 주도하게 된다. 1981년은 1978년에 비해 부식물 가격지수가 32.1% 상승했다. 또한 사회구매력은 상품원의 성장속도보다 빨라서 유통과정의 화폐량이 너무 많아졌다. 즉, 1979년과 1980년 기간 사이에만 화폐발행률이 20% 증가하였다. 여기에 노동자들에게 지불되는 상금이 생산의 성장속도를 훨씬 초월했다. 1979년에 46억 원이었던 상금이 1981년도에는 78억 원으로 증가한 것이다. 노동 생산율은 6.6% 증가하고, 공업총생산액은 23% 성장했는데 종업원 상금은 6배나 증가한 것이다. 그러나 중국의 가격상승은 가계소득의 상승률에 비해 낮았다. 노동자들의 생활비는 46.8% 인상되었고, 생활비 가격 인상요소를 삭감해도 30.7% 인상되었으며, 평균임금 인상에 따른 물가요소를 삭감한다면 실제 노동자 임금은 11.9% 인상되었다. 따라서 노동자들의 수입 증가 속도가 물가 상승 속도보다 빨랐다. 이로 인해 노동자들은 인상된 가격의 시장 거래 품목을 구매하여 생활하는 데 커다란 부담을 느끼지 못했다.

이는 당시 중국의 국민수입지표를 보면 알 수 있다. 다음 〈표 2-8〉에서 볼 수 있듯, 1978년부터 1982년까지 국민수입은 0.5배 증가하지만, 1978년부터 1985년까지의 국민수입은 2배의 증가세를 보인다.

〈표 2-8〉 중국의 1978~1985년 국민수입지표

(단위: 억 원)

년도	국민수입 총액	농업	공업	건설업	운수업	상업	인구당 평균수입
1978	3,010	1,065	1,408	125	118	294	315
1979	3,350	1,318	1,536	130	121	245	346
1980	3,688	1,442	1,688	185	126	247	376
1981	3,940	1,640	1,709	193	130	268	396
1982	4,261	1,868	1,803	209	150	231	423
1983	4,730	2,097	1,960	259	160	254	464
1984	5,630	2,481	2,286	303	203	357	547
1985	6,822	2,828	2,831	376	236	551	656

※ 자료: 國家統計局, 『中國統計年鑒』, 北京: 中國統計出版社, 1986, 52頁.

게다가 1984년에는 보기 드물게 농업생산이 대풍(大豊)을 거둠에 따라 농업의 양적인 변화에서 질적인 변화로의 계기를 더욱 추동하게 된다. 질적인 변화는 두 측면으로 나타나게 되는데, 먼저 농업생산량이 증대하는 과정에서 전업호들이 수익성이 좋은 양곡과 목화의 생산을 크게 증대시켰다. 따라서 생산량이 늘어나 생산물을 팔기 어려운 현상이 나타나는가 하면, 사회적으로 요구되는 일부 농부산물의 생산은 적게 생산되어 수요를 충족시키지 못하는 파행성이 나타나게 된다. 따라서 "가치법칙을 좇아 시장조절을 확대하고 가격통제를 점차 취소함으로써 농민들이 시장의 수요에 따라 생산"하도록 하는 가격체계 개혁을 요구하게 된다.26) 농업생산물에 대한 전면적인 시장유통과 시장가격을 형성하자는 요구였다.

또 다른 측면에서의 질적인 변화는 가격개혁과 함께 식량유통의 전국적 소비시장을 형성하는 것이었다. 즉, 농부산물을 모두 국영상업과 합작사 상업이 경영하느니 차라리 국영상업과 집체상업, 개인상인, 수매판매 전업호들 모두 다 자기의 능력을 발휘하게 하면서 현(縣)과 진(鎭)들에서 농업부업산물 도매시장과 농촌시장을 개척할 것을 제기하게 된다.27)

> 지금 전국적으로 매인(每人)당 알곡 800근이 돌아가게 되였는데, 벌써 알곡을 팔기 어려운감을 느끼고 있다. 알곡이 남아돈다는 것은 지금의 수급상태 아래서 낮은 소비수준 때문이다. 따라서 알곡생산을 늦추어서는 안 된다. 오히려 소비시장을 개발하여야 한다. 소비를 늘리기 위해서는 가계 수입이 늘어야 하고, 생산이 발전되어야 한다. 반면 양곡의 국내의 통일시장을 건립하면 소비량이 늘어날 수 있다.28)

---

26) 赵紫阳,「放开农产品价格促进农村产业结构的调整」,『紅旗』1985年 2期.
27) 扬汝岱,「四川农村综合改革试点的几个问题」,『紅旗』1985年 2期.

이로써 중국은 시장 도입과 함께 양곡에 대해 30%만 기존 통일적 수매가격으로 국가가 사들이고, 70%는 시장가격으로 자유롭게 판매하면서 가격을 자유롭게 형성토록 하였다. 이것은 농민들의 입장에서 보면 양곡 수매의 철폐와도 같은 의미를 가졌다. 또한 채소, 돼지고지, 수산물에 대한 가격통제를 점차 취소하였다. 도시에 공급하는 양곡, 기름, 돼지고지와 일부 생활필수품에 대해서는 정량공급부문을 일반가격으로 팔 수 있으며, 일부 상품에 대해서는 나라에서 시장조절에 참가하여 헐값으로 팔고 차액을 나라에서 부담하는 등의 "농업, 부업 생산물 가격에 대한 통제를 취소하고 시장에 의해 조절되도록 하는" 농업개혁을 전면적으로 단행하게 된다.[29]

중국이 농산물에 대한 전면 시장화와 함께 가격통제를 취소한 배경에는 늘어난 양곡 및 농부산물의 생산 증대가 그 기반으로 자리하고 있다. 따라서 과잉공급은 시장 기제에 따라 가격의 상승요인과 지역별·계절별 가격 차이를 보였지만, 결과적으로 식량의 안정적 수급은 시장질서를 안정화시켰다. 또한 농산물의 유통질서와 가격통제의 철폐는 과거의 통일적 구매와 통일적 판매, 계획분배에 의한 계획체계를 대체하게 되었다. 따라서 농민들은 극소수의 중요 생산물을 정부에 계약 판매하는 것을 제외하고 대부분의 생산물을 자유롭게 판매할 수 있게 되었다. 또한 상업기업도 자유롭게 상품을 매입하고 '3고정(고정 공급대상, 고정 공급구역, 고정 공급가격)'의 방식을 철폐했다. 이처럼 계약수매에 의한 양곡을 제외하고는 사실상의 시장체계가 형성됨에 따라 농토산물에 관한 불법적인 거래품목이나 불법적인 유통경로를 가진 시장판매물품은 사실상 구분이 없게 되었다. 이에 중국의 시장은

---

[28] 赵紫阳, 「放开农产品价格促进农村产业结构的调整」, 『紅旗』 1985年 2期.
[29] 赵紫阳, 「放开农产品价格促进农村产业结构的调整」, 『紅旗』 1985年 2期.

계획체계를 해체하는 과정에서 확대·발전함으로써 계획체계를 대체하는 기능을 수행하며, 계획체계 밖의 불법적 시장이 아닌 시장의 양성적 기능을 수행하게 된다.

(2) 시장의 비국유기업 조직 기능

중국이 단계적 개혁을 진행하면서 계획체계를 대체하는 양성적 시장체계를 형성하는 것과 함께 중국 시장은 다양한 비국유기업들이 형성될 수 있는 기반을 조성하며 계획체계 해체를 촉진시키기도 하였다.
먼저 농업개혁이 심화되어 가정부업이 전업이 된 전업호들은 자기 지방의 특색을 갖춘 전업촌(포도촌, 젖소촌, 양봉촌)을 형성하기도 하지만, 그들의 경영범위를 농업생산 영역으로부터 가공, 유통 영역으로 넓히며 횡적·종적 경제연합체를 형성시키게 된다.[30] 또한 기업개혁은 기업들 간의 전업과 협작에 따라 재조직하는 것을 용인했음으로 기업소는 다양한 형태로 분산, 전문화 과정을 거치게 된다. 예를 들어 중칭시(重慶市)의 경우 전체 공업기업소가 3,600여 개로 오랜 공업도시였다. 중칭시의 대표적 대형기업소는 시계공업공사로 이를 제1손목시계공장, 제2손목시계공장, 책상시계, 벽시계공장, 도구공장과 기계수리공장 등 5개 전문 생산 공장으로 재조직한 다음, 다시 지구, 업종, 소유제, 군민, 노농 5개 계선을 허물고 3개 현 소속공장, 5개 지구 소속공장, 1개 군수품공장, 2개 가두공장, 인민공사에서 꾸리는 3개의 기업소와 연합경영을 실시하면서 기업소를 해체하고 재조직하게 된다.[31] 그

---

[30] 횡적연합은 전업호들 사이에서 발전된 소형연합으로서 비교적 분산적이고 느슨한 조직형태로, 가족과 친척을 대상으로 한 연합체가 많다. 종적연합은 집체, 국영의 기업단위와 복무기구를 중심으로 전업호와 결합한 경제연합체이다.

리고 이렇게 새로운 비국유부문의 재조직은 전업호의 출현으로 다량의 화폐재산을 축적한 일부 농민을 농업으로부터 분리시켜 비농업부문에 자금을 투자하도록 만들었다. 이들의 투자자금은 전업공사, 연합공사, 복무중심 등의 초보적인 향촌기업을 형성하기도 하였지만, 도시에서 용인된 비국유부문의 사영기업을 창설하는 데 투자되기도 하였다. 즉 공업생산에서 시급히 요구되지 않는 제품 생산을 중지하고, 시급히 요구되는 제품생산을 위해 새로운 사영기업은 문을 닫았거나 생산을 중지한 기업소를 토대로 확대된다. 또 기업소의 계획지표가 축소되어 여유가 생긴 기업소의 생산능력을 이용하여 새로운 생산 라인을 생성하며 기업소를 재조직하는 방법으로 비국유부문의 사영기업이 창출되게 된다. 이들은 열려 있는 소비재 시장과 생산재 시장을 통해 기업을 건설하고 확대하며 그 영역을 넓혀 나갔다. 결과적으로 농업개혁과 기업개혁의 결과 향촌기업과 비국유부문의 사영기업들이 출현하기 위해서는 더욱 확대된 시장 환경이 필요했다. 즉 소비재 시장만이 아니라, 생산재시장 · 자금시장 · 노동력시장 · 기술시장 · 정보시장 · 부동산시장 등 점차 그 포괄 범위를 확대할 것이 요구된 것이다. 여기에 1984년 노동시장의 개방은 농업의 과잉 노동력과 도시의 실업자들을 포괄하면서 비국유부문의 새로운 조직 형성에 일조하게 된다.

이와 같이 중국 시장의 확대 · 발전과정은 중국의 단계적 개혁과정과 밀접한 연관관계를 가지고 단계적으로 확대 · 발전해 간다. 이를 정리하면 다음과 같다.

첫째, 농업개혁은 분권화에 기반한 잉여농산물의 생산과 상품화를 통한 현금 수입의 증대, 그리고 현금 수입을 통한 자본축적의 양상을

---

31) 胡秀坤 · 郭元晞 · 赵国良, 「新的经济组织形式 — 重庆市经济联合调查」, 『紅旗』 1981年 3期.

보이며 확대·발전하게 된다. 그리고 농촌에서 확대·발전된 시장은 도시와의 연계 속에 도매시장으로 확대된다. 이에 농촌 시장의 확대·발전 양상은 소비재 시장을 형성하며 시장을 통한 초보적인 계층 분화의 현상까지도 빚어낸다.

둘째, 개체기업과 사영기업의 허용방침에 따라 농촌과 도시에서 음식업, 서비스업 등 소비품을 공급하는 다양한 비공유제 단위가 형성되게 된다. 이들은 농촌과 도시의 시장과 결합하여 다양한 서비스를 창출하고, 현금 수입을 확대한다. 특히 개체기업과 사영기업은 농촌에서는 1982년 이후, 도시에서는 1984년 '결정' 이후 급속하게 증가하는 양상을 보이게 된다.

셋째, 도시의 자유시장은 농촌 시장의 확대·발전에 따라 농부산물과 소비품을 중심으로 확대·발전한다. 그리고 시험적 기업개혁의 결과, 암시장적 성격을 갖는 생산재 시장을 형성시키고 물자교역센터를 신설하게 한다. 그러나 1984년 당시 중국은 농업개혁의 결과 농산물 유통체계가 변화하고 대부분의 농부산물이 자유시장에 의한 자유가격으로 거래되는 반면 초보적 기업개혁은 다양한 소유제 형식이 공존하면서 다양한 생산과 유통 경로를 갖게 된다. 따라서 가격 또한 협의가격·자유가격 등 다양하게 존재하게 된다. 이에 2단계 개혁의 일차적 요구는 가격개혁이 된다.

또한 중국의 시장은 분권화에 기반을 둔 잉여농산물의 생산과 상품화를 통한 현금 수입의 증대, 그리고 현금 수입을 통한 자본축적, 화폐화와 시장을 통한 계층 분화의 특징을 갖고, 양성적으로 확대·발전하면서 계획체계를 대체하게 된다. 그리고 양성화된 시장은 농촌과 도시의 연계시장으로 태동하기 시작하였고, 소비재·생산재·자금·노동시장을 포함하는 자본과 임노동의 시장적 초보관계를 형성하게 된다. 이에 따라 비국유부문의 기업이 조직되고 기업개혁을 추동하게 된다. 이에 중국의 시장은 계획을 대체하는 특징과 새로운 비국유부문을 조직하는 '생산적 기능'을 수행하는 생산적 시장으로 정의할 수 있다.

2. 북한 시장의 성격변화과정과 시장의 기능

　중국이 농촌과 도시에서 각각 '집시무역에서 자유시장으로'의 확대·발전과정을 겪었다면, 북한은 농촌과 도시가 연계된 농민시장의 성격이 변화하여 '장마당에서 종합시장으로' 확대·발전하는 양상을 보인다.[32] 이것은 양국의 시장이 형성되는 구조도 다르지만, 그 확대·발전의 양상도 다르다는 것을 보여준다. 중국의 시장이 농촌과 도시에서 각기 형성 발전되었으며 농촌에서 도시로의 확대·발전된다는 특징을 갖는다면, 북한의 시장은 농촌과 도시를 포함하는 형태로 형성되었으며 확대·발전 양상 또한 외형적 변화가 아니라 시장의 성격 변화를 중심으로 하였다. 특히 북한의 장마당은 중국 시장의 확대·발전과정에서는 없었던 시장 형태로, 바로 이 장마당이 갖는 암시장적 성격이 이후 중국과 북한 양국의 시장 형태를 다르게 하는 데 영향을 미친다. 이에 북한의 농민시장이 장마당 그리고 공식화된 종합시장으로 확대·

---

[32] 기본적으로 장마당이란 북한의 공식 시장체계가 아니기 때문에 규제와 규정사항이 존재하지 않으며, 기존 농민시장의 허용과 통제 범위에 비추어 고찰하여 볼 때도 어디까지가 농민시장이며, 어디서부터가 장마당인지 그 합법과 불법의 구분과 기준이 모호한 측면이 있다. 따라서 본고는 고난의 행군 시기부터 1998년 김정일 체제의 시장 통제정책에도 지속적으로 존재하였던 종합시장 전까지의 시장을 장마당의 범위로 한정하고, 당시 북한의 시장형태를 기술하여 중국과의 차이를 고찰하는 것에 그 목적을 둔다.

발전하는 과정을 성격 변화를 중심으로 살펴보기로 한다.

1) 북한 농민시장의 '장마당·종합시장으로' 성격변화

(1) 농민시장의 형성

북한은 농촌과 도시의 시장이 따로 존재하지 않는다. 북한은 사회주의 건설시기 도시행정단위인 시에 농업지대인 리를 포함시키고, 농촌행정단위인 군에 공업지대인 노동자구를 포함시켰다. 농업지대와 공업지대를 한데 묶어 하나의 단위 내에 포함시킴으로써 행정단위별로 농업과 공업의 연계하에 자급자족할 수 있는 체계를 구축하고자 한 것이다.[33] 따라서 북한의 시장은 처음부터 농부산물과 소비품이 함께 거래되는 시장으로 형성된다.

북한이 처음 농민시장을 도입한 것은 1950년 3월이다. 전쟁발발 직전 도입된 농민시장은 농민들이 시장을 통해 자체 생산한 농산물과 부업생산물을 직접 노동자·사무원들에게 팔고, 필요한 공업상품을 구입할 수 있는 교환의 장소로, 도시와 농촌의 경제적 연계를 강화하기 위한 목적으로 설치되었다.[34] 그리고 1954년 북한은 농업협동화 과정에서 양곡 수매를 시작하면서 농민시장을 잉여농산물의 판매시장으로 설정하게 된다. 즉, 국가는 농민들이 국가에 수매하고 남는 양곡을 농민시장에서 팔 수 있도록 승인하게 된다.[35] 그러나 당시까지는 개인상업

---

[33] 양문수·김갑식, 「자립적 지방경제: 역사적 개관과 평가」, 최완규 엮음, 『북한 도시의 형성과 발전』, 한울, 2004, 121~122쪽.

[34] 김일성, 「조선민주주의인민공화국 내각 제1차 전원회의에서 한 결론」(1950.1.11), 『김일성저작집 5』, 조선로동당출판사, 1980.

[35] 김일성, 「조선민주주의인민공화국 내각 제30차 전원회의에서 한 결론」(1954.8.23),

이 남아 있었기 때문에 시장까지 나오지 않는 농민들을 대신하여 사영업자들이 중간에서 농산물을 싸게 사 시장에서 비싸게 파는 형식이었다.

한편 북한은 1958년 농업협동화와 함께 개인 상공업의 사회주의적 생산관계 개조를 완료한다. 이에 농업부문에서 개인부업경리와 소규모 가축 생산물만이 농민시장에서 거래되었고, 개인 상공업은 생산협동조합, 소비협동조합으로 개편된 후 국가수매와 직매점을 통해 거래하도록 하였다. 그러나 중국과 마찬가지로 농업협동화 이후 농업생산물은 증가하는 반면 소비품 공급이 부족하게 되자, 농민시장을 한 개 군에 1~2개를 설치·운영하고, 10일 간격의 장날에는 협동농장을 쉬게 하였다. 그리고 농민시장 내 공업품상점 분점도 차려놓고 농민들이 장보러 와서 필요한 것을 사가고, 국영 수매원도 농민시장에 나가 농민들이 팔다 남아서 가지고 가는 것을 수매하도록 하였다.[36]

이 같은 북한의 농민시장은 "협동농장들의 공동경리와 협동농민들이 개인부업경리에서 생산한 농산물과 축산물의 일부를 일정한 장소를 통해 주민들에게 직접 파는 상업의 한 형태"로서, 합법적 시장이다.[37] 또한 중국의 집시무역과 마찬가지로 북한은 농민시장을 인위적으로 해소하지는 않으나, 지나친 활성화를 막고 국가 계획체계 내의 보조적 측면에서 한정된 역할을 수행하는 것으로 그 위상을 설정하였다. 당시 북한의 농민시장에서 거래 유통되는 농산물은 농민들의 자류지인 텃밭, 떼기밭, 부업밭에서 생산하는 농토산물로,[38] 주로 생산되

『김일성저작집 9』, 조선로동당출판사, 1980.
36) 김일성, 「당사업을 강화하며 나라의 살림살이를 알뜰하게 꾸릴데 대하여」(1965. 11.15~17), 『김일성저작집 20』, 조선로동당출판사, 1982.
37) 김일성, 「사회주의경제의 몇가지 리론문제에 대하여」(1963.3.1), 『김일성저작집 23』, 조선로동당출판사, 1983.

는 농산물은 옥수수, 감자, 콩, 마늘, 고추, 배추, 무 등과 같은 농작물이 주를 이루었다. 그리고 이와 같은 농민시장의 존재는 1980년대 이전까지는 주변적 위치에 있었다.39)

가. 농민시장에 대한 정책

농업협동화와 수공업의 사회주의적 개조를 완료한 이후 북한의 농민시장은 국가의 적절한 통제하에 주변적 위치에 머물러 있었지만, 1980년대에 들어서면 다양한 형태로 사적생산이 활발해진다. 그리고 농민시장은 1980년대부터 점진적으로 활성화되게 된다. 이는 북한의 생산감소와 밀접한 영향이 있는데, 먼저 개략적인 북한의 경제성장 침체과정을 고찰해 보자.

북한의 공식문헌에 따르면 북한은 1980년 중반까지는 알곡생산에 커다란 차질을 빚지 않았다. 특히 김일성은 1973년부터 직접 농업생산을 진두지휘하면서, 사회주의 나라들에서 풀지 못하는 농업문제를 해결하겠다는 의지를 보여 왔다. 사회주의 과도기론에 입각하여 농민시장을 승인한 논리와 마찬가지로 1960년도부터 작업반 우대제 아래 10~15명 단위의 분조관리제를 시행해 왔다. 또한 농업부문의 협동적 소유 형태를 고수하였고,40) 1970년대에는 농업생산의 증대를 위해 농

---

38) 최수영에 따르면 텃밭은 농가 한 세대당 집 근처의 30평 정도의 땅을 경작하도록 공식적으로 허용한 밭이다. '부업밭'은 작업반이나 직장 등 각 단위별로 척박한 땅을 나눠주고 활용하게 하는 밭이다. 반면 '뙈기밭'은 개인이 산골짜기의 짜투리 땅을 스스로 개간해 경작하는 비공식적 경제행위로 생긴 밭이다. 최수영, 『북한의 제2경제』, 민족통일연구원, 1997, 18~20쪽.
39) 농민시장의 역사적 형성과정은 다음 문헌을 참조. 구갑우·최봉대, 「농민시장」 형성 1950~1980년대」, 최완규 엮, 『북한 도시의 형성과 발전』, 한울, 2004.
40) 김일성, 「농촌테제의 완전한 실현을 위해 나서는 몇가지 문제」(1974.11.29), 『김일성저작집 29』, 조선로동당출판사, 1985.

촌에 대량의 노동력을 투입하게 된다. 그만큼 농업문제해결에 주력해 왔다. 그러나 2차 7개년계획 시기(1978~1984년)에 들어서면 북한 경제는 침체되기 시작한다. 전력난이 가시화되면서 중공업 위주의 공장 가동률이 하락되고, 공업부문의 연쇄적 침체 현상이 일어난다. 이러한 공업부문의 침체 현상은 식량생산에도 차질을 줄 뿐만 아니라, 인민소비품의 절대적 공급부족현상을 자연스럽게 파생시키게 되었다. 따라서 북한은 이미 1973년부터 부족한 소비품 문제를 해결하기 위해 3대혁명소조운동을 경공업부문에서부터 발기하여 시작하였으며, 지방예산제를 실시하여 인민위원회가 지방산업을 틀어쥐고 도시의 후방공급 및 인민소비품 생산을 독려하도록 하였다. 또한 경제가 침체하기 시작하는 2차 7개년계획 시기(1978~1984년)인 1980년에 들어서면 '옷, 식료, 가구혁명'을 강조하면서 경공업위원회를 방직공업부서와 식료일용공업부서, 그리고 지방공업부로 새로 재편 조직한다. 즉, 중앙적 의미를 갖는 경공업공장들을 각 중앙 부서 밑으로 편재하게 된다. 이는 중앙이 직접 나서서 소비품 공급을 위해 수입자금을 확보하고, 원료·자재의 수입을 확대하며, 또한 중앙에서 직접적으로 중앙단위의 경공업공장에 공급하는 대책을 마련했다는 것을 의미한다.

당시 인민소비품에 대한 국가적 대책이 필요했던 이유는 소비품 부족현상이 농민들의 시장을 통한 불법적 교환행위를 생성시켰기 때문이다. 1970년대 후반 이후 협동농장원의 경우, 농민들은 양곡 수매를 통해 국가로부터 천, 신발, 의류 같은 농민 우대품을 구입하거나, 남새 수매에서 나온 현금으로 생필품을 구입하였다. 그러나 달걀, 옷, 신발 같은 것은 항시 있는 것이 아니어서 상점에 들어왔을 때에만 구매할 수 있었다. 따라서 소비품 품귀현상은 "어떤 농장원은 개나 닭을 길러서 국가수매기관에 파는 것이 아니라 농민시장에 내다가 비싸게 팔고 있으며 지어 상점에서 닭알을 사서 농민시장에 가지고 나가 되거리장사"[41]를 하는 등의 방식으로 시장을 이용하는 결과를 낳았다. 또한 농민들은 양곡을 국가에 전량 수매하기를 거부하면서, 개인이 가지고 있다가 시장에 나가서 부족한 소비품으로 교환하기도 하였다.[42] 따라서 북한은 농민시장의 활성화를 막고, 부족한 공급의 문제를 해결하기 위해 일정 범위 내의 사적생산을 허용하는 것으로 그 방침을 변경하게 된다. 공급의 확대차원이었다.

 북한이 취한 공급 확대 차원의 사적생산 허용은 대대적인 인민적 군중운동으로 발기한 1984년 '8·3인민소비품창조운동'이 대표적이다. 북한은 사회주의적 생산관계 개조 이후 중공업우선발전전략에 따라 부족한 소비품 공급을 위해 지방산업을 강조해 왔다. 그리고 인민생활을 높이기 위해 공장·기업소들에 생활필수품 직장과 작업반을 조직하고, 도시와 노동자구·협동농장들에 가내작업반과 부업반을 조직하여, 일용잡화를 비롯한 생활필수품과 식료품 생산을 담당하도록 했다. 이처럼 초기 지방산업 육성은 농업부문에서 전량 수매원칙을 지키면서도 부족한 소비품 공급문제를 해결하여 지방별 자립경제체제를 형성하기 위한 것이었다. 그러나 경제가 침체되고 국가가 공급해 주던 소비품이 줄어들게 되자 농민들은 전량 수매원칙을 어기고 농민시장에 양곡과 농부

---

[41] 김정일, 「농촌경리부문에 대한 당적지도를 강화하여 올해 농업생산에서 새로운 앙양을 일으키자」(1976.2.6), 『김정일선집 5』, 조선로동당출판사, 1995.

[42] "일부 일군들은 농장원들이 량곡을 가지고 있으면서도 상품이 없어 잘 수매하지 않는 것을 고려하지 않고 무턱대고 량곡을 수매하라고 내려먹인다. (중략) 인민봉사위원회에서는 당면하게 량곡수매계획을 하였을때에는 수매량곡의 30%에 해당한 값은 희귀상품으로 주고 70%에 해당한 값은 돈으로 주며 량곡수매계획을 넘쳐수행하였을때는 초과분에 대해 1대 1로 희귀상품을 주는 원칙을 세우는 것이 좋다." 김일성, 「사회주의농업관리체계를 바로 세우며 농촌에 대한 상품공급사업을 개선할데 대하여」(1979.2.27), 『김일성저작집 34』, 조선로동당출판사, 1987.

산물을 내다팔아 소비품 부족문제를 해결하였다. 따라서 농민시장은 활성화되었다. 그러자 북한 당국은 가내부업생산 단위들을 전면적으로 확대하는 조치를 취하게 된다. 이것이 바로 8·3인민소비품창조운동이다.

8·3인민소비품창조운동은 ① 가내생산협동조합, 가내작업반, 부업반 같은 생산조직을 연로자·가정부인들로 많이 조직하여 ② 부산물, 폐기폐설물, 지방원료, 자재와 생산설비를 효과적으로 이용하여 국가계획에 없는 제품을 생산하는 것을 대대적으로 진행한 운동이다.[43] 또한 8·3인민소비품창조운동은 국가에 의해 조직적으로 전개된 운동방식으로 8·3인민소비품을 생산·조직하는 가내작업반과 부업반 그리고 가내편의봉사원이 되고자 하는 사람들을 소속에 관계없이 읍·로동자구·동·리 사무소에 등록하도록 하였다. 등록 후에는 허가증을 받아야 하며, 해당 가내작업반·부업반의 성원과 가내편의봉사원에게는 증명서를 발급하도록 하였다. 그러나 1980년대 말에 이르면 8·3소비품 생산단위들이 증가하면서, 등록하지 않고 가내 소규모 생산과 판매를 하는 개인상업으로 변화하게 된다. 나아가 계획 내 원부자재를 빼돌려 개인 생산 판매를 하는 행위나, 8·3직매점에서 다량 구입하여 농촌에서 2~3배의 가격으로 팔아 쌀하고 바꿔서 중간이익을 취하는 등 불법적 상행위와 밀접하게 결합되어 간다.[44]

북한이 취한 8·3인민소비품생산운동은 부족한 생필품 및 소비품 공

---

[43] 북한은 이 운동의 활성화와 정착을 위해 1989년 전문 4장 17조로 구성된 '8·3인민소비품 생산처리에 관한 규정'을 채택하고, 5장 6조로 된 '가내작업반 관리규정'을 만든다. 정은미, 「농민시장을 통해 본 북한 사회의 변화」, 서울대 사회학석사학위논문, 2000, 32쪽.
[44] 구갑우와 최봉대는 이와 같은 현상을 8·3인민소비품창조운동의 이중적 효과라고 하였다. 구갑우·최봉대, 「'농민시장' 형성 1950~1980년대」, 184~187쪽.

급을 위해 국가가 승인한 합법적인 생산단위이다. 그리고 생산한 제품을 8·3인민소비품 직매점이란 국영 상업망을 통해 판매할 수 있도록 도시 곳곳에 직매점을 설치하였다. 그러나 개별생산을 허용함에 따라 이들은 국영상업망을 통해 팔지 않고 시장을 활용하게 된다. 따라서 1980년대 말에 이르면 농민들과 도시의 가내부업 생산자들이 농민시장을 활성화시키게 된다. 이에 북한은 1980년대 말부터 이와 같은 농민시장의 활성화를 막기 위해 여러 가지 통제 조치를 취한다. 1989년 뙈기밭 등 불법 소토지의 사적 경작을 금지하고, 1992년에는 비인가 시장의 폐쇄와 일일시장을 10일장으로 전환하게 된다. 또한 1992년에는 '비사회주의 그루빠'를 조직·운영하여 밀주 제조에 따른 식량 낭비 행위, 암거래 및 되거리 장사행위 등을 단속하였다. 그러나 당국의 정책적 대응은 대체로 단기간 통제하다가 이를 묵인하는 소극적인 자세에 머무를 수밖에 없었다.45) 그리고 고난의 행군을 거치면서 더욱 더 농민시장은 활성화되고 그 성격이 변화된다.

나. 고난의 행군시기 농민시장

흔들리던 북한의 계획경제체제는 1990년대 사회주의권의 붕괴와 함께 연쇄적으로 마비되기 시작한다. 농업분야의 생산이 감소되고, 중앙기업소들이 생산을 정상화하지 못함에 따라 지방 산업들이 연쇄적으로 생산을 중지하게 되었다. 이미 1980년대부터 "나라의 외화사정이 긴장하여 기름을 제대로 사오지 못하다보니 광업부문, 림업부문, 수산부문

---

45) 1980년대 말부터 행해진 북한의 농민시장에 대한 정채적 대응에 대해서는 다음 문헌을 참조. 서재진,『북한 주민들의 가치의식 변화: 소련 및 동구와의 비교연구』, 민족통일연구원, 1994, 26쪽 ; 내외통신사,『북한실상 종합자료집』, 내외통신사부설북한연구소, 1996, 71~72쪽 ; 최수영,『북한의 제2경제』, 34쪽.

을 비롯한 인민경제 여러 부문에서 생산을 정상화하지 못하고 있으며, 농촌경리부문에서도 기름이 없어 영농작업을 제대로 하지 못하고 있는"46) 상황은 1990년대의 사회주의권 붕괴라는 외부적 충격을 받으면서 더욱 더 악화된 것이다. 그리고 이와 같은 1990년대 경제위기 상황은 농업부문의 개인부업경리와 지방산업 공장들의 계획 밖의 생산과 판매, 그리고 가내부업 및 개인 상업을 확대시키며 농민시장을 활성화시키게 되었다. 1990년대 경제위기는 식량배급, 자재공급과 인민소비품 공급 체계를 마비시켰고, 국가는 출로를 상실하였다. 설상가상으로 고난의 행군 시기에 들어서면 북한의 중앙 단위 공장·기업소의 가동까지 멈추게 되고, 사실상 북한 주민 모두가 생계를 위해서는 자신의 사유물품 모두를 상품으로 내놓아 판매해야만 먹고 살 수 있는 처지가 된다. 이로부터 농민시장은 그 성격을 변화시키면서 더욱 활성화되게 된다. 즉, 농민시장은 국가공급체계를 대신하는 생계유지의 장터로 변화하게 된다.

고난의 행군시기 농민시장은 합법과 비합법, 공식과 비공식의 구분이 따로 없었다. 시장을 통해 거래되는 상품은 소비재와 생산재의 구분이 없었으며, 국내 상품과 국외 상품의 구분이 없었다. 농민 및 가내부업 생산자만이 아니라 사실상 북한 주민 모두가 시장에 참여하면서, 시장을 통하지 않고서는 살 수 없게 된 것이다. 이를 기존의 합법적인 농민시장이 불법적인 암시장의 성격을 포함하게 되었다는 의미에서 '장마당'이라 부른다.47) 문제는 북한 농민시장이 고난의 행군시기를 거치

---

46) 김일성, 「정무원 책임일군들의 역할을 높여 당의 경제정책을 철저히 관철하자」 (1980.3.5), 『김일성저작집 35』, 조선로동당출판사, 1987.

47) 이미 1957년에 김일성이 농민시장을 일컬어 장마당이라고 하였으며, 북한 주민들에 의해서도 장마당은 농민시장과 구별 없이 시장을 지칭하는 의미로서 사용되고 있다. 그러나 국내 연구에서는 농민시장이 1990년대 경제위기와 함께

면서 장마당으로 성격이 변화하고 암시장적 성격이 강화되고 있었지만, 1998년 9월 김정일 체제의 출범과 함께 북한 당국은 시장을 대대적으로 통제 단속하면서 계획경제체제를 재정비하려고 하였다는 것이다.

(2) 농민시장의 암시장적 성격 강화

기존의 농민시장이 고난의 행군시기를 거치면서 암시장적 성격을 갖게 된 원인은 무엇인가? 왜 중국에서는 보이지 않던 암시장의 성격을 가진 장마당이 활성화되게 되었는가? 이것의 주원인은 심각한 경제난에도 불구하고 1998년 9월 출범한 김정일이 북한 계획경제체제를 재정비하기 위한 '계획정상화 방침'을 수립하였기 때문이다. 따라서 마비된 계획경제체제 아래 북한의 시장에 대한 관리·통제정책은 농민시장을 더욱 활성화시키며 확대시킬 뿐 아니라 그 성격을 암시장적 성격을 가진 시장으로 변화시키게 된다.

가. 국가의 시장에 대한 관리·통제정책

북한은 앞서 보았듯이 농민시장을 계획체계 밖의 주변적 위치에 두려고 했다. 또한 공급의 부족으로 인해 파생되는 문제를 8·3인민소비품 등의 사적생산 범위를 확대하여 해결하려고 하였다. 그러나 여전히 그 판매방식은 국가적 상업망을 통한 판매 방식이었다. 즉, 시장판매, 시장가격을 허용하지 않은 것이다. 반면 1990년대 경제위기는 국가의 시장에 대한 직접적 통제가 불가능했다. 따라서 암묵적인 허용과 통제를 반복했지만, 시장을 사회주의적 재생산의 한 과정으로 편입시키는

그 성격이 변화되면서, 제2경제로서의 시장 의미를 갖는 개념으로 사용한다.

것은 거부하였다.

　1998년 9월 출범한 김정일 체제는 이 같은 입장의 연장선 상에서 내각 중심의 경제체제를 정비하고 시장에 대한 관리정책, 통제정책을 동시에 추구한다. 먼저 북한의 시장에 대한 통제정책은 공장, 기업소, 비생산단위, 인민반 등 각급 조직을 동원하여 주민들로 하여금 고난의 행군 시기의 '개인주의'와 '비사회주의적 과오'에 대해 자아비판을 하게 하고, 정상적인 조직생활로의 복귀를 종용하는 것으로 나타난다. 이는 시장의 확대를 막고 시장을 통제함으로써 '너도나도 시장에 나와 장사를 하는 것'이 아니라, 각자의 직장으로 복귀하여 생산을 정상화하도록 한 것이다. 그러나 시장에 대한 통제정책이 곧 시장 자체를 폐쇄시키거나 억제하지는 못한다. 따라서 북한은 시장관리 정책의 일환으로 중앙에서 조직한 "비사회주의 그루빠"를 수차례 장마당에 파견하여 장마당 내 불법적 거래 품목들을 단속하였다. 그리고 불법적인 외화벌이 장사꾼들과 밀수꾼들을 선별적으로 단속하거나 불법적 품목을 팔지 못하도록 하면서, 장마당 시설과 설비를 정비하여 농토산물 위주로 판매가 이루어질 수 있도록 하였다. 즉, 북한의 시장관리 정책은 장마당을 기존의 농민시장과 같은 농토산물 위주의 판매가 이루어지는 시장으로만 규정하려고 한 것이다. 그러나 이와 같은 국가의 시장에 대한 관리·통제정책은 두 측면에서 시장의 성격을 암시장화하게 된다.

　첫째, 계획경제 밖에서 이뤄지는 불법적인 경제활동을 음성적으로 확대시키며 지속시켰다. 시장에 대한 통제정책은 불법적 거래 품목이나 불법적 외화벌이, 밀수꾼에 대한 단속을 강화하는 것으로, 법적인 제재를 가하는 것이었다. 그로 인해 시내 장마당도 활성화되었지만, 장마당 밖의 판매상인들을 통하거나, 타지방으로의 되거리 장사를 나가게 된다. 즉, 불법적인 상행위가 근절되는 것이 아니라 제재를 피하기 위해 망(Network)을 형성하며 광역화하게 되는 특징을 보이는 것이다. 다음의 사례는 금지된 불법적 판매행위가 어떻게 개별적 상행위로 나타나게 되는가를 보여준다.

> 당국에서는 고육지책으로 번번이 시장 판매를 금지시킨다는 방침을 반복적으로 내리는 중이지만, 실효성이 거의 없다. 시장에 물건을 내놓고 직접 판매하는 것이 아니라, '소파 판매합니다'나 '중고 자전거 판매'라는 종이쪽지를 몰래 보여주며 구매자를 직접 찾아 개인 집으로 데려가 거래를 하기 때문에 단속에 잘 걸려들지 않는다. 수요자들 역시 '어디 소파 파는 사람 없소?' 하고 은밀히 안내자에게 약간의 수수료를 주고 개인 판매자를 찾아간다. 이처럼 살 사람이 있는 이상 어떻게든 팔게 되므로, 이 조처가 현실성이 없다는 게 주민들의 중론이다.[48]

둘째, 계획경제 안에서 이뤄지는 불법적인 경제활동이 음성적으로 결합하게 된다. 통제와 단속을 피해 장사를 지속하기 위해서는 국가의 공식 기관, 기업소, 대외무역 관련의 상부 권력층과의 교섭·담합·뇌물 수수 등의 거래를 해야 했고, 이들 국가 관료들은 장사꾼들의 장사 행위를 묵인함으로써 시장에서의 현금 수입을 나눠 갖는다.[49] 이에 장마당은 국가기관과 밀접한 연계하에 확대·지속되었고, 국가의 시장 정책은 그 효과성을 거두지 못하게 된다. 따라서 농민시장의 암시장적 성격은 강화되어 음성적으로 확대되게 된다.

---

[48] (사)좋은벗들, 『오늘의 북한 소식』 2006년 제44호.

[49] "암시장에서 거래되는 공산품은 원칙적으로 국영상점에 배분해 주어야 할 물품들이 불법으로 유출된 것이다. 첫째, 간부들이 특권을 이용하여 국정가격으로 물품을 다량구입한 후 암시장에 넘긴 것, 둘째, 기업소에서 생산한 물품 중 간부에게 상납한 것 중의 일부가 흘러나온 것, 셋째, 국영상점에 물품을 공급하기 전에 상업관리소 근무자들이 빼돌린 것, 넷째, 노동자들이 직장에서 좀도둑질한 것 등이다." 김연철, 『북한의 배급제 위기와 시장개혁 전망』, 삼성경제연구소, 1997, 40~41쪽.

나. 장마당의 상품생산과 그 특징

기존의 농민시장이 국가의 관리·통제정책의 실효성을 거두지 못하면서 암시장적 성격을 갖는 장마당으로 변화한 것을 명확히 알 수 있는 부분은 장마당의 상품생산과 판매과정을 통해서이다. 앞서 북한 농민시장의 형성·발전과정 속에서 시장을 통해 거래되는 참여단위와 생산물들이 농민의 부업생산물과 지방산업 단위 및 8·3인민소비품 단위의 일용품과 소비품, 그리고 가내 부업생산물과 같은 것임을 보았다. 이와 같은 실정에 기초해 장마당을 중심으로 한 상품생산과 판매과정을 고찰해 보면 다음과 같다.

먼저 북한 주민들의 일상생활에 대한 상상력을 발휘해보면, 식량배급이 원활하지 않거나 중단된 조건에서 부족한 식량과 가공산품, 일용소비품, 잡화 등을 시장에서 구매하기 위해서는 현금이 필요할 것이다. 그러나 주어진 임금만으로는 높은 가격의 시장 상품을 구매할 수 없다. 따라서 현금 수입을 위해서 시장판매 제품을 만들어내야 한다. 그러나 북한의 당면한 현실은 판매제품을 생산하기 위한 원료, 자재 및 설비, 기술 등 모든 것이 국가로부터 공급되지 못하는 형편이다. 따라서 장마당을 중심으로 한 상품생산과 판매과정은 불법적 방법의 상품화, 판매의 개별화, 판매물품의 다양화라는 특징을 갖게 된다.

〈그림 2-1〉 북한 장마당의 생산과 판매 경로

제품 생산방식	생산 판매방식	시장 구매물품
· 가내생산 · 공공재산유용 · 밀수 및 외화벌이 · 외부자금 조달	· 장마당 판매 · 되거리 장사 · 소규모 밀거래 · 개인 상업	· 식량 및 가공품 · 일용소비품 및 잡화 · 공산품 등
불법적 상품조달	판매의 개별화	판매물품의 다양화

〈그림 2-1〉을 통해 볼 수 있듯, 시장 거래 상품을 마련하기 위해 돈이 되는 것이면 무엇이든지 팔아야 하는 상황에서 불법적으로 상품을 조달하게 된다. 또한 개개인의 능력과 생산수단 소유여부, 자본 여하에 따라 불법적으로 조달된 상품은 판매방식에서도 개별적 판매와 함께 시장의 안과 밖에서 음성적 판매를 그 특징으로 하게 된다. 더불어 이와 같은 방식으로 시장에 나온 상품들은 그 종류와 품목을 확대시켜 결국 장마당에는 없는 것이 없는 상태가 되는 것이다.

(가) 생산 없는 시장

장마당의 가장 큰 특징은 합법적인 과정을 통한 제품생산과 판매방식이 아니라, 극심한 원·부자재 및 전력·에너지 부족으로 인해 생산이 불가능하기 때문에 불법적인 방법을 통해 상품을 조달하여 판매한다는 점이다. 물론 이전 시기 농민시장에서의 생산제품이 모두 합법적 거래품목으로 합법적 유통경로를 통해서만 거래되었던 것은 아니다. 기존의 농민시장에도 지방 단위의 공장·기업소를 중심으로 원·부자재의 절취, 도용된 제품과 외화벌이를 목적으로 한 소규모 밀수와 수입산품의 거래가 있었다. 그러나 장마당은 1990년대 중반 심각한 경제위기 때문에 보다 더 확대·심화된 형태로 전개된다.

불법적인 방법을 통해 조달된 생산품들이 거래되는 장마당을 형성하게 되는 요인은 그 참가 구성원들이 확대된 것과 관련이 있다. 기존 농민시장의 참여 구성원은 농민과 협동농장원, 도시의 가내수공업자 및 가정부인이 주를 이루었다. 그러나 고난의 행군을 거치면서 장마당은 공업부문의 노동자들과 기타 사무직 종사자들까지 참여하는 등 구성원들이 확대되게 된다. 1990년대 말에 이르러 공장가동이 어려워지면서 생산량의 감소와 함께 작업시간도 감소하게 된다. 노동자들은 공장에 출근하여 사회노동이나 공장 청소와 같은 생산외적 노동에 종사하는 것보다, 시장에 나가 돈을 벌어 임금만으로 살 수 없는 현실을 타개해야 했다. 따라서 장마당의 참여 구성원은 기존의 여성과 부업노동자들이 아닌 공장·기업소 정규 노동자들이었다. 그러나 판매할 상품원천이 없는 이들은 공공재산을 유용하거나 절취하는 등의 방법을 쓰게된다. 중앙단위의 공장·기업소의 노동자들이 시장 상품을 불법적으로 조달하는 방식으로 보면 첫째, 생산실적 자체를 누락시키는 것이다. 생산실적을 축소 보고하여 확보한 생산물을 임의로 판매해서 현금 수입으로 전환시킨다. 둘째, 노동자들이 공장의 생산수단이나 자재를 유용하여 개인적인 이익을 취하는 경우이다. 때로는 공장의 전동기를 시장에 팔아 돈으로 바꾸고 그중 일부를 공장에 납부하고 일부는 식량으로 바꾸어 생계를 유지하기도 한다. 또 공장의 운전기사들이 공장 소유의 차량을 개인적으로 활용하여 현금 수입을 올리기도 한다.[50]

> 계획부문의 공장 노동자들은 뇌물을 제공하는 등의 방법을 통하거나 혹은 상부의 의도적인 묵인 하에 근무시간을 할애하여 일용품 생산 혹은 상거래 행위에 종사하고 있다. (중략) 예를 들어 대안중기계공장의 노동자들의 평균 노임은 60원이지만, 공장 자재로 변압기를 제작하여 팔면 개당 150원을 받는다.[51]

가장 흔한 절도는 공장의 부품을 빼 내파는 경우이다. 전기사정으로 인해 공장이 가동되지 않기 때문에, 처음에는 부품이 도난 되었는지 조차 알지 못

---

50) 양문수, 「북한의 경제위기와 노동환경의 변화 — 기업지배구조를 중심으로」, 양문수 외, 『북한의 노동』, 한울, 2007, 69~70쪽 ; 조정아, 「북한의 작업장 문화와 노동자 정체성 — 노동통제와 작업동의를 중심으로」, 양문수 외, 『북한의 노동』, 한울, 2007, 229쪽.
51) 정세진, 『「계획」에서 시장으로: 북한체제변동의 정치경제』, 한울, 2000, 131쪽.

했다. 점차 가동되지 않는 공장도 보초를 서게 되었는데 이때는 이미 주요 부품이 도난 되고 난 이후였다.[52]

이렇게 조달된 상품은 불법적으로 개별판매된다. 가내 수공업을 하는 이들에게 기계를 통째로 내다 팔거나 기업 간 불법적 거래를 통해 부분부품을 판매거나 기타 시장의 개인상업자들에게 파는 것이다. 이처럼 북한에서는 주민들이 필요로 하는 완성된 형태의 공산품 및 소비품이 시장에 나오는 것이 아니다. 돈이 되는 것이면 무엇이든 팔아야만 했고, 팔기 위한 제품을 생산할 수 없는 조건에서 조달방법은 불법적이었다. 이것은 북한 장마당의 특징 중 하나로 "생산 없는 시장"을 형성하면서, 국가의 공식경제를 침식시키는 요인이 된다. 또한 북한은 자재와 원료 조달 자체를 못하고 있음에도 불구하고, 기업소 규모를 축소하거나 확대할 수 없었고, 노동자들은 직장이나 공장을 옮길 수 없었다.

> 공장 내에서 직장을 옮긴다든가, 공장을 옮긴다든가 이런 게 어렵다. 노동자가 다른 공장으로 가려면 노동행정 옮기고, 당행정 옮기고, 조직행정도 거쳐야 한다. 보통 한두 달이 걸려야 간다. 갈 수 있는 경우는 여러 가지 다르겠지만, 갈 곳에서 받겠다는 의사가 있어야 한다.[53]

조건과 상황은 변화하였는데, 주동적으로 상황을 타개해 나갈 권한이 없었기 때문에, 뇌물과 뒷거래, 담합의 방식이 통용되면서 적당한 범주에서 묵인될 뿐이었다.[54] 이에 시장의 참여 방법은 불법성을 더

---

[52] 북한 주민의 범죄와 일탈에 대해 서술한 이 문헌은 대부분의 북한 사람들이 이와 같은 행위를 "먹고살기 위한 어쩔 수 없는 상황 때문"으로 인식하기 때문에 범죄의식이 없다는 것이 특징이라 하였다. 고성호, 「북한주민의 범죄와 일탈」, 『1990년대 이후 북한사회 변화』, 한국방송공사, 2005, 127~128쪽.
[53] 이동명, 「북한 기업의 작업조직」, 양문수 외, 『북한의 노동』, 한울, 2007, 171쪽.

욱 가중시키고, 시장의 성격을 암시장화하게 만들었다.

(나) 수입품의 비중이 높은 시장

다른 한편으로 장마당의 주요 상품으로 중국산 및 수입제품이 광범위하게 등장하게 되었다. 이는 지방 단위의 공장·기업소들의 외화벌이 사업이 이어진 결과이기도 하고, 나아가 지방 공장·기업소의 가동 중단으로 자재와 원료 조달이 힘들어져 자체 생산물을 생산해 낼 수 없는 상황과도 연결되어 있다. 1990년대 이전 시기에는 지방 공장·기업소들이 불법적이나마 자체로 원료와 자재를 조달하여 생산을 유지해왔다.55) 그러나 중앙 단위 공장·기업소마저 생산가동이 멈춰 서자, 지방이 자체적으로 지방공장·기업소의 원자재를 조달하기에는 한계상황에 부닥친 것이다. 이와 같은 연계상황을 보다 쉽게 이해하기 위해 다소 길지만 탈북자 전언을 재인용해 보면 다음과 같다.

> 원자재 조달에 있어서 지방에서 자력갱생 가능성이 큰 것은 가구공장, 과일가공공장이다. 반면 화학부문, 기계부문, 금속부문은 중앙에 대한 의존도가 높을 수밖에 없다. 예를 들어 철제일용품공장, 주물공장은 100% 중앙공업에서 받아야 한다. 수출피복공장은 천을 중앙에서 받아야 하니까 중앙의 존도가 높다. 제지 같은 경우 지방산업 공장들의 원료는 다 지방에서 충당한

---

54) 이석기는 기업 간 내부거래형태를 이익추구형과 생존추구형으로 구분하고, 북한의 1990년대 경제위기가 파생시킨 북한의 기업 간, 기업 내 내부거래행위와 행위방식을 연구한 바 있다. 이석기, 「북한의 1990년대 경제위기와 기업 행태의 변화」, 서울대 대학원 경제학박사학위논문, 2003.

55) "규정에 따르면 상부기관에서 아래 단위에게 자재를 보장해 주어야 한다. 그런데 실제로는 자력갱생하라고 한다. 그래서 우리 공장 자재인수원들이 들쭉술이나 당면과 같은 혜산 특산물이나 중국 담배 등을 구해서 김책제철소나 다른 기업소에 바치고 자재를 얻어온다." 양문수·김갑식, 「자립적 지방경제: 역사적 개관과 평가」, 147~148쪽.

다. 옥수수 껍질 같은 것을 원료로 쓸 수 있다. 그런데 가성소다, 표백제는 중앙공업에서 받아야 한다. 즉 이런 경우, 기본 주원료는 지방의 것으로 쓰지만 가성소다, 표백제, 피대, 전동기 등은 중앙에서 공급받아야 하는 것이다. 식료공장 같은 경우도 곡산공장 자체가 중앙공업에 의존하니까 최종적으로 중앙공업이 돌아가야 한다. 설탕도 무역이고, 밀가루도 100% 수입 밀가루를 쓴다. 그리고 된장, 간장을 발효시키려면 화학공장에서 가성소다, 염산을 들여와야 한다.56)

따라서 기존의 농민시장과 달리 장마당에서 지방 산업공장들은 자체의 생산품을 불법이던 비공식이던 생산, 판매할 상품의 원천을 구할 수 없는 상황이었다. 이들의 영역은 자연스럽게 외화벌이를 목적으로 한 수출원천을 장마당으로 빼돌려 판매하거나, 밀수 등의 불법적 판로를 통해 수입품을 장마당에 내놓고 판매하는 것으로 확장되면서, 수입을 창출하게 된다.

> 식량난이 심각해지면서 인민들은 수출 원천을 야매(암거래)로 돌리는데 혈안이었다. 내가 만약 고사리 10kg를 채취했다고 하자. 그러면 나라에 외화벌이 사업시키는 것보다 밀수 쪽으로 넘기는 것이 더 이익이 될 수 있다. 예를 들어 마른 고사리 1kg를 무역국에 바치면 설탕을 5kg을 받는다고 하자. 그러면 그 5kg을 장마당에 갖다 팔면 100원 정도를 받을 수 있다. 그런데 이 고사리를 혜산에서 밀수하는 사람에게 가져가 팔면 예컨대 350원을 받는 것이다. 돈 더 많이 주는데 바치는 것은 당연하지 않은가.57)

위와 같이 변경도시를 중심으로 한 밀수와 수입은 장마당에서의 거래품목을 다양하게 확대시키고, 없는 것이 없는 시장을 형성하게 되었

---

56) 양문수·김갑식, 「자립적 지방경제: 역사적 개관과 평가」, 143쪽.
57) 양문수, 「1990년대 경제위기와 지방경제 운영체계의 변화」, 최완규 엮음, 『북한 도시의 위기와 변화—1990년대 청진, 신의주, 혜산』, 한울, 2006, 96~97쪽.

다. 이는 '생산 없는 시장'에 이은 '수입품의 절대적 비중 높은 시장'이란 또 다른 시장의 성격을 갖게 한다. 다음의 〈표 2-9〉를 살펴보면, 북한 장마당은 거래품목에 있어서 양곡, 식료품, 과일, 공산품 및 일용잡화 등 모든 품목을 다 취급하고 있음을 알 수 있다. 생산이 없는 시장임에도 불구하고 시장의 거래품목이 이처럼 다양한 이유는 바로 취급물품들이 수입품들이기 때문이다. 따라서 〈표 2-9〉에서 볼 수 있듯, 북한 자체 생산품은 농업부문에서 이루어지는 텃밭경리와 부업활동을 통한 농부산물, 즉 채소와 과일류 등일 뿐이다. 그리고 그 외 대부분의 상품은 중국으로부터 불법적으로 유입된 것들이며, 양곡은 남한으로부터 받은 구호식량, 공산품은 일부분이 일본제품으로 이루어져 있음을 알 수 있다.

〈표 2-9〉 1990년대 후반 북한 장마당의 거래 물품과 수입품 현황

구 분	품 목	생 산 지
양곡류	· 쌀, 옥수수, 밀가루	· 중국산, 남한쌀, UN구호식량
식료품류	· 배추, 무, 소채류, 육류(돼지고기)	· 북한산
	· 마늘, 계란 등	· 중국산
과일, 당류	· 바나나, 파인애플, 수박, 배 등	· 중국산
	· 사과, 배 등	· 북한산
	· 사탕가루 등	· 중국산
공산품류	· 의류, 양말, 혁띠, 내의류 · 텔레비, 비디오, 냉동기, 녹음기, 시계, 금반지, 목걸이 등	· 중국산 (부분적으로 한국, 일본산)
	· 자전거	· 일제 중고품, 대만제 포함
일용잡화	· 화장품, 종이, 플라스틱, 그릇, 담배, 전지, 라이터, 볼펜, 약 등	· 중국산

※ 자료: 박민정, 「1990년대 북한의 '고난의 행군'과 '농민시장' 변화 연구」, 경남대 북한대학원 석사학위논문, 2004, 58~60쪽 재정리.

결과적으로 북한의 장마당은 국가가 관리·통제정책을 펼치면서 노동력을 고착시키고, 공장·기업소의 생산을 정상화하려고 하였지만, 이에 반해 역으로 불법화·음성화되면서 시장의 규모를 확대하였다. 2000년 중국에 체류 중인 북한 난민들을 대상으로 조사한 보고에 따르면, 북한에서 장사로 생계를 유지하는 세대는 90% 이상이라고 응답한 비율이 48.9%였고, 80% 이상이라고 응답한 비율은 79.5%였다. 또한 장사의 경험에 대해서는 92.5%가 장사경험이 있다고 응답하였다. 장사품목은 61.2%가 식품 장사였고, 13.5%가 옷장사였다. 이와 같이 북한 대부분의 가정이 장사를 통해 생계를 유지하고 있음을 알 수 있다.[58]

북한은 시장을 중심으로 한 불법적 생산－소비－유통이 광범위하게 이루어지고 있는 현실에 따라 시장을 공식화하게 된다. 즉, 시장을 공식체계 안으로 포함시키면서 상품유통질서를 바로 잡고, 이로 인한 생산 증대를 모색하게 된다. 그리고 이것은 북한의 7·1조치와 시장의 공식화로 나타났다. 그러나 시장의 공식화는 시장에 대한 또 다른 정책이 아니라 기존의 시장을 합법화시켰다는 의미를 갖는다.

(3) 종합시장의 장마당적 성격의 온존

북한은 장마당이라고 하는 새로운 과정을 겪으면서 2002년 말 사회주의물자교류시장을 공식화하고, 2003년 3월 종합시장을 공식화한다. 이로써 북한의 공식화된 시장은 생산재 유통시장으로서 수입물자교류시장과 국내사회주의 물자교류시장, 그리고 소비품시장으로서의 종합시장, 이렇게 세 측면으로 형성된다. 이에 따라 기존의 계획적 공급체계를 '시장'을 중심으로 한 상품유통체계로 변화시키게 된다. 먼저 각

---

[58] (사)좋은벗들 엮음, 『북한사회 무엇이 변하고 있는가』, 정토출판, 2001, 42~46쪽.

각의 시장에 대한 규정 내용을 보면 다음과 같다.

가. 생산재와 소비재의 종합시장

(가) 사회주의물자교류시장과 생산재 시장

이미 제한적 가치법칙론을 넘어 사회주의체제 내에도 상품과 유통질서가 있을 수 있다는 북한의 논리는 시장의 도입과 활용을 이론적으로 뒷받침해 주었다.[59] 이에 따라 시급하게 등장한 것이 사회주의물자교류시장이다. 사회주의물자교류시장은 공장·기업소들 사이에 여유가 있거나 부족한 일부 원료, 자재, 부속품 같은 것을 서로 유무상통하는 방법으로 해결하는 물자공급의 보충적 형태이다.[60] 사회주의시장이 없어진 조건에서 상호 연관된 보장 기업소들이 서로 유무상통할 수 있는 제도를 세우는 것이 절실한 요구로 제기되자 2001년 10월 3일 김정일의 지시로 설립되었다. 사회주의물자교류시장은 크게 ① 국내의 공장·기업소에서 생산된 원료, 자재를 공장·기업소끼리 교류하는 사회주의물자교류시장과 ② 수입된 원료, 자재를 교류하는 수입물자교류시장으로 나누어진다. 사회주의물자교류시장은 합리적 조직운영을 위해 ① 교류물자의 종류와 범위를 정확히 규정하고, ② 생산물의 30%를 쓰도록 권한 범위를 설정했다.[61] 또한 물자의 현물 교환 비율을 어떻

---

[59] 중국은 1984년에 이르면 '사회주의상품경제론'을 공식적인 사회주의 상업이론의 한 부분으로 정식화한다. 북한은 시장 도입에 관하여 "시장도 상품유통의 한 형태"로 시장에 대한 관점과 인식을 바꾸었음을 언술한 바 있고, 장마당을 시장으로 고친 조치에 대해 "시장사회주의"라고 언급하거나, 기존의 상품화폐이론을 설명할 수 없는 현상들 때문에 교과서를 수정하고 있다고 밝혀 향후 북한식 상품경제와 시장사회주의가 어떤 이론적 정식화를 하게 될지 주목된다. 『조선신보』, 2003년 6월 16일 ; 『연합뉴스』, 2003년 11월 6일.

[60] 리동구, 「사회주의물자교류시장은 계획적물자공급의 보충적형태」, 『김일성종합대학학보(철학·경제학)』 2004년 4호.

게 정하는가의 문제는 공장·기업소들 사이에 직접 합의를 통하여 정하는 것으로 하였다.

수입물자교류시장은 무역성 산하 중앙수입물자교류총회사가 중국 기업과 합작으로 운영하면서 각 공장·기업소에 필요한 물자를 수입해와 수입물자교류시장을 통해 각 공장·기업소에서 구매하도록 한다. 또한 수입물자교류시장에서 판매되는 수입물자는 건자재, 강재, 페인트, 농기계, 플라스틱 제품, 고무제품, 비료, 기계 부속품 등으로 각급 공장·기업소의 가동에 필요한 원료와 자재, 기계제품류들이다. 이에 북한의 공장·기업소 관계자들은 수입물자교류시장에서 물품을 직접 구입하기도 할 뿐 아니라 타 공장·기업소에 필요한 원·부자재를 상대방에게 주문을 하기도 하며, 수입물자교류시장을 통해 수입된 물자를 공장끼리 현물교환하기도 한다.

수입물자교류시장의 물품 가격은 현지에서 직접 수입하는 것보다 다소 낮은 가격으로 책정되어 현금, 은행이체를 통한 결제 이외에도 물물교환을 할 수 있다. 현재 중앙수입물자교류총회사를 통해 평양 본보기 시장을 설립한 수입물자교류시장은 원산, 흥남, 청진, 남포 등 각 도의 중심도시에 지방수입물자교류시장를 설립해 운영하고 있는 중이다. 그러나 북한의 경우에는 극심한 원료와 전력 부족 등 에너지난의 타개 없이는 물자교류시장에서 유통되는 물자들 역시 수입물자교류시장에 의존할 수밖에 없다. 그리고 시장가격보다 낮은 가격으로 거래되고, 현금·현물교환방식을 사용하는 물자교류시장은 시장 밖에서 수입물자들을 높은 가격으로 거래하는 암시장과 공존할 가능성이 매우 높다. 즉, 물자교류시장은 생산재 시장으로서 공장·기업소의 원자재,

---

61) 『조선신보』, 2003년 12월 22일.

부자재의 구매 및 판매가 이루어지는 시장이다. 그리고 물자교류시장의 존재는 공장·기업소의 상품생산을 증대시키게 된다. 반면 생산재 시장 성격을 갖는 물자교류시장의 존재는 소비재 시장을 필요로 한다. 공장·기업소의 완성제품을 판매할 소비재 시장이 존재해야 공장·기업소들은 제품판매를 통해 현금수익을 창출하고, 현금이윤이 확보되어야 물자교류시장을 더욱 활용하면서 공장 생산력을 높일 수 있기 때문이다. 이에 따라 북한은 종합적인 소비재 시장으로서 종합시장을 공식화하게 된다.

(나) 소비재 중심의 종합시장

북한은 2003년 3월 기존의 농민시장을 '종합시장'이란 이름으로 명칭을 바꾸고 평양시 낙랑구역 통일거리에 현대식 '통일거리시장'을 열었다.[62] 물자교류시장과 함께 소비품을 중심으로 한 종합적인 시장은 도·시·군 단위의 장마당이 그대로 합법적 지위를 부여받으면서 '종합시장'이 된 것이다.[63]

---

[62] 김정일 국방위원장은 2003년 3월 9일 "시장을 장려하고 사회주의 경제관리와 인민생활에 효과적으로 이용하라는 지시"를 내렸다. 이에 따라 북한은 2003년 5월 5일 내각 결정 제27호 '시장관리 운영규정 채택에 대하여'를 채택하였고, 2003년 8월 평양에서 최초로 통일거리시장이 영업을 개시하였다. 『민족 21』 2003년 8월호.

[63] 7·1조치와 종합시장의 관계를 구분하여 7·1조치 실패의 결과로 종합시장이 도입되었다는 주장이 있다. 대표적으로 신지호는 7·1조치의 목적을 비공식 시장의 통제와 이를 공식부문에서 흡수하기 위한 제반 개혁조치들로 해석하였다. 그리고 그는 2003년 10월 핵문제로 인해 7·1조치와 함께 발표된 특구 정책이 외부 자본 유입에 실패하여, 이에 따른 후속 조치의 불가피성으로 개혁과 파행, 그리고 거듭된 개혁후속 조치가 이어진 연장선상에서 시장이 도입되었다고 보았다. 신석호 또한 경제상황이 나빠지고 주민들의 원성이 높아지자 2002년 겨울을 지내면서 시장을 수용할 수밖에 없었던 것으로 보았다. 반면 박순성은 북한의 시장기구에 대한 입장 변화를 강조하며 '체제보완적'요소로 상정하는바, 7·1조치의 실패여부와 관계없이 후속조처는 예견되었던 것이라 평가한

북한 규정에 따르면 종합시장의 설립기준은 시·군 관련 주민 수에 따라 3~4만 명은 600석, 4~6만 명은 900석, 5~7만 명은 1,200석, 그 이상은 2,000석 정도의 규모로 설립한다. 시장의 설치와 폐지는 상업부가 승인하고, 구체적 관리는 지방 도·시·군 인민위원회가 담당하도록 명시되었다.[64] 이에 따라 평양의 통일거리시장은 전국의 본보기 시장으로 개설되었고, 함북 회령과 라선시·김책시에 3~5천 평방미터 규모의 구역급 시장이 2004년 7~8월경부터 조성되었으며, 함북 청진시와 같은 경우는 2004년 10월 말 생겨나 11월부터 입주를 시작했다.[65]

종합시장에 대한 북한의 공식적 입장은 "시장을 통제의 대상으로 보지 않고 사회주의 상품유통의 일환"으로 인정하고, "농산물만이 아니라 각종 공업제품도 거래되는 종합적인 소비품 시장"이라는 것이다.[66] 그럼에도 불구하고 북한은 종합시장이 기존의 국영상업망을 대체하는 것으로는 보지 않고 있다. 즉, "국영상점과 시장은 대치되는 것이 아니라 서로 보완하는 관계"로 설정되고 있는 것이다.[67] 따라서 종합시장은 국영상업망과 함께 공존하며 공급과 유통의 이중체계를 형성하게 된다. 그리고 기존에 ① 노천에서 장마당 형태로 운영되던 농민시장과는 달리 종합시장은 전용 건물에서 상설적으로 운영되며, ② 농산물 이외에도 공산품까지 상품의 거래가 허용되고, ③ 개인은 물론 협동농장과 공장·기업소도 상품을 팔 수 있게 되었다.

다. 신지호, 「7·1 조치 이후의 북한경제」, 『KDI 북한경제리뷰』, 2003년 7월 ; 박순성, 『북한의 경제개혁』, 경남대 북한대학원 전문가 워크숍 자료집(2003. 8) ; 신석호, 「북한의 경제 개혁에 관한 연구―7·1 경제관리 개선조치와 종합시장 도입을 중심으로」, 경남대 북한대학원 석사학위논문, 2004.

[64] 『연합뉴스』, 2004년 11월 27일 ; 『조선신보』, 2004년 10월 21일.
[65] 『The Daily NK』, 2004년 12월 8일.
[66] 『조선신보』, 2003년 4월 1일 ; 『조선중앙통신』, 2003년 6월 10일.
[67] 『연합뉴스』, 2003년 6월 28일.

종합시장은 또한 국영기업소, 협동단체, 개별적 주민들로부터 '시장 사용료'를 징수하며, 시장에서 상품을 파는 단위는 별도로 자기 소득에 따른 '국가납부금'을 바쳐야 한다. 국영기업소에 속하는 종합시장 자체도 시장 수익에서 국가납부금을 바친다.[68] 그리고 이 과정에서 2004년 4월부터는 시장 내에 '도매반'을 독자적으로 설치하여 운영하고 있다.[69] 도매반 설치의 목적은 시장 전반의 상품가격을 조정하는 데 목적을 둔 것으로, 각 매대의 매상 상황을 요해하고 이에 따라 적절한 시장사용료와 국가납부금을 산출하는 역할을 한다. 즉, 도매반의 운영을 통해 수요와 공급에 따른 시장가격을 산출하고, 이를 국정가격과 비교하여 그 차이를 조절하려는 것이다. 그러나 이상의 내용은 종합시장과 장마당의 차이가 전용 건물에서 상설적으로 운영되며, 장세를 걷는 것에 불과함을 보여준다. 즉, 종합시장은 기존의 장마당을 재정비함으로써, 조직되고 정돈된 시장의 양태를 지향한 것이다.

나. 종합시장의 상품생산과 그 특징

북한의 시장은 이전의 장마당을 전용공간에 상설화했다는 점 외에 형태상의 변화를 가져온 것은 아니다. 그러나 북한은 시장을 공식화함으로써 북한의 공급체계를 상품유통체계로 변화시킨다. 기존의 국영상점망-봉사망을 통해 소비품이 공급되는 체계가 시장을 통한 판매-구매의 유통체계로 변화한 것이다. 따라서 시장이 계획체계와 공존하면서 제 기능을 하기 위해서는 첫째, 시장의 형태상 변화는 없지만 7·1 조치와 함께 공식화한 시장은 내용적으로 장마당의 암시장적 성격을

---

[68] 『조선신보』, 2003년 12월 22일.
[69] 『조선신보』, 2004년 9월 7일.

탈피하여야 한다. 둘째, 시장이 생산적 기능을 담당하면서 상품생산의 증가와 소득의 증가로 나타나야 한다. 셋째, 그리고 이 과정을 통해 시장이 계획체계를 수평적으로 대체해 나가야 한다. 이에 종합시장의 상품생산과 그 특징을 통해 북한 종합시장의 성격을 보기로 한다.

(가) 공급부족과 암시장적 성격의 온존

북한의 종합시장은 7·1조치라는 개혁안과 연계되어 공식화한 것으로 7·1조치를 통한 제반 산업부문의 정상적 생산 확대와 함께 기능할 때 이전 시기 장마당의 암시장적 성격을 극복할 수 있다. 북한이 7·1조치를 통해 임금, 물가의 전반적 가격 상승 조치를 단행한 배경에는 '물자교류'의 통로인 '공식 시장'의 설정이 있었다. 국가가 보장, 공급해주는 경로를 따라 정해진 수량만큼의 생산물을 생산해 내는 계획적 생산방식은 국가가 보장해 줄 수도, 공급해 줄 수도 없는 상황에서 계획적 생산을 불가능하게 했다. 그리고 이는 정해진 경로를 이탈하는 파행을 낳았다. 따라서 국가가 보장과 공급을 하지 못하는 대신 공장·기업소의 이탈경로를 일정 범위에서 허용함으로써 계획적 생산을 보장할 것을 요구한 것이었다. 이것이 사회주의물자교류시장 및 국내사회주의시장을 도입한 이유이다. 따라서 시장을 통해 원부자재 및 필요한 물자를 자유롭게 사고팔아 공장·기업소의 기본생산을 정상화시키고자 하였다. 그러나 7·1조치 이후 공장·기업소가 감가상각금 초과 이윤을 자체적인 재투자 재원으로 사용하고, 물자교류시장을 통해 원·부자재를 사고 파는 등 기업의 자율성이 증대되었지만, 자금·원자재 부족 등의 만성적 전력난은 그 효과를 크게 증대시키지 못했다. 뿐만 아니라 전력난의 심화와 함께 외부적 영향으로 대외관계의 악화, 개방조치의 실패 등은 더욱 공급의 출로를 막히게 하였다.

농업생산에서도 마찬가지였다. 북한은 대규모 토지정리사업이 마무리된 후 국가적으로 '물길공사'를 벌이며 수리화 문제를 해결하고, 도별 농업생산의 전문화 방향에서 도별·지대별 특성에 맞는 작물선택권을 부여하여 증산하려고 하였다. 그러나 농업생산 증대를 위한 물질적 유인은 작고, 여전히 비료·종자·물·전기·기계 등 농작물 수확에 결정적 영향을 미치는 원료 공급은 해결되지 못하였다. 따라서 공장·기업소의 생산이 정상화되지 못하고, 농업생산에서 결정적인 증산정책이 도입되지 않는 현실은 7·1조치를 통한 전반 물가와 가격개혁 사업을 무력화시키면서 가격상승을 고조시키게 된다.

〈표 2-10〉 북한의 7·1조치 이후 쌀값 인상추이[70]

쌀 키로당 공식가격		출 처
쌀 국정가격	44원	『Keys』 2002. 10월호
쌀 국정가격	151원	『조선일보』, 2002. 11. 20
쌀 국정가격	220원	『세계일보』, 2003. 2. 27
쌀 통일시장가격	240원	『도쿄신문』, 2004. 6. 16
쌀 통일시장가격	500원	『연합뉴스』, 2004. 8. 15
쌀 통일시장가격	420원	『중앙일보』, 2004. 11
쌀 통일시장가격	700원	『중앙일보』, 2005. 2. 21

특히 북한의 시장가격은 부족한 식량으로 인해 중국 등 외부에서 들어오는 수입 쌀 가격에 따라 좌우되며, 그 밖의 인도적 대북지원 등의 공급량, 시기에 따라 쌀값의 고저가 정해지게 된다.[71]

---

[70] 주요 일간지를 중심으로 재구성했으나, 실제 비공식가격 인플레는 더욱 높은 것으로 전해진다. 또한 공식 가격인상만 보아도 7·1조치 이후 2년 만에 12배 이상의 인상폭을 보여준다.

[71] 중국 현지의 쌀값이 1kg에 2원에서 3원으로 인상되면 북한 돈은 상대적으로 그

함경북도 지역에서 쌀은 주로 온성, 회령에서 청진, 라진으로 유통되고 있다. 온성, 회령지역이 청진, 라진 지역보다 20~50원가량 저렴하기 때문이다. 이렇게 넘어가는 양곡량은 하루 약 5~6톤에 달한다. 낱알 장사꾼(쌀, 옥수수 등 식량 장사꾼)들은 청진, 라진에 양곡을 파는 대신 공업품을 사들인다. 이렇다보니 공업품 가격은 양곡 가격에 영향을 받게 된다. 양곡 가격이 비싸지면 공업품 가격도 그만큼 비싸지는 것이다. 특히 옥수수 가격이 공업품 가격에 더 민감한 영향을 미친다. 쌀보다 옥수수의 유통량이 많기 때문이다.[72]

따라서 국가가 시장을 도입한 만큼 쌀값을 안정시키는 것은 무엇보다 급선무이며, 이를 위해서는 절대적인 식량의 공급이 필요하다. 그러나 현재까지 북한의 식량 생산과 공급은 부족하다. 그로 인해 기본적인 식량의 절대부족과 쌀값의 지속적 가격상승이 전반 경제의 물가상승을 주도하며 7·1조치를 통해서 개혁한 가격과 임금, 물가의 조정폭을 크게 상회하게 되었다. 따라서 북한은 시장 내 상품에 대해 최고 상한제를 실시하고, 시장 내 도매반을 통해 가격안정을 추구하였지만, 실제 국가는 물가와 가격의 통제력을 상실하게 된다. 여기에 북한은 식량배급제[73]를 폐지한 것은 아니면서도, 정상적이고 규칙적인 배급을 보장하지 못하고 있다. 북한의 식량배급제는 지역적 편차를 보이

만큼 평가절하되어 중국 수입쌀 가격이 인상된다. 이에 따라 중국쌀이 수입되어 들어오는 국경변에서는 쌀값이 70~80% 인상되는 반면 해주와 평양은 외부에서 지원된 쌀이거나 자체 생산된 쌀이라서 환율인상이나 중국쌀값에 크게 영향을 받지 않는다. 이와 같은 지역별 가격차이는 되거리 장사꾼들을 더욱 활발하게 움직이게 한다.

[72] (사)좋은벗들, 『오늘의 북한 소식』 2006년 제19호.
[73] 북한의 배급은 9급으로 나누어져 있다. 그리고 나이별, 직업별로 1일 1명에게 배당되는 곡류의 양이 정해진다. 9급은 100g-갓난아이, 8급은 200g-2~4세 유아·죄수, 7급은 300g-유치원생·연로보장·가정부인 및 부양가족, 6급은 400g-인민학생, 5급은 500g-중학생, 4급은 600g-대학생·공로자, 3급은 700g-일반 노동자, 2급은 800g-탄광이나 광산의 갱내외 운반공과 중노동 종사자이다. (사)좋은벗들, 『북한사람들이 말하는 북한이야기』, 정토출판, 2000, 66~67쪽.

며, 기업소 단위마다 차이를 노정하고 있다. 즉, 7·1조치 이후 소토지 경작을 하는 개인이나 공장에 출근하지 않는 노동자, 가동되지 않는 기업소 단위들에는 배급을 주지 않고 있다. 그리고 각 기업소마다 차이는 있지만 1개월 단위로 각 15일, 10일, 5일, 3일 정도의 분량이 차등적으로 배급되고 있는 현실이다.[74] 차등적이나 간간이 배급되는 양곡은 합법화된 시장에서 높은 가격으로 거래된다. 국정가격으로 받은 양곡을 시장에 비싸게 내다 팔고, 그 돈으로 싸고 양이 많은 양곡과 다른 소비품을 구매를 하는 것이다. 식량의 안정적 수급이 보장되지 못하는 현실은 시장이 공식화되었을 때나 그렇지 않았을 때나 북한 주민의 시장 활동에 큰 변화를 주지 못한다. 상품생산을 통한 현금 수입의 확대가 주민의 소득증가로 이어지지 않는다는 것이다. 따라서 여전히 시장은 주민들의 생계유지를 위한 터전으로 존재하게 된다. 이에 북한의 종합시장은 기존 장마당의 불법적이고 암시장적 성격을 그대로 온존 시킬 뿐 아니라, 농업부문에서 소작농의 출현, 상업부문에서 고용주와 피고용인의 계약 관계 등의 개인노동을 강화하고, 가내 사적 생산과 개인상업 등의 파편적이고 분절적 상행위들이 종합시장과 별개로 또다시 형성하게 한다.

(나) 합법과 불법의 혼재 양상

북한은 조직되고 정돈한 형태의 종합시장 운영을 위하여 4개 항의 규제사항을 제시한다. 첫째, 최고가격을 제한하는 가격통제를 실시해 물가를 임의로 인상하는 것을 엄금한다. 둘째, 시장 밖에서 거래를 금지한다. 셋째, 자동차 등 대형 수송수단을 통한 원거리 객지판매를 엄금한다. 넷째, 판매상품을 생활용품 등에 국한시키고 국가가 통일적으

---

[74] (사)좋은벗들, 『오늘의 북한, 북한의 내일』, 정토출판, 2006, 14~27쪽.

로 관리하는 상품 및 생산수단의 판매에 대해서는 불허한다. 이에 따라 무역회사의 경우는 시장경영에 참여하지 못하고 국영상점을 통해서만 상품을 판매하도록 제한했다.75) 이와 같은 규제사항은 기존의 장마당을 가격, 장소(범위), 거래품목의 세 측면을 규제한 것으로서, 이를 통해 장마당의 불법성을 제거하려고 하였다. 그러나 앞서 가격의 통제권을 상실한 북한 당국은 시장의 거래품목과 거래방식에 대한 효과적 통제가 가능하지 못했다. 따라서 종합시장은 합법과 불법의 경계가 모호해지는 또 다른 특징을 형성하게 된다.

먼저 거래 품목의 합법성과 불법성의 혼란 형태를 보면 다음과 같다. 북한은 종합시장의 운영방침에 따라 시장운영76) 및 거래 품목에 대한 금지 조치를 가지고 있다.77) 시장 금지 품목은 수입품과 국가공급물품이며, 돼지고기와 같은 식품류는 식품 안전을 고려해 수매상점에서만 취급하도록 하고 있다.78) 그러나 앞서 보았듯이 종합시장 거래품목은 중국산을 비롯한 수입품이 대부분인 상태였다. 또한 국가가 강력하

---

75) 『흑룡강신문』, 2004년 10월 31일.
76) 시장운영방침은 계절에 따라 시장의 운영 시간이 달라지는데, 해가 짧은 겨울(11~3월)에는 오후 1시에 시장을 열어 6시경에 끝나지만 여름철(4~10월)에는 2시간 더 연장된 저녁 8시까지 운영된다. 단 매주 일요일과 명절 대목, 매월 1일, 11일, 21일, 그리고 농장원 휴식일에는 오전 10시부터 오후 8시까지 종일 열린다. 그러나 농촌 총동원 기간처럼 농촌 전투로 총비상이 걸리는 시기에는 오후 4시부터 6시까지 제한 운영된다. 매주 월요일은 휴무이다.
77) 2006년 10월 현재 시장거래 금지 물품은 다음과 같다. ① 군용물품이 최우선 제한 물품이다. ② 각 기업소나 공장에서 뜯어온 생산용 기계설비나 자재, 원료 등도 금지 물품이다. ③ 가정살림살이로는 가구, 침대, 침대시트, 소파를 비롯해 냉장고, TV, 녹음기, 비디오, 컴퓨터용 CD, 선풍기, 가스통이 금지 물품이다. ④ 식료품으로는 수입산 과일류, 수입산 과자, 돼지고기, 개인이 만든 밀주, 맥주 등이 거래 금지 품목이고 ⑤ 남한과 미국산 상품들도 다시 한번 거래 금지품목으로 강조하였다. (사)좋은벗들, 『오늘의 북한 소식』 2006년 제44호.
78) (사)좋은벗들, 『오늘의 북한 소식』 2006년 제28호 ; 2006년 제29호.

게 규제하고 있는 물자는 국가적으로 필요한 물자이기도 하지만, 개별 주민들에게도 절대적으로 필요한 물품인 예가 많다. 예를 들어 비료 같은 것이 대표적이다. 한국을 비롯한 외부에서 지원된 비료는 일단 각 도·시·군 경영위원회에서 접수한 다음, 각 리의 농장관리위원회에 골고루 배분하도록 하고 있다. 그러나 관리위원회 직원들과 작업반장, 분조장 등 비료분배 책임자들이 불법으로 비료를 빼돌려 시장에 '야매가격'(북한식 표현)으로 파는 일이 종종 발생하고 있다. 워낙 비료를 찾는 사람이 많고 돈벌이가 잘되는 인기 품목이라 비료의 불법유통 행위가 수그러들지 않고 있는 것이다.

둘째, 시장을 공식화하면서 도·시·군 단위의 시장을 재정비하고, 규칙적이고 배열 있게 운영하겠다는 당국의 의도는 시장 내 판매만을 허용하며, 타 지방으로의 되거리 장사를 금지하는 것으로 나타난다. 시장판매를 허용한 대신 시장 밖의 암거래나 타지방과의 불법적 교역 거래는 금지하겠다는 것이다. 그러나 주민들이 생계가 일차적으로 보장받지 못하고 있는 조건에서 양곡 및 채소류는 절대적으로 필요한 물품이다. 반면 쌀과 같은 농부산물의 가격은 계절에 따라, 지역에 따라, 규제의 완급 정도에 따라 지역별로 가격 차이가 존재하게 된다. 가격 차이에 민감한 장사꾼들은 이윤확대를 위해 지역을 이동하며 되거리 장사를 더욱 활발히 전개한다. 또한 시장 거래 물품의 다수가 수입품으로 대체되고 있는 현실은 수입품의 반입이 유리한 국경과 잇닿은 도시로부터 내륙으로 보급되는 형태를 띠게 된다. 예를 들어 원산은 일제 중고 소비품이 들어오는 시장이고, 신의주는 국가의 공식적인 중국 물품 반입 장소이며, 나진 선봉의 특구는 그 밖의 중국 물품이 함경북도 지역의 청진이나 그 밖의 도시로 반입되는 장소로서의 특징을 지닌다. 따라서 이와 같은 수입품의 국내 반입 경로를 따라 되거리 장사꾼들은 이동하며 지방과 지방의 연계 장사를 더욱 활발하게 만든다.

셋째, 북한은 시장거래품목과 거래방식에 대한 규제 조치가 일관되지는 않은 듯하다. 일단 양곡판매와 이에 대한 규제 조치가 일관되지 않다. 식량 배급이 중단된 것은 아니지만, 일정한 양의 규칙적 배급이 전개되고 있는 형편이 아니기 때문에 식량 배급 상황에 따라 시장의 곡물 및 양곡판매는 강력한 규제의 대상이 되기도 하였다가, 완화되었다가 하는 양상을 반복적으로 보인다. 또한 쌀 거래 방식에 대한 판매 단속이 지역에 따라 다르게 나타나고 있다. 예를 들어 함경북도 청진의 경우 수남시장은 단속을 하지만, 수남시장을 제외한 작은 시장들은 단속을 하고 있지 않다. 주로 단속 대상인 지역은 중국과 국경을 맞대고 있는 함경북도 무산, 회령, 온성 등의 지역으로 이들 지역에서는 쌀을 팔아서는 안 된다는 내용의 강연이 수차례 조직되고 있는 형편이다. 따라서 쌀 거래는 쌀 매매 장소가 자연스럽게 시장에서 개인 집들로 옮겨지게 되었다. 그러다 보니 구매자들은 쌀 파는 집을 수소문하게 되고, 이 과정에서 판매인들에게 연계를 해주고 소개비를 받는 사람들이 생겨나게 된다.

이와 같은 사실은 북한이 시장의 양성적 거래를 위해 여전히 금지 거래품목과 규제사항을 두고 있지만, 일관되게 통제하고 있지는 못하다는 점을 보여준다.[79] 오히려 거래품목과 거래방식에 대한 규제는 시

---

[79] 탈북자들의 증언에 의하면 현재 종합시장에서 유통이 승인된 거래품목들은 기존의 장마당 거래품목과 큰 차이가 없는 것으로 보인다. 또한 "일단 시장에 들어온 물건은 어디에서 온 것인지 출처를 캐지 말라는 지시"를 한 점, 그리고 사회주의 상업법(2004년 수정·보충) 제38조에 의하면 "상업기관, 기업소는 수매상점을 지역별로 꾸리고 주민들이 여유로 가지고 있는 물건을 수매받아야 한다. 이 경우 수매하는 자의 신분을 확인하거나 물건의 출처를 따지지 말아야 한다."고 규정한다. 이것은 북한이 종합시장의 거래품목에 대한 금지 조치를 행하고 있으면서도, 한편 제품의 공급원천이 불법인지 합법인지는 따지지 않는 것으로 시장유입상품의 불법성과 합법성 여부를 판단하는 것이 모호해지는 결

장 밖 개인 장사와 중개인이라는 새로운 상행위를 증가시키는 결과로 이어지게 된다. 국가는 종합시장의 운영방침과 규제사항을 통해 상당히 조직되고 정돈된 시장의 양태를 지향하지만, 현실은 시장의 규제사항대로 운영되지 못하고 있다. 이에 종합시장은 장마당의 암시장적 성격을 그대로 온존시키면서 합법과 불법의 구분이 매우 모호한 형태의 시장으로서의 특징을 가지게 된다. 앞서 장마당의 생산과 판매 경로와 비교해 보면 종합시장의 성격을 보다 잘 이해할 수 있다.

〈그림 2-2〉 북한 장마당과 종합시장의 생산과 판매 경로 차이

	제품 생산방식	생산 판매방식	시장 구매물품
장마당	· 가내생산 · 공공재산유용 · 밀수 및 외화벌이 · 외부자금 조달 상품의 불법적 조달	· 장마당 판매 · 되거리 장사 · 소규모 밀거래 · 개인 상업 판매의 개별화	· 식량 및 가공품 · 일용소비품 및 잡화 · 공산품 등 판매물품의 다양화
종합시장	· 합법 생산범위 확대 · 계획외 생산 허용 · **불법 조달 온존** · **사적생산 확대**	· 시장의 공식화 · 시장내 판매만 허용 · 불법 판매행위 금지 · **불법 판매행위 온존** · **개별 노동 판매**	· 일용소비품 및 잡화 · **불법적 거래품목 그대로 온존**

〈그림 2-2〉와 같이 북한의 종합시장은 장마당이 갖는 암시장적 성격을 그대로 가진 채 시장이 확대되는 양상을 보이게 된다. 따라서 북한의 종합시장은 소비재와 생산재 시장이 공존하며, 합법과 불법의 경계

과를 초래한다. 양문수, 「북한의 종합시장: 실태, 파급효과, 성격과 의미」, 『KDI 북한경제리뷰』 2005년 2월, 7쪽 ; 박일수, 「'고난의 행군' 이후 개인소유권 변화에 관한 연구」, 경남대 북한대학원 석사학위논문, 2006, 45~46쪽.

가 뒤섞여 있는 특징을 가지게 된다. 결과적으로 북한의 시장은 기존의 농민시장이 장마당·종합시장으로 확대·발전하면서 ① 생산 없는 시장, ② 수입품이 다수인 시장, ③ 암시장적 성격이 온존하고 있는 시장, ④ 합법과 불법의 경계가 모호한 시장을 형성하게 된다. 그리고 북한의 시장은 시장을 통한 상품생산과 현금소득의 확대과정을 병행하는 것이 아니라 절대 다수의 북한 주민들이 근근이 생계를 유지해 나가는 장으로 활용되고 있음을 보여준다. 이에 북한의 시장은 또 다른 측면에서 기능하게 된다.

2) 개인 사영업의 확대와 노동의 상품화

북한의 시장은 농민시장에서 장마당, 그리고 종합시장으로 확대·발전하면서 그 성격이 변화하였지만, 시장을 공식화함으로써 나타나는 양상의 또 다른 부분은 개인 사영업의 확대와 노동의 상품화이다. 북한의 종합시장은 합법적인 시장판매를 허용한 조치로서, 미진한 개혁의 틈 사이로 불법적인 사적생산 영역이 넓어지게 될 수밖에 없다. 왜냐하면 판로가 합법적으로 보장되어 있기 때문이다. 반면 합법적인 판로로서 조직된 시장은 세금과 7·1조치로 인한 각종 사용료 부과를 요구하여 주민들에게 현금 수입을 더욱 필요로 하게 만든다. 이에 기본적 장사 밑천이 없는 다수의 주민들은 자신의 노동을 상품화시켜 개별 노동을 판매하는 행위를 하게 된다. 그리고 이와 같은 노동의 상품화는 개인 사영업과 결합하여 자본과 임노동의 새로운 자본주의적 고용관계를 형성하기도 한다.

(1) 개인 사영업의 확대

북한에는 가내부업반[80]이나 가내편의 봉사조직[81]을 통해 가정주부 등이 운영하는 봉사 서비스 상점들이 존재했었다. 그러나 생계가 곤란해지자 이들은 각기 집안에서 술, 떡, 두부, 과자 등의 식료품을 만들어 장마당에서 판매하거나, 손재주가 있는 사람들은 각종 수선일(신발, 우산, 옷 등)을 하면서 식량과 생필품을 구매하였다. 여기에 노점상들도 낮에는 아이스크림, 빙과류 등을 팔고 밤에는 일용잡화나 떡, 야채 등의 음식물을 팔았다. 그러나 이는 개인이나 가족 단위의 소규모 장사행위에 불과하다.[82] 이 같은 개인 혹은 가족 단위의 소규모 장사는 종합시장 안으로 진입하지 않는다. 국가는 제한된 시장 영역 안에서 장사활동을 할 것을 요구하였지만, 종합시장의 장세는 부담이 되었다. 장세는 지역별, 상품 품목별, 상품 수량별로 약간씩 차이가 있다. 변방지역보다는 중앙지역일수록, 소도시보다는 대도시일수록, 시장의 규모가 작은 곳보다는 큰 곳일수록, 농산품보다는 공산품일수록, 공산품의 수량이 작은 매대보다는 큰 매대일수록 값이 더 높아지는 경향을 보인다.

시장 안에서 매대를 갖고 장사하는 사람들도 있지만, 장세 부담이 높아 시

---

[80] "기본로력이 아닌 가정부인들과 년로자 등의 로력을 중심으로 남새생산, 축산, 물고기생산, 편의시설운영 그리고 년간 또는 계절적으로 산나물, 산열매, 약초 채취"를 하는 단위. 사회과학출판사, 『경제사전 1』, 637~638쪽.

[81] "집에서 놀고있는 가정부인들과 년로자들, 사회부장자들이 인민들의 생활상 편의를 보장하면서 부수입을 얻을 목적으로 하는 개인부업의 한 형태"로서 가공편의업, 수리수선편의사업, 위생편의업으로 구분된다. 사회과학출판사, 『경제사전 1』, 49쪽.

[82] 최수영, 『북한의 제2경제』, 32쪽.

장 밖에서, 또는 마을 골목길 어귀에서 좌판을 하는 행상들도 많다. 시장 안에서 장사하는 사람들보다 장세는 더 적게 내지만, 이들 역시 100~500원 상당의 장세를 내야 한다. 좌판 행상들은 아무래도 장세의 부담이 높아서 밖에서 장사하는 사람들이므로 장세를 잘 내지 못하는 경우가 많아 단속에 걸려드는 비율도 그만큼 높다. 보안원들이 쭉 돌면서 쫓아내고, 당 상무(당, 행정, 사법 일군이 포함된 단속반)들이 골목을 포위하면서 붙잡은 상인들에게서 벌금 조서도 없이 500~1,000원의 벌금을 받아간다.[83]

따라서 시장 안에서 매대를 갖고 장사하는 사람들은 어느 정도 기반이 마련되어 있다고 볼 수 있으며, 갈수록 시장 안에서 장사를 하기 위한 초기 자금의 액수는 높아져만 가고 있다.[84] 이에 직접 거래 방식의 장사가 태동하게 되고 개인사영업의 형태가 나타나게 된다. 예를 들어 술과 두부를 전문적으로 만드는 가내 수공업 형태의 음식품 장사가 있다면, 이들은 단순히 하루 벌어 하루 먹기 위해 조금씩 만들어 파는 것이 아니라, 단골 고객을 확보한 뒤 대량으로 만들어 파는 집으로 변화하게 된다. 단골 고객은 매일 술과 두부를 필요로 하는 학교 앞 음식점들이나 기업소 가내반들로, 이들에게 좀 더 싼값에 고정적으로 물건을 판다. 따라서 시장에 매대를 가지고 안정적으로 장사를 하는 것보다 불안정하더라도 판로만 보장된다면 가내 수공업을 통해 순

---

[83] 종합시장이 도입된 직후에는 장세만 내면 장사활동을 자유롭게 할 수 있었고, 장세는 규모에 상관없이 매일 50원씩 지불했다. 그리고 시장 관리소에서 아침마다 받아간다고 전해졌다. 그러나 점차 시장이 질서와 체계를 잡아나가면서 불법성이 클수록, 이득이 많이 남을수록 장세 부담이 가중되어 갔다. 전하는 바에 의하면 개성 시장의 경우 강냉이장사 250원, 국수장사 280원, 쌀장사 300원, 중기(냉동고, 선풍기, 녹음기 등) 600~800원의 장세를 부과한다. (사)좋은벗들, 『오늘의 북한 소식』 2004년 제3호.

[84] 시장에서 장사를 시작하려면 최고 5~10만 원의 자본금이 필요한 것으로 전해진다. 따라서 장사 밑천이 없는 사람은 돈주(錢主)에게 약 30%의 이자를 지불하고 돈을 빌린다. (사)좋은벗들, 『오늘의 북한 소식』 2004년 제3호.

이득을 고스란히 가지는 방식의 가내기업이 형성되기 시작한다. 즉, 사적생산이 확대되기 시작하는 것이다.

여기에 8·3노동자들이 결합하게 된다. 이른바 8·3노동자란 직장에 매월 얼마간 돈을 내고 장사하러 다니는 사람들이다. 현재 북한 공장·기업소의 배급 사정은 한 달에 최대 15일치, 최소 3일치까지밖에 보장되지 않는 실정이다. 따라서 노동자들은 임금만으로는 생계를 꾸릴 수 없기 때문에 장사에 나서기 위해 8·3노동자로 등록을 하는 것이다. 이들은 부족하고 필요한 경공업품을 가내 생산하고 시장에 판매하는데, 8·3노동자들이 만들어 내는 8·3제품들은 삽자루, 곡괭이부터 밥상, 뜨개옷 등 다종다양하다.

그러나 이와 같은 장사행위가 상업적 행태를 갖기 위해서는 자본과 국가 고위층의 권력이 필요하다. 이는 두 측면으로 음성화되면서 상업적 초보 형태를 보이기 시작한다. 하나는 국가의 권력층이 직접 나서서 장사를 할 수 없기 때문에 국가기관이나 상업소의 명의를 빌려주고 개인에게 임대하여 그 이익을 나누는 형식이다. 즉, "고급 당간부들은 자신들이 직접 장사를 할 수 없었기 때문에 처나 자식이 친척과 주변의 안면 있는 사람들을 통해 사회급양관리소 국수집의 허가를 내주고 국수집 운영자와 이익을 나누어 가지는 경우"[85] 이다. 또 다른 측면으로는 개인들이 친인척을 통한 자금 확보로 개인 상업에 나서는 방식이다.

　　국영상점, 식당을 해당 단위의 명의를 빌려 개인들이 운영해 온 것도 벌써 여러 해가 지났다. 국가 시책에 따라 단속이 되면 몰수당하기도 하고, 단속

---

[85] 정우곤·이주철, 「북한 주민생활보장제도와 도시 계층구조 재편」, 최완규 엮음, 『북한 도시의 위기와 변화 — 1990년대 청진, 신의주, 혜산』, 한울, 2006, 185쪽.

기간이 지나면 다시 투자하기도 하는 등 아직까지 개인경영에는 부침이 있다. 그러나 지속적인 투자보장이 확실한 경우 대체로 국영상점의개인 경영을 눈감아주는 분위기이다. 실례로 모란지도국의 상점, 식당, 목욕탕 등은 화교가 운영하고 있다. 이처럼 노래방, 목욕탕 등 편의봉사기관은 개인들이 외부에서 투자를 받아 운영할 수 있다. 미국을 제외한 외국의 친인척이나 지인들을 통해 지원을 받아 투자할 수 있는 것이다. 이에 따라 전국적으로 돈 있는 사람들은 여러 명목으로 편의봉사기관들에 대한 투자가 활발하다.[86]

이처럼 시장판매 행위가 공식화되면 사적생산 단위 역시 확대되어 간다. 물론 이와 같은 사적생산은 음식업·수리업·봉사업 등이며, 일부분이 소소한 일용잡화 등을 생산하는 것으로 수입품 중심의 시장 거래품목을 대체하는 것은 아니다. 사적생산은 개별 노동력이 상품화되는 현상을 파생시켰다.

(2) 노동의 상품화

종합시장이 공식화됨에 따라 개인사영업의 확대 이외에도 시장 밖에서의 또 다른 상업행위들이 만들어지게 되었다. 대표적인 것이 개별 주민들이 자신을 상품화하여 노동을 파는 행위이다.(이를 북한에서는 '개인노동'이라고 한다) 이는 시장의 분화와 노동의 세분화·전업화와 연관되어 진행되게 된다. 먼저 공장·기업소의 생산 정상화의 속도는 매우 느린 반면 시장을 합법화함으로써 시장경제활동은 대폭 증가하게 되었다. 교사, 의사, 공장 노동자, 농민, 군인 등 어느 계층을 막론하고 너나할 것 없이 장사로 생계를 유지하려는 사람들이 많아지게 되었다. 이에 따라 열악한 운수, 교통상황에도 불구하고 '자전거 행상'이 생길

---

[86] (사)좋은벗들,『오늘의 북한 소식』 2006년 제16호.

만큼 유동인구가 대폭 증가하게 되었고, 자발적이고 구조적인 실업자들이 많이 생기게 된 것이다. 이와 같은 현실은 앞선 금지 거래품목들과 장세 부담 및 자본 부족의 현실 때문에 시장에 진입하지 못하는 다수의 실업자들이 개인노동을 판매하는 것으로 이어지게 된다. 직장에 출근하여도 임금을 받기 힘들고, 임금을 받아도 그 돈으로는 생계를 꾸리기 힘들기 때문이다. 특히 제품생산을 위한 자본과 생산수단을 소요하고 있지 못한 사람들과 장사 밑천이 없는 사람들은 현금 수입을 위해 하루 벌어 하루 먹는 개인적 노동행위를 선호할 수밖에 없다. 따라서 그날 그날 일한 몫을 받을 수 있는 개인노동 행위는 더욱 활성화되게 된다.

개인노동 행위의 종류는 매우 다양하다. 서비차 등을 타면서 보조적인 일을 하거나, 남의 밭을 대신 경작해주고, 여성들은 남의 집을 봐준다는 명목으로 식모, 청소 일 등을 하기도 한다. 조금 분화된 형태로는 시장에서 짐을 부치려는 상인들을 물색하는 사람, 물건을 포장해서 역에 운반해주는 사람, 기차 화물칸에 실어주는 사람 등으로 역할이 세분화되기도 한다. 또한 여러 형태의 판매자와 구매자를 연결해 주면서 소개비 명목의 돈을 받거나 손님들의 편의를 봐주는 일을 통한 소소한 봉사료 같은 것도 세분화된 직업이 되는 것이다. 나아가 시간이 흐를수록 노동자들이 출근을 하지 않는 대신 각자가 8·3제품 제작이나 장사 등으로 마련한 돈을 일정액 공장에 납부한 후 개인 장사에 몰두하는 경향을 보인다. 최근에는 8·3노동자가 소속 직장에 내야 하는 수입금이 한 달에 3,000여 원에서 8,000~10,000원까지 상승했다고 전해진다. 즉, 공장·기업소도 이들로부터 거둬들이는 부과금을 통해 수익을 창출하는 것이다. 할당 부과금이 많음에도 불구하고 노동자들이 8·3노동자로 등록하여 개인장사를 하는 이유는 공장·기업소로부터 자유로운 독립적 상품생산자가 되면 훨씬 많은 현금 수입을 위한 일거리를 창출할 수 있기 때문이다. 또한 꼭 장사가 아니더라도 "짐을 실어주고 내리는 일, 물자를 선별하는 일 등"의 개인 노동을 통해 수입을 벌어들이는 것이 공장·기업소의 임금보다 높기 때문이다.[87]

개인 노동력의 상품화 현상은 농업부문에도 있다. 7·1조치 이후 농업부문에서는 토지사용료를 부과하기 시작했다. 또한 협동농장 주변의 개인 텃밭경리를 허용하고, 기업소는 인근 협동농장의 땅을 배분받아 개인적 부업활동을 할 수 있도록 하였다. 그러나 배분받은 토양의 토질이 좋지 않아서 산에서 뙈기밭을 경작하는 것이 보다 많은 생산을 얻을 수 있는 개인들은 개인적으로 소토지 생산에 주력하게 된다. 그러나 저마다 뙈기밭을 가꾸며 소토지 생산에 주력한 결과 산림훼손 문제가 심각해졌고, 이에 당국은 산림반에 가입을 하고 묘목을 심고 관리하며, 토지세를 내는 조건으로 소토지 생산을 허용하게 된다.[88] 반면 사람들은 산림반에 가입하지 않고 대신 산림반에 소속되어 있는 사람들의 명의를 빌린다. 예를 들어 산림반 사람에게 배당되어 있는 4,000평의 땅 중에서 천 평은 자신이 관리할 테니 명의만 빌려달라는 식이다. 그리고 이에 해당하는 적당한 부과료를 내는 방식이다. 이른바 소작과 같은 행위가 이루어지는 것이다.

개인 노동을 상품화하여 각종 복무업의 일용직 형태로 존재하는 개인 노동력은 앞선 사영기업과 결합하게 된다. 경제난 이후 개인 수공업과 장사가 확대되면서 돈을 번 개인들과 외국 거주 친인척을 통해 자금을 확보한 자본 주체들은 국가가 운영하다가 자금, 자재, 원료 때문

---

[87] (사)좋은벗들, 『오늘의 북한 소식』 2007년 제56호.
[88] '땅세'라고 불리는 소토지의 토지세는 토질과 관계없이 한 평당 12원씩이다.
(사)좋은벗들, 『오늘의 북한 소식』 2005년 제7호.

에 파산한 기업소와 식당, 상점, 봉사시설 등에 투자하게 된다. 그런데 현재 북한은 국영 기업 외에는 개인 투자기업이 허용되지 않기 때문에 국가 고위층과 연관되어 표면상 국가의 기업소의 외피를 쓰고 인수하게 된다. 그리고 개인사영기업은 그 이윤의 일부를 국가에 납부하고, 나머지는 자기 사업 확대와 노동자들의 임금을 지불하게 된다. 이들 개인사영기업은 국영기업소에 비해 훨씬 많은 임금을 지불하기 때문에 노동자들은 국영기업 대신 개인기업을 선호할 수밖에 없게 된다.[89] 따라서 각종 기술 및 기능직 노동자들이 8·3노동자로 등록한 뒤 소속 직장에 출근하지 않고 더 많은 돈을 주는 개인 사업자 밑에서 일을 해 주면서 돈을 버는 행위를 하게 된다.

3) 종합시장의 비생산적 기능

북한은 7·1조치와 함께 시장을 공식화했음에도 불구하고 해외자본 도입의 출로는 막혔고, 제한적이나마 부문별로 부여한 자주권은 생산을 추동하지 못했다. 공급부족 상황은 지속되었으며, 식량부족의 현실과 공장 가동률의 하락은 시장을 공식한 것이 오히려 맹목적 시장진입과 함께 파행성을 심화시키게 된다. 즉, 북한은 가격을 통제하지 못하고 거래품목과 시장참여자들을 통제하는 데 실패하게 된 것이다. 이에 시장은 앞서 본 바와 같이 생산 없는 시장, 수입품이 대부분인 시장, 암시장적 성격이 온존하며 합법과 불법이 혼재된 네 가지 성격을 갖는 시장으로 확대·발전하게 된다. 따라서 북한의 시장은 그 역할과 기능을 두 측면으로 구별하여 볼 수 있다. 첫째, 7·1조치가 공급 확대에

---

[89] (사)좋은벗들, 『오늘의 북한 소식』 2006년 제47호.

기여하지 못하면서 시장은 국가 계획 밖에서 주민들에게 생계유지를 담보하는 장으로 기능하게 되는 측면이다. 둘째, 국가의 시장에 대한 통제권 상실과 함께 불법적 성격의 시장은 투기적 성격을 양산하며 이에 따른 계층분화의 양상을 보이게 되는 측면이다.

(1) 시장을 통한 생계유지

계획을 대체하면서 새로운 시장체계를 형성해 나가기 위해서는 균형적인 수요-공급을 통해 가격이 안정되어야 한다. 이를 위해서는 공급 확대가 전제되어야 한다. 그러나 북한의 7·1조치는 단번에 포괄적인 형태의 개혁을 통해 전반 경제체제의 왜곡구조를 조정하는 데는 일차적 기여를 했을지 몰라도 공급 확대에 기여하지는 못하였다. 북한은 농업부문에서 여전히 강력한 중앙집권적 통제를 지속하고 있다. 또한 소유제 개혁은 아니더라도 소유권의 다양화, 즉 소유-점유, 소유-영유 형태의 분화를 시도하고 있지 않다. 또한 기업개혁은 국가 차원에서의 해체와 재조직은 하되 기업 차원에서 분업, 전업, 협업 등의 재조직 권한을 부여하고 있지는 않다. 그리고 개인상공업을 허용하고 있지 않다. 이처럼 7·1조치는 부문별 개혁의 심화와 함께 전개되지 못하여 1990년대 경제위기를 타개하지 못하고 오히려 무력화된 것이다.

가장 큰 문제는 여전히 임금과 물가의 가격균형체계가 붕괴되어 기존의 장마당 물가상승세를 유지하고 있는 점이다. 이에 시장 물가는 지속적으로 상승하고, 역으로 북한 주민들의 실질임금은 하락하게 된다. 이것은 북한 주민들의 생계를 위협하는 중요 요인이다. 북한 주민들은 시장 활동을 하지 않고서는 생계를 유지할 수 있는 방법이 없으며, 국가적 안전망은 제거된 상태이다. 또한 국가는 거시경제적 안정

을 회복하기도 전에 제한적 개혁의 부정적 파급효과를 맞고 있다.[90]

북한 주민들에게 시장은 공식화하기 이전에도, 그리고 공식화한 이후에도 생계유지를 위한 필수적인 공간이다.[91] 대다수의 북한 주민들은 시장을 통해 식량 및 일용소비품 및 잡화 등을 구매하고, 가내 수공업을 통해 간단한 식료품 등을 판매한다. 이들은 대다수가 가내 영세한 임가공업의 종사자들로서 시장 장사, 길거리 음식 장사 등을 하는데, 이들의 수입은 생계를 보전하는 것 이상을 창출하지는 못한다.[92] 반면 국가의 공식 임금이 그 기능을 상실함에 따라 북한 주민들은 '돈'이 없이는 살 수도, 팔 수도 없는 상황임을 인식하게 된다. 이에 따라 독자적인 생계방식을 모색해야 했고, 시장 활동을 통해 돈을 벌기 위한 수단과 능력을 발휘하고 돈의 가치를 중시하기 시작하였다. 시장 활동은 상품화율이 높을수록, 현금 수입을 증가시키면서 소득증대에 기여하게 된다. 그러나 북한 주민들의 시장 활동은 기본적인 식량문제를 해결하는 것이 일차적 요구이며, 이를 위해 상품의 불법적 조달방식을 사용하고 있다. 즉, 시장의 상품은 생산 영역과 무관하며, 화폐 수입이 생산 영역으로 재투자되기 보다는 양곡 및 수입품 등 높은 차익을 남기는 상품의 조달방편으로 사용되게 된다. 따라서 북한 시장의 성격은

---

[90] 김연철, 「북한 신경제전략의 성공조건: 시장제도 형성과 탈냉전 국제환경」, 『국가전략』 제8권 4호, 2002.
[91] 실질임금의 하락이 보다 높은 임금을 받기 위하여 더 열심히 일하도록 추동하지 못하는 이유는 "물가가 너무 빨리 오름으로써 열심히 일해 생활비를 많이 받아도 실제 경제상황 개선에는 별 도움이 되지 않는다는 판단이 깔려 있다." 정건화, 「북한 노동자의 존재양식」, 양문수 외, 『북한의 노동』, 한울, 2007, 117쪽.
[92] 탈북자 면접 조사방식으로 연구된 청진, 신의주, 혜산의 장마당 양상에 따르면, 이들 가내 임가공 방식의 생산부문 종사자들은 매우 열악한 전력 사정으로 인해 많은 물량을 생산해내지 못하고, 장마당 판매를 통한 이들의 수입은 하층 생계유지 수준을 넘지 못한다고 한다. 최봉대·구갑우, 「북한의 도시 '장마당' 활성화의 동학」, 133쪽.

한 측면으로는 생계유지 기능을 담당하지만, 북한 주민들 모두에게 보편적인 활동이 됨으로써 현금의 중요성, 시장에 대한 인식 변화를 가져오게 된다. 이에 시장의 불법과 합법이 혼재된 틈 사이로 자본을 축적하고 자본을 통해 시장의 투기성을 양산하는 편향이 발생하게 된다.

(2) 시장의 투기적 성격 강화

1990년대 들어서면서부터 농민시장을 통한 현금 유통과정은 북한 주민들이 보유하는 현금의 규모를 증대시켜 왔었다. 농민시장에는 사고 팔 물건이 존재하였고, 이에 화폐의 유통기능이 살아있었다. 또한 시장가격에 따라 현금 유통이 이뤄지면서 농민시장에서의 소득 수준이 높을수록 소비지출의 수준도 높아지며, 농민시장에서의 소득 수준이 높을수록 현금 보유 규모도 커졌다.[93] 따라서 돈의 가치를 중시 여기는 풍조와 함께 현금 보유량이 상당액에 이르는 주민들이 늘어나고, 기존의 여성이나 가내부업 생산자들과 달리 노동자들이 적극적으로 장사에 뛰어들면서 시장을 통한 상행위 형태는 더욱 폭넓고 과감해진다.[94]

---

[93] 박석삼에 의하면 "1990년대 들어서 극히 일부이긴 했지만 10만 원을 넘는 현금을 보유하고 있었던 가구도 있었을 정도였다. 그리고 1990년대에 현금보유 수준이 1만 원을 넘는 사람들의 경우 보유 현금 규모가 5~6 넘게 늘어난 경우가 절반을 넘었다." 박석삼, 『북한의 사경제부문 연구』, 한국은행, 2002, 7~8쪽.

[94] 청진시 사례를 보면 "중앙기관 외화벌이 회사 지사들이 라선, 남양 등을 통해 '대치물자'를 수입하면서 식량이나 공업품 원자재 등을 수입해서 시장에 빼돌리거나, 청진항을 통해 일제 중고 가전제품이나 자전거들이 다량 반입"된 경우가 있다. 또한 "1997년 라선 출입이 용이해지면서 청진의 도매 되거리 장사꾼들이 기관, 기업소 명의를 빌리거나 개인들 간에 합자하는 식으로 해서 라선을 통해 중국산 공업품을 대량 수입해다가 시중에 풀었다." 즉, 이와 같은 탈북자들의 전언에 의하면 장마당 상행위는 기존의 소소한 농민시장 중심의 시장 활동이 아닌 것이다. 또한 이들은 국가가 보장해주는 것이 없었기 때문에 도덕적인 죄의식을 느끼지 않았다. 최봉대·구갑우, 「북한의 도시 '장마당' 활성화의

장사를 통해 돈을 가장 많이 버는 사례를 종합해 보면 첫째는 되거리 장사이고, 둘째는 외화벌이 및 밀수 등이다. 이와 같은 장사행위를 하는 사람들은 공장·기업소 자재지도원이나 외화벌이 일꾼의 직함을 갖고 '거간꾼'으로 장사활동을 하거나, 타지방과 되거리 장사 행위를 하는 전문장사꾼이다. 이들은 "체면을 가리지 않고" 돈벌이 장사에 매진하였다. 그리고 "돈이 많은 사람들은 냉동기나 TV를 파는 일을 하였고, 이들의 아래에 전문장사들이 연결"되었다.[95] 또한 이들의 불법적 판매 행위는 반드시 국가 보위부와 검찰소 간부들과의 연계 속에서 이루어졌다. 정치적 권력층에 연고가 없는 일반 노동자나 농민은 이들 간부와 결탁하여 밀수 등의 방법으로 돈을 벌었고, 권력층에 연고가 있는 친인척 관계들은 보다 쉽게 외화벌이 등을 통해 돈을 벌었다.[96] 따라서 북한 주민들은 물자확보와 물자유통의 접근 정도에 따라 시장 참가방식과 개별 가구의 수입이 크게 영향을 받았다. 이를 기존 연구에서는 장사행위와 소득에 따라 세 가지 계층으로 분류한다. 첫째, 상층에는 외화벌이 일꾼들과 이들과 연계된 대규모 되거리 장사꾼이 포함된다. 둘째, 중간층으로 식량이나 공업품 도매 되거리 장사꾼과 소수의 타인 노동력을 항상적으로 고용하는 가내 임가공 종사자 등이 포함된다. 셋째, 하층에는 대다수의 영세한 가내 임가공 종사자, 장마당 장사꾼, 영세한 행방 장사꾼이나 노상 음식 장사, 딸딸이군 같은 일용노동자 등이 포함된다.[97] 이에 현금 수입이 가장 높은 사람은, 소득을 확대하며 불법적인 생산과 판매행위를 통해 외부로부터 물자를 수입하기 유리

동학」, 114~115쪽.
[95] 정우곤·이주철, 「북한 주민생활보장제도와 도시 계층구조 재편」, 175쪽.
[96] 정우곤·이주철, 「북한 주민생활보장제도와 도시 계층구조 재편」, 185쪽.
[97] 최봉대·구갑우, 「북한의 도시 '장마당' 활성화의 동학」, 132쪽.

한 단위에 소속되어 있는 사람, 그리고 이곳과 연결하여 국내에서 지방과 지방을 오가며 되거리 장사할 수 있는 장사 수완이 있는 사람이다. 이들은 소위 자본주의에 눈이 트인 사람들이 되는 것이다. 무엇보다 이들은 국가의 정치권력계층에 있는 간부들과 밀접한 연계하에 장사활동을 진행함으로써 결과적으로 시장을 통한 자본축적 계층과 생계를 근근이 이어가는 계층의 심화현상은 더욱 확대되게 된다.

이상에서 살펴보았듯이 현재 북한 시장의 가장 큰 파행성은 비정상적 식량배급이며, 이로부터 시작된 먹거리, 즉 생계를 보장하는 것이 최우선의 문제이다. 또한 상업적 행위는 날로 발전해가면서 세분화되고, 자본과 임노동의 초보적 관계를 형성하고 있는 데 반해, 생산적 기능보다는 외부로부터의 물자조달과 높은 가격, 유통망 장악 등의 장사꾼들에 의한 투기적 기능이 훨씬 강화되어 있다.

이제 앞서 고찰한 바와 같이 중국과 북한의 시장 성격과 기능을 총론적으로 비교해 보자.

중국은 1984년 전반경제관리체제의 개혁결정방침에 따라 시장을 공식화하게 된다. 이에 농촌과 도시의 소비재 시장을 형성하고, 생산재의 물자교역센터를 형성한다. 북한 역시 2002년 7·1경제관리개선조치를 통해 시장을 공식화하고 이에 생산재의 사회주의물자교류시장과 생산재와 소비재 시장을 포함하는 종합시장을 형성하게 된다. 이로써 양국이 시장을 공식화했을 때 양국의 시장은 형태상 큰 차이를 보이지 않았다. 이와 같은 문제제기에 기초해 양국 시장의 형성과 확대·발전과정, 그리고 성격과 기능을 비교 고찰한 결과 다음과 같은 차이점을 도출해 내게 된다.

첫째, 양국 시장형성구조의 차이이다. 중국의 시장은 공소합작사로부터 농부산물과 소비품이 공급되는 사회주의 공급체계에 의해 농촌의 집시무역과 도시의 집시무역이 농민시장 형태로 존재해 왔다. 반면 북한은 도·시·군 단위별 농업과 공업의 연계하에 농부산물과 소비품이 함께 거래되는 농민시장을 형성해 왔다. 따라서 이와 같은 시장형성구조의 차이는 개혁과 더불어 시장의 확대·발전과정에서 차이를 보인다.

둘째, 중국은 '조절에서 개혁'으로 단계적 개혁을 진행한 결과 산업부문 개혁에서도 농업개혁에서 기업개혁으로 진행되었다. 따라서 중국의 시장은 농촌의 집시무역과 도시의 집시무역이 구별되어 확대·발전하게 된다. 그리고 시장의 확대·발전과정을 통하여 농촌의 지역과 지구의 범위를 넘어 도시로의 진출을 꾀하고 이에 따라 농촌과 도시와의 연계성 속에서 시장이 확대되는 양상을 보인다. 반면 북한은 중국의 점진적 과정을 한꺼번에 포괄하지만 내용상 매우 제한적으로 진행한다. 이에 북한의 시장은 이미 농민시장이 암시장 형태로 확대·발전하여 형성한 장마당을 종합시장으로 공식화하게 된다. 따라서 중국 시장의 확대·발전과정이 영역의 확대·발전이었다면, 북한 시장은 성격변화의 과정으로 나타나게 된다.

셋째, 양국의 개혁의 특징은 또한 양국 시장의 성격을 달리하게 한다. 중국은 농업개혁의 심화로부터 시장화를 이끌어 낸다. 즉, 농업개혁을 통해 이룬 잉여농산물의 증산은 시장의 상품생산율을 높이고, 이로부터 농가소득의 증대를 가져왔다. 또한 현금 수입을 높인 전업호에 의해 새로운 비국유부문이 창출되었다. 여기에 초보적 기업개혁은 기업의 재조직 권한을 부여하였고, 나아가 개체기업과 사영기업의 조직을 승인함에 따라 비국유부문과 결합하게 된다.

반면 북한의 개혁은 전반 거시경제의 왜곡체계를 개혁하였으나 공급 확대를 위한 농업, 기업, 지방의 심화된 개혁으로 전개되지 못했다. 이에 국가의 공급부족현상은 시장의 상품생산을 불가능하게 했으며, 화폐 수입의 증가로도 이어지지 못했다. 오히려 공공부문을 침식시키며 장사를 위한 유동인구를 증가시켰다. 또한 생산품은 가내 부업 및 수공업의 소소한 생필품에 그치는 반면, 판매물품은 다경로를 통한 밀수, 외화벌이 등의 각종 수입품으로 대체된다. 이에 전문장사꾼이 등장하고 이들을 중심으로 화폐자본이 축적되면서 시장의 성격이 암시장화하게 된다. 여기에 불법적 자금축적과 외부로부터 자금유입이 가능한 개인의 사영업이 초보적 형태로 나타나게 된다.

넷째, 양국의 시장 성격은 사회주의 이행의 관점에서 볼 때 계획체계를 대체하는가 못하는가라는 시장의 기능을 고찰할 수 있게 한다. 중국은 농업개혁 결과가 이를 담보하고 있다는 점이 그 특징이다. 이에 중국의 시장이 생산적 기능을 담당하며 기존의 계획적인 물자공급체계를 대체하는 기능을 담당하는 시장이라면, 북한은 생계유지의 기능을 담당하면서 계획적 물자공급체계를 대체하는 것이 아니라 계획적 물자공급체계가 마비된 상태에서 투기적 성격을 강화시키고, 사적 부문을 확대하는 급속한 시장화의 성격을 보이게 된다.

이에 보다 구체적으로 양국의 계획체계가 시장과 어떻게 결합하고 있는가를 계획과의 연관성 속에서 살펴보기로 한다.

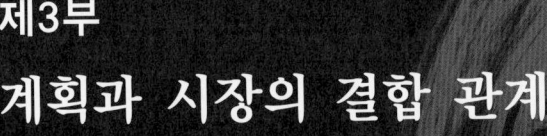

제3부
계획과 시장의 결합 관계

중국과 북한

앞서 제2부에서 중국과 북한의 계획과 시장, 양 측면 중 시장의 측면에서 양국의 개혁을 고찰했다면, 제3부에서는 계획의 측면에서 양국의 계획과 시장의 결합관계를 비교 고찰하고자 한다.

코르나이(J. Kornai)의 사회주의 개혁 개념에 따르면 사회주의 개혁의 핵심적 의미는 조정체계(coordination mechanism)의 변화이다. 코르나이는 사회주의 개혁을 '관료적 조정에서 시장적 조정으로의 전환'이라고 규정하는데, 이 때 조정체계의 변화는 의사결정과정과 자원배분체계, 그리고 소유제 변화를 수반하고, 사회주의 계획경제가 수직적 행정·명령 관계에서 수평적 시장 관계로 변화하는 것을 의미한다.[1] 필자는 이것을 계획당국에 의한 수직적 자원배분체계가 시장 중심의 수평적인 자원배분체계로 대체해 들어가는 과정, 즉, 계획과 시장의 시소(seesaw)현상이라 정의한다.[2] 그러나 계획과 시장의 시소적 현상 중심에는 국가가 존재한다. 국가는 계획을 시장으로 대체하는 데 있어서 의사결정과정의 분권화와 소유제의 변화와 같은 개혁에 대한 총체적 전략을 정책으로 수립하고 계획체계를 해체해 간다. 즉, 계획체계의 해체과정은 국가에 의해 시장의 대체과정으로 연결되는 것이다.[3] 따

---

[1] Janos Kornai, "The Hungarian Reform Process: Vision, Hopes, and Reality", in Victor Nee & David Stark, *Remaking the Economic Institutions of Socialism: China and Eastern Europe* (Standford: Stanford Univ. Press, 1989), p.35.

[2] 본고에서는 계획체계가 시장체계로 대체되어 가는 과도적 과정을 놀이기구 시소(seesaw)에 빗대어, '시소 현상'이라는 개념으로 정의하였다. 과도적 개혁사회주의에서의 계획과 시장의 대체과정을 계획과 시장의 기울기 정도로 표현하며, 기울기를 조절하는 국가의 역할을 통해 계획과 시장의 결합 형태를 규명하려고 하였다.

라서 제3부에서는 양국의 시장이 어떻게 계획과 결합하고, 어떻게 계획을 대체하며, 어떻게 수평적 시장관계를 형성해 가는가를 살펴보기 위해 첫째, 양국의 대외환경, 정치구조, 그리고 경제발전전략을 포함하는 국가의 개혁에 대한 전략적 방침을 고찰할 것이다. 둘째, 국가의 전략적 방침을 통해 양국 계획체계가 해체되어 나가는 과정을 고찰할 것이다. 셋째, 계획체계가 어떻게 시장체계로 대체되면서, 계획과 시장의 결합관계를 형성하게 되는가를 고찰 할 것이다. 그리고 이에 따른 양국의 계획과 시장의 결합관계가 가지는 특징과 의미를 살펴볼 것이다.

---

3) '계획체계의 해체'와 '시장체계로의 대체' 개념은 저자의 조작적 개념 정의이다. 코르나이는 조정체계를 수직적 관계에서 수평적 관계로의 '변화'로 설명하였다. 그리고 수직적 관계에 의한 조정체계를 '위계에 의한 통제, 행정적 강제, 법적 제재, 자원 할당 등'으로 정의하고, 수평적 관계를 '법적 평등, 화폐·가격·이윤 등의 금융적 이득에 따른 재분재'로 정의한다. 이에 본고는 수직적 관계의 수평적 관계로의 변화는 '계획체계가 시장체계로 변화하는 것'을 의미하며, 구체적으로 계획체계는 해체과정을 통해, 시장체계는 이의 대체과정을 통해 '변화'하는 것으로 보았다.

1. 중국의 계획과 시장의 결합 관계

1) 국가의 총체적 전략 수정

(1) 중국 12차 당대회와 개혁파의 전면 부상

가. 조절과 개혁의 당내 의견대립

 중국 사회주의 경제개혁은 국민경제의 균형적 발전과 경제책임제 확립을 위한 자주권의 확대에서 출발하였다. 그러나 농업개혁의 성공적 진행과 공업개혁의 시험적 진행은 개혁의 성과에도 불구하고 많은 문제를 파생시켰다. 거시경제 차원에서 물가상승과 국가의 재정적자는 지속되었고, 기업의 이윤추구 행위 및 시장질서 또한 문란해졌다. 따라서 당내 의견대립은 경제개혁의 진퇴여부와 함께 치열하게 전개된다. 1978년 당시 천원(陳雲)을 비롯한 야오이린(姚依林) 등 1차 5개년 계획 시기의 대표적 실용주의 세력은 경제개혁을 '경제조절'로 생각했다. 또한 이들은 구체제 평가에 근거하여 사회주의 중국의 1차 5개년 계획 시기를 가장 경제적 우월성이 돋보였던 시기로 평가했다. 그런데 경제개혁이 진행됨에 따라 재정적자는 심각해지고 개혁의 문제점이 파생되자, 경제개혁을 경제조절로 인식했던 '조절파'들은 개혁의 확대보다는 경제의 균형적 조절을 더더욱 강조하게 된다. 특히 이들은 긴축 정책을 강조하며 통화팽창의 방법으로 건설 속도를 높이는 것에 대해 반대 입장을 표한다. 또한 기업소 유동자금을 은행 대부금으로 전환하여 은행이 기업에 대부할 때, 화폐를 발행하는 방법으로 대부금을 증가시키는 것은 반대하였다.4) 조절파들은 1956~1957년, 1962년의 천원의 종합균형론을 근거로5) "속도를 다그치면 도리어 늦어지게 된다"면서, "국민경제를 빠른 속도로 지속 발전시키자면 계획이 있어야 하고, 종합적 균형을 잡아야한다"6)고 강조하였다. 그리고 시장에 의한 조절만큼 계획적 지도가 중요함을 주장하게 된다.

반면 후야오방(胡耀邦), 자오쯔양(趙紫陽) 등의 경제 '개혁파'들은 경제를 조절하는 가운데 개혁을 더욱 심화시킬 것을 주장했다. 자오쯔양은 1982년 3월 4일 '전국공업, 교통사업회의'에서 속도를 높이면 허위적 요소가 있는 속도 혹은 수요에 맞지 않는 생산을 하여 낭비를 초래할 수 있기 때문에 경제적 효과성을 높이려면 더욱 경제체제를 개혁하는 방향으로 나아가야 한다고 주장한다. '개혁파'들의 입장은 "다 개혁하고 구조를 조절한 다음에 행동할 수는 없다"는 입장이었다.7) 또한

---

4) 段云, "關于財政, 信貸和物資和平衡的若干問題", 『紅旗』 1980年 17期.
5) 1956년 경제건설을 급급히 성사시키려는 사상이 나타나기 시작하여 기본건설 투자가 빨리 증대하였고, 대부금을 많이 내주었으며, 종업원의 임금도 비교적 많이 늘어나 재정 및 신용대부 면에서 근 30억 원을 더 지출하게 된다. 이에 생산수단 및 소비재의 공급이 긴장하게 되고 시장의 물가가 오르는 상황이었다. 이때 진운은 증산절약운동을 전개하는 기초 위에서 기본건설투자와 건설물자의 공급이 서로 적응되도록 기본건설의 규모를 줄일 것을 주장한 동시에 사회의 구매력과 소비품의 공급이 서로 맞물리도록 사회구매력의 장성속도를 계획적으로 통제할 것을 주장하였다. 당시 이것은 철저하게 국민경제의 종합적 균형을 목표로 한 조정기 정책이었다.
6) 劉西堯, 「脚踏實地, 穩步前進」, 『紅旗』 1982年 4期.
7) 趙紫陽, 「關于当前經濟工作的几个問題」, 『紅旗』 1982年 7期.

자오쯔양은 조절파들의 적극적 균형론에 맞서 체제가 합리적이지 않고, 구조가 합리적이지 않고, 가격이 합리적이지 못한 형편에서, 국민경제가 균형적으로 발전하기 위해서는 영도의 역할이 강화되어야 함을 제기하고, 경제 개혁파들의 전면적 권력 부상을 강조하였다.

이른바 '적극적 균형과 소극적 균형'이란 논쟁의 재현이었다. 그러나 적극적이던 소극적이던 당면한 재정적자와 화폐발행 및 신용대부의 증가 상황은 국민경제의 종합적 균형을 위해 국가가 전면에서 거시조절 지도를 해야 하는 상황이었다.8) 즉, '조절파'들의 계획적 지도의 중요성과 '개혁파'들의 개혁적 영도의 중요성이 국가의 역할 강화로 도출되게 된 것이다. 이에 중국의 중앙당은 세 가지 측면에서 개혁을 적극적으로 추진한다.

첫째, 1982년 2월 자오쯔양은 국무원에 '경제체제개혁위원회(經濟體制改革委員會)'를 신설하고, 개혁위원회를 통해 전반 경제관리, 조직, 공상기업체제, 농촌체제 등 총체적 개혁을 추진할 채비를 갖춘다. 또한 국무원 기구조정을 단행하여 경제관련 12개 부서를 조정·통합한다.

둘째, 제12차 중공 중앙 당대회를 앞두고 진행된 헌법 개정작업은 국무원에 관한 조문을 3개에서 9개로 증가시키고, 국무원의 성격과 지위를 최고 국가권력기관의 집행기관이자 최고 국가행정기관으로 규정하면서, 그 위상을 재정립한다.9)

셋째, 1982년 9월 1일 중국공산당 제12차 전국대표대회는 당규약을 개정하여 개인숭배의 금지와 당중앙에 주석을 두지 않고 총서기제를 실시함으로써 당의 집체적 영도를 강화하기로 하였다.10) 또한 당의 민

---

8) 王積業·吳凱泰,「調整与綜合平衡」,『紅旗』1981年 4期.

9) 許崇德,「最高國家行政机關的重大改革」,『紅旗』1982年 11期 ; 賈春峰·滕文生,「在改革中走向完善」,『紅旗』1982年 14期.

주주의 중앙집권제를 건전히 하여 당내정치생활을 더욱 정상화하며, 당내에서도 영도기구와 간부제도를 개혁하여 간부대오의 혁명화·연소화·지식화·전문화(革命化·年小化·知识化·专门化)를 실현하도록 하였다.

이상과 같이 중국은 1982년 하반기 방침으로 확정된 당의 총서기제 실시와 국무원의 총리책임제, 그리고 기구개편을 통한 간부대오의 혁명화·연소화·지식화·전문화를 통해 국가의 영도를 강화하고 개혁 과정에서 제기되는 문제점들을 해결해 나가도록 하였다. 그리고 국가 영도의 강화는 곧 개혁파들의 전면적 부상으로 이어지게 되었다. 또한 이 과정은 중국 개혁에 있어 조절과 개혁의 대립국면을 개혁의 심화 국면으로 바꾸는 정치적 계기로 작용한다.

나. 개혁파의 정치적 부상(浮上)의 의미

개혁파가 정치적으로 전면에 부상하게 된 사실은 계획체계의 해체와 관련하여 두 가지 측면에서 유의미하다. 첫째, 당의 총서기제 실시와 국무원의 총리책임제, 그리고 기구개편을 통한 간부대오의 혁명화·연소화·지식화·전문화는 1978년 개혁이 시작될 당시에 함께 했던 문화대혁명의 수혜자인 노혁명가들을 정치일선에서 후퇴하게 했고, 일부 노혁명가는 완전 퇴임하도록 하였다. 즉, 덩샤오핑(鄧小平)을 위시한 개혁파들은 1978년 당시 마오쩌둥(毛澤東)의 사상과 업적에 대한 역사적 평가와 문화대혁명에 대한 평가를 유보시켰지만, 1981년 6월 27일 당중앙위 제11기 6차 전원회의에서는 노혁명가를 포함한 마오쩌둥시

---

10) 胡耀邦, 「全面開創社會主義現代化建設的新局面 ─ 在中國共産党第十二次全國代表大會上的報告(1982年9月1日)」, 『人民日報』, 1981年 9月 8日.

기 문화대혁명의 수혜를 입은 양개범시론파들을 정리하기에 이른다.11) 당11기 6차 전원회의를 통해 화궈펑 주석은 중앙위원회 부주석의 2선으로 물러났고, 대신 후야오방이 중앙위원회 주석으로, 자오쯔양이 중앙위원회 부주석으로 올라왔다. 또한 중앙정치국상무위원회는 후야오방(胡耀邦), 예젠잉(葉劍英), 덩샤오핑(鄧小平), 자오쯔양(趙紫陽), 리시엔니엔(李先念), 천윈(陳雲), 화궈펑(華國鋒)으로 구성되었다. 이러한 정치세력의 지형 변화는 향후 중국의 경제개혁 모델이 더 이상 '1차 5개년계획 시기'나 '60년대 경제조정기'를 모방하는 것이 아닌, 새로운 중국식 경제개혁 모델을 탐구하고 모색하는 것으로 이어짐을 의미한다.

둘째, 당의 총서기제 실시와 국무원의 총리책임제, 그리고 기구개편을 통한 간부대오의 혁명화·연소화·지식화·전문화는 당과 국무원의 역할 분담의 의미를 가진다. 이미 1979년부터 시작된 기업소 및 공업관리체제의 시험적 개혁은 경제관리체제 전반의 개혁을 요구하는 방향으로 진행되고 있었다. 특히 공업기업소의 관리제도에 있어 일장제 공장장책임제는 개혁의 장애요인으로 등장했다. 일장제 공장장책임제의 가장 큰 문제는 "당과 정부의 명확한 분공이 없어서, 공장장이 행정사업을 틀어쥐기도 하고 당위서기가 일부 행정사업을 틀어쥐기도 하는 등 사업에서의 분공이 명확하지 않았다"는 점이다. 또한 책임관계에 있어서도 "당위서기는 생산에 대한 전적인 책임을 지지 않고, 공장장은 늘 보수파의 대표자로 몰리면서 큰 일이나 작은 일이나 당위에서 토론하고, 당위의 동의를 거치고, 당위의 이름으로 전달을 실시하는 등 누구하나 책임지는 사람이 없는 문제"가 나타났다.12) 국무원 중심

---

11) 「全會致通過《關于建國以來党的苦干歷史問題的決定》」, 『人民日報』, 1981年 6月 30日.
12) 周傳典, 「關于基層工業企業管理制度的改革問題」, 『紅旗』 1981年 7期, 9~13頁.

의 총리책임제는 바로 이와 같은 당과 정부의 역할과 책임을 분명히 나눈 것이고, 무엇보다 '권한을 주고 책임을 지게 한다'는 것이 가장 중요한 특징이었다. 이로부터 1982년 당 대회 이후 총리책임제 아래 기업의 관리체계는 변화하였으며, 기업의 자주권 범위에 당·정분리 방침이 광범위하게 실행되기 시작하였다.

물론 이와 같은 당·정분리 방침이 전면적인 정치체제의 개혁을 의미하는 것은 아니었다. 중국 제12차 당대회를 통한 정치체제의 개혁은 단지 중앙급의 당과 정부 영도기관에서 개혁을 진행하였을 뿐이지, 지방의 당과 정부기구, 기업소와 사업단위까지 개혁이 추진된 것은 아니었다. 그러나 상층 정치체제의 개혁을 통해 개혁의 추진세력은 더욱 힘을 얻었고, 개혁과정의 문제점을 해결하는 데 더욱 적극적일 수 있게 되었다. 이로써 개혁파들의 전면적인 정치적 부상은 개혁의 새로운 국면을 탄생시켰다. 이제 중국 개혁은 과거시기로 회귀하는 것이 아니라, 새로운 중국식 사회주의를 창조하는 과정으로 연결되었고, 새로운 중국식 사회주의 경제개혁에 관한 적극적 모색에 돌입하게 된 것이다.

(2) 사회주의 이데올로기 수정

중국은 당 11기3중전회를 통해 공유제를 기본으로 하는 경제토대 위에 '4개 현대화(농업·공업·국방·과학기술)'와 '판량판(翻兩番)'[13]을 목표로 경제조절을 하였고, 이것이 국가의 전략적 목표였다. 이에 근거하여 농촌 개혁을 추진했고, 그 경험을 도시로 확산 시키고자 했다. 또한 국가의 통제력을 효율적으로 조정함으로써 경제개혁으로 야기되는 여러 가지 개혁과정의 문제점들을 극복하려고 하였다. 또한 개

---
[13] 1982년을 기준으로 금세기 말까지 국민소득을 4배 증가시킨다는 것이다.

혁 초기 전면적인 체제개혁의 입장에 서 있지 않았던 중국은 4개 현대화와 판량판을 실현하는 데 정치적 원칙인 4항 기본원칙(사회주의, 인민독재, 공산당영도, ML 및 마오 사상)을 견지하도록 하였다. 그러나 개혁파들의 전면 부상과 함께 수립된 경제개혁의 심화 방침은 정치적 원칙인 4항 기본원칙과 서로 대립되거나 충돌하였다. 따라서 중국은 개혁의 심화를 위해서 중국식 사회주의 경제개혁에 관한 구체적인 방향과 모델을 모색해야만 했고, 개혁을 전개시키기 위한 새로운 개혁 이데올로기를 탐구해야만 했다. 이에 중국 개혁 지도부는 외국 경제학자들과의 다양한 형태의 토론을 통해 사회주의 국가들의 개혁모델을 연구하고, 그 결과 개혁을 심화시키기 위한 이론적 기반으로 중국적 특색을 가진 사회주의론을 마련하게 된다. 그리고 이것은 기존의 4개 현대화와 4항 기본원칙을 중국적 특색을 가진 사회주의론의 경제건설이론으로 대표되는 '생산력 표준론'과 결합시킨 것으로 나타난다.

가. 중국 특색 사회주의론

중국의 개혁파들이 정치 일선에 전면 부상함에 따라 국무원 내에 신설된 경제체제개혁위원회 소속 경제학자들은 개혁이데올로기 마련을 위해 외국경제학자들과 중국의 개혁 모델에 관한 수차례 토론을 전개한다. 그리고 이 과정을 통해 중국 특색 사회주의론을 도출하기에 이른다. 1980년부터 활발하게 전개되기 시작된 당시 토론의 결론은 크게 두 가지로 정리할 수 있다.[14]

첫째, 사회주의 경제개혁 모식(模式, model)을 건립하는데 있어 사

---

14) 趙人偉,「關于社會主義經濟不同模式的劃分問題 ─ 對外國經濟學家的几種不同 劃分發的初步介紹和評論」,『經濟學動態』, 北京: 中國社會科學出版社, 1980年 6月, 38~48頁.

회주의 소유제 문제는 포함되지 않는다. 특히 경제체제개혁 과정에서 구소련과 동구가 실행한 생산수단의 소유제 개혁문제는 중국과 맞지 않다고 보았다. 오히려 중국은 현 단계 생산력 수준에 비추어볼 때, 사회주의 공유제 원칙을 견지하는 가운데 여러 가지 경제형태가 병존하는 다층적인 소유제 구조를 장기간 유지하는 것이 필요하다고 정리하였다. 특히 불가리아, 헝가리 등의 사회주의 개혁국가들이 보여준 사회주의 기업소의 소유권과 경영권은 분리될 수 있다는 사례에 비추어 볼 때 중국 또한 다층적 소유제 방침을 채택하는 것은 사회주의체제를 부정하는 것이 아님을 강조한다.

둘째, 최적 모식을 선택하는 핵심문제는 국가와 기업소 간의 관계문제라고 보았다. 다만 중국은 생산력 발전 수준이 낮고 인구가 많은 것이 결정적인 특징이기 때문에, 경제적 효율성을 높이기 위해서는 지령성계획체제를 빠르게 개혁하는 것이 불가능하다고 판단하였다. 따라서 중국식 개혁은 생산력 발전추세에 따라 차츰차츰 개혁하는 방식으로 진행되어야 하며, 국민경제의 비례와 균형이 파괴된 상태에서 시장기제는 일정한 한도에서만 채용되어야 한다고 정리하였다.[15]

이에 따라 중국은 당면한 최적 모식을 소유제 개혁 없이 시장 기제를 활용하여 점진적으로 개혁하는 것으로 삼고, 경제개혁 이론 중 '브루스(W. Brus)'의 분권화 모델 이론에 근거하여 경제개혁방식을 구사하게 된다. 외국 경제학자들은 중국의 경제학자들에게 개혁의 동시성을 강조하면서 가격개혁을 통한 전반 경제체제의 개혁을 총체적으로 진행해야 한다고 조언했지만, 중국은 다르게 생각하였다. 중국 경제학자들이 생각하는 경제개혁 모델은 중국의 낮은 생산력 발전수준을 고

---

[15] 榮敬本, 「關于社會主義經濟模式的比較硏究」, 『經濟硏究』 1981年 12期, 北京: 經濟硏究雜志社, 9~16頁.

려할 때, 우선적인 분권화를 통해 생산력을 증대시킴으로써 개혁을 보다 확대·심화시켜나가야 한다고 보았다. 따라서 중국 경제개혁 모델은 다른 사회주의 개혁국가들에 비해 국가 집중적 요소가 더욱 필요하다고 강조하였고,16) 이는 중국 특색 사회주의론으로 나타난다.

중국 특색 사회주의론은 1981년 6월 27일 당중앙 제11기 제6차 전원회의의 "건국 이래 당의 역사적 문제에 관한 결의(关于建国以来党的若干历史问题的决议)"를 통해 확정된다. 그 내용은 당면한 중국은 아직 초급적 형태이며 발전 중에 있는 나라로서 의심할 바 없는 사회주의 사회이지만, 중국 사회주의가 초급적 형태이며 발전 중에 있는 사회주의이기 때문에 4항 견지의 원칙은 그대로 지켜져야 한다는 내용이었다. 또한 공유제에 기초한 사회주의 경제체제라는 점을 분명히 하였다.17) 즉, ① 마르크스 레닌주의를 필수적으로 견지하며, ② 마오쩌둥 사상의 기본원칙 아래, ③ 중국의 실제 경험으로부터 출발하고 과거 경험과 교훈을 전면 총결하여, ④ 사회주의 계획경제체제를 개혁하는 것을 중심원칙으로 삼았다. 이처럼 중국은 중국 실정에 부합하는 새로운 사회주의 계획관리체제를 수립하기 위해서는 어떠한 국가나 외국 이론가의 모델을 그대로 모방할 수 없다는 것을 재차 확인하며 '중국 특색'을 강조하게 된다.18)

---

16) 그러나 1979년 말~1980년 초 북경을 방문하여 중국 경제학자들에게 자신의 "분권화 모델"을 소개했던 브루스(W. Brus, 布魯斯)는 중국 경제학자들과의 광범위한 토론 과정을 통해 "분권화 모델"에 "시장사회주의" 모식을 첨가하는 이론적 변화를 단행한다. 趙人偉, 「關于社會主義經濟不同模式的划分問題 — 對外國經濟學家的几种不同划分發的初步介紹和評論」, 38~48頁.

17) "오직 사회주의만이 중국을 구할 수 있다. 우리의 사회주의제도가 아직 초급단계에 처해있기는 하지만 이미 사회주의제도가 수립되었으며, 이는 의심할 바 없는 사실이다. 이 기본적 사실을 부정하는 관점들은 모두 그릇된 것이다." 「关于建国以来党的若干历史问题的决议(1981年6月27日中国共产党第十一届中央委员会第六次全体会议一致通过)」, 『紅旗』 1981年 13期, 3~27頁.

나. 생산력 표준론과 상품경제론

중국 특색 사회주의론은 4항 기본원칙을 그대로 고수하도록 하여 중국=사회주의 등식을 유지시켰지만, 또 다른 측면에서는 개혁을 뒷받침하는 이론적 역할을 하게 된다. 이것은 중국이 사회주의 국가이지만 중국만의 특색을 띤 사회주의 단계설정이 가능하도록 하였기 때문이다. 즉, 사회주의 초급단계론 때문이다. 중국은 1981년 중국공산당 11기6중 전회를 통해 사회주의 초급단계론을 최초로 제기하였고, 이후 1987년 10월 중국공산당 제13차 대회에서 자오쯔양 총리에 의해 이론적으로 정리된다.[18] 사회주의 초급단계론이 등장하면서 나타난 중요한 변화는 중국 사회의 주요 모순이 변화했다는 점이다. 중국은 사회주의 초급단계론을 제시하며, 초급단계에 놓인 중국 사회주의의 주요 모순을 '나날이 증가하는 주민들의 물질·문화적 수요와 이것을 충족시켜주지 못하는 낙후된 사회생산력 수준 사이의 모순'으로 인식하였다. 따라서 사회주의 초급단계의 기본임무는 생산력 발전으로 상정되고, 모든 문제의 판단기준은 생산력 발전에 유리한가 불리한가를 따지는 '생산력 표준론'으로 제기된다. 또한 중국 사회주의가 '생산력 발전'이 우선시

---

[18] 중국 특색의 경제체제에 대한 정의를 원문 그대로 직역하면 다음과 같다. "실제로부터 출발하여 각종 경제관계를 정확하게 처리하며, 중앙부문과 지방을 함께 발전시키고, 집체와 노동자의 적극성을 발휘시키며, 경제 법률과 과학적 조직과 관리를 통해 경제를 운영하고, 당과 국가정책 및 국가계획의 건전한 운영을 통해 빠른 속도의 생산력 발전을 이루며, 사회재부의 증가, 경제효율의 제고, 사회와 인민생활수요를 촉진하고자 하는 목적을 이루는 것이다." 周太和·檐武·傳丰祥, 「建立具有中国特色的经济体制」, 『經濟研究』1983年 10期.

[19] 사회주의 초급단계론은 1987년 10월 중국공산당 제13차 대회에서 자오쯔양 총리에 의해 "중국적 특색을 지닌 사회주의노선을 따라 전진하자"라는 보고의 제 2절 '사회주의초급단계와 당의 기본노선'을 통해 하나의 이론으로 정리된 체계를 갖추어 천명된다. 赵紫阳, 「沿着有中国特色的社会主义道路前进」, 『人民日報』, 1987年 11月 4日.

되는 초급 사회주의라는 정의가 내려지자, 생산력 발전에 유리한 경제개혁은 이론적 뒷받침에 힘입어 더욱 심화·발전하게 된다.

한편, 생산력 발전을 우선시하게 될 때 논쟁의 핵심은 '그렇다면 사회주의 경제가 계획경제인가 상품경제인가'의 문제였다. 그리고 1982년부터 1983년 사이에 집중적으로 전개된 이 논쟁은 무려 여섯 가지의 의견으로 구분될 만큼 진지하게 검토되었다.[20] 이것은 사회주의 사회로서 '전민소유제'에 대한 강조를 한편으로 하고, 또 다른 한편에서는 사회주의 초급단계로서 '상품화폐관계'가 필요하다는 모순적인 관계를 어떻게 연결짓는가의 문제였다.

논쟁의 결과는 무엇보다 먼저 계획경제와 상품경제를 대립시키는 전통적인 인식을 전환하고, 사회주의계획경제는 자각적으로 가치법칙에 의거하고 공유제에 기초한 계획적 상품경제로 되어야 한다는 것이었다. 그리고 "가치법칙을 자각적으로 적용하는 계획체제를 수립하여 사회주의상품경제를 발전시켜야 한다"는 것으로 결론을 내린다.[21] 이로써 전민소유제 경제내부에는 상품화폐관계가 존재하며 단지 상품적 형태만을 취하는 것이 아니라, 전민소유제 기업소가 상대적으로 독립된 경영주체로서 자체의 경제적 이익을 갖고 상품생산과 판매를 할 수 있다는 것을 명확히 하였다. 이에 따라 생산수단의 소유권과 경영권을 적당히 분리시켜 국가와 기업소 두 층의 경영을 실시하는 것이 가능하게 되었다. 또한 기업소의 상대적 독립성은 기업소들끼리 서로 상품생산자와 경영자로서 대하여야 하며, 그들 사이의 교환에서도 등

---

20) 논쟁의 각 내용과 주요 인물들의 저작은 다음 문헌을 참조. 魏礼群·韩志国 編著, 『计划体制改革问题论事(1979~1983)』, 北京: 光明日報出版社, 1984, 1~9頁.
21) 「中共中央关于经济体制改革的决定」, 『中国共产党第十二届中央委员会第三次全体会议一九八四年十月二十日通过』 1984年 20期, 2~13頁.

가교환의 원칙이 관철되어야 한다고 보았다. 따라서 "지령성계획의 범위를 적당히 줄이고 지도성계획 및 시장조절의 범위를 적당히 넓힘에 따라서 계획관리에서 반드시 경제적공간의 역할을 발휘하는데 충분한 중시"를 돌리는 전반 경제관리체제 개혁에 나서게 된다.[22]

(3) 높은 속도에 의한 불균형발전전략 수정

중국 특색 사회주의론과 생산력 표준론은 중국의 사회주의 실현 단계를 초급사회주의라는 낮은 단계로 설정하고, 생산력 발전과 증대를 최우선의 목표로 설정하였다. 이로써 중국은 '혁명에서 생산으로, 정치에서 경제로' 사회주의 중심축을 이동하게 된다. 그리고 전통적인 계획경제체제의 경제발전전략인 '높은 속도에 의한 중공업 중심의 불균형 발전전략'을 수정하게 된다. 이는 폐쇄적인 자력갱생 방침이 대외개방의 확대와 과학기술의 중시 정책으로 변화하는 근거를 마련하게 된다.

> 이전 시기 우리가 시급히 따라잡을 것을 제기한 것은 바로 우리나라의 낮은 생산력 발전의 실정으로부터, 우리의 발전 요구로부터 출발한 것이다. 지금 우리가 따라잡자고 하는 것은 결코 지난날 대약진을 하던 것처럼 그렇게 과학상식을 위반하고 신중하게 연구하지 않고 맹목적으로 따라잡자는 것이 아니라 계획 있고, 영도 있고, 조직 있고, 절차가 있고, 과학적 근거가 있어야 한다.[23]

중국은 1960년대 중소분쟁을 통해 '자립적 경제건설'의 방침을 확립한 이래 과학과 기술을 생산양식의 상부구조로 보고, 기술혁명을 사상

---

[22] 「中共中央关于经济体制改革的决定」, 2~13頁.
[23] 宙乡, 「认清国际经济形式, 迎接新的技术革命」, 『紅旗』 1984年 10期.

혁명과 대립되는 개념으로 보았다. 과학과 기술은 정치의 성향을 결정하는 상부구조에 속하는 또 하나의 이데올로기였던 것이다. 이에 지난날 맹목적이며, 노동집약적이었던 혁명과 건설방식은 과학기술적 방식에 의한 현대화 전략으로 수정하고, 과학기술을 강조하는 것으로 변화하였다. 당시 중국은 과학기술에 근거한 총적 목표를 다음의 5가지로 새롭게 정립한다.

첫째, 향후 십 몇 년 동안 몇 차례에 걸쳐 주요한 기업소를 새로운 기술로 현대화한다. 둘째, 향후 몇 십 년 안에 과학연구, 생산, 교육이 결합된 새로운 공업기지를 한두 개 건립한다. 셋째, 새로운 기술의 응용을 통해 생산을 진일보 발전시켜 제품을 다양화·규준화·상질화(多樣化·規準化·上質化) 하여 주민생활을 높이고 활기를 띤 국내시장을 형성한다. 넷째, 새로운 기술을 응용하여 국제적 경쟁력을 가진 부가가치가 높은 제품을 생산하여 수출한다. 다섯째, 새로운 기술의 응용을 통해 국방현대화를 다그친다. 그리고 총적 목표는 단계별로 설정하며 맨 먼저 첨단산업, 미형전자기술, 생물공학, 광전도통신 등 신흥공업을 중점적으로 발전시키고, 이를 기업소의 기술개조·기술혁신과 결부시켜야 한다고 하였다.[24] 즉, 중국은 높은 속도에 의한 불균형발전전략을 수정하여 과학기술의 적극적 도입을 통한 산업의 현대화 전략으로 수정하였고, 이에 몇 십 년 동안, 몇 차례에 걸친 다단계 점진

---

[24] 중국은 소련의 과학기술정책을 반면교사(反面教師)로 삼았다. 그 내용의 첫째는 과학기술정책의 중요성을 간과한 것이고, 둘째는 과학기술을 군수산업에만 이용했지 산업의 현대화 전략에 활용하지 못했다는 것이다. "특히 소련처럼 서방의 전자계산기 발전을 중요하게 생각지 못하다가 1970년대 초기부터 따라잡기 시작하여 성과를 올렸지만, 군수품과 민수품이 균형을 이루지 못하며 군 기업소 기술 발전만 중요하게 여기고, 중소형기업소 및 경공업의 기술개조를 홀시하여 통신기술개가 매우 떨어지고, 미형전자제품의 종류가 적고 원가가 높아 미형전자기기술의 보급에 영향을 주면 안 된다." 宙乡,「认清国际经济形式, 迎接新的技术革命」,『紅旗』 1984年 10期.

적 발전을 목표로 한 것이다. 또한 산업의 현대화 전략은 선진 지식과 과학기술의 도입을 위해 기존 자력갱생의 폐쇄적 대외정책을 확대된 개방정책으로 수정하도록 하였다.

> 개방하지 않으면 안 된다. 대외개방은 우리를 절대 해치지 않는다. 아마 일부 동지들은 걱정을 많이 할 것이다. 동지들이 우려하는 것은 나쁜 풍조가 함께 들어오지 않을까 하는 것이다. 가장 두려워하는 것은 자본주의로 바뀌지 않을까 하는 것이다. 일생을 바쳐 사회주의, 공산주의 체제를 수립하였는데 다시 자본주의가 생겨나는 것, 이것은 참을 수 없는 일이다. 그러나 영향을 미치지 못할 것이다. 부분적으로 소극적인 요소들이 유입되기는 하겠지만 극복하기 어렵지는 않을 것이다. 만일 개방하지 않고 다시 문호를 닫으면 50여년이 경과해도 전혀 경제가 발전에 접근하지 못할 것이라고 단언할 수 있다.25)

이에 따라 기존의 폐쇄적 자립경제를 지양하고, 세계에 대한 적극적인 문호개방을 단행하여, 외자·기술·설비 도입 및 직접투자의 유치 그리고 수출입 무역확대를 통한 경제교류의 확대방침을 천명하게 된다.

2) 계획체계의 해체과정

중국은 제12차 당대회를 통해 경제 개혁파들이 전면적으로 부상함에 따라 상층 정치체제를 개혁하고, 개혁을 가일층 확대·심화시킨다는 방침을 설정하게 된다. 방침에 따라 국가전략을 총체적으로 수정하게 되었고, 중국의 경제개혁은 '하나의 중심, 두 개의 기본 점'이라는 새로운 전략적 방침을 세우게 된다. 여기서 하나의 중심이란 '경제건

---

25) 『人民日報』, 1985年 1月 1日.

설'이고, 두 개의 기본 점은 '4항 기본원칙'과 '개혁개방'이다. 이를 그림으로 표현하면 〈그림 3-1〉과 같다.

〈그림 3-1〉 중국의 경제개혁전략 구상

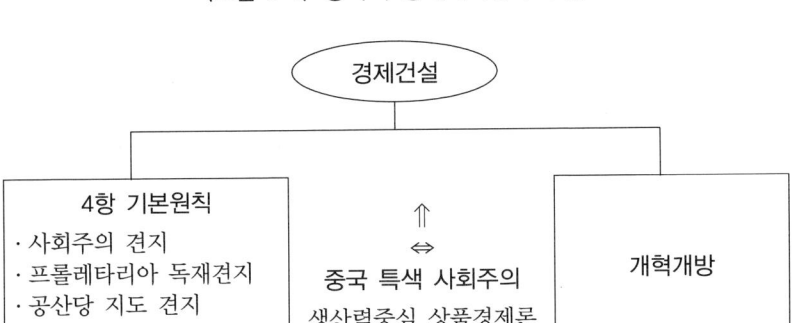

중국은 경제개혁에 대한 전략적 구상에 따라 계획체계를 다음과 같이 해체시키게 된다.

첫째, 중국은 전통적으로 농업·공업의 불균형발전전략과 사회주의 원시축적론에 근거하여 속도를 우선시했던 발전전략을 가지고 있었다. 그러나 생산력 중심의 경제건설로 그 전략적 방점을 이동하면서 1978년 농업우선발전전략 이후 농업개혁을 더욱 확대·심화시키게 된다. 농업부문은 인민공사체제를 완전히 해체하고, 국가전략물자에 관한 국가계획수매를 제외하고는 자유시장의 자유가격에 의한 자유로운 거래로 대체되게 된다. 또한 국가는 이와 같은 농업개혁을 제도적으로 공고히 해주며, 적어도 농부산물에 관한 한 왜곡된 가격체계를 부분적으로 개혁한다. 이로써 농업부문은 완전히 국가 경제개혁의 중심에서 떼어 내면서 자유로운 시장체계가 형성되었다.

둘째, 중앙과 지방의 관계에서 볼 때, 중국은 폐쇄적 자력갱생 원칙에 근거하여 전반 지역의 균형적 발전전략을 채택하여 왔었다. 따라서 연해지역에 편중되어 있는 생산력 분포상황을 인위적으로 조정하여 내륙으로 이동시켰고, 중·서부 지역의 공업화를 다지는 것이 계획경제하 지역경제정책의 주요 목표였다. 이에 생산력 배치의 중점이 서쪽으로 이동하였고, 인위적으로 중·서부지역에 배치된 기업들은 과도하게 분산된 입지, 관련 조건의 미비, 불합리한 공장지역의 선정 등으로 경제발전에 부정적 영향을 미쳐왔다.[26] 그러나 폐쇄적 자력갱생 전략의 수정은 중앙과 지방의 관계를 분리시키면서 기존의 지역균형 발전전략을 지역불균형 발전전략으로 변화시켰다. 즉, 확대된 대외개방 및 기술도입, 그리고 현대화 전략을 통해 비교우위에 따른 지역불균형 발전전략으로 변화하게 된다. 그리고 이것은 지방의 대외무역 권한을 부여하는 등 무역관리체계를 개혁하는 것으로 나타나고, 연해 지방과 내륙 지방 간 계획체계 해체과정의 차이를 보이게 된다.

셋째, 결과적으로 중국은 사회주의 경제개혁의 핵심을 국가와 기업소의 관계로 규정했음에도 불구하고 기업소 개혁을 전면화 시키는 데 있어 여전히 4항 기본원칙의 지배를 받고 있었다. 따라서 농업·공업의 불균형 발전전략과 지역균형 발전전략을 수정하여 농업개혁의 심화와 지방분권화를 촉진시키지만 기업개혁의 속도는 느리게 나타났다. 다만 기업기혁에 있어 계획적 요소와 시장 기제를 조화시키려는 노력은 기업 소유 및 경영형태 면에서 국유국영, 국유위탁경영, 집단소유기관 운영, 집단소유 주식합작, 합자, 독자, 집단, 개인 등의 다양한 소유제를 공존시키는 것으로 나타나게 된다. 또한 국가는 이와 같은 기업개혁을 완만히 추동하게 위해 재정, 금융체계를 개혁하고, 가격개혁에 관한 다

---

[26] 임반석, 『중국경제: 두 가지 기적과 딜레마』, 해남, 1999, 230~263쪽.

양한 논쟁을 불러일으키게 된다. 이와 같은 계획체계의 해체과정을 구체적으로 보자.

(1) 농업과 공업의 분리

1982년부터 개혁파들이 정치 전면에 부상하여 국가의 총체적 발전 전략을 수정하게 되면서 기존의 계획경제체제는 점차 분권화, 전문화 양상을 띠면서 해체되어갔다. 그러나 계획경제체제의 해체가 가장 구체적으로 진행된 부문은 역시 농업부문이다. 농업부문에서 계획적 수매·계획적 공급체계가 시장을 중심으로 한 판매·유통체계로 그 기울기를 변화시켜 나갈 수 있었던 가장 큰 이유는 국가가 제도적으로 이를 승인하고 보장해 주었기 때문이다. 국가의 제도적 여건 마련 과정은 두 측면에서 살펴볼 수 있는데 하나는 농업개혁의 진전과 함께 국가가 구체제의 각종 제약들을 점차 해체하며 제도적 여건을 마련한 것이다. 또 다른 하나는 시장을 활성화하고, 시장을 통한 거래가 질서를 갖기 위해 국가가 비록 농부산물에 한정되었지만 가격개혁을 지속적으로 추인한 것이다.

가. 농업의 구조적 해체와 법적·제도적 보완

먼저 농업개혁을 진행하면서 국가는 거의 매년 자주권을 확대하고, 각종 제약을 해체하는 결정안을 발표한다. 이 조치들은 1984년 결정 때까지 총 7번의 중요 결정들을 통해 발표된다.

㈀ 1978년 12월 11기 3중전회 ;
농업발전을 가속화시키는 약간의 문제에 관한 중공중앙 결정(초안)
인민공사 사원의 자류지, 자유축, 가정부업과 농촌 집시무역을 사회주

경제의 부속과 보완물로 규정하여 적극 허용함으로써 농민 개인이 농부업활동에 종사할 자유를 확대

(ㄴ) 1980년 9월 ;
　　농업생산책임제를 더 한층 강화하고 개선시키는데 관한 몇가지 문제
관계부문의 인가를 받아야 한다는 단서가 붙어 있기는 하지만 농민 개인이 비농업개체경제활동에 종사하고 외지에 출가하여 영업활동을 하는 것까지 허용

(ㄷ) 1981년 3월 ;
　　중공 중앙과 국무원이 국가농업위원회에 보낸 농촌의 다양한 종류의 경영을 적극적으로 발전시킬 데 대한 보고
농민 개인이 비농업경영활동에 종사하는 것을 조건부로 허용 하던 데서 한 걸음 더 나아가 그것을 장려하고 집체는 그것을 조직하고 원조하도록 규정

(ㄹ) 1982년 9월 중공 중앙당 제12차 전국대표대회 호요방의 공작보고
개체경제가 사회주의 공유제 경제의 필요하고도 유익한 보충임을 지적하고 이것을 포함한 다양한 경제형식의 발전은 당의 장기적 방침임을 명확히 함

(ㅁ) 1983년 1월 1일 중공 중앙정치국 1호 문건 ;
　　당면한 농촌경제 정책에 관한 약간의 문제
농민이 개인 혹은 공동으로 대형 트랙터와 자동차 및 소형 동력선을 구입하여 장거리 운수, 판매활동에 종사하는 것을 허락하고, 특히 농민 개인이 도시로 들어가 영업활동을 하는 것을 허용

(ㅂ) 1984년 1월 중공 중앙의 1호 문건
토지를 점차 경종능력이 우수한자(種田能手)에게 집중시키는 것을 장려하고, 토지를 청부받은 농민이 청부 토지를 계속 자기 명의로 유지한 채 제3자에게 유상으로 재청부하는 것을 허락. 또한 1984년부터는 공업, 상업, 서비스업에 종사하려는 농민이 먹을 것을 스스로 마련하여 소도시로 나가 영업하는 것을 허락한다고 선포

(ㅅ) 1984년 10월 ;
   농민이 集鎭에 들어가 호적을 옮기는 문제에 관한 국무원의 통지
   양식을 스스로 마련한다는 전제 하에 농민 및 그 가족이 집진(현성은 제외)으로 호적을 옮기는 것을 승인

 이상과 같은 과정을 거쳐 농촌 내부에서 그리고 도시와 농촌 사이에서 농민의 다양한 경영활동 및 직업 선택과 거주이전의 자유를 제약하고 있던 각종 제도적 장벽을 제거하였다. 또한 정권조직이면서 경제조직인 농촌 인민공사체제를 해체하기에 이른다.
 농촌 인민공사체제의 해체과정은 당 조직과 정부, 기업소가 분공해야 할 임무와 역할에 따라 향(鄕) 당위원회 및 향(鄕) 인민정부 그리고 여러 가지 형태의 경제조직을 각각 설립하여 인민공사를 대체해 나가도록 하였다. 즉, 원래 인민공사의 범위에 향(鄕)을 설치하고, 생산대의 범위에 촌(村)을 설치하였으며, 일반적인 생산대 범위에서는 구역단위 합작경제조직을 구성하도록 재편하였다. 그리고 각 향들로 하여금 재정소를 설립하도록 하여 재정수입과 지출 및 여러 항목의 자금에 대한 관리를 강화하도록 하였다.[27] 또한 인민공사체제가 해체되고 농촌경제체제가 개혁됨에 따라 현급(縣級)의 관리체제와 인사제도를 초보적으로 개혁하게 된다. 대부분의 현이 선택한 개혁 방법은 당 조직과 정부의 행정사업과 경제사업을 명확히 구분하고, 행정기관을 간소화하고 경제관리기구를 설립하는 것이었다. 간부관리제도의 개혁은 간부를 관리하는 권한을 적당히 아래에 위임하였으며, 기업소와 사업소의 지도간부를 선거하고 초빙하는 제도를 실시하는 것으로 이루어졌다.[28]

---

[27] 1984년 말에 98.3%의 인민공사에서 국가권력기관과 경제기관의 분리가 행해졌다. 전국에 8만 4,340개의 향(鄕) 정부와 82만 2,000개 이상의 촌(村) 주민위원회가 창설되었다. 『人民日報』, 1985年 1月 23日.
[28] 이로써 인민공사는 정사분리와 함께 거의 대부분 해체되었으며, 인민공사-향,

이로써 농업부문에서는 완전히 새로운 경제체제가 성립하게 된다.

나. 농산물 중심의 가격개혁

중국은 1979년부터 양곡, 식용유, 면화 등 주요 농산물 18종에 대해 정부수매가격을 평균 24.8% 인상하였으며, 이후 매년마다 수매가를 조절하고, 수매초과부분에 대해서는 가격을 인상하는 우대정책을 사용하여 왔었다. 그리고 농업부문의 개혁과 함께 시장이 형성되자 1985년 농산물에 대한 할당구매제도를 폐지하게 이른다. 따라서 계약수매가격과 자유시장가격을 병행 실시하게 된다. 이로써 1978년에는 상업부가 관리하던 113종의 농산물 가격과 137종의 판매가격이 1988년에는 각각 16종으로 감소하며, 지방정부와 각 상업기업이 정부의 허가 범위 내에서 가격을 조절하고 결정할 권리를 갖게 되었다. 그러나 〈표 3-1〉에서 볼 수 있듯, 1980년대 중반까지는 상당히 유동폭이 큰 시장가격체제를 가지고 있음을 볼 수 있다. 즉, 가격변동 및 여러 종류의 가격 사이에 존재하는 가격차를 확인할 수 있다. 또한 표에는 나타나지 않지만 생산재 및 소비재 가격은 지역과 시기별로 상당한 변동 폭을 보여주고 있었다. 이것은 1980년대 중반에 이미 중국의 시장체계가 작동하면서 가격에 의한 물자의 수급조절 기능을 수행하고 있었음을 의미한다.

그렇지만 가격개혁을 본격적으로 단행하지 않고 농산물만을 중심으로 한 가격조정은 여러 문제를 파생시켰다. ① 지나치게 낮게 책정된 에너지 및 수송부문 가격의 상향 조정, ② 소비재 가격의 부분적 자유화, ③ 유동가격 허용, ④ 이중가격제 채택, ⑤ 시장가격 적용범위의 확

생산대대-촌민위원회, 경제활동은 기본적으로 각개의 농민 경영이 되었다. 유영구,「人民公社의 변화과정을 통해 본 중국의 농업관리형태」,『中蘇硏究』 1989년 가을호.

대방침에 따라 다양한 가격의 존재는 물가를 혼란하게 하고, 전체적으로 가격개혁을 단행할 것을 요구하게 된다. 그러나 중국의 전반적 가격개혁은 1987년까지 이루어지지 않았다. 왜 중국은 가격개혁을 계속 지체하였는가. 이는 중국의 산업부문별 세입 비중을 보면 그 이유를 보다 분명히 알 수 있다.

〈표 3-1〉 중국 가격유형별 점유비율 추이

가격 유형		1978	1980	1985	1990	1994
소비재	정부지정가격	97.0		47.0	29.8	7.2
	정부지도가격	0.0		19.0	17.2	2.4
	시 장 가 격	3.0		34.0	53.0	90.4
농산물	정부지정가격	92.6	82.3	37.0	25.0	16.6
	정부지도가격	1.8	9.5	23.0	23.4	4.1
	시 장 가 격	5.6	8.2	40.0	51.6	79.3
생산재	정부지정가격	100		64.0	44.6	14.7
	정부지도가격	0.0		23.0	19.0	5.3
	시 장 가 격	0.0		13.0	36.4	80.0

※ 자료: 박정동, 『개발경제론: 중국과 북한의 비교』, 서울대학교출판부, 2003.

〈표 3-2〉 중국 산업부문별 세입 비중의 년도별 추이

(단위: %)

년도	공업	상업	농업	운수	건설
1975	79.45	3.80	8.73	8.16	-0.14
1980	88.12	3.25	1.62	6.91	0.10
1985	76.36	5.59	9.18	8.39	0.48
1987	71.95	6.45	14.55	6.59	0.47

※ 자료: 安致潁, 「改革 以後 中國의 財政體系와 租稅制度의 變化 — 國家統合(national integration)문제와 관련하여」, 서울대 대학원 정치학석사학위논문, 1995, 15쪽 재인용.

위 〈표 3-2〉에서 보듯 국가재정의 절대 액수를 차지하고 국가 재정을 충당하는 기업소의 개혁은 가격개혁, 재정개혁과 연동되어 있었기 때문이었다. 반면 국가재정의 미비한 수입원이었던 농업부문은 중국의 전체 개혁과 무관하게 독자적 진행이 가능했던 것이다. 따라서 중국 계획체계 해체과정의 첫 번째 특징은 농업과 공업의 분리 개혁으로 나타나게 된다.

(2) 중앙과 지방 관계에서 지방 분권 확대

계획체계 해체과정의 두 번째는 중앙과 지방의 관계에서 지방에 큰 자주권을 부여하는 방식의 개혁을 진행함으로써 중앙집권적 관리체계를 해체하기 시작한 것이다. 중앙과 지방의 분권화는 지역분권화와 기업분권화가 함께 전개되게 된다. 먼저 지방 분권화 측면부터 살펴보면 다음과 같다.

가. 대외개방과 지역균형정책 타파

중국의 전통적 지역구분은 동·서 지역 구분이다. 이 구분은 전쟁준비를 핵심으로 하는 전략적 방침에 의해 1-2-3선(線) 지역구분으로 나누어진다. 중국 사회주의 건설 시기 지역정책의 무게 중심은 내륙에 위치한 3선(線) 지역에 두어졌고, 중앙 정부는 반미·반제 기치 아래 내륙지역으로 산업입지를 이전하였다. 특히 중화학공업과 군수공업기지가 서부지역에 건설되었다. 이것은 경제적 고려가 아니라 철저히 정치적, 군사적 고려 조치였다. 또한 지리적, 경제적 측면에서 비교우위에 있는 동부 연안 지역의 발전을 억압하게 되는 비효율이 존재해 왔다.[29]

---

29) 전쟁준비를 목적으로 한 1-2-3선의 구분법은 문화대혁명 이후 연해-내륙-

1978년 4개 현대화 노선을 정립한 중국은 나라의 경제토대가 박약하고 기술이 낙후하며, 건설속도를 다그치기 위하여 외국과의 경제기술 교류를 확대할 것이 절박하다고 판단했다. 또한 당시의 국제 정세는 기술을 도입하고 외국의 자금을 이용하는데 매우 유리한 국면이라면서 미국과의 관계 개선, 제3세계 및 제2세계 여러 나라들과의 연계를 강화해야 한다고 강조한다. 이에 따라 중국의 대외개방 확대방침은 외자도입의 필요성과 결합되어 기존의 자력갱생 방침을 변화시키게 된다.[30] 그리고 자력갱생 방침의 변화는 인위적인 지역균형정책을 타파하고, 동부 연안지역을 중심으로 한 대외개방 정책으로 이어지게 된다.

1979년 7월 광동(广东), 푸지엔(福建) 두 성의 지역인 선천(深圳), 주하이(珠海), 산두(汕头), 하문(厦门) 4개 도시에 일종의 수출자유지역인 '경제특구(special economic zones)'를 설치하였다. 그리고 특구 지역에 진출하는 외국 기업에 대해 수입관세, 소득세율, 토지임대, 출입국 수속, 물자공급 면에서 우대 조치를 취하여 외자도입을 적극 도모하였다. 또한 1980년 6월 중국은 수출입허가제를 도입하여 대외경제무역부, 지방정부 등이 직접 수출입허가증을 발행하게 하였다. 그리고 이를 위해 중국은 주요 법령을 개정하였다.[31] 이처럼 중국의 초기 대외개방정책은 경제특구·개방도시의 설치, 외자도입, 관련 제법규의 정비 등으

소수민족지역이라는 구분으로 변경되었고, 개혁개방시기 이후에는 동·중·서부지역이라는 지역구분법을 사용하고 있다. 여기서 내륙공업이 집중되어 있는 서부지역은 서남의 쓰촨(四川), 구이저우(貴州), 시짱(西藏), 서북지역은 산시(陝西), 깐쑤(甘肅), 닝샤(寧夏), 칭하이(靑海), 신장(新疆)을 포함한다. 임반석, 『중국경제: 두 가지 기적과 딜레마』, 236~237쪽.

30) 1978년 당시는 대외개방이 외국의 선진기술 도입뿐 아니라 경제발전을 다그칠 수 있으며, 이로 인해 자력갱생의 능력 또한 보다 높일 수 있다고 하였다.

31) 「중외합자경영기업법」(1979), 「동법 실시조례」(1983), 「중외합자경영기업 소득세법」(1980), 「동법 시행세칙」(1980) 등이다. 서석홍, 『중국 사회주의 개혁의 진로』, 풀빛, 1990, 314쪽.

로 전개되었다. 그러나 당시 2성, 4개 도시에 한정된 경제특구는 기업개혁과 마찬가지로 중국의 초기 개혁에서는 미미하였다. 그러나 1984년에는 14개 연안도시를 개방한데 이어 1985년 연안 경제개방구로 '장강삼각주(長江三角洲), 주강삼각주(珠江三角洲), 시아먼(廈門), 이주(洙洲), 취엔주(泉洲)'를 잇는 삼각지대를 지정하면서 점차 확대해 나가게 되었다. 그리고 이 지역에서는 집중적으로 중외합작(中外合資), 합작(合作)과 단독 외자(外資)의 생산기업과 중외합작 과학연구기구를 설립하여 중국이 긴급히 필요로 하는 선진 기술, 신산업 기술, 신소재와 과학관리 경험의 도입을 가속화하고, 신제품을 연구·개방하여 수출에 의한 외화 획득을 늘이도록 하였다.

나. 지방 자주권과 무역관리체계 개혁

대외개방과 함께 무역관리체계도 개혁이 시작되었다. 개혁 이전 중국의 대외무역은 거의 독점적인 경영관리체제하에서 이루어져 왔다. 주요 특징은 첫째, 중앙의 대외무역부가 전국의 대외무역활동과 기관을 통일적으로 지도, 관리해 왔다. 둘째, 실제 수출입 업무에 관해서는 대외무역부 산하의 무역전업총공사 및 이에 속하는 각 항만의 분공사(分公司)에 의해 집중적으로 경영되었다. 셋째, 수출품에 대해서도 농산물·공업제품 모두 무역전업총공사 및 분공사가 계획지표에 의거해 국내 수매를 일괄적으로 수행하고, 그 후 이들 공사가 대외판매를 일괄적으로 수행해 왔다. 수입품은 대외전업총공사가 국가에서 승인한 상품 목록에 의거해 통일적으로 해외와 계약하고, 화물도착 후 국내 인도가격으로 사용자에게 공급했다. 넷째, 금전적인 면에서는 무역전업총공사가 수출입의 손익을 일괄해서 정산하고 최종적으로 적자분은 국가가 모두 보전해 주었다.[32]

그러나 중국은 1978년 농업개혁을 시작함과 동시에 무역관리체계 분권적 개혁도 미비하나마 조금씩 진행하였다. 무역관리체계 역시 ① 무역경영권의 하방, ② 다양한 무역기업의 형태와 경영권한의 다양화, ③ 무역방식의 다양화라는 중국식 개혁 공식과 같은 양식으로 전개되었다. 구체적으로 첫째, 국가의 독점적 무역권한을 중앙·지방·일부 대형기업 등 세 분야에서 조건을 구비한 공업생산단위에 한해 무역경영권을 하방하였다. 또한 성·시·자치구에 무역회사를 설립해 심사·비준할 수 있는 권한도 부여해 주었다. 둘째, 기존 무역전업공사와 공무공사(公貿公司)33) 중심의 대외무역기관 이외에 중외합영기업, 합작기업 및 100% 외자기업 등도 자사제품의 수출과 그에 필요한 원자재의 수입을 자유롭게 할 수 있도록 하였다. 이에 따라 공무결합형 기업, 전문수출연합공사, 단독 수출이 가능한 생산기업이 생겨났으며, 생산·판매·수출 일체를 다 할 수 있는 대형 무역기업 등이 앞다투어 생겨났다. 셋째, 대외무역의 방식에 있어서도 통상의 수출입거래 외에도 다양한 형태의 거래가 이루어졌다. 원료위탁가공, 샘플 가공, 부품의 조립, 보상무역, 바터무역 등이 그것이다. 또한 변경 지역의 성, 자치구에서는 소련, 몽고 등의 인접 국가들과 국경무역이 활발히 진행되기도 하였다.

물론 대외무역권한의 하방, 무역기업 형태의 다양화, 무역방식의 다양화를 초보적으로 전개하였지만, 무역관리체계에 있어서는 여전히 중앙의 직접적 관리 통제를 쉽게 개혁하지 못하였다. 1985년에 이르러

---

32) 박정동, 『개발경제론: 중국과 북한의 비교』, 서울대학교출판부, 2003, 250쪽.
33) 전국 수준의 공사와 지방 수준의 공사로 구분되는 공무공사는 무역기업과 생산기업의 연합체로서 특정 종류의 상품을 취급하는 전문적인 공사이다. 박정동, 『개발경제론: 중국과 북한의 비교』, 252쪽.

서야 행정과 기업의 분리원칙(政企分離)에 따라 대외무역 관련 기구의 자회사에 대해 경영권을 이양하기 시작했다. 그럼에도 불구하고 중국은 계획체계를 해체하는 수순으로 중앙과 지방의 분권을 이처럼 확대해 나갔다.

(3) 국가-기업소 관계에서 기업 분권 확대

농업과 공업의 분리개혁, 중앙과 지방관계에서 분권화 개혁을 통해서 보듯 계획체계 해체의 핵심적 문제는 국유기업개혁이었다. 따라서 중국의 초기 개혁에서는 여타 부분에 비해 더딘 속도로 진행되었지만 국가로부터 기업소를 떼어내기 위한 초보적 기업개혁을 통해 계획체계 해체의 핵심적 사안에 접근한다. 중국은 우선 기업분권 차원에서 자주권을 부여하고, 권한·책임·이익을 분배하는 경제채산제를 실시했으며, 소유제의 다양화 방식을 통해 기업을 해체하고, 재조직하게 된다. 먼저 국가의 총체적 전략 수정에 따라 군수공업이 민영화되기 시작하고, 이는 앞선 시험적 기업개혁과 맞물려 사영, 비국유부문으로 재조직되어 간다.

가. 국방공업의 민영화와 기업개혁의 결합

중국은 1982년 12차 당대회를 통해 독립자주외교노선을 천명한다. 독립자주외교노선은 중국의 대외정책노선을 천명한 것으로 개혁개방 정책의 성공 및 4개 현대화 실현에 유리한 안정적인 주변 환경 조성을 그 목표로 하고 있다. 그 내용은 첫째, 제1세계인 미·소에 대해 반패권주의에 입각한 등거리 외교를 실시하는 것, 둘째, 제2세계인 유럽의 선진국가와는 체제에 관계없이 문화를 개방하는 다변적인 성격의 전방위외교를 전개하는 것, 셋째, 제3세계 국가에 대해서는 신국제경제질서를 기반으로 하는 남남합작외교를 적극적으로 수행해 나가는 것이었다.[34] 이와 같은 대외정책의 변화는 당시 중국이 국제적 힘의 균형에 대한 재평가를 다음과 같이 내렸기 때문이다.

> 미·소 강대국의 힘의 균형은 상당정도 지속될 것이고, 핵전쟁은 사실상 불가능하며, 강대국들의 주요 관심사는 경기침체로 인한 국내문제에 있고, 국제질서는 다극화 현상으로 변모하는 이러한 시기야말로 중국 경제발전을 용이하게 해 줄 수 있다.[35]

중국은 당시 정세분석을 중국에게 유리한 국제환경이 조성되었다고 판단했다. 특히 소련으로부터의 침략 위협이 감소하기 시작하면서, 공격 위협에 직면하고 있지 않은 상황임에도 불구하고 대규모의 상비군을 유지할 필요가 있는지에 대한 논쟁을 벌이게 된다. 그리고 논쟁의 결과 국제적인 평화 환경을 이용하여 경제건설에 박차를 가하며, 경제건설을 위해 병력 수준을 감축하고 국방비 예산을 삭감하는 것을 하나의 방법으로 택하게 된다. 이에 따라 덩샤오핑은 1984년 11월 중앙군사위원회 좌담회를 통해 "군대의 활동은 국가건설의 대국에 따라야 하며 대국에 긴밀히 호응하여 국민경제의 발전을 강력히 지원하지 않으면 안 된다"고 지시하고, 1985년 5월 23부터 6월 6일까지 열린 중앙군사확대회의에서는 중국군 100만(중국군 총병력의 1/4) 감축을 결정한다.

---

[34] 이교덕 외, 『북한체제의 분야별 실태평가와 변화전망: 중국의 초기 개혁개방과 정의 비교분석』, 통일연구원, 2005, 452쪽.

[35] 나영주, 「중국 인민해방군의 역할변화─개혁개방시기 군의 경제활동에 관한 정책 변화」, 고려대 대학원 정치학박사학위논문, 2000, 170쪽.

지금 전국적으로 당·정부·군대·인민들이 모두 하나같이 나라를 건설하는 이 대국(중국 대국건설)에 복종하며 이 대국을 돌볼 것이 요구됩니다. 이 문제에 대해 우리 군대도 책임을 지고 있습니다. 군대는 이 대국을 방해할 것이 아니라 이 대국에 잘 협조해야 하며 이 대국에 따라 행동해야 합니다. 군대는 여러 면으로 나라의 건설과 연관되어 있는 만큼 어떻게 하면 나라의 건설을 지원하며 나라의 건설에 적극 뛰어들 것인가 하는 것을 잘 생각해야 합니다.36)

군 감축 결정은 국제정세 분석에 따른 것이기도 하지만 개혁의 진전을 위해서도 필요한 결정이었다. 즉, 중국은 당시 개혁을 심화시켜 나가면서 인플레와 재정적자에 시달리고 있었다. 또한 경제건설에 대한 투자를 위해 다른 분야에 대한 예산을 대폭 삭감해야만 했다. 따라서 군 예산 역시 삭감 조치가 불가피했다. 군 감축 결정은 이를 배경으로 하여 전격적으로 단행된 것이다. 1978년 국방비는 전체 재정지출의 14.96%를 차지하였으나, 1985년에는 9.56%로 낮아지면서 지속적으로 국방비가 재정에서 차지하는 비율이 감소하였다.37) 또한 병력수

---

36) 当代中国从书编辑委员会 編, 『当代中国军队的政治工作, 上』, 北京: 当代中国出版社, 1994, 394頁.

37)

년도	국방비 지출(억원)	대전년비(%)	재정지출 점유율(%)
1978	167.84	12.61	14.95
1979	222.64	32.67	17.36
1980	193.84	-12.93	14.77
1981	167.97	-13.35	14.75
1982	176.35	4.99	14.33
1983	177.13	0.44	12.56
1984	180.76	2.05	10.62
1985	191.53	5.96	9.56

※ 자료: 『中国统计年鉴, 1998』, 北京: 中國統計出版社, 1998, 269·277頁.

의 감축으로 인해 부수적인 보급 및 생산시설이 군에 더 이상 필요하지 않았고, 이러한 유휴시설은 자연히 군의 경제활동을 모색하는 계기가 되었다. 즉, 군대 경비의 수요와 공급 사이에 모순이 발생하기 시작한 것이다. 이에 중앙군사위원회는 전군이 스스로 자각하여 국가현대화 건설에 복종하며, 적극적으로 생산경영에 참여할 것으로 요구하였다. 구체적으로 군 수뇌부들은 군부대들로 하여금 부수적인 수입원인 경제활동의 참여를 확대·허용하기로 결정하였고, 군 공장들은 군수품에서 민수품으로 생산을 전환 할 것을 요구받았다. 이에 대규모의 군 무역업체가 세워졌으며 이전 시기에는 제한을 받던 분야가 군 기업에게 개방되었다.[38] 그러나 1980년대 중반만 하더라도 마오쩌둥 시기에 중국 군수공장의 가동률은 30% 정도였으며, 고도정밀 군수공장의 가동률은 이보다 훨씬 낮았다. 따라서 실제 개혁 초기 군수공장의 민수화 및 민수생산은 미비했으며, 1985년 이후부터 민수전환이 적극적으로 추진되기 시작하여 1994년에 이르러서야 군수산업의 40%는 완전히 민수품 생산으로 전환하였으며, 다른 40%는 군수와 민수 모두 생산하고, 단지 10% 정도만 군수품을 생산하는 것으로 전환되었다.[39] 그리고 군 기업의 민수 전환과정은 기업소 개혁과 함께 진행되면서 공·농이 연합하고, 군수품공업기업소와 민영기업소가 연합하여 민영품을 생산하며, 공업과 상업이 연합하는 과정을 통해 군수공업기업소는 점

---

[38] 중국은 이미 1980년을 전후하여 경제개방에 따른 산업경쟁력 확보를 위해 군용기술 우선의 과학기술 정책을 민군공동기술개발체제로 전환하였으며, 군민결합(軍民結合), 평전결합(平戰結合), 군품우선(軍品優先), 이민양군(以民養軍)의 군수경제합일정책의 추진을 통해 2000년까지 80%의 민수전환을 목표로 하였다. 구상회, 「국가과학기술전략과 민군겸용기술」, 김형국 외, 『과학기술의 정치경제학』, 오름, 1998, 66쪽.
[39] 나영주, 「중국 인민해방군의 역할변화―개혁개방시기 군의 경제활동에 관한 정책 변화」, 173쪽.

차 민영기업소로 전환하게 된다.

　중국은 기업개혁에서도 쓰촨성의 시범적 100개 대상 공장·기업소를 선정하는 데 있어 '경제책임제'를 실시할 수 있는 건전하고 유리한 환경과 조건을 가졌는가를 기준으로 하였다. 또한 이후 시험적 기업개혁을 실시할 기업들을 확대하는 기준 역시 마찬가지였다. 따라서 공장·기업소들은 각자 채산제 실시의 유리함을 증명하기 위해 '작고도 구전하며, 크고도 구전한(小而全, 大而全)' 기업소 상태를 정비하고, 전업과 협업에 기초한 자체 공장라인을 축소, 통폐합을 단행하여 경제책임제를 실시할 수 있음을 증명하고자 하였다. 따라서 이와 같은 기업소의 전업, 협작, 재조직 과정은 군 기업의 민수전환과 맞물리면서 군수품 공업기업소가 민영기업소로 전환하는 과정에 참여하게 된 것이다.

나. 재정·금융·가격 개혁

　국가와 기업소 간의 해체과정은 기업소에 권한을 하방하고, 기업소 스스로 경제적 책임을 지는 경제책임제 실시 방식으로 전개되었다. 그런데 이와 같은 기업의 경제책임제 실시 방식은 재정·금융·가격 부문의 국가 거시정책의 개혁도 요구받게 된다. 당시 중국의 초기 개혁시기에는 이미 중앙과 지방의 분권화 과정을 통해 일정정도 재정개혁이 진행되고 있었다. 즉, 중앙과 지방의 분권화 과정에서 지방의 재정적 자주권을 확대한 것이다. 그리고 재정개혁은 개혁 이전 총수총지(總收總支) 방식에 의한 '일로츠판(一爐吃飯)' 체계를 개혁 이후 '펀로츠판(分爐吃飯)' 식의 재정체계로 변화시킨다.[40]

---

[40] '一爐吃飯'은 전국이 한 솥에서 지은 밥을 먹는다는 의미이고, '分爐吃飯'은 각각 다른 솥 밥을 먹는다는 의미이다. 즉, 중앙집권적 재정체계와 분권화된 재정체계를 상징한다.

당시 재정개혁은 대체로 4가지 방식으로 진행되었다.[41] 첫째, 광동성(廣東省)과 푸지엔성(福健省)에서 실시된 우대정책으로 '획분수지 정액상납(劃分收支 定額上納) 혹은 정액보조(定額補助)'의 방법이다.[42] 둘째, 쓰촨(四川), 산시(陝西), 깐쑤(甘肅,) 허난(河南), 후베이(湖北), 후난(湖南), 안휘(安徽), 지앙시(江西), 싼동(山東), 싼시(山西), 허베이(河北), 요녕(遼寧), 흑룡강(黑龍江), 지린(吉林), 절강(浙江) 등 대부분의 성(省)에서 실행된 '획분수지 분급포간(劃分收支 分級包干)'의 방법이다.[43] 셋째, 내이멍구(內蒙古), 신장(新疆), 시장(西藏), 링샤(寧夏), 광시(廣西) 등 5개 자치구와 윈난(雲南), 칭하이(靑海), 꾸이저우(貴州) 등 소수민족이 비교적 많은 3개성은 '민족자치 지방재정체제'를 채택했다. 몇몇 지구에 대해서는 '획분수지 분급포간(劃分收支 分級包干)'의 방법에 의거해 중앙의 보조액을 확정하여 5년간 불변하게 하였으며, 다른 지역에 대해서는 지방수입 증액분을 모두 지방에 유보시키고 중앙의

---

[41] 중국의 개혁 시기 재정체계와 조세변화에 관한 문헌은 다음을 참조. 安致潁, 「改革 以後 中國의 財政體系와 租稅制度의 變化 — 國家統合(national integration) 문제와 관련하여」, 서울대 대학원 정치학석사학위논문, 1995.

[42] 이것은 재정수입 면에서 중앙에 직속하는 기업과 사업단위 그리고 관세를 제외한 모든 수입을 지방수입으로 귀속시키며, 재정지출 면에서 중앙 직속 기업과 사업단위의 지출은 중앙에 귀속시키고 나머지의 모든 지출은 지방이 담당하는 체계이다. 이것은 홍콩과 마카오가 인접한 환경을 고려하여 가속적 경제발전이 가능하도록 많은 자주권을 부여한 것이었다.

[43] 이는 기업의 예속관계에 따라서 중앙과 지방의 수지 범위를 명확히 하였다. 중앙과 지방의 고정수입과 고정 지출이 규정되고, 공상세는 조정수입으로 되었다. 그리고 나누어진 수지 범위를 기초로 전년도 재정수지 실적을 참조해서 지출액보다 수입액이 클 경우 일정 비율을 상납하고, 지출이 클 경우에는 공상세의 일정비율을 지방에 돌리게 하였다. 공상세의 전액을 지방에 귀속시켜도 적자인 경우에는 중앙에서 일정의 보조를 하였다. 그리고 이렇게 하여 분배 비율과 보조액이 확정되면 5년 동안 바꾸지 않는 것을 원칙으로 하였다. 朴月羅, 『中國經濟의 地方分權化 現況과 問題點』, 대외경제정책연구원 부설 지역정보센타, 1992, 33쪽.

민족자치구에 대한 보조액을 매년 10%씩 증가시키게 하였다. 넷째, 지앙쑤성(江蘇省)의 경우는 1977년부터 실시되던 '고정비례포간방식(固定比例包干方式)'을 계속 실시하였다. 즉, 일정한 상납액을 제외한 나머지 이윤을 지방에 유보시키는 방식이었다. 그리고 베이징(北京), 상하이(上海), 티엔진(天津) 등은 종래의 총액분배방식을 실시하였다.

이와 같은 중앙과 지방의 분권적 재정체계의 변화로 중앙의 재정수입은 감소했지만, 중앙의 지출은 줄지 않음으로써 중앙 재정은 지속적인 적자상태가 된다. 그럼에도 불구하고 개혁의 진전은 경기를 활성화시켰고, 또 핵심적 중앙지역은 여전히 개혁 이전의 방식과 크게 다르지 않았다.[44]

문제는 중앙과 지방의 재정분권화가 아니라, 국가재정을 담보하고 있는 국가와 국유기업의 재정배분 방식이었다. 국유기업개혁을 위해서는 가격개혁과 금융개혁을 통한 기업소의 경제책임제가 온전히 실시되어야 했다. 따라서 국가와 기업 간의 이익상납과 조세납부 등의 재정·조세체계가 개혁되어야 하는 것이었다. 이에 중국은 1983년 일부분을 수정하게 된다. 즉, 중앙의 지속적 재정적자를 막기 위해 중앙과 지방의 재정관리상 중앙세와 지방세 품목을 구분하여 지방수입을 늘리고 각급 단위의 재정수지 균형을 도모했다. 또한 국가와 기업 간의 관계에서는 1983년 1차 이개세(利改稅)를 실시하게 되고, 1984년부터는 이윤상납제를 이개세로 개혁하여 납세방식을 완전히 변경하게 된다. 또

---

[44] 엄밀히 따져보면 중국의 재정관리체계는 건국 초와 1960년대 문화대혁명 시기의 집중된 總收總支 방식에 의한 '一爐吃飯'을 제외하고는 대부분이 '劃分收支 分級管理'의 방법을 취하였다. 이는 중앙에서 지방으로 권한이 '하방-회수'를 반복했던 중국 특유의 역사적 경험으로 인해 재정관리체계 또한 변화해 왔으며, 전체적으로는 중앙의 집중적 관리하에 지방분권이 적당히 이루어진 형태로 존재해 왔었다는 것을 의미한다.

한 유통세를 정비하여 종래의 공상세를 제품세, 영업세, 부가가치세로 대치했으며, 흑자기업에 대해 대중형기업은 55%, 소형기업은 10~55%의 누진세율을 기업소득세로 부과하도록 하였다. 그리고 기업 간의 불합리한 이윤유보를 조절하기 위해 조절세란 명목으로 기업마다 개별 세율을 부과했다.[45] 그러나 이개세 개혁 이후 세종(稅種)에 따른 중앙과 지방의 분권화와 세수의 분화는 지방정부로부터 중앙이 지방 재정수수(收受)에 대한 협상권을 박탈한다고 반발을 불러오게 된다. 그리고 지방은 이를 중앙 통제의 강화로 받아들였다. 그로 인해 중앙과 지방 차원의 분권화 방식의 재정관리체계 개혁은 실제 중앙과 지방의 재정다툼을 초래하였다.

이처럼 국가와 기업소 간의 계획체제를 해체시키기 위해서는 기업개혁을 해야 하고 기업개혁을 위해서는 재정체계를 개혁해야 하는 등 기존의 중앙과 지방, 국가와 기업소 간의 관계로 얽혀있는 계획경제구조는 초기 중국의 주요한 개혁의 전개방식이었던 분권화 정책만으로 해결되지 못했다.[46] 재정분리가 쉽게 전개되지 못했기 때문에 금융체계 역시 재정과 마찬가지로 더디게 개혁되었다. 금융개혁 역시 1984년을 기점으로 초보적으로 시작되었다. 그리고 개혁 방식은 독점적 중앙은행의 재정 및 예금, 대출 모두 일원적 기능을 담당하는 금융체계에서 벗어나, 분업과 전문화의 방향으로 추진되었다. 그리고 초보적인 자금시장을 형성하게 되었다.

---

[45] 김은숙, 「중국의 재정분권화에 관한 연구」, 한남대 대학원 경제학박사학위논문, 2003.
[46] 강화된 지방정부의 역할은 강력한 개혁의 추진력이었으나, 지방정부의 권한 확대와 미온적 중앙의 개혁은 지방이기주의를 돌출시키고, 중앙정부의 거시경제정책과 마찰을 일으키면서 전면적 개혁추진에 장애요인으로 등장하게 된다. 朴月羅, 『中國經濟의 地方分權化 現況과 問題點』.

3) 계획에서 시장으로 수평적 이행

(1) 시장을 통한 계획체계의 대체

초기 중국의 계획체계는 총체적 국가전략의 수정과 함께 농업과 공업개혁이 분리되어 농업체계가 해체되고, 중앙과 지방의 분권화 개혁이 진행되어 중앙 집권적 관리체계가 해체되는 과정과 여기에 초보적 형태로 기업개혁과 함께 국가의 거시경제정책들이 해체하면서 국가와 기업이 분리되는 과정으로 이어지게 된다. 문제는 기업개혁이다. 계획체계의 해체과정에 보았듯이 중국은 국유기업을 움켜쥐고 국유기업과 연동된 재정·금융개혁을 빠른 속도로 전진시키지 못하고 있었다. 따라서 중국의 단계적 경제개혁 과정을 통해 해체되기 시작한 계획체계는 시장체계와 함께 다소 복잡하고 다양한 형태의 공존 양상이 전개된다. 대표적인 사례가 중국의 이중궤도, 즉 지령성계획과 지도성계획의 공존, 협의가격과 시장가격의 공존, 부문개혁의 속도와 전개과정의 차이, 거시 조절적 요인으로써의 가격·재정·금융개혁의 더딘 속도 등이다. 이와 같은 다층적이며, 다면적이고, 다양한 형태의 공존양상은 국가의 통제력을 잃게 하고, 개별적 단위와 개인의 다양하고 맹목적인 소비욕구 및 사적 이익추구의 행위로 나타나게 된다. 이것은 코르나이(J. Kornai)가 지적한 개혁 사회주의의 딜레마로서 보편적 현상이기도 하다.

반면 중국은 농업개혁을 완성하고, 기업개혁에서 다양한 소유제에 근거한 다양한 형태의 기업의 재조직을 허용함으로써 더딘 기업개혁과 혼란스러운 이중체제의 문제들을 새로운 형태로 해결해 나가게 된다. 이것은 계획체계를 해체해 들어감과 동시에 전민소유제 밖의 시장체계에 근거한 새로운 비국유부문의 창출이며, 새로운 비국유부문의 결성·운영·생산·분배·이익은 모두 시장체계에 근거하여 운영·조직된다. 즉, 비국유부문은 앞서 고찰한 바와 같이 자유시장과 물자교역센터를 중심으로 한 소비재 시장, 생산재 시장, 노동시장, 자금시장 등 확대된 상품시장의 형성 때문에 그 조직이 가능했고, 더욱 확대되게 된다는 것이다. 그리고 이처럼 시장을 통한 조직된 생산적 비국유부문은 기존의 계획체계와 무관한 새로운 비국유기업을 출현시키며 1985년과 1986년 사이에 그 숫자가 급증하게 된다.

비국유기업은 소유권 여부에 따라 집체소유와 연계 아래 농촌에 조직되는 향진 집체기업과 개인이 투자하여 운영하는 사영기업, 그리고 개인이 투자하여 운영하는 사영기업이지만, 집체의 명의를 빌어 운영하는 '가집체(假集體) 사영기업'으로 크게 구분된다.[47] 이에 조직형태를 보면 다음과 같다.

가. 농촌에 조직되는 향진 집체기업

농업개혁의 과정에서 초기 전업호들이 계획 밖의 비국유기업을 조직하는 방식은 몇 가지로 구분된다. ① 전업호와 국영경제 간에 협업하거나 연합한 형태, ② 전업호들이 연합하여 형성하는 연합호에 의한 경영형태, ③ 집체와 사원의 연합 경영형태 등의 방식으로 농촌 내 집체기업소를 조직했다. 나아가 국영기업소나 정부에서 조직하는 것 외에 민영집체기업소도 가능하다고 했다. 조직 방식은 도시와 농촌의 집체경제단위 연합으로 꾸릴 수도 있고, 자금을 모아 공사를 조직할 수

---

[47] 본고의 범위에 따른 1984년 시점에는 위의 세 가지 형태가 주요했다. 그러나 중국의 비국유부문은 이외에도 국영 및 집체, 사영, 개체기업 사이의 다양한 형태의 합영 기업들이 존재한다.

도 있고, 7~8명이 소형기업소를 꾸릴 수도 있다고 한다.[48] 이렇게 농촌에서 전업호가 다양한 방식으로 비국유기업을 조직한 것을 일컬어 향진 집체기업이라 한다. 반면 농촌에서 조직된 향진 집체기업은 소유제 성격이 기본적으로 집체소유이기 때문에 재산권의 관계가 사영기업만큼 분명하지 못하다. 따라서 이윤추구만이 아니라 위로부터 임무를 제기 받거나 농촌의 과잉노동력문제 해결의 요구를 받기도 한다. 이에 은행, 신용사 등으로부터 무절제하게 자금을 대부받거나 추가투자나 생산 설비의 증가 없이도 노동력 고용을 늘리기도 한다. 그러나 농촌의 향진 집체기업은 기본적으로 국가의 경제계획 속에 포함되기보다, 시장 신호에 따라 행동하며 손실과 이익에 대해 자기가 책임을 지는 시장경제의 범주에 속하게 된다.

나. 사영기업

농촌의 전업호들 중 자본을 축적한 일부 농민들은 과감하게 경영 규모를 확대하여 임노동자 8명 이상을 고용하는 사영기업을 창설하게 된다. 흥미로운 것은 사영기업을 창설하는 사영기업주들의 출신성분을 보면 다수가 정치·사회적 지위가 높은 사람들이라는 점이다. 즉, 이전의 생산대대, 생산대의 대장, 서기, 회계원 및 향진기업의 간부, 농촌개혁 이후 전업호, 퇴직 군인들로 전체의 30~40% 정도가 공산당원이거나 정치협상회의 위원, 인민대표대회 대의원 등이었다.[49] 사영기업은 원재료의 공급도, 제품판매도, 모두 시장을 통해 이루어지지 않으면 안 된다. 그로 인해 사영기업은 시장경제의 범위가 넓으면 넓을수록 사영

---

[48] 本刊特約評論員, 「积极发展农村的多种经营」, 『紅旗』 1981年 3期.
[49] 서석홍, 「1978년 以後의 中國私營經濟에 관한 硏究」, 서울대 대학원 경제학박사학위논문, 1994, 21쪽.

경제의 활동 범위도 그만큼 넓어지게 된다. 따라서 중국은 소비재 시장과 생산수단 시장이 기본적으로 형성되었기 때문에 그 결과 사영기업이 필요한 생산 설비와 원재료를 시장에서 구입하고 생산한 제품을 시장을 통해 자유로이 판매할 수 있게 된다. 또한 사영기업이 이용할 수 있는 자금시장, 노동력 시장, 기술 시장이 없다면 사영기업의 정상적인 운행은 불가능하게 된다. 이에 사영기업의 확대는 또 다른 상품 시장의 확대·발전을 촉구하는 관계를 형성하게 된다.

아래 〈그림 3-2〉에서 볼 수 있듯, 사영기업을 포함한 비국유부문은 계획체계의 해체과정을 통해 계획체계 밖으로 이탈된 부문으로부터 형성된다. 즉, 농업개혁과 지방단위의 경공업 공장의 재조직 과정에서 이탈된 부문으로 형성됨을 생산품목에서 볼 수 있다. 그리고 개인자본 혹

〈그림 3-2〉 중국의 시장체계에 의한 비국유부문의 재생산 과정

비국유부문·사영기업	결성방법	· 개인 자본 축적가에 의한 결성 방법 · 주주를 모아 소규모 협력 방식에 의한 방법 · 집체와 개인이 협력 하거나, 집체와 집체끼리 협력	➡	독립적 생산자로서 자본축적이 가능해짐
	운영방식	· 개인자본가에 의한 개별적 운영 · 역할분담과 이익분담을 통한 협력적 운영 · 주식회사 방식의 이사회를 통한 운영 · 1984년 당시는 8인 이하로 그 규모를 제한	➡	초보적 자금시장 형성
	생산품목	· 농촌의 가공산품 · 주민들의 소비품, 생필품 · 경공업 공장의 소규모 생산품	➡	소비재 시장 생산재 시장
	경영권 확보	· 노동의 경중에 따라, 노동 시간에 따라 · 임금과 상여금을 지불하고 · 해고와 모집의 권한을 경영주가 갖게 됨	➡	노동시장
	조세부담	· 납세후 이윤의 일정 부분을 공유재산으로 축적 · 출자 배당과 경영자 수입의 한도를 정함 · 이윤의 일부는 노동자에게 환원	➡	재정개혁

은 연합자본과 열려진 노동시장이 결합하여 자본-임노동 관계를 형성한다. 국가와의 관계에서는 조세납부 방식을, 노동자에게는 임금을 지불하게 된다. 그러나 초기 비국유부문은 규모를 제한하고, 이득금의 경영자 수입 제한 등의 규제사항을 갖고 있었다. 이것은 중국이 여전히 개혁에도 불구하고 시장체계에 의한 비국유부문의 성장이 가져올 자본주의적 요소에 대한 최소한의 경계를 의미한다.

다. 가집체(假集體) 사영기업

국가는 사영기업에 대한 정책에 있어 비교적 관용적이거나 방임적 태도를 취해 왔다.[50] 따라서 초기 자본을 축적하고, 개인적 기술이 있거나 지식을 갖고 있는 사영기업주들은 자연발생적으로 사영기업을 발전시키고 있었다. 이에 국가는 발전하고 있는 사영기업에 대해 집체와의 합작경제라는 외피를 통해 집체소유임을 강조하였고, 사회주의 경제제도와의 충돌을 피하려고 했다. 따라서 1983년까지 사영기업은 농촌 개혁의 결과로 자연발생적으로 출현했으나 가짜 집체형태인 사적 소유 영역의 기업체였다. 그러나 1984년 중국이 시장을 합법화 한 이후 가집체 사영기업은 시대적 조류를 탄 대세가 되었다. 1985년, 1986년에 이르면 급속히 확대되기 시작한다. 또한 사영기업주들의 높은 정치적 지위로부터 공개적으로 사영기업을 운영하기 어려운 이들은 가집체 사영기업을 조직하게 된다.

이처럼 농촌의 향진 집체기업을 포함한 비국유부문의 사영기업은 계

---

[50] 1983년 중국의 사영경제에 대한 방침은 규정을 초과하여 노동자를 고용하는 것에 대해서는 제창하는 것은 좋지 않고, 공식적으로 선전해서도 안 되고, 조급하게 단속해서도 안 된다. 상황에 따라 유리하게 인도하여 그것을 다양한 형태의 합작경제의 방향으로 발전하도록 해야 한다는 것이다.

획체계의 해체와 시장체계의 형성으로 인하여 그 수가 1983년에 비해 1984년에는 4배나 급증하였고, 개체, 사영기업의 생산액 또한 15.7배나 증가하게 된다.51) 또한 비국유부문의 확대는 주로 소비재 및 서비스 부문에서 이루어졌고, 소비재 공급 및 소비재 가격책정에 대한 정부의 직접적 통제는 대부분 사라지게 된다. 그리고 이와 같은 상황전개에 따라 소비재 생산자들은 점차 가격 및 품질을 통한 시장경쟁에 익숙하게 되었으며 경영방식 역시 변화하게 된다.

(2) 시장체계의 확대와 개혁의 심화

비국유부문의 기업 형태로서 사영기업의 확대 양상은 다시 국가로 하여금 더욱 사영기업의 권한을 확대·부여할 것을 요구하는 개혁의 심화요구로 이어지게 된다. '회사열(會社熱)', '상업열(商業熱)'52)로 대변되는 사영경제의 급속한 발전은 국가의 정책과 법규의 미비 속에서 당과 국가의 업무 담당자들에게 뇌물을 바치는 등의 불법적 수단을 이용하여 자신의 이윤을 획득하고자 하는 불법적 현상을 낳았다. 사영기업은 생산활동을 수행하기 위해 영업 허가서의 획득, 영업 장소의 확보, 전기 동력과 연료 원료 및 반제품의 구입, 생산한 제품의 판매, 선진기술의 도입, 자금의 융자, 세금 납부, 필요한 경제정보의 입수 등 제반 업무의 처리가 필수적인데, 이 일들은 모두 당과 국가의 관련 업무 담당자와의 원만한 협조가 없이는 처리 불가능한 것들이었다. 따라

---

51) 서석흥,「1978년 以後의 中國私營經濟에 관한 硏究」, 70쪽 ;「私营基业主阶层在中国的堀起和发展」,『中国社会科学』1989年 2期, 89~90頁.
52) 이는 당시의 경기과열 속에서 정부기관이나 간부 개인이 기업을 설립하여 운영하거나, 상사를 만들어 투기적인 상행위를 하는 열풍이 일어났던 현상을 말한다. 尹榮子 譯,『鄧小平 時代의 中國經濟』, 비봉출판사, 1987, 75~76쪽.

서 사영기업의 확대가 곧 도시의 기업개혁을 더욱 촉구하게 된 것이다. 나아가 국유부문의 기업들은 소유와 경영의 분리를 도모함으로써 소규모 국유기업 특히 상업, 서비스업의 소규모 기업의 경우에는 사영업자들에 의한 임대경영 방식으로 흡수되고, 매각도 일부 나타나게 되었다. 이처럼 비국유부문의 성장에 따른 개혁은 새로운 기업의 시장진입을 확대하고, 기업들 간의 시장경쟁을 유도함으로써 기업개혁을 더욱 확대하도록 하였다.

〈그림 3-3〉 중국의 계획과 시장의 수평적 대체과정

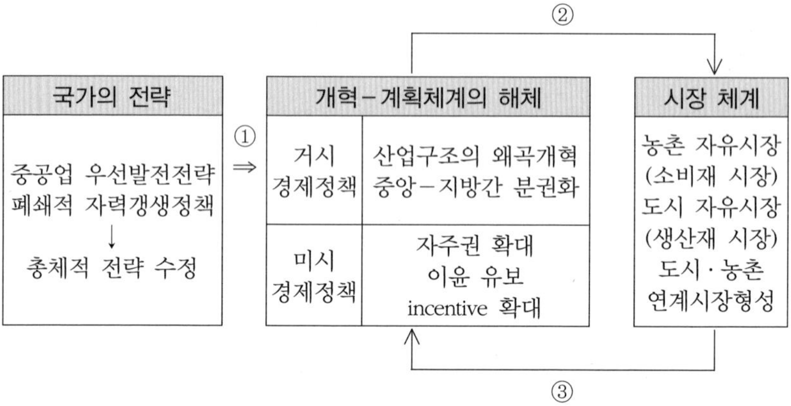

국가의 전략	개혁 – 계획체계의 해체		시장 체계
중공업 우선발전전략 폐쇄적 자력갱생정책 ↓ 총체적 전략 수정	거시 경제정책	산업구조의 왜곡개혁 중앙 – 지방간 분권화	농촌 자유시장 (소비재 시장) 도시 자유시장 (생산재 시장) 도시 · 농촌 연계시장형성
	미시 경제정책	자주권 확대 이윤 유보 incentive 확대	

① ② ③

이상 〈그림 3-3〉과 같이 중국의 계획과 시장의 관계는 세 측면을 통해 설명할 수 있다. 첫째의 핵심은 ① 부분인 개혁의 과정에서 국가의 역할이며, 둘째는 ② 부분인 계획체계를 개혁해 나감으로써 시장이 형성되고 확대·심화되는 과정이다. 셋째는 ③ 부분인 시장의 확대 심화가 다시 개혁을 진전시키는 관계이다. 서술하자면 중국의 계획과 시장의 대체 양상은 농업과 공업의 분리개혁, 중앙과 지방의 분권화 개혁, 그리고 국가와 기업소 간의 개혁을 통해 계획체계를 해체시켰으며, 그 결과 농촌의 소비재 중심의 자유시장과 도시의 생산교역센터 및 생산재 시장, 그리고 도시·농촌의 연계지역시장의 형성이라는 시장체계를 확립한다. 이는 계획체계가 해체되면서 시장체계로 대체되는 수평적 이행 형태로 나타난다. 그리고 수평적으로 연계되어 대체되며 이행하는 과정에는 총체적 국가전략을 수정하며 계획체계 해체를 뒷받침하는 국가의 역할이 존재하고 있다. 다른 한편 확대된 시장체계는 새로운 비국유부문을 탄생시키면서 보다 심화된 개혁을 요구하게 된다. 이것을 본고에서는 계획체계가 시장체계로 수평적으로 대체되며 이행하는 과정이라고 정의한다.

2. 북한의 계획과 시장의 결합 관계

1) 북한의 체제 유지와 발전전략 고수(固守)

　북한은 김정일 체제의 출범과 함께 선군(先軍)에 의한 강성대국건설 방침을 수립하고, '아래로부터 강제된' 개혁을 전개하게 된다. 따라서 북한의 경제개혁은 강성대국건설이라는 전략적 목표를 실현하기 위한 도구적 조치로서 제한성을 가질 수밖에 없다. 나아가 북한의 경제개혁은 계획당국의 의도와는 달리 개혁 표명과 동시에 대외환경이 약화되고, 개방정책이 실패함에 따라 성공적 전개과정을 펼치지 못한다. 이에 경제개혁 조치로 합법화된 시장은 중국과 다른 형태로 발전하였을 뿐 아니라, 계획과 시장의 관계 역시 다른 형태의 결합관계를 보이게 된다.

(1) 선군정치를 통한 체제유지 전략

　1997년 10월 김정일이 당 총비서로 선출된 후, 북한은 1998년 헌법 개정과 더불어 선군정치를 북한의 정치지도방식으로 공식화한다.[53] 북

---
[53] 북한은 김정일의 선군정치가 1995년 1월 1일 조선인민군 다박솔 초소의 현지

한 공식 언술에 따르면, 선군정치란 "군사선행의 원칙에서 혁명과 건설에서 나서는 모든 문제를 풀어 나가며 군대를 혁명의 기둥으로 내세워 사회주의위업 전반을 밀고 나가는 정치"를 의미한다.[54] 그리고 선군정치가 북한의 정치지도방식으로 정식화됨에 따라 북한은 국방위원장을 국가의 최고 직책으로 하는 국방위원회 중심의 국가 체계로 개편을 단행한다.[55] 기존의 주석, 최고인민회의 상설회의, 중앙인민위원회, 정무원을 폐지하고, 새로운 국가체계에서는 국방위원회의 권한을 크게 강화하고 최고인민회의 상임위원회와 내각을 설치한다.[56]

1998년 정식화된 북한의 선군정치는 "시대적, 력사적 요청에 부응하여 출현한 정치방식"으로, 북한 사회주의체제의 옹호·고수를 목적으로 한다. 그러나 북한 선군정치의 배경은 1990년 초 사회주의권 붕괴 시점으로 거슬러 올라가게 된다. 이미 1991년 북한은 소련의 붕괴 및 사회주의권의 몰락이라는 대외적 위기에 맞서 그 대응으로 국방위원회를 격상·강화하는 조치를 취한 바 있다. 북한은 최고인민회의 제9기 제1차 회의에서 국방위원회를 중앙인민위원회보다 앞선 서열기구로 조정하고, 그 기능과 권한을 강화했다.[57] 또한 김일성은 최고인민

지도로부터 시작되었다고 한다. 김철우, 『김정일장군의 선군정치』, 평양출판사, 2000, 16쪽.

54) 김철우, 『김정일장군의 선군정치』, 26~27쪽.

55) "선군의 요구에 맞게 국가정치체제를 강화한다는 것은 총대를 중시하고 모든 것을 군사사업에 복종시키는 원칙을 국가건설과 활동에 철저히 구현해 나간다는 것을 의미한다. 강성대국건설시대의 국가기구체계는 마땅히 국방위주의 체계로 되여야 한다." 『로동신문』, 2003년 3월 22일.

56) 1998년 헌법에서 국방위원회는 "국가주권의 최고 군사지도기관이며 전반적 국방관리기관"으로 규정되었다(100조). 또한 국방위원장은 "일체 무력을 지휘 통솔"할 뿐 아니라, "국방사업 전반을 지도하는 국가의 최고 직책"으로서 "나라의 정치, 군사, 경제 력량의 총체를 통솔 지휘"하는 권한(102조)을 갖게 되었다. 이종석·백학순, 『김정일시대의 당과 국가기구』, 세종연구소, 2000, 47쪽.

회의 제9기 제1차 회의를 통해 "사회주의는 오직 사회주의의 원칙과 사회주의적 방법에 의거하여서만 건설할 수 있다"는 사회주의 원칙 고수에 대한 입장을 분명히 밝히며,58) 김정일을 국방위원회의 제1부위원장으로 추대하였다. 당시 김일성이 국방위원회를 격상시키면서, 김정일에게 실질적 권력이양 작업을 본격화 한 것은 북한이 갖고 있는 체제위기 인식을 반영한 것이었다.59) 이어 1991년 12월 24일에 열린 당 중앙위 제6기 제19차 전원회의에서 김정일은 조선인민군 최고사령관직에 추대되었으며, 1993년 4월 최고인민회의 제9기 제5차 회의에서 국방위원회 위원장에 공식 추대됨으로써 완전한 권력이양 작업을 마무리하게 된다.60)

이처럼 1998년의 국방위원회 중심 체계는 1998년에 탄생한 새로운 제도가 아니라, 이미 사회주의권 붕괴에 맞선 김일성 시대의 산물이다. 김일성이 김정일에게 공식적으로 국가권력을 이양하며 '사회주의 원칙'을 지키는 방법으로 '군(軍)'을 강조하고, 북한을 국방위원회 중심의 국

---

57) 이찬행, 『김정일』, 백산, 2001, 636~637쪽.
58) 김일성, 「우리 나라 사회주의의 우월성을 더욱 높이 발양시키자」(1990.5.24), 『김일성저작집 42』, 조선로동당출판사, 1995, 320쪽.
59) 김일성은 "내가 이제는 팔십 고령이므로 최고사령관으로서 밤을 지새우며 전군을 지휘하고 통솔하기 곤란하다"면서, 외부의 위협적 상황에 군사적으로 대처하기 위해서는 후계자의 권력승계가 구체화되어야 함을 말하고 있다. 김일성, 「인민군대 중대 정치지도원들의 임무에 대하여」(1991.12.25), 『김일성저작집 42』, 조선로동당출판사, 1995, 261~272쪽.
60) 1993년 3월 김정일은 '한미 팀스피리트 훈련'을 이유로 조선인민군 최고사령관의 명령 제0034호 "전국, 전민, 전군에 준전시상태"를 선포하며, 군 통수권자로서의 권한을 행사하기 시작한다. 김정일, 「전국, 전민, 전군에 준전시상태를 선포함에 대하여」(1993.3.8), 『김정일선집 13』, 조선로동당출판사, 1998, 370~372쪽. 이외에도 김정일은 국제적 핵사찰 압력에 대응하여 핵확산금지조약(NPT) 탈퇴선언을 결정한다. 또한 1993년 7월 한국전쟁 참전 노병 99명에 대한 승진 인사를 단행하여 군 통수권자로서의 권한을 행사하기 시작한다.

가 체계로 만든 것이다. 따라서 사회주의권 붕괴에 맞선 체제유지전략의 일환으로 표방된 선군정치방식은 북한의 가장 기본적인 전략노선으로 설정된다.

북한은 특히 탈냉전 이후 오늘의 시대를 "사회주의와 제국주의, 자주력량과 지배세력 사이에 사생결단의 투쟁"이 벌어지는 시대로 규정한다.[61] 특히 20세기 말, 1990년대를 전후하여 "세계정치구도에서 일어난 급격한 변화와 그 이후의 국제정치정세"는 "북미대결전이 전면화 된 시기"로서 이를 선군시대로 정의한다.[62] 또한 시대 규정과 함께 '선군사상'이라는 새로운 시대에 맞는 시대정신을 창시한다. 북한의 설명에 따르면 시대정신의 창시는 "시대발전을 위한 가장 정확한 지도적 지침, 지도사상을 제시하는 위대한 수령, 위대한 령도자에 의해서만 창시"되는 김정일 영도의 고유 권한이다.[63] 즉, 선군시대의 선군사상에 기초한 선군정치방식은 김정일 체제의 사회주의체제 옹호 입장을 강력히 반영한 것이다. 그리고 1998년 김정일 체제의 출범과 함께 선군정치방식으로 나타나게 된 선군의 원리는 2002년 7·1조치 이후에도 전면적 사상이론체계를 갖춘 지도사상으로서 재정립되어가고 있는 중이다.

북한의 선군정치방식 확립과 이에 따른 국가체계의 개편은 북한의 일차적인 전략 방침이 사회주의체제의 옹호·고수이며, 선군을 통한 체제유지임을 분명히 보여준다. 그리고 구체적으로 북한의 선군정치방식에 의한 사회주의체제 유지전략은 다음과 같이 나타나게 된다. 첫째, 김정일의 선군정치 방침에 따라 충성경쟁의 생존자들이 군부를 장악하

---

[61] 선군사상을 종합적으로 정리한 논설은 다음을 참조. 「선군사상은 우리 시대 자주위업의 필승불패의 기치이다」, 『로동신문』, 2003년 3월 22일.
[62] 조옥술, 「선군시대 사회주의경제발전의 추동력」, 『경제연구』 2003년 3호, 5~6쪽.
[63] 조옥술, 「선군시대 사회주의경제발전의 추동력」, 5~6쪽.

고, 군부출신 지도자들에 의해 김정일의 핵심 그룹을 형성하게 된다. 이에 따라 군 관련 인사들의 주석단 서열이 상승하고, 군부 출신들은 북한의 최고정책 결정과정에 깊은 영향을 미치는 것으로 보인다.64) 둘째, 김정일의 선군정치 방침에 따라 군 관련 일체의 사업이 모든 것에 우선시된다. 김정일의 현지지도 역시 60% 이상이 군부대 방문이나 군 관련 행사로 진행되며, 사회적으로도 '군민일치운동', '군 원호사업' 등이 강조된다. 셋째, 군의 사업방식이 모범적인 전형으로서 전체 사회에 강조된다. 군의 사상성·혁명성을 강조하고, 군의 혁명정신을 전 사회에 확산시키며 일반화시킴으로써 군의 혁명정신을 통해 경제발전을 추구하도록 한다. 넷째, 군 또한 각종 건설 현장과 생산 현장에 동원되는 등 경제건설의 직접적인 참가자이며, 적극적인 지원자로서의 기능과 역할을 수행한다. 그러나 무엇보다 북한의 선군을 통한 체제유지전략은 경제발전전략에 영향을 미친다. 즉, 군을 중시하고, 군을 가장 우선시하는 국가의 체제유지전략은 선군시대 경제건설 방침으로 정립된다.

(2) 중공업우선발전전략으로 회귀

가. 혁명적 경제정책으로 변화

김정일 체제는 선군정치방식 확립에 이어 국가기구를 국방 위주의 체계로 개편하였다. 그리고 뒤이어 강성대국건설 전략을 선포한다.65) 이

---

64) 현성일의 연구에 의하면 김정일 위원장 핵심 측근 38명 가운데 군 출신은 17명으로 45%에 이르는 것으로 조사된 바 있다. 현성일, 「북한의 국가전략과 간부정책의 변화에 관한 연구」, 경남대 대학원 정치학박사학위논문, 2006.
65) 강성대국론이 등장한 것은 1998년 8월 22일자 『로동신문』 정론을 통해서이다. 그리고 이어 북한 공화국 창건 50주년을 기념하는 『로동신문』 사설을 통해 다시 한번 강성대국이 강조된다. 그러나 본격적인 전략적 표명은 1999년 1월 1일

때 선군정치와 강성대국건설의 관계는 "선군혁명로선은 강성대국을 건설하고 주체혁명위업을 완성하는데서 우리 당이 견지하고 있는 기본전략로선"으로 표명된다. 즉, 선군정치가 강력한 체제 고수·옹호 입장을 반영한 전략적 노선이라면, 강성대국건설은 선군정치를 통해 건설하고자 하는 국가의 총체적 목표이다. 북한이 표방하는 강성대국이란 "국력이 강하고 모든 것이 흥하여 인민이 세상에 부럼 없이 사는 나라"를 본질적 특성으로 한다.66) 또한 "나라는 작아도 사상과 총대가 강하면 세계적인 나라" "국력이 강한 나라, 그 어떤 침략자도 감히 범접할 수 없는 무적의 나라"로 규정된다.67) 이에 따라 강성대국건설 방침은 "사상의 강국을 만드는 것부터 시작하여 군대를 혁명의 기둥으로 튼튼히 세우고 그 위력으로 경제건설의 눈부신 비약을 일으키는 것"이다.68) 특히 북한은 군사, 정치, 사상 면에서는 이미 강국을 이루었으나, 경제강국을 위한 건설이 아직 미약하다는 입장이다. 이에 강성대국론은 사상강국, 정치강국, 군사강국보다 경제강국 건설을 당면한 구체적인 실천과제로 삼게 된다. 그리고 북한은 일차적으로 사회주의 강성대국 건설의 전투적 기치로 혁명적 경제정책을 제시하게 된다.69)

혁명적 경제정책의 기본 원칙은 국방과 자립 경제를 우선시하는 바탕 위에서 인민생활문제를 해결해 나가는 것이다.70) 따라서 혁명적 경

『로동신문』의 신년공동사설을 통해서이다. 최칠남·동태관·전성호, 「강성대국」, 『로동신문』, 1998년 8월 22일 ; 「위대한 당의 령도따라 사회주의강성대국을 건설해나가자」, 『로동신문』, 1998년 9월 9일.
66) 김재호, 『김정일 강성대국 건설전략』, 평양출판사, 2000, 6쪽.
67) 「위대한 김일성 동지의 유훈을 지켜 강성대국을 건설해 나가자」, 『로동신문』, 1999년 4월 15일.
68) 최칠남·동태관·전성호, 「강성대국」, 『로동신문』, 1998년 8월 22일.
69) 리중서, 「위대한 김정일 동지께서 제시하신 혁명적 경제정책은 사회주의 경제강국 건설의 전투적 기치」, 『경제연구』 2000년 1호, 2쪽.

제정책은 1994년 제3차7개년계획의 완충기 시기 혁명적 경제전략(농업, 경공업, 무역의 3대 제일주의 방침)을 중공업우선발전전략으로 회귀하게 만든다. 북한은 혁명적 경제정책 하에서 기계·금속공업에 대한 투자 비중을 다시 증대시켰으며, 기본 건설에 대한 투자 비중도 다시 증대시켰다.[71] 더욱 주목할 만한 점은 북한의 혁명적 경제정책이 중공업 중심의 전통적인 북한식 경제토대와 경제구조를 그대로 살리는 방향에서 경제발전을 추구하는 전략이라는 것이다.[72] 따라서 이 전략적 방침은 "생산정상화와 기술개건의 선후차를 옳게 설정하고 하나씩 하나씩 경제를 살려나가는 것"을 방법론으로 채택하게 된다. 쉽게 말하면 북한은 전반적 경제의 붕괴상태에서 모든 부문이 정상화의 대상이며, 모든 부분이 투자의 대상인 것이다. 그러나 현재 북한은 생산을 정상화하는 데 필요한 원료와 연료, 자재와 동력, 자본과 설비, 기술이 절대적으로 부족한 상태이다. 이러한 현실적 제약 속에서 북한은 경제 전반에 관건적 의의를 가지는 석탄, 전력, 금속, 철도 운수 등 기간산업 부문에 투자를 집중하여 그 돌파구를 열어나가는 방법을 사용하게 된다. 또한 기간 사업부문에서도 중요한 공장들부터 하나씩 하나씩 정상화해 나가는 방식을 택하게 된다.

북한의 선후차를 설정하여 하나씩 하나씩 경제를 살려나가는 방법은

---

[70] 김희남, 「위대한 령도자 김정일 동지의 현명한 령도 하에 우리 인민이 누리고 있는 집단주의적 경제생활」, 『경제연구』 1998년 4호, 7쪽.

[71] 1999년 북한의 전체 국가 예산은 전년 대비 2% 증가되었다. 부문별로는 농업 11%, 전력 15%, 석탄·광업·금속·기계 등 기간공업과 철도부문이 10% 증가되었다. 또한 2000년 북한의 국가예산은 1.9% 증가되었는데, 이 중 전력 15.4%, 석탄 12.3%, 농업 5%가 증가되었다. 『조선신보』, 1999년 4월 12일 ; 『조선중앙통신』, 2000년 4월 4일.

[72] 리창근, 「사회주의 경제건설은 강성대국건설의 가장 중요한 과업」, 『경제연구』 1999년 1호, 3쪽.

이미 앞서 고찰하였듯이 내각을 통한 경제조직사업으로 나타나게 된다. 이는 계획의 현실화, 국가재정의 공고화, 기업생산의 정상화를 목적으로 하여 '위로부터 아래로의' 전반적 계획경제체제의 재정비 과정이었다. 이처럼 김정일 체제는 선군정치와 강성대국건설이라는 기치 아래 북한 사회주의체제 유지 전략을 공고히 하고, 경제문제 해결방법으로 기존의 중공업우선발전전략을 고수하였다. 그리고 위로부터 아래로, 중심에서 주변으로 그 선후차를 따져서 계획경제체제를 되살리는 방법론을 채택하게 된다.

나. 우리 식, 자력갱생, 실리의 강조

북한은 선군의 논리에 따라 중공업 우선발전전략에 기초한 경제강국 건설 방침을 수립한 후 또 다른 측면에서 우리 식과 자력갱생, 그리고 실리의 원칙을 강조한다. 북한이 이같은 원칙을 강조하는 이유는 북한의 경제건설 방침이 '위에서 아래로, 중심에서 주변으로' 하나씩 정상화해 나간다는 우선 순위를 규정하고 있기 때문이다. 특히 다음의 〈표 3-3〉에서 보듯, 우리 식 원칙의 내용은 북한의 경제토대, 경제구조를 효과적으로 이용할 것을 규정하며, 자력갱생 원칙은 자체의 힘으로 내부예비를 동원하여 경제를 정상화시키는 것을 내용으로 하고 있다. 다시 말해 원칙에 근거하여 경제건설을 할 때만이 북한이 추구하는 강성대국을 건설할 수 있게 된다는 논리다. 그리고 여기에 실리추구의 원칙을 강조하면서 최소지출·최대이익을 원칙적 요구로 부각시킨다. 그리하여 북한의 경제 강국건설 방침은 '사회주의 원칙과 실리의 결합'이라는 원칙적 요구 속에서 실행되게 된다.[73]

---

[73] 강성대국건설원칙을 해석하여 북한의 경제재건전략을 해석한 문헌은 다음을 참조. 정성장·백학순, 『김정일 정권의 생존전략』, 세종연구소, 2003, 40~48쪽.

사회주의원칙과 실리의 결합 방식은 구조적으로 보면 혁명적 경제정책에 따른 선행부문과 우선발전전략에 따른 기간공업이 중심이 되는 한 측면과 선행부문과 중요 기간공업부문 이외의 시·군(郡) 단위의 지방산업이 또 다른 한 측면으로 구분된다. 그리고 앞서 우리 식, 자력갱생 원칙에 기초하여 선행부문과 중요 기간공업부문이 강조된다면, 시·군 단위의 지방산업은 자력갱생에 기초한 자체의 실리추구 원칙을 적용하며 자립경제의 강조로 나타난다.

〈표 3-3〉 북한 강성대국 건설원칙과 과제

강성대국 건설원칙	구체적 과제
우리 식 원칙	① 기본은 정치사상적 위력, 집단주의 위력, 사회주의 위력을 발양 ② 정치도덕적 자극을 확고히 앞세우면서 물질적 자극을 적절히 배합 계획경제관리원칙을 확고히 지키면서 경제적 공간을 옳게 이용 ③ 사회주의 계획경제 우월성에 의거하여 중앙집권적 원칙에서 선후차를 고려하여 제기된 문제 해결 ④ 북한의 경제토대, 경제구조를 살리고 효과적으로 이용, 실정에 맞게 경제문제 해결
자력갱생 원칙	① 기본은 내부예비의 적극 탐구 동원하는 것 ② 합영, 합작의 방법이 아니라 제 힘을 믿고 자체의 힘으로 발전 이미 마련되어 있는 경제적 잠재력을 효과적으로 이용 ③ 중요한 대상들에 힘을 넣어 하나씩 하나씩 경제를 추켜세우는 것
실리추구 원칙	① 모든 공장, 기업소들에서 최소한의 지출로 최대한의 이익을 창출하고 추가적인 이익과 전망적인 이익의 견지에서 실제적인 이익을 얻는 것 ② 경제관리를 현실적 조건에 맞게 과학적으로, 합리적으로 전개 ③ 지난날의 것을 고집하지 말고 변천되는 환경과 조건에 맞게 생산과 건설을 효과적으로 해나가도록 함 ④ 현실발전의 요구에 맞게 공업 구조를 변경시킬 것 ⑤ 제품의 질을 높이기 위한 투쟁을 벌임 ⑥ 모든 일에서 타산과 계획을 면밀히 수립 ⑦ 인민경제 모든 부문에 과학기술성과를 적극 받아들임

※ 자료: 김재호, 『김정일 강성대국 건설전략』, 88~95쪽.

시·군 단위의 자력갱생을 강조하는 자립경제 고수 입장은 모든 군에서 국가 공급 원료의 몫을 줄이고, 군 자체의 원료 공급 비중을 높이는 방향에서 군 자체로 자립적인 원료생산 기지를 조성하도록 하였다. 또한 군 단위 자체로 수출품 생산 기지를 조성하고, 이를 통해 벌어들인 외화는 철저히 군 내 인민소비품과 지방경제발전에 필요한 설비와 원료, 자재를 수입하는 데 쓰도록 하였다. 뿐만 아니라 북한은 지방예산제를 도입해 지방재정의 중앙의존적 경향을 불식시키고, 지방재정의 수지균형을 자체 재원으로 유지하도록 하였다. 즉, 중앙예산에서 보조해주던 보조금을 축소 내지 중단함으로써 지방 자체로 지방 살림살이를 꾸리도록 하였다.[74] 외견상 지방 분권화이다.

그러나 강성대국건설을 정치적 모토 삼아 지방에 요구하는 자립경제는 심각한 경제난으로 인해 국가 공급 능력이 현저히 약화된 상태에서 국가에 의존하지 않고 군 자체의 내부예비를 최대한 동원·이용하여 모든 것을 군 자체의 힘으로 해결해 나가라는 것이다. 또한 국가의 추가적 투자 없이 소비재 생산의 많은 부분을 지방 경제에 맡겨 소비재 생산에 대한 국가의 재정적 부담을 줄이면서 기간공업 즉 국방 공업과 중공업에 국가적 투자와 축적을 증대시키기 위한 것이기도 했다.

문제는 이처럼 우리 식 원칙을 강조하며 자력갱생·실리추구의 원칙을 통해 지방 단위에 일정한 자주적 권한을 부여했음에도 불구하고 지방공업의 정상화가 실현 되지 못했다는 사실이다. 그 이유는 시·군 단위가 자립을 위한 행정적, 경제적 체계를 갖추고 있었다 하더라도 지방경제는 중앙의 지원에 의존적일 수밖에 없기 때문이다.[75] 중앙집

---

[74] 김성금, 「지방 공업의 부문 구조를 개선 완비하는 것은 군 경제 발전의 중요한 요구」, 『경제연구』 1998년 3호, 32~35쪽 ; 김순재, 「지방 경제의 발전은 사회주의, 공산주의 건설의 합법칙적 요구」, 『경제연구』 2000년 1호, 8쪽.

중적 공급체계 자체가 마비된 상태에서 중앙으로부터 아무런 지원과 공급이 없는 상황은 지방 자체로 자력갱생, 실리 추구를 할 수 없었고 당면한 경제현실을 타개할 수 없었다. 오히려 앞서 보았듯이 농민시장의 암시장화 및 장마당의 파행성만 심화시켰다.

물론 북한의 '사회주의 원칙과 실리추구'라는 외연적 이중전략은 일시적으로 7·1조치를 통해 실리추구의 방침이 확대되는 것으로 보였다.76) 특히 중앙과 지방의 관계에서 지방의 재정분권과 더불어 지방차원의 생산·소비 분권화 기능이 강화된 것이 그러하다. 또한 기업의 측면에서도 중앙기업과는 달리 지방기업들에게 많은 권한을 주었다. 대외무역권한, 원료 및 자재 조달권한, 그리고 가정부업 및 가내작업의 생산권한까지 주어진 것 등이다. 즉, 지방적 차원에서 보면 자력갱생과 실리추구 방침 속에 지방 분권화·기업 분권화 양상이 존재했다. 그러나 이는 앞서 보듯 명백한 한계가 존재했고, 7·1조치 이후 악화된 대외환경으로 인해 더욱 더 선군시대 경제건설노선은 공고화되었으며, 이에 의해서 제약도 한층 심해졌다.

---

75) 이무철, 「북한의 지역자립 구조와 행정적 분권화의 한계」, 『통일문제연구』, 제16권 1호, 2004.

76) 정영철은 북한 개혁개방의 궁극적인 목표가 "수령제 사회주의의 발전, 완성"이라고 하면서, 이데올로기적 담론에서 실리와 주체, 과학기술과 대중동원형 발전 및 자력갱생의 결합, 중앙집권형 지도와 분권화의 동시 추구, 남한과의 협력 및 다른 자본주의 국가와의 협력에서 차별화 전략을 통해 주체와 실리라는 "이중전략"을 사용하고 있다고 보았다. 정영철, 『북한의 개혁·개방』, 선인, 2004, 186~187쪽.

(3) 선군시대 경제건설노선의 정식화

가. 대외환경 악화와 중공업 부문의 침체

　북한이 2002년 7·1조치를 발표하자, 핵 문제를 둘러 싼 북미관계는 급속히 악화되기 시작한다. 그리고 2002년 10월 17일 제임스 켈리의 방북 이후 농축 우라늄에 의한 핵 개발 의혹은 북미 간 2차 핵 위기를 발발시켰다. 그리고 미국은 1994년 북미 제네바협정의 결과로 KEDO를 통해 공급해오던 50만 톤의 중유를 2002년 11월 14일 전격 공급 중단한다.77) 북한 역시도 북미 제네바협정 파기의 책임을 미국에 돌리면서 이에 맞서 2003년 1월 10일 NPT(핵확산금지조약, Nuclear nonproliferation treaty)를 탈퇴한다. 무엇보다 북한의 대외관계는 한반도 정국과 북한 자체의 신뢰도 문제가 큰 변수로 작용하기 때문에 핵 문제와 같은 불안정 요소가 표출되면 북한의 대외 신뢰도도 낮아지면서 급격하게 북한의 대외관계는 악화되는 경향을 갖는다. 따라서 북미 관계악화는 2000년 남북정상회담과 북미 공동코뮤니케로 조성되었던 북한의 대외협력 확대와 대외무역을 통한 외화자금의 획득에 난관을 조성한다. 또한 중유 공급의 중단과 북미관계의 악화가 곧바로 북한 내부 경제 전반에 영향을 미치기 시작한다.

　먼저 KEDO를 통한 중유공급의 중단은 KEDO 공급 중유를 사용하였던 북한 내 화력발전소의 정상가동을 멈추게 하였다. 북한은 공급받은

---

77) 결국 2003년 12월, KEDO는 대북 경수로 사업을 중단하기로 결의해 2년여간 건설공사가 멈춘 상태였으며, 지난 2005년 11월 22일 미국과 KEDO는 경수로 건설을 완전히 중단하기로 최종결정했다. 그리고 2006년 1월, 북한 금호지구에 남아 있던 인력이 현지에서 모두 철수함으로써, 북한 신포 경수로 건설사업이 사실상 완전 종료되었다. 그리고 KEDO는 2006년 6월 1일 대북 경수로 지원사업 중단을 공식 선언했다.

중유를 선봉, 청진, 순천, 북창, 황해 등의 7개 화력발전소에서 전력 생산을 위한 용도로 사용하고 있었으며[78], 평양화력발전소와 동평양화력발전소의 경우에도 KEDO 지원 중유의 15~20% 정도를 보조 연료로 사용하고 있었다. 이에 평양화력발전소는 보충연료로 사용되던 월 2,000~5,000톤의 중유가 공급 중단됨에 따라 14개 보일러 중 6개만을 가동하게 된다. 동평양화력발전소 역시 평양 전력 수요의 절반을 겨우 충족시키는 상태가 된다.[79] 뿐만 아니라 화력발전소의 전력 공급 부족의 결과, 잦은 정전으로 공장·기업소의 가동률이 떨어져 품질 제고에 지장을 초래했으며, 열차운행이 중단되어 석탄수송에 차질을 빚게 되었다. 그리고 연동하여 전력생산이 정상화되지 못하는 악순환이 지속되게 된다.[80] 따라서 7·1조치 이후 공장·기업소는 감가상각금의 초과 이윤을 자체적인 재투자 재원으로 사용하고, 물자교류시장을 통해 원부자재를 사고 팔는 등 기업의 자율성이 증대되었지만, 실제적으로는 자금, 원자재 부족에 전력난까지 심각해지자 경제개혁의 효과는 크지 않게 되었다. 2003년의 중공업부문의 생산은 전반적으로 저조했고, 당국은 전력 및 석탄 생산에 국가적 역량을 총동원하게 된다.[81]

---

[78] 북한 화력발전소는 웅기발전소를 제외하곤 모두 무연탄을 연료로 하는 발전소이다. 이와 같은 화력발전소들은 적은 양의 중유를 보일러의 착화용으로 쓰는데, 노후화가 심각해지자 많은 중유를 보충연료로 필요로 하게 되었다. 이에 지난 7년간 제공되어 온 연간 50만 톤의 중유를 이곳에 공급해왔다.

[79] 『조선신보』, 2004년 1월 18일.

[80] 『조선중앙통신』, 2004년 1월 30일.

[81] 성, 위원회, 중앙기관들을 총동원하여 탄광지원사업을 추진, 이들 기관이 각기 탄광 한 곳 이상씩을 전담하여 각종 물자를 전달하거나 애로사항을 해결해 주는 식으로 이루어지고 있다. 국가계획위는 평안남도 덕천군 덕천탄광, 체신성은 인포탄광, 전자공업성은 개천군 조양탄광, 국토환경보호성은 덕천시 형봉탄광, 육해운성은 은산군 천성청년탄광, 중앙통계국은 룡산탄광, 수산성은 월봉탄광, 경공업성은 평북 구장군 룡등탄광에 각종 물자를 지원하였다. 『로동신문』, 2004년 3월 2일.

결과적으로 북한은 체제유지전략 아래 경제강국 건설에 큰 힘을 넣겠다는 의도와 무관하게 핵 문제의 지속과 악화된 대외관계로 인해 체제수호에 더욱 주력해야 하는 방향으로 전환을 하게 된다.[82] 따라서 북한은 체제수호에 복무하는 경제건설, 즉 국방공업을 우선적으로 강조하는 선군시대 경제건설노선을 정립하게 된다.

나. 선군시대 경제건설노선

북한이 선군시대 경제건설노선을 등장시킨 것은 2002년 9월부터이다. 이 시기는 북미 간 2차 핵 위기 발발을 전후한 시점이다. 북한은 '선군시대-선군사상-선군정치에 의한 국가체계-선군혁명로선에 따른 경제강국건설'이라는 논리적 전개에 따라 선군시대 경제건설의 전략적 노선을 다음과 같이 정식화한다.

선군시대 경제건설노선은 첫째, 제국주의 침략으로부터 나라와 민족의 존엄과 안전을 지키고 사회주의를 옹호·고수하는 데 이바지해야 한다. 둘째, 인민들에게 유족하고 문명한 생활을 마련해 주는 것이다. 즉, 기존의 사회주의 경제의 사명과 임무가 더 많은 물질적 부를 창조하고 늘어나는 인민들의 물질문화적 수요를 충족시키는 것이었다면, 선군시대에는 북한을 "압살하려는 제국주의 련합세력의 전횡과 강권행위는 군사를 국사 중의 국사"로 내세우고 사회주의의 수호와 강성대국을 건설하는 것을 일차적 사명과 임무로 설정한 것이다.[83] 특히 북

---

[82] "항시적인 군사적 위협을 받고 있는 속에서는 경제사업에 모든 힘을 집중할 수 없으며 제국주의자들의 경제적 봉쇄책동을 짓부셔버리지 않고서는 경제의 순조로운 발전을 이룩할 수 없다." 손영석, 「국방공업은 부강조국건설의 생명선」, 『김일성종합대학학보(철학·경제학)』 2004년 2호.

[83] 리기성, 「위대한 령도자 김정일동지께서 새롭게 정립하신 선군시대 사회주의 경제건설로선」, 『경제연구』 2003년 2호.

한은 부시행정부의 지속된 악의 축 발언 및 2차 핵 위기 발발을 전후해서 경제건설노선 뿐 아니라 북한 사회주의체제 전반의 작동원리를 선군사상·이론체계 확립과 맞물려 진행해 나갔다. 나아가 당면한 북한의 현실을 혁명의 기본문제로 돌아가 '북한 사회주의의 재건설' 차원에서 인식하고 해결하려고 하였다.

> 혁명은 주체의 운동이며 혁명승리의 비결은 주체를 강화하고 그 역할을 높이는데 있다. (중략) 사회주의위업수행에서 주권문제나 생산력발전문제보다 더 근원적이고 기초적인 문제는 주체사상이 밝힌 혁명의 주체를 강화하고 그 역할을 높이는 문제이다.[84]

인용 문구에서 보듯 북한은 사회주의체제의 주권문제나 생산력 발전문제 보다, 혁명의 주체를 옹호·사수하며 사회주의를 재건하는 것을 더 근원적인 문제로 여겼다. 그리고 이와 같은 입장은 "사회주의의 정치적 기초인 혁명의 수뇌부에 굳게 뭉친 군대와 인민" 중에서도 "주력군은 군대"로 재규정하며, 군의 정치적 역량을 강화하는 것으로 몰아지게 된다.[85] 따라서 북한의 선군시대라는 시대규정은 당면한 북한 사회주의 경제의 사명과 임무를 국방공업을 우선적으로 발전시키면서, 경공업과 농업을 동시에 발전시키는 것으로 천명될 수밖에 없는 논리적 연관성을 갖게 된다. 그리고 국방공업을 우선적으로 발전시키면서 경공업과 농업을 동시에 발전시킨다는 전략적 방침은 명백히 기존의 우선발전전략의 고수이며, 군사력 강화와 함께 전력, 석탄, 금속, 철도운수 등 기간공업 부문에 커다란 힘을 넣어 빨리 발전시키는 것을 주

---

[84] 「혁명의 수뇌부와 일심단결, 사회주의는 운명공동체이다」, 『로동신문』, 2003년 5월 27일.
[85] 『로동신문』, 2003년 5월 27일.

요한 임무로 삼는 속도우선 방침이다.

 그렇다면 선군시대 경제건설노선과 북한의 경제개혁은 어떠한 연관을 갖게 되는가를 의문시 하지 않을 수 없다. 이를 북한은 국방공업우선발전론을 수립하면서 앞서 경제강국 건설의 3대 원칙인 우리 식, 자력갱생, 실리추구의 원칙과 연결하여 설명한다. 앞서 보았듯 우리 식이란 북한의 실정에 근거하여 북한 경제 토대와 경제구조에 근거하는 것이고, 자력갱생이란 내부예비를 기초로 하여 하나씩 하나씩 실제적 이익이 나도록 실리추구의 원칙을 견지하며 경제를 추켜세운다는 입장이다. 따라서 북한은 첫째, 국방공업우선발전이 기존의 중공업우선발전전략에 따라 "국방력과 국방공업이 매우 비싼 대가"로 이루어졌으며, 경제구조 또한 "중공업, 국방공업위주의 경제구조"이기 때문에, "이미 마련된 자립경제의 토대를 최대한 리용하는 문제"의 차원에서 국방공업을 중시하고 우선적으로 발전시키는 것이 효과적이라는 것이다.[86] 둘째, "오늘의 조건에서 이것도 하고 저것도 다 하자는 식으로 하여서는 결제를 빨리 활성화" 할 수 없기 때문에 "실지 덕을 볼 수 있고 빨리 은을 낼 수 있는 것부터 집중적으로 해나가"는 것이다.[87] 이에 "최근 년간 현지지도하신 단위들은 21세기 본보기 공장들이며, 나라의 경제건설에 중요한 역할을 수행하는 관건적인 중요부분"으로, "이런 단위들에 생산자원을 옳게 분배하여 생산적 앙양이 일어날 때 나라의 경제는 빨리 활성화" 된다는 논리이다. 즉, 자원의 수직적 배분이 실리추구 원

---

[86] 정길남, 「국방공업발전에 계속 큰 힘을 넣는 것은 선군시대의 요구」, 『김일성종합대학학보(철학·경제학)』 2004년 2호.

[87] "오늘 나라의 경제를 추켜세우는 사업도 력량을 분산시키지 말고 개미가 뼈다귀를 야금야금 뜯어먹는 전술로 해야 한다. 장군님께서는 중요한 공장들에 전력과 원료자재, 자금을 집중해서 하나하나 살려 나가야 한다고 하였다." 최영옥, 「경제사업에 대한 국가의 중앙집권적통일적지도를 강화하는 것은 강성대국건설의 중요한 요구」, 『경제연구』 2000년 4호.

칙과 결합하면서 기존의 우선발전전략을 유지할 뿐 아니라, 높은 속도를 강조하면서 계획체계를 잔존시키게 되는 것을 의미한다.

2) 계획체계의 잔존형태

북한은 체제유지전략과 함께 선군이데올로기, 선군정치체계, 선군경제건설노선을 확립한다. 그리고 7·1조치를 위시한 경제개혁안을 제시하면서 와해된 계획경제체제를 새롭게 건설하고자 하는 입장과 결합 시킨다. 따라서 계획체계는 해체되는 과정이 아니라 이미 와해된 계획체계가 잔존하면서, 국가의 경제개혁을 통해 유지·재건되는 과정으로 나타나게 된다.

(1) 농·공업의 연계구조와 농업개혁 중단

북한은 사회주의 경제발전 과정에서 도시와 농촌, 공업과 농업, 생산과 소비를 연결시켜주는 일정한 지역적 공간단위로 군(郡)을 설정해왔다. 공업은 도시에 집중되어 있는 반면 농업생산이 이루어지는 농촌은 넓은 지역에 분산되어 있기 때문에 "산만함과 무질서를 없애고 계획과 조직의 민첩성을 보장" 하기 위해서는 일정한 지역을 단위로 설정하고, 거점으로 삼아야할 필요성이 제기 되었기 때문이다.[88] 따라서 지방의 정치·경제를 거점으로, 자립의 단위로 군(郡)이 설정되고, 시·군(구역)은 농업지대와 공업지대를 동시에 갖추도록 행정구역을 편성한다.[89] 구체적으로는 평양 같은 대도시에 농촌지역인 군을 포함시키

---

[88] 박재영, 「위대한 령도자 김정일동지께서 밝히신 도시와 농촌의 경제적 련계에 관한 주체의 경제리론의 독창성」, 『경제연구』 1997년 1호, 15쪽.

고, 구역이나 시에도 농촌지역인 리를 포함시켜 자체적으로 식량을 자급하도록 하고 있다. 또한 농촌지역인 군에 노천탄광을 두기도 하고, 군마다 식료품공장, 기름공장, 청량음료공장, 방직공장, 종이공장, 가구공장, 질그릇공장, 강냉이 가공공장, 정미공장 등을 일률적으로 두고 있다.[90]

  북한이 군을 중심으로 농업과 공업의 연계구조를 형성한 까닭은 중공업 우선발전전략을 수립함에 따라 지방의 자립성을 강조할 수밖에 없었기 때문이다. 또한 자체의 완결적 계획경제체제를 형성하기 위해 중공업에 우선한 경제전략은 농업을 사회주의 축적의 토대로 삼고 있었기 때문이기도 하다. 빠른 공업발전을 위해서는 국가가 식량을 틀어쥐어야 했고, 수급조절과 고른 분배를 위해서는 계획적 행정체계를 건설해 공업발전과 농업발전을 함께 도모할 수밖에 없었던 것이다. 따라서 식량의 자급자족을 위해서는 각 지방의 양곡 생산과 더불어 지역적 특수성에 따른 과수업·수산업·축산업을 육성토록 하였고, 생산된 곡물과 농부산물을 국가가 전량 수매하여 지방주권기관을 통해 수매·보관·배급을 담당하도록 하였다. 그리고 지방공업을 통해 부족한 경공업과 소비재 생산, 기초 생필품 공급을 지방의 원료와 자재·유휴 노동력 등을 통해 해결하도록 하였다.

  북한의 계획체계가 농촌과 도시의 연계구조로 형성되어 있다는 것은 근본적으로 우선발전전략을 수정하지 않고서는 연계구조로 인해 농업과 공업의 분리개혁이 쉽지 않음을 의미한다. 북한의 7·1조치는 이를 명확하게 보여준다. 〈그림 3-4〉에서 보여지듯 북한은 7·1조치를

---

[89] 김병로, 『북한의 지역자립체제』, 통일연구원, 1999, 55~56쪽 ; 이무철, 「북한의 지역자립 구조와 행정적 분권화의 한계」, 2004.
[90] 최진욱, 『현대북한행정론』, 인간사랑, 2002, 157쪽.

통해 가격개혁의 기준가를 '쌀(식량)'로 설정하고, 수매가를 인상하였다. 또한 농업노동자의 임금을 평균보다 높게 설정하였다. 반면 기타 다른 상품 가격은 이 보다 낮은 비율로 올려 7·1조치의 결과가 농민들의 화폐소득 증가로 이어지게 하였다. 농민들의 노동의욕 고취와 평균주의 타파를 위해 상대적으로 다른 임금노동자에 비해 우대정책을 실시한 것이다. 다른 한편으로 농민들은 기존에 내지 않던 각종 사용료를 계산하게 되었다. 구체적으로는 토지사용료를 징수하기 시작했다.[91] 또한 노력동원에 대한 임금 몫을 협동농장 분배 시 삭감하며,[92] 과학기술연구 생산물을 협동농장에 도입하여 사용할 때 그 이득금을 저작권료로 지불토록 하였다.[93] 이것은 농업부문으로의 일방적 국가재정유출을 막고, 협동농장 자체가 채산제 단위와 같이 움직일 수 있도록 국가와 협동농장 간의 계산·평가·분배체계를 조정한 것을 의미한다.

그러나 농업개혁은 더 이상 전개되지 않는다. 오히려 2002년 7·1조치 이후 각 도별 토지정리사업이 완료됨에 따라 본격적인 알곡증산과 다수확작물배치 사업을 과학기술과 결합시킨 정보농업이란 농업정책으로 강조하기 시작한다. 〈그림 3-5〉와 같이 정보농업이란 컴퓨터로 토지의 생산력을 평가하고 이에 맞게 영농공정을 세우는 것으로, 농민·과학자·농업성의 행정일군이 3위1체가 되어서 진행하는 농업을 말한다.[94] 정보농업은 총 3단계로 진행되게 되는데, 정보농업의 1단계는 적지적작, 적기적작의 원칙에 따라 작물배치, 품종배치, 영농공정을 개선

---

[91] 『조선신보』, 2004년 1월 1일.
[92] 『조선신보』, 2004년 1월 21일.
[93] 『조선신보』, 2004년 9월 29일.
[94] 『조선신보』, 2003년 4월 22일.

하는 농업구조의 개선 단계이다. 2단계는 토양에 맞는 두벌농사, 화학비료의 효율적인 이용과 지력의 제고 등 효율적 증산정책 실시 단계이다. 3단계는 농촌에 대한 과학기술보급체계를 확립하고 불합리한 생산계획을 바로 잡아 농민들의 노동의욕을 고취시키는 것으로 설정되었다.[95]

〈그림 3-4〉 북한 농업개혁에 따른 협동농장 계산, 평가, 분배체계

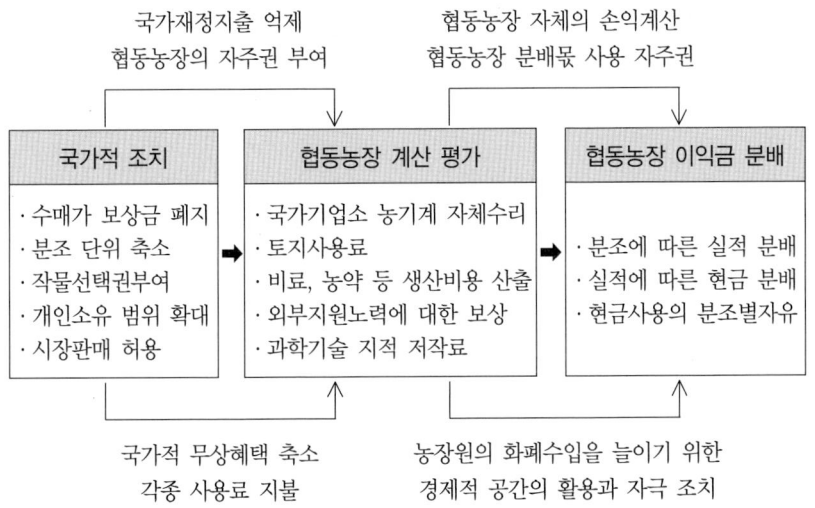

---

[95] 정보농업은 2003년 현재 황해남도 안악군, 운천군, 재령군, 신천군을 시범적 정보농업지역으로 설정하고, 이를 2007년까지 전국적으로 확대 실시한다는 계획을 세웠다. 『조선신보』, 2004년 3월 6일.

〈그림 3-5〉 정보농업 시범단위의 계획사업체계

계획총지휘부	군협동농장경영위원회 컴퓨터실
구성 →	농업과학원 컴퓨터 중심 연구원 대학, 연구기관의 과학자 생산환경보호부문, 산림부문, 국토계획부문의 전문가
인원	30여 명

계획수립	·협동농장의 각 작업반별 ·논밭의 품종, 노력, 기계수단 등을 요해하여 정보 수집 ·수집된 정보로 영농계획수립
계획하달 →	·협동농장 관리위원장을 통해 계획표 하달
작업지시	·작업반 별 품종구성, 파종날짜, 모내는 시기를 세분화 지시
결산분배	·분조단위 결산분배, 이득금의 일부분 과학자 몫 분배

농업개혁을 더 이상 심화시키지 않고 토지정리 이후 정보농업을 확대하려는 북한의 농업정책은 선군시대 경제건설노선에 입각해서 볼 때 두 가지 해석이 가능하다. 첫째, 북한은 7·1조치에도 불구하고 우선발전전략을 포기하지 않고 지속·심화시켰기 때문에 농업은 여전히 공업에 종속적 위치를 점하게 된다. 국가는 여전히 식량을 계획적으로 수매하고 공급해야 하며, 식량배급제도 폐지할 수 없다. 따라서 농업부문에 개혁확대 조치를 취하지 않으면서 식량생산을 늘이기 위한 방법은 농업구조 개혁, 자주권의 확대, 인센티브의 확대도입이 아닌 과학기술과의 결합이다. 이는 정보농업의 사업체계에서 볼 수 있듯, 농업관리체계는 전혀 변함이 없다는 점이다. 과학적 측량을 한다는 것 이외에 계획지표의 산출과 작업지시과정, 그리고 '군협동농장경영위원회-작업반-분조의 농업관리체계'는 변화를 꾀하지 않았다. 둘째, 우선발전전략의 고수는 군(郡) 단위 지역별 자립경제체제, 농업과 공업의 연계 구조에 대한 변화를 가져오지 못했다. 따라서 다수확작물 배치를

농민의 의사에 따라 분조 단위로 전개하면서 분조가 전업화 되고, 분업화 되는 개혁의 심화로 이어지지 않는다. 오히려 지역별·지대별로 가장 높은 수확고를 올릴 수 있는 작물을 배치함으로써 여전히 지역적 틀 내에서 농업생산증대와 전문화를 실현하고자 한다.96) 이것은 북한의 농업정책이 군을 중심단위로 지방의 자립경제체제를 유지하는 가운데 '군-국가수매-국가공급-군'이라는 기본 방식을 탈피하지 못하고 있음을 보여준다. 따라서 농업개혁은 발전전략 측면에서도, 구조적으로도 공업과 분리 개혁되지 못한 채 더 이상 확대 심화되지 못한다. 역으로 보면 연계되어 있는 농업과 공업의 연계구조는 북한의 빈약한 자원을 선택, 집중하기 용이하지 않았던 것이다. 그리고 농업개혁이 더 이상 전개되지 못하는 현실은 경제난 이전과 같이 국가가 대규모의 노동력을 지원하거나, 농업생산증대를 위한 국가적 투자를 할 수 없는 조건에서 북한의 식량문제를 지속적으로 악화시키게 되는 이유로 작용하게 된다.

북한의 우선발전전략 고수는 이처럼 농업과 공업의 연계구조라는 기존의 경제토대와 경제구조를 고수하면서 생산증대를 모색하는 방법으로 변형될 수밖에 없었고, 농업부문의 개혁을 보다 확대 심화시킬 수 없는 이유로 작용하게 된다. 따라서 농업부문의 계획체계는 그대로 유지되게 된다.

---

96) 북한은 농촌경리의 기계화는 "공업에 비하여 힘들뿐 아니라 그 효과성도 높지 못하며 같은 작업량을 수행하는 데 공업에 비하여 더 높은 기술 장비를 요구"하게 된다는 이유로 선군시대 경제건설노선에 따라 농업을 발전시키기 위해서는 "종자혁명을 기본 고리로 틀어쥐고 감자농사혁명과 두벌농사를 대대적으로 발전시킬 것을 강조"한다. 정충혁, 「선군시대 경제건설로선에 따라 농업을 발전시키기 위한 중요한 방도」, 『김일성종합대학학보(철학·경제학)』 2004년 4호, 47~52쪽.

(2) 국방공업의 우선발전

농업과 공업이 연계된 북한의 지역별 자립경제체제는 농업과 공업의 분리개혁을 어렵게 했지만, 중앙과 지방의 구조로 볼 때 중앙과 지방의 분리개혁은 오히려 용이한 구조임을 상상할 수 있다. 이에 북한은 가능한 모든 자원을 중앙에 집중시키는 방식을 통해 계획체계를 유지·강화시키고 이것을 통해 경제개선을 모색하는 방법론을 구사하게 된다. 일차적으로는 선군시대 경제건설노선에 입각하여 우선시 되는 국방공업우선발전론으로 나타난다.

북한은 선군시대 경제건설의 전략적 노선을 국방공업을 우선적으로 발전시키면서 경공업과 농업을 동시에 발전시키는 것으로 설정하였다. 기존의 중공업 우선발전전략 속에서도 특히 국방공업을 최우선시한 것이다. 따라서 국가적으로 국방공업부분에 기계설비와 자재, 연료와 동력을 무조건 최우선적으로 보장해주며, 군수생산을 정상화하는 것을 최우선적 과제로 설정하였다. 여기서 군수생산의 정의를 보면 "군사적 목적에 리용되는 생산물로서 각 종 무기와 탄약, 군사 장비들을 생산하는 부문"으로, 국방공업은 일반적 중공업 부문과는 또 다른 측면을 의미하는 듯 하다. 그러나 북한의 설명에 따르면 군수생산물은 군수공업 뿐 아니라 민수산업에서도 생산되는 까닭에 기존의 중공업 우선발전전략을 기본노선으로 했던 것과 구별되는 '별개의 노선'은 아니라고 설명한다. 오히려 국방공업과 중공업 부문의 연계구조에 따라 중공업 부문들 중 국방공업에 최첨단 과학기술 성과들을 도입하여 군수품을 생산하고, 군수품을 생산하는 중공업 부문에 기계설비와 원료, 자재, 동력을 우선적으로 보장해주는 방식은 전반적인 중공업의 현대화와 자립적 경제토대를 강화하는 것으로 보고 있다.[97] 이 같은 북한식 국방공업–중공업의 연계구조를 '구성공작기계공장'[98] 사례를 통해서 보면 다음과 같다.

> 북한은 1999년 새로운 내각책임제·내각중심제 아래 새 내각을 구성할 때 금속과 기계부문을 통합하여 금속기계공업성으로 일원화 하였다. 이에 따라 김책제철연합기업소에서 생산한 생산물을 수출하지 않고 전량 국내 기계공업부문에 돌렸다. 김책제철연합기업소로부터 안정적인 원료를 공급받은 구성공작기계공장은 공작기계 생산의 전량을 국내수요로 돌리지 않고 수출을 하였다. 그리고 수출을 통해 얻은 이익금 100%를 공장의 확대재생산과 기술개건 및 현대화에 투자하였다. 또한 구성공작기계공장의 현대화 과정에는 김일성종합대학 컴퓨터과학대학, 김책공대 이과대학, 과학원 조종기계연구소 등의 과학자와 기술자들이 결합하여 유럽과 중국에 기술사찰을 실시하는 등 국가의 전폭적인 지원 아래 전개되었다. 이렇게 현대화를 실현한 구성공작기계공장은 2003년 국방공업우선발전론에 따라 '어머니 공장'으로서 전국의 공장, 기업소들에 최신식 공작기계를 보내며 국내수요 중심으로 생산을 돌린다.[99]

중공업 부문 중에서도 군수와 민수생산이 동시에 되는 구성공작기계공장의 사례는 북한의 경제구조가 국방공업과 중공업이 연계되어 있는 구조로서, 국방공업 우선발전노선에 따라 국방공업을 강화시키면 전반적 중공업을 강화시킬 수 있다는 것을 보여준다.[100] 그런데 이와 같은

---

[97] 리기성,「위대한 령도자 김정일동지께서 새롭게 정립하신 선군시대 사회주의 경제건설로선」.
[98] 구성공작기계공장은 희천공작기계공장에 이은 북한 제2의 공작기계공장으로 1999년 1월 김정일 위원장 현지지도 시 "자동화의 본보기공장"으로 만들 것을 지시하면서 설비현대화에 주력하였으며 연간 생산능력은 1만 대 수준이다.
[99] 통일부,『주간 북한동향』, 2002년 6월.
[100] 이정철은 위와 같은 북한의 국방공업과 중공업 부분의 군수와 민수경제의 구분에 대해 "국방공업이 보존된다면 나머지 민수경제에서는 과거와 같이 낡은

중앙 차원의 국방공업부문은 7·1조치와 무관한 단위들이다. 이들 단위는 사례에서 볼 수 있듯 국가의 전폭적인 지원과 계획체계 내에서 작동하고 있음을 보여준다. 따라서 우선발전전략 특히 국방공업 우선발전은 국방공업과 중공업의 연계구조를 그대로 유지한 채, 국가의 전폭적인 투자와 지원 아래 계획체계를 유지·고수하고 있음을 보여준다.

(3) 중앙과 지방 관계에서 중점 단위의 우선발전

가. 중공업부문 국가 기업

북한의 우선발전전략에 따라 국가 계획체계 내에서 7·1조치와 무관하게 움직이는 국가중심 단위들은 또 있다. 북한의 국방공업우선발전론은 "오늘의 조건에서 이것도 하고 저것도 다 하자는 식"으로는 경제를 빨리 활성화시킬 수 없기 때문에 ① 현지지도 단위 중심, ② 21세기의 본보기 공장·기업소 중심, ③ 전력보장성 정도를 기본으로 하여 우선적인 대상을 선정하게 된다. 이를 중앙 계획경제차원에서 큰 의의를 가지는 '중점 기업'이라 한다.[101] 그리고 중점기업들은 선행부문에

자립과 자력갱생 개념을 고집하지 않겠다는 시그널"로 해석한다. 이것은 중국의 국방공업이 민수전환을 거치는 과정에서 나타난 방식이기도 하다. 그러나 중국은 이를 위해 군력 감축과 국방비 삭감이 전제되었음을 상기할 필요가 있다. 이정철과 같은 해석이 뒷받침되기 위해서는 북한의 군사비, 군력규모 등이 더 연관되어 분석되어야 한다. 현재와 같이 절대다수를 차지하고 있는 북한 군의 실정상 국방공업과의 연계구조에 대한 고려 없이 중공업부문의 민수공장들을 모두 개방의 관점에서 풀어놓는 것이 가능한 해석인지는 좀 더 검토되어야 한다. 이정철, 「북한의 개방 인식 변화와 신(新)자력갱생론의 등장」, 『현대북한연구』 제9권 1호, 2006, 32~35쪽.

[101] 북한 문헌에 따르면 북한 김영홍은 중점 기업을 "나라의 경제건설에서 중요한 역할을 수행하는 관건적인 중요부분"으로 설명한다. 본고에서는 관건적인 중요부분을 ①, ②, ③으로 구분하고, 이를 '중점단위' 기업으로 정의하였다. 김

속하는 전력, 석탄, 금속, 철도운수 부문의 공장·기업소들을 앞세울 것을 강조하면서 국방공업 > 중공업 > 선행부문 > 중점단위 기업의 순으로 산업 분야별, 공장·기업소별 직렬구조를 형성하게 된다.

먼저 국가 차원에서는 철도, 전기, 통신 부문의 적극적인 투자와 기술도입으로 정보화에 주력하면서 사회간접시설 구축에 우선적 힘을 기울인다.

〈표 3-4〉는 북한이 선행부문에 속하는 전력, 석탄, 금속, 철도운수 부문의 공장·기업소들을 정상화시키기 위해 이 부분에 해외투자를 집중하고 있음을 보여준다. 보다 구체적 정보 조각들을 모아보면 북한은 국가의 적극적인 투자를 통해 중공업 도시인 함경북도 내 김책제철연합기업소, 무산광산연합기업소, 청진광산금속대학, 5월 28일 공장 등의 주요 산업시설에 우선적으로 네트워크를 구축하며 기술개건사업을 단행하였다. 또한 청진시를 중심으로 한 공장·기업소들의 현대화를 추진하였고, 중공업 도시인 자강도 역시 도내 강계정보센터를 건설하며 도내 공장·기업소들의 현대화와 정보화를 추진하였다.[102] 중공업 부문에서는 구성공작기계공장을 본보기 공장으로 하여 천리마제강연합기업소(2002년 7월), 황해제철연합기업소(2003년 6월), 성진제강연합기업소, 대안중기계연합기업소(2003년 10월), 룡성기계연합기업소(2005년 1월), 낙원기계연합기업소(2005년 5월) 등이 기술개건을 우선적으로 추진하였다. 선행부문에서는 2·8 직동청년탄광(2003년 10월)과 같이 UN의 개도국 지원프로그램의 일환으로 50%의 자금 지원을 받으며, 오스트리아 광업전문대학인 몬탄 대학과 기술협력으로 채광설비 및 채광석

영홍, 「계획화의 4대요소를 합리적으로 분배리용하는 것은 경제적실리를 보장하기 위한 중요요구」, 『경제연구』 2003년 1호, 23~27쪽.

[102] 통일부, 『주간 북한동향』, 2003년 4월·5월.

〈표 3-4〉 북한 국가 주도적 산업인프라 조성

금속기계공업성	· 컴퓨터망을 통한 산하 기업소들의 일일생산량과 자료 통계 종합 · 러시아와 기술개건 및 현대화 논의 · 중국으로부터 철강기계금속공업기술 도입, 수출 확대	2002. 5. 27 중방

전기석탄공업성
전력공업총국
	· 컴퓨터를 통한 전력계통 지휘체계 현대화 구축
	· 00년 11월 스위스 ABB그룹과 초고압송전망사업 양해
	  문 조인
	· 01년 6월 대흥단군 중소형발전설비와 송배전망 보수
	  사업실시
	· 01년 9월 북한 전역에 실시간 감시조종체계 도입
		2003.
		5. 1
		중방

철도성	· 철도부문의 수송 컴퓨터화 추진
	· 04년 철길 현대화
	· 05년 서부지구를 비롯한 중요구간의 철길 현대화 공사
	  시작
	· 침목공장(라홍콘크리트침목공장, 승호리콘크리트침목
	  공장) 현대화
		2005.
		3. 9
		중방

체신성	· 통신선의 광케이블 디지털화, 컴퓨터 통신망 구축, 이
	  동통신 기지국 증설, 통신인프라 구축에 주력
	· UNDP, ITU 등 국제기구 지원과 태국, 중국 등 국제협
	  력 강화 등 외자 유치 및 선진기술 도입
	· 01년 5월 평양전화국 컴퓨터 전용설비 도입
	· 02년 11월 북한전역에 컴퓨터망 구축
	· 03년 10월 200여 시군까지 광케이블망 구축
	· 05년 3월 디지털 자동교환기
		2005.
		10. 18
		중방

※ 자료: 통일부,『주간 북한동향』, 2002~2005년 해당 기사 종합.

운반 컨베이어시스템의 설치 및 가동을 실현하거나,[103] 승리자동차연합기업소와 같이 금속기계공업성과 국가과학원·대학·현장전문가 30명으로 구성된 상무조직이 조직되어 독일, 이태리, 중국, 말레이시아 등에 파견·시찰한 후 현대화를 단행하기도 하였다. 전력난 해결을 위한 화력발전소의 기술개건은 이미 살펴본 바와 같이 2002년부터 소련

---

[103] KOTRA,『북한경제뉴스』, 2004년 6월 25일.

에서 기술대표단이 파견되어 구소련 시기 도입되어 낙후된 생산 공정을 재정비 갱신하였고, 수력발전소는 새롭게 건설하였다. 그리고 필요한 자금은 2003년 5월 발행한 공채의 국가 유입금을 통해 대부분 해결하였다.[104]

이처럼 국방공업우선발전론에 따른 국가 중점단위들의 생산정상화와 기술개건 및 현대화 사업은 사실상 7·1조치와 무관한 영역의 단위들이다. 여전히 국가는 자금과 기술을 전적으로 책임지며, 계획지표의 하달과 함께 원부자재 공급 역시 국가가 대부분 보장한다.

이와 같이 북한은 선군시대 경제건설노선을 천명함에 따라 국방공업이 우선순위에 놓이고, 현실과 조건에 맞게 하나씩 추켜세운다는 기술개건 및 현대화 방침은 우선순위에 따른 직렬구조를 형성시켰다. 따라서 전반 인민경제 차원에서 국방공업 및 국가 중점 단위들을 '우선적 보장·우선적 정상화·우선적 현대화'하는 것이 1차적 과제였다. 이것은 사회주의 개혁은 곧 국유기업의 개혁문제이며, 국유기업개혁은 개혁이 심화되면 될수록 체제전환의 방향으로 나아가게 되는 개혁방향을 피하려고 한 북한의 의도였다. 북한은 경제개혁은 하되, 그 방식에 있어 처음부터 국가가 틀어쥐고 공장·기업소의 기술개건 및 현대화를 시켜 나가 국가의 주동성을 잃지 않겠다는 입장에서 출발한 것이다.

나. 현지지도 단위와 본보기공장 중심

마지막으로 국방공업우선발전론에 근거해 국방공업과 중공업 부문의 집중적인 현대화·정상화를 꾀한 것 이외에도 국가 중점단위들이

---

[104] 북한은 인민생활공채 판매수입금을 전력부문에 우선적으로 투자할 것이라고 보도하였다. 『로동신문』, 2003년 9월 28일.

또 있다. 국가 중점단위들은 주로 21세기 본보기공장들로서 김정일이 현지지도 한 지방공업, 경공업 공장들이 주요대상들이다. 이들 공장·기업소는 '강서약수 가공공장'이나 '평양 껌공장'과 같이 공채 수입금 및 군인 건설자를 투입하여 1년 여 만에 공장을 새롭게 완공하거나,[105] 2004년 경공업성이 본보기공장으로 지적한 '평양방직기계공장'과 '영변 견직공장'과 같이 해외 자금지원을 우선적으로 받아 공장을 현대화시킨 곳들이다. 또한 2001년 연길담배공장이 라선시에 라선신흥담배회사를 설립한 이후 이를 평양에 도입하거나, 중국으로부터 치약생산설비를 도입한 '평양화장품공장', 2005년 북중 자전거 합영공장 등은 중국으로부터 기술설비 도입 및 합영·합작을 한 공장·기업소들이다.[106] 제약회사의 경우도 2000년 재미교포단체인 국제전략화해연구소(ISR)와의 합작으로 제약공장을 설립한 이후, 2004년 스위스 제약회사와 합작을 추진하여 '평-스 합영회사'를 설립했었다[107]. 이를 계기로 약공장이 새로운 경공업 공장의 모델로 등장하게 된다. 이 밖에 아래 〈표 3-5〉와 같은 현지지도 단위, 본보기공장들은 국가가 기초식품공장이나 닭공장과 같이 시도별 곳곳에 배치하여 건설함으로써 부식품 공급의 부족현상을 해소하기 위해 적극적으로 지원하는 단위이다. 또한 소비가 많은 평양·신의주 화장품 공장 혹은 담배, 맥주, 술 등의 기호식품들은 국가가 독점적으로 생산 공급하여 국가재정의 원천으로 삼게 된다.[108]

---

[105] 통일부, 『주간 북한동향』, 2003년 12월.
[106] KOTRA, 『북한경제뉴스』, 2005년 5월 31일.
[107] 『연합뉴스』, 2004년 6월 9일.
[108] 월간 『조국』 2004년 6월호는 북한 경공업성 김복만 제1국장과의 인터뷰를 통해 '7·1조치' 이후 경공업 부문에서 질적 향상과 공급량 확대가 두드러지게 나타난다고 하며, 외국산 담배와 치약·칫솔은 이미 북한 시장에서 퇴출당한

〈표 3-5〉 2000~2005년 북한 김정일의 현지지도 단위

년도	날짜	(인민생활문제의 해결을 위한) 현지지도 단위
2000	3. 27	· 양강도 대홍단군종합농장
	6. 21	· 평안북도 영변견직공장과 박천견직공장
	11. 2	· 112호 닭공장
	11. 26~27	· 양강도 대홍단군 및 삼지연군 포태종합농장
	12. 7	· 평양시에 새로 건설된 여러 공장 기업소
2001	1. 21~23	· 신의주화장품공장, 신의주법랑칠기공장, 신의주기초식품공장
	7. 8	· 평양시 담배연합회사 · 경련애국사이다공장 · 평양어린이식료품공장
	9. 5	· 9월 27일 닭공장
	11. 10	· 112호 닭공장
	12. 14~16	· 구성방직공장, 신의주화장품공장, 평안북도 닭공장
	12	· 강계편직공장, 강계닭공장, 강계닭내포국집 · 강계 고려약공장, 강계포도술공장
2002	2. 23	· 대홍단 감자가공공장
	5. 20	· 구성닭공장
	6. 17	· 대동강맥주공장, 평양일용품공장 칫솔직장
	6. 15	· 안주닭공장
	10. 17	· 함흥 기초식품공장
2003	7. 6	· 강계기초식품공장, 홍주닭공장, 강계토끼종축장, 강계인풍여관
	8. 6	· 평양화장품공장, 선교편직공장
2004	1. 12	· 식료가공공장
2005	9. 15	· 광포오리공장
	9. 17	· 홍남제약공장, 홍남비료연합기업소
	11. 1	· 평양승강기공장, 평양 자전거 합영공장

※ 자료: 통일부, 『주간 북한동향』 2000~2005년 각 주간호 재종합.

상태이며, 앞으로 신발 · 의류 · 맥주 · 포도주 등으로 그 품목이 확대될 것이라고 전망한 바 있다. 「평양의 바람— 이제 외국제품을 밀어낼 것입니다」, 『연합뉴스』, 2004년 5월 21일.

이처럼 북한은 체제유지전략에 기초하여 기존의 중공업 우선발전전략을 선군시대 경제건설노선으로 정식화 시켰으며, 이를 강성대국건설의 3대 원칙과 결합시킨다. 그리고 자원의 수직적 배분체계를 실리추구라는 명분으로 개혁의 논리와 결합시킨다. 이에 따라 북한은 국방공업을 최우선시 하면서 선행부문과 기간공업을 중심으로 한 계획체계를 유지·잔존시키게 된다. 그렇다면 계획체계는 합법화된 시장체계와 어떤 관계성을 갖는 것인지 고찰해보면서 북한의 계획과 시장의 결합관계를 살펴보기로 한다.

3) 시장을 통한 계획의 수직적 연계

(1) 시장을 통한 계획체계의 유지

북한은 7·1조치를 통해 기업의 평가체계를 번수입지표로 변화시켰다.[109] 그리고 이를 통해 기업의 독립채산제 실시를 확대 조치하였다. 따라서 북한의 기업개혁 내용은 번수입지표를 도입하여 계획외생산을 보장했다는 점과 계획지표의 축소, 기업소 이익금의 유보를 통해 기업의 독립채산제 실시를 도모했다는 점이다. 더불어 기업의 생산과 판매를 시장과 연결하였다. 이 같은 북한의 번수입지표에 의한 독립채산제 실시과정을 그림으로 나타내면 다음 〈그림 3-6〉과 같다.

그러나 번수입지표를 올바로 해석하기 위해서는 두 가지 점을 유의해야 한다. 첫째, 번수입은 기업소 판매수입 총액에서 노동자의 생활비를 덜고, 생산원가를 공제한 후 여기에 계획외수입을 포함시킨 총액이

---

[109] 번수입과 관련한 자세한 북한의 논리는 다음 문헌을 참조. 오선희,「실리를 나타내는 지표의 합리적리용」,『경제연구』2003년 3호.

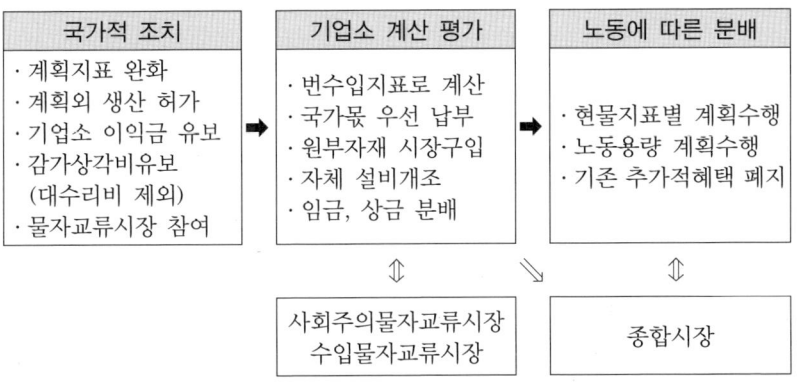

〈그림 3-6〉 북한 기업의 번수입지표에 의한 독립채산제 실시과정

다. 번수입 안에 계획외수입이 포함되게 되면 번수입 총액을 늘이기 위해 이윤이 많이 나는 계획외수입에 치중하게 되는 문제가 발생하게 된다. 따라서 번수입은 기업소별로 제시되는 현물지표별 계획을 100% 수행하였을 때는 번수입을 그대로 다 인정하고, 현물계획을 다 수행하지 못했을 때는 범칙금의 일정한 %를 과금으로 부과하여 떼고 평가한다. 둘째, 번수입을 통한 노동의 분배(생활비 지급) 측면에서 기업소별 생산액적 계획은 100% 달성했지만, 기업소적 노동용량계획을 수행하지 못했을 경우에는 생활비 몫을 줄인다. 반대로 기업소가 생산품을 판매하여 실현된 수입금이 없지만, 노동자들의 노동용량계획은 100%를 달성했다면, 기업소 수익은 없지만 생활비를 지급해야 한다. 이때는 실제 벌어들인 수입에서 국가납부와 기업소가 쓸 자금을 확정하고, 나머지로 생활비, 장려금, 상금을 지불하도록 한다. 따라서 번수입지표를 기업에 도입하게 되면 주어진 현물지표별 계획을 100% 수행하는 조건에서 계획외 생산을 더 많이 해야 이득이 생긴다.

이것은 생산이 정상화 되지 못한 조건에서 전력, 원부자재 부족을 이유로 부유하는 노동력을 고착시켜 최소한의 국가 생산몫을 달성하게 하려는 의도를 가지고 있다. 또한 계획외 생산도 허가함으로써 부족한 공급 상황을 타개하려 하는 것이다. 그러나 노동용량계획을 100% 수행하여야만 생활비를 지급하는 방식은 그대로이지만, 반대로 기업소 수익이 없을 때는 없는 상태에서 국가납부 몫을 우선하고 나머지를 분배하는 방식이라는 점이다. 이것은 기업소 수익과 관계없이 노동용량계획에 따른 무조건적인 생활비 지급방식이 아니라, 기업소 수익이 줄어도 국가몫을 납부하고, 기업소가 노동자와 함께 손실분을 책임지는 방식이다. 이에 대해 북한은 "국가와 기업소의 관계가 물질적 보상관계만을 갖는 독자적이며 동등한 관계"가 아니며, "경제책임제에 대해서도 기업소의 책임은 국가가 준 권한 하에서 수행된 경영활동 결과에 대한 책임"일 뿐, 국가가 기업소 의무에 대해 전혀 책임지지 않는 완전한 책임제가 아니기 때문이라고 강조한다.110)

북한은 또한 "생산수단이 사회적 소유로 되여 있는 조건에서 국가가 나라의 전반적 경제를 통일적으로 관리 운영"해야 하며, 그러자면 재정 공간을 통하여 "인민경제 모든 부문, 공장, 기업소들의 관리운영에 필요한 자금을 국가가 책임지고 보장하면서 그 과정을 통하여 기업소들의 경영활동을 장악통제하는 것이 필요하다"고 보았다.111) 따라서 '번수입지표'라는 금액지표를 기업의 계산·평가제도로 도입하면서도 국가납부몫을 우선적으로 보장하려 하였고, 계획수행률과 노동수행률을 결합시킴으로써 국가와 기업소간의 사회주의 중앙집권적 지도원칙을

---

110) 서영수, 「현대사회민주주의자들이 설교한 〈완전독립채산제〉의 반사회주의적 성격」, 『경제연구』 2003년 4호.

111) 박정길, 「위대한 령도자 김정일동지께서 사회주의재정원리에 관한 사상리론 분야에서 이룩하신 불멸의 업적」, 『김일성종합대학학보(철학·경제학)』 2003년 2호.

강조하였다.

그렇다면 계획지표를 축소하고, 번수입지표를 도입하며, 시장을 통한 기업의 독립채산제를 실시하게 되면 어떠한 개혁적 결과를 낳게 되는가를 살펴보자. 이것은 기업이 번수입지표라는 계획외생산을 포함한 기업소의 이익금을 어디에 쓰는가와 밀접한 관계가 있다. 기업소 내 유보자금이 되면서 노동자들 끼리 나누어 갖는 것인가, 아니면 국가가 지원·투자하지 못하는 기업소의 설비개조나 확대재생산을 위한 축적기금으로 사용되는가의 문제이다. 사례를 통해 검토해보자.

〈사례 1〉 2·8 직동청년탄광

7·1조치 이전, 탄광은 계획수행률이 100%일 때 기본생활비 전액을 지불받았다. 그리고 계획수행률이 120%일 때는 루진생활비의 2배를 받았다. 7·1조치 이후에는 계획지표의 70%만 수행해도 기본생활비 전액을 지불받는다. 그리고 계획수행률이 120%일 때는 루진생활비가 5배, 계획수행률이 300%일 때는 루진생활비만 2~3만원에 해당된다.[112]

〈사례 1〉의 탄광 사례는 7·1조치를 통해 국가적 우대 조치를 취한 산업분야이다. 따라서 계획지표를 70% 선으로 낮추고, 주진생활비를 올림으로써 탄광노동자들의 임금을 대폭 상승시켰다. 즉, 이익금 전부를 노동자들에게 돌려서 생산성 향상을 촉구하는 사례이다. 이는 인민경제의 선행부문을 발전시키며, 이를 통해 중공업, 군수공업 위주의 발전전략을 유지시키기 위한 7·1조치의 파격적 내용 중 하나이다.

〈사례 2〉 신의주 신발공장

경공업공장으로 기존의 신발 단품만을 계획지표로 삼아왔다. 7·1조치

---

[112] 『조선신보』, 2002년 10월 11일.

이후 이 공장은 자기 실정에 맞게 계획을 구체화하였다. 즉 기본적 신발 계획이었던 천 신발계획을 80% → 30%로 낮추고, 가죽, 합성가죽, 장화생산의 비율을 높였다.113)

〈사례 2〉를 살펴보면, 기존의 천 신발생산품은 국가 수매를 통해 낮은 값으로 사들여진 이후 대중소비품으로 판매가 실현될 것이고, 질이 높은 가죽신발의 경우는 국영상점이나 시장을 통해 보다 높은 가격으로 판매가 실현될 것이다. 종합하여 번수입지표로 신발공장의 수익금을 합치면 7·1조치 이전의 천 신발 생산 위주의 이익금보다 클 것이고, 늘어난 이익금은 사회주의 물자교류시장을 통해 원부자재를 구입하고 확대재생산의 자립적 토대를 구축하는 데 사용된다. 즉, 계획지표를 낮추고 계획외 생산을 보장해 줌에 따라 늘어난 수익금을 자체 공장·기업소의 원부자재 구입 및 시설설비에 투자하게 함으로써 기업소 생산을 정상화시키고, 노동을 고착시키며, 상품공급을 증대하고, 기업소 이득에서 국가납부 몫을 보장함으로써 국가 재정을 건전히 하려는 북한의 의도가 고스란히 전달되는 사례이다.

이처럼 〈사례 1〉과 〈사례 2〉는 북한이 기업개혁을 통해 1차적으로 정상화될 수 있는 단위들을 추켜세우고, 이를 통해 국가의 재정 몫을 우선적으로 보장하게 한 것을 보여준다. 그러나 아래의 사례들은 극과 극의 현상을 보인다.

〈사례 3〉 대안중기계연합기업소

이 공장은 터빈, 발전기를 비롯한 발전소의 설비와 금속공장, 화학공장, 광산, 제철소를 비롯한 공업 분야의 대규모 설비를 생산하는 곳으로, 모두

---

113) 『조선신보』, 2002년 11월 15일.

국가계획에 물려서 기업소간 거래에도 모두 국정가격만이 적용된다. 전기문제로 생산이 정상화되지 못하고 있는 상태에서 이 공장의 경우는 사회주의 물자교류시장을 통해 얻어낼 수입도 거의 없다.[114]

⟨사례 4⟩ 평양일용품공장

이 공장은 자기 단위 수익에서 규정된 몫을 국가에 납부하고 남은 것들을 확대재생산을 위한 자금과 노동자들의 분배로 돌리면서 번 것만큼의 수익금이 커져간 공장이다. 제품을 증산하여 수익을 계속적으로 올리고 있었던 이 공장은 노동자들의 임금을 일정한 수준에서 고정하고 상금을 주는 식으로 수익증가분을 환원하고 있었다. 그러나 노동자들 사이에서는 "상금이 아니라 노동의 양과 질을 정확히 평가한 임금을 지불할 것" 혹은 "자기들이 벌어들인 것은 가능한 자기들이 먹어야 한다."는 주장이 제기되었다.[115]

⟨사례 5⟩ 3월 26일 공장, 천리마제강련합기업소

이 공장들은 미래를 위한 투자를 선행하기 위하여 생산물을 수출하여 얻은 현금은 외국에서 생산설비를 구입하는데 모두 돌렸다. 원래는 노동자들의 후방사업을 공장이 돌보아야 하지만 지금은 거기에 큰 힘을 돌릴 수 없는 실정이다. 현대화를 위해서는 자금이 필요하다. 종전에는 확대재생산을 위한 설비투자가 국가의 몫이었지만, 지금은 공장·기업소의 결실에 따라 번 수입에서 지출되어야 한다. 따라서 보다 큰 실리를 위한 선행투자의 필요성을 노동자들 속에 침투시키고 있다.[116]

⟨사례 5⟩와 같이 국가 중점단위들 중 이익을 창출하게 되는 기업들은 이득금의 전부를 생산설비 개조 몫으로 돌려 7·1조치 이전에는 국가 몫이었던 것을 기업이 자체로 해결토록 하였다. 반면 ⟨사례 3⟩과

---

114) 『조선신보』, 2003년 10월 22일.
115) 『조선신보』, 2004년 8월 18일.
116) 『민족 21』 2004년 1월호.

〈사례 4〉는 극명한 대조를 이룬다. 북한은 〈사례 3〉과 같이 손실이 지속되고 있는 국가 기업들에 대해 〈사례 4〉의 기업소에서 보다 많이 거둬들인 국가 재정자금을 통해 보조금을 지급하면서 경제의 각 부문이 균형적으로 발전하도록 하는 것이다. 이것이 북한 기업개혁의 의도이다. 또한 북한이 7·1조치를 실시하면서 '경제적 효과'가 아닌 '사회적 효과'를 강조하는 이유이기도 하다.

앞의 사례들에서 볼 수 있듯이 북한의 기업개혁이 시장과 연관되어 산출하는 경제적 효과는 제각각 다양하게 나타난다. 그리고 북한은 시장을 통해 개혁의 높은 효과를 창출하는 단위에게 기간공업 단위들을 지탱시켜주는 역할을 담당케 하고 있다. 즉, 시장을 통한 기업의 정상화와 기업의 정상화를 통한 국가의 조정능력 증대는 사회주의 계획체계를 추켜세울 수 있다고 본 것이다.

반면 7·1조치를 통해 기업개혁의 효과가 제대로 나타나는 곳은 〈사례 2〉나 〈사례 4〉와 같이 계획지표의 축소와 번수입지표의 도입, 그리고 시장을 통한 구매·판매가 원활하게 진행되는 단위들이다. 이들 공장·기업소들은 대체로 대중의 수요가 많은 상품을 생산하며, 7·1조치를 도입한 이후 기업소 이익을 평가하여 보았을 때 차익이 많이 남는 단위이다. 또한 기업소 자체의 현금 보유 능력이 커지면서 기업 현대화에 따른 상품의 질도 향상된 제품을 생산하게 된다. 따라서 이와 같은 기업개혁이 광범위하게 진행되면서 상품생산이 증대하고 시장이 활성화 된다면, 북한은 국가의 의도대로 계획과 시장의 시소적 기울기를 조정하며 계획과 시장의 수평적 이행형태를 조절하게 될 것이다.

그러나 〈사례 2〉나 〈사례 4〉와 같이 채산성이 높은 단위들은 전체 기업에 비하여 볼 때 매우 소수 기업에 불과하다. 앞서 고찰한 바와 같이 현재 북한의 기업실태는 국방공업 우선발전전략 때문에 7·1조치와 무관한 국방공업, 중공업, 선행, 기간부문 단위들이 다수 존재하며, 아예 공장가동과 상품생산이 불가능한 지방공업 단위들은 광범위하게 존재한다. 이들 기업은 모두 국가계획체계 내에서 국가의 투자지원을 받거나, 아니면 아예 계획체계 밖으로 밀려나 7·1조치 수혜범위를 벗어나 있는 기업들이다. 이처럼 7·1조치는 국가적 투자와 자원배분 형태에 따라, 또는 산업 및 공장·기업소에 따라 그 성과와 효력의 차이를 발생시킨다. 뿐만 아니라 경제적 효과성이 큰 공장·기업소들은 기업소 이익이 발생하자 "기업소의 자체충당금을 이용할 수 있는 실제 권한을 각급 기업소에 주어야 한다"는 주장을 하기 시작한다. 임금 또한 기업소의 번수입에 따라 자체로 높아지는 현상이 나타나기 시작한 것이다.117) 특히 원부자재 문제 및 자금문제까지 자체로 해결한 공장·기업소에서는 '번 것만큼, 일한 것만큼' 그 대가가 노동자 개개인에게 지불되기를 요구했다. 따라서 자금의 회전속도가 빠르고, 투자효과가 빠르게 나타나는 단위들을 지속적으로 확대시키기 위해서 북한은 기업의 분권적 개혁을 보다 심화시켜야 하는 것이다. 그러나 북한은 기업개혁을 심화시키지 않고 있다. 단지 국가중심의 균형적 기업발전을 추구하고 있을 뿐이다.

이처럼 북한은 7·1조치 이후 더 이상의 개혁을 확대·심화시키고 있지 않다. 농업부문에서 작물선택권과 생산량책임제는 지역적 배치의 개념으로 분조 단위에서 실시되고 있다. 특히 분조 단위가 전업호가 되거나 개인 전업농을 허용하지 않는다. 공업부문에서는 지방과 업종의 구분을 넘나드는 기업의 재조직과 건설을 허용하지 않는다. 오로지 구

---

117) 평양일용품공장과 같은 사례는 따라서 임금을 1만 1천 원까지 끌어올렸다고 한다. 2005년 인플레를 감안한 쌀값이 키로당 700원이라고 했을 때 1만 원대의 임금은 대단히 높은 것이다. 『조선신보』, 2005년 1월 28일.

조개편은 2000년 1월과 9월의 연합기업소들을 편재했던 것에 그쳤다. 즉, 북한은 국가적 차원에서 기업소를 정비하고 재조직은 하되, 기업적 차원에서는 이러한 기업의 신설·병합·재조직 권한을 부여하지 않고 있다.[118] 따라서 현재의 기업 상태에서 7·1조치의 성과와 효력은 차이를 발생시킬 수밖에 없는 구조이다.[119] 여기에 북한의 7·1조치는 국가가 의도한 중앙단위 부문 정상화에 그 효과를 돌리도록 하여, 실제 중앙과 지방 차원의 단절 현상을 보다 확대시키는 구조적 양태를 보이게 된다. 다시 말해 기업개혁 측면에서 기업의 구조는 그대로 묶어놓고 국가의 수직적 자원배분은 중앙적 의의를 갖는 국가 중점 기업소들 중심으로 집중하여 이루어진다. 따라서 지방산업 단위들은 그야말로 자력갱생의 입장에 서게 된다. 기본적으로 모든 지방산업 공장들은 내부예비탐구동원사업을 통해 원료·자재들을 자체로 해결하여 생산을 정상화 하도록 하고 있으며, 전기사정이 긴장한 조건에 맞게 교차생산조직을 통해 전기가 보장되면 단위시간 내에 생산실적을 최대한 높게 하는 방식을 사용한다.[120] 지방산업 단위들은 기본적인 전력조차 제대로 공급받지 못하는 조건에서 모든 것을 자체 해결해야 하는 것이다. 그로 인해 멈춰서 버린 지방산업 단위들은 계획체계 밖의 시장을 중심으로 한 생산과 판매, 그리고 소득과 소비를 실현할 수밖에 없게 된다.

---

[118] 물론 "해당지역의 감독기관과 협의하여 소규모 설비를 이관하거나 폐기할 수 있는 권한을 기업에 부여"함으로써 수요가 많은 생산라인으로 변경이 아주 불가능한 것은 아니다. 김영윤·최수영, 『북한의 경제개혁 동향』, 통일연구원, 2005, 27쪽. 그러나 전체 기업소 차원에서 볼 때 7·1조치는 구조개편과 무관하기 때문에 정해진 구조 아래서 번수입의 차이가 곧 이익금의 차이로 나타나게 된다.

[119] 만경대협동농장(월 현금 7만 원), 외화벌이기업(월 현금 2~3만 원), 합영기업(월 현금 1~2만 원대, 부상 상품지급), 일반기업(월 현금 3,000원). 김영윤·최수영, 『북한의 경제개혁 동향』.

[120] 『민주조선』, 2004년 3월 20일.

(2) 계획 밖의 시장체계

가. 국가공급망의 시장 전환

　북한은 개혁 조치를 통해 계획과 시장이 공존하는 상품유통체계를 확립하게 된다. 현재 모든 상품이 다 시장을 통해서 거래되는 방식은 아니다. 기존의 공급망과 새로운 시장이 공존하면서 변화를 겪고 있는 시기이다. 그러나 기존의 국영상점망과 봉사망을 통해 소비품이 공급되던 체계는 시장이 합법화됨에 따라 상품이 시장에 나오고 판매자와 소비자가 직접 사고 파는 유통체계로 옮겨가고 있다. 따라서 국영상점망과 봉사망의 공급체계는 점차 무력화되게 된다. 아래의 몇 가지 사례는 현재 북한에서 국영상점망과 종합시장에 참여하는 단위들과 그들이 어떻게 시장활동을 하면서 상품공급과 화폐수익을 창출하는지 보여준다. 시장으로 유인을 받으며 시장을 통한 판매행위가 보편화되고 있는 추세를 사례를 통해 샘플링해 보면 다음과 같다.

　　〈사례 1〉무역회사의 국영상점 인수 허용과 시장판매

　　　무역성, 상업성, 도 인민위원회와 해당 기관들은 지금 운영을 제대로 하지 못하고 있는 국영상점들을 임시로 상품보장을 담보할 수 있는 무역회사들에 넘겨주어 운영하도록 하였다. 이에 따라 평성시 인민위원회 상업관리소 소속이던 평성종합상점을 평안남도 인민위원회 무역관리국이 인수했다. 그리고 수입품을 들여와 판매하기 시작했다.[121]

　무역회사 입장에서 보면 상품을 수입해 국내 소비자에게 공급·판

---

[121] 내각결정 제24호. 양문수, 「북한에서의 시장의 형성과 발전: 생산물시장을 중심으로」, 『비교경제연구』 제12권 2호, 2005, 16~17쪽.

매할 수 있는 경로가 두 가지 생긴 셈이다. 하나는 기존의 방식과 같이 국영상점에 직접 혹은 중간 상인을 거쳐 간접적으로 판매하는 것이다. 또 다른 하나는 도매시장을 거쳐 종합시장에 판매하는 것이다. 그러나 국영상점에 넘겨주는 가격이 시장가격보다 낮다면 무역회사 입장에서는 국영상점보다 종합시장에 판매하는 쪽을 선호할 것이다.

〈사례 2〉 국영농장의 시장 판매

량강도 대홍단군은 국영협동농장을 국가가 주력하는 현대화 된 감자 생산과 가공공장으로 운영하고 있다. 원자재인 감자를 국정가격 1kg 당 10원으로 가공공장은 사들인다. 여기서 생산된 국수사리 1kg 당 가격은 45~50원으로 정해진다. 국수사리는 국영상점 및 공장·기업소의 직매점을 통해 판매된다. 판매 가격은 종합시장에서 파는 종래의 국수 가격보다 낮다.[122]

문제는 국영기업소에서 생산한 국수사리가 국가수매기관을 통해 국영상점 및 공장·기업소의 직매점만을 통해 판매되지 않는 현실이다. 시장에 나가 직접 팔면 더 비싼 가격으로 더 큰 수익을 남길 수 있다. 절대적 공급량이 부족한 상태에서 상업유통체계가 기존의 국영상업망과 함께 공존하면 이와 같은 문제가 발생하는 것은 당연해진다. 따라서 국가의 의도와는 관계없이 보다 이익이 발생하는 곳으로 상품은 몰리게 된다. 따라서 이 협동농장의 농장원들은 국수사리를 시장에 상품으로 내다팔아 현금소득을 확보할 것이다.

〈사례 3〉 협동농장의 시장 판매

재령군 청천리 협동농장에서는 감자원종을 육성하여 왔다. 지난 시기 감

---

[122] 『조선신보』, 2004년 8월 23일.

자 증산이 농민들에게는 실리를 가져다주지 못했다. 증산되어도 저장과 가공기술이 발달되지 못하여 군 안에 남아돌면서 농민들의 수익으로 돌아가지 않았기 때문에 감자농사를 포기하는 결과로 이어졌었다. 그러나 지금은 "우리가 팔면 되지요"라고 말한다. 즉 협동농장 자체로 시장에 진출할 수 있다는 것이다.[123]

위 사례 외에도 평안북도 운하협동농장의 사례를 보면 더 이해가 빠르다. 운하협동농장은 다수확작물재배 방침에 따라 총경작지 1,220정보(100%) 가운데 논벼 재배 면적 1,041정보(85%)를 제외한 나머지 176정보(14%)에 과일·담배·옥수수를 재배하고 누에를 쳤으며, 나머지 3정보에 물고기·염소·돼지 등 가축을 길렀다. 그리고 들깨와 담배 등의 기호품을 판매하였다. 이를 통해 2003년 1인당 5만 원, 세대당 10만 원의 임금을 지불했다.[124] 그렇다면 176정보의 특용작물 및 기호품 생산 판매는 어떻게 이루어져서 소득분배를 하였을까. 여기서 판매통로는 국가 수매기관일 수도 있고, 자체구역 내 시장판매일 수도 있다. 그러나 쉽게 생각해보아도 시장의 판매가 형성될 가능성이 높다.

〈사례 4〉 개별 생산자들의 시장 참여

고난의 행군 시기 늙어서 사회활동의 일선에서 물러 선 사람들이 가내 수공업으로 빵을 비롯한 식료품을 개별적으로 생산하여 농민시장에서 판매하곤 하였다. 7·1조치 이후 평양시의 각 구역에 이들이 일하는 생산기지를 꾸리고 각 상점들에 생산물을 도매하게 되었다. 상점에 있는 빵·탕과류는 시장의 것보다 값이 10원 정도 눅다.[125]

---

[123] 『민족 21』 2004년 6월호.
[124] 『조선신보』, 2004년 4월 1일.
[125] 『조선신보』, 2003년 9월 27일.

〈사례 4〉에서 개인이 만드는 상품이 빵·탕과류로 소비품 생산이다. 따라서 봉사 영역에 속하는 것이지만 마찬가지로 가내작업반과 부업반을 통한 '8·3인민소비품'이 이들의 직매점을 통해 판매되어야 정상이지만, 10원을 더 받을 수 있는 시장에 직접 내다 팔 수도 있다.

이렇게 사례에서 보듯 북한은 시장을 공식화 함에 따라 국가공급망과 시장유통 체계가 공존하고 있다. 종합시장은 기존의 국가수매에 의한 공급망이 가지는 한계를 극복하고 농민시장이 사적 시장화되어 자유가격 형성 및 국가 공급질서를 혼란케 하는 문제를 해결하려는 대안으로 마련된 것이다. 그러나 비록 시장을 합법화했지만 기존의 국영상업망의 보조적 측면에서 조직되고 규제된 시장을 형성하고자 했다. 또 시장판매는 허용했지만 국영상업망의 자유로운 수매 활동을 보장해주고 낮은 가격의 공급체계를 유지하면 시장의 창궐을 억제·조절할 수 있을 것으로 보았다. 그러나 국영상업망과 종합시장이 공존하는 상품유통체계는 북한의 기업·협동농장·주민들로 하여금 국영상업망보다 시장을 이용하도록 유인하며, 시장을 중심으로 한 상행위와 가격 인플레를 고조시켰다. 이로써 북한의 국영상업망은 급속하게 시장체계로 인입되고 시장을 통한 보편적 상행위가 활성화되게 된다.

나. 시장을 통한 자력갱생

북한은 시장을 합법화시킴에 따라 국영상업망이 급속하게 무력화되고 시장이 체계화 되면서 번창하지만, 또 다른 한편에서는 우선발전전략에 따라 수직적 자원배분과 수직적 계획체계 안의 계획단위들이 잔존하는 형태를 동시에 보이고 있다. 그러나 이 둘의 관계는 계획체계가 해체되는 과정을 통해 시장체계가 형성되고 대체되는 수평적 이행의 관계가 아니다. 이미 광범위하게 형성된 시장의 체계적 확대 속에 국가

중심의 계획체계가 수직적으로 잔존·유지·건설되고 있는 관계로 나타난다. 따라서 국가 중심의 계획체계 이외의 농업부문과 지방단위 공장·기업소들은 시장을 통해 국가 계획량을 달성하고, 시장활동을 통한 각 종 세금을 국가에 납부하면서도 역으로 북한 당국의 아무런 투자와 지원없이 자력갱생적 방버으로 생계를 유지하는 모습이다.

개혁이 중지된 농업부문에서는 국가의 직접적 투자와 지원없이 7·1조치로 인해 열려진 경제적 공간을 활용하여 수매가가 높거나 시장을 통해 판매가 용이한 생산품을 생산하여 생활을 해결할 수밖에 없게 된다.[126] 농업부문에서 경제적 이득을 취할 수 있는 공간은 주어진 부업경리와 텃밭경리 뿐이다. 그런데 농업부문의 기본은 농사이며, 분조단위로 진행되고 국가의 계획수매 할당량은 고정되어 있다.[127] 따라서 경제적 이득을 취할 수 있는 부업경리와 텃밭경리는 기존 작업 시간외의 노동을 통해 이루어져야 하고, 작업외 노동을 통한 소량의 생산물은 시장을 통한 판매수입이 크지 않다. 따라서 농업생산을 늘이고 농가소득의 증대를 위해서는 개인농 형태로 농업방식을 변화시킬 수밖에 없다. 그러나 북한은 농업개혁도 더 이상 확대시키지 않고 있다.

> 농사도 개인농처럼 하면 얼마든지 먹고 살 수 있는데 왜 이렇게 못하는가 하면서도 남에게 표현은 하지 못한다. 잘못 구속되면 내가 죽는 길이니까 말

---

[126] 변승호, 「현실발전의 요구에 맞게 농장관리를 적극 개선강화해나가는데서 틀어쥐어야 할 종자」, 『경제연구』 2004년 3호.

[127] "계획수매분을 못 채웠을 경우에는 농장원의 분배몫을 떼어서라도 채워야 한다. (중략) 관리위원장은 일차적으로 추수를 하면 무조건 수매분부터 채우고 나머지가 아무리 적더라도 그것으로 농장원들에게 분배를 한다고 한다. 다른 농장에서 빌리는 경우도 있긴 하지만 대체로 다른 농장들 역시 수매분 채우기가 벅차고 비료가 부족한 상황이라 생산량을 장담 못하기 때문에 사실상 농장원 분배몫에 떼는 것 이외에는 방법이 없다고 한다." 홍민, 「북한의 사회주의 도덕경제와 마을체제」, 동국대 대학원 정치학박사학위논문, 2006, 336쪽.

하고 싶어도 못하고 단지 미제 고압정책 사회주의 붕괴 경제때문이라고 얘기한다.

우리 분조 농장원들한테 논 열 정보를 나눠주고 연 30만톤만 내고 나머지는 나눠 먹으라 하면 농장원들이 어떻겠는가? 그럼 가만있을 사람이 누구 있겠나, 남기면 다 자기 껀 데 그거 안하겠단 사람이 누구 있겠나? 하고 말한다. 그런데 그걸 누가 하게 해 주겠나 한다.128)

따라서 농업부문에서는 분조보다 더욱 작은 단위인 포전담당제를 실시하거나,129) 함북 온성군과 새별군 등 일부 지역에서 보여지는 바처럼 협동농장의 경작지를 상·중·하로 나누어 개인에게 분배한 후 세금을 받는 개인 경작제를 실시하는 등130) 북한 당국이 허용하지 않는 영농방법이 구사된다. 이 밖에 농사를 통한 분배몫이 생계를 보장하지 못하기 때문에 장사에 나서거나, 농민들이 농지를 떠나 시장에서 개인 노동력을 상품화하는 현상이 더욱 확산되게 된다.

그런 얘기는 한다. 이렇게 살아서 되겠나, 시장에 가서 장사하고 사는게 낫다. 하루벌이 하는게 낫다. 하는 식으로 얘기를 한다. 농사가 안되고 분배몫이 없으니 장사하는게 낫다라고 한다.131)

국가 계획 밖의 지방공장·기업소의 사정 또한 마찬가지이다. 지방

---

128) 홍민, 「북한의 사회주의 도덕경제와 마을체제」, 233쪽.
129) 『조선신보』는 김용술 무역성과의 인터뷰를 통해 협동농장에서 포전담당제를 시범적으로 도입하고 있다고 보도한 바 있다. 『연합뉴스』, 2004년 12월 11일.
130) 북한 소식시 『좋은벗들』은 온성군 상화 탄광이 운영하는 집단농장은 1인당 120평씩 밭을 나눠주고, 온성군 종성에 있는 4·25담배농장에서도 3~4가구를 1개조로 묶어 토지를 분배했다고 전했다. 『연합뉴스』, 2004년 12월 5일.
131) 홍민, 「북한의 사회주의 도덕경제와 마을체제」, 232쪽.

단위 공장·기업소들이 거의 정상 가동을 하고 있지 못한 상태에서 북한 당국은 지방단위 공장·기업소에 두 가지 권한을 부여한 바 있다. 하나는 자체의 무역권한이고, 또 하나는 가내반, 부업반, 가내편의봉사반을 통한 사적생산권한을 부여한 것이다. 지방 단위 공장·기업소의 정상가동을 위해 부여한 무역권한은 자체로 원료·자재를 사다 소비품을 생산하는 것보다 소비품을 직접 사오는 것이 더 경제적이라는 이유로 시행되었다. 또 소비품 생산을 위해 원료·자재와 기계 설비들이 자체로 해결 보장되지 않을 때에는 수입을 허용한다고 하여 원료·자재·설비와 같은 부품 수입도 허용하였다.[132] 무역권한의 부여는 자체 생산을 정상화하여 기업소 임금을 지불하고 자체 생존을 가능케 하라는 당국의 대안으로서 자구적 노력을 강조한 방침이다. 따라서 확대된 대외무역권한은 너도나도 외화벌이에 나서게 하여 생산없는 시장, 수입품이 주를 이루는 시장을 형성하게 하였고, 개인 차원에서 조차 친인척을 통한 자금 확보로 개인상업을 성행하도록 하였다.

또한 가내반, 부업반, 가내편의봉사반의 광범위한 생산 활동의 허용은 전국적 의의를 갖는 소비품들을 앞서 본 국가 중심단위에서 생산하지만, 지방적 의의를 갖는 소비품과 갖가지 세소상품들은 지방단위에서 생산하게 함으로써 지방에 대한 국가 책임은지지 않고 알아서 생존하도록 요구하게 한 대책들이다. 그러나 멈춰버린 공장의 노동자들은 허용된 범주를 활용하여 8·3 노동자로 등록하고, 개인 장사를 하거나, 개인 노동을 하거나, 더 많은 임금이 보장되는 개인 사업자 밑에서 일을 하는 형식으로 노동형태를 변화시켜가며 수입을 창출한다.

반면 지방산업 단위들에게 국가는 아무런 자원을 배분하고 있지 않

---

[132] 리명숙, 「앞선 기술을 받아들이는데서 합영, 합작 형태리용의 몇가지 문제에 대한 연구」, 『김일성종합대학학보(철학·경제학)』 2003년 3호.

지만, 지방산업 단위들이 국가에 납부하는 국가의 몫은 여전히 존재한다. 8·3 노동자로 등록하여 개인 노동의 형태를 취하면서도 이들은 소속 직장에 한 달에 3천여 원이라는 이득금을 냈어야 했다. 기업소도 이들로부터 벌어들이는 부과금을 통해 수익을 창출하고, 국가 납부몫을 충당했다. 또한 농업부문에서도 국가는 사용료 및 제반 공과금을 부여한다. 시장에서도 장세를 부과한다. 즉, 인민생활문제를 해결하는 단위들에서는 자체로 생산을 보장하고, 시장을 통해 판매수입을 획득하면서 높아진 물가를 좇아가기 바쁜 가운데, 기존에 국가가 보장해 주던 추가적 혜택은 줄고 역으로 각종 사용료 지불 등 국가 납부 몫은 법규로 강해지는 등 노동조건은 더욱 악화되고 있다. 이것은 앞서 고찰한 바와 같이 북한의 합법화된 시장이 기본적으로 생계유지를 위한 자력갱생의 장으로 활용되는 반면 더 이상 기업소 정상화와 기업소 임금을 기대하지 않으면서 북한 주민들로 하여금 시장 활동을 확대시키고, 밀수·되거리·가격 조정 등의 전문적인 상거래 행위를 심화시키는 요인이 되고 있는 것이다.

총결적으로 본고는 앞서 국가의 발전전략, 국가의 통치구조, 국가의 경제건설노선, 그리고 개혁의 주요정책을 통해 계획체계의 해체과정을 설명하고, 개혁정책의 성과, 시장의 확대·발전을 통해 시장체계로의 대체과정을 살펴봄으로서 계획과 시장의 결합관계를 고찰한다고 하였다. 이때 시장체계로의 대체과정은 첫째, 생산·판매 메커니즘을 확립하고, 둘째, 가격 형성 메커니즘이 확립되어야 하며, 셋째, 자본과 임노동 관계를 형성한 시장을 통해 계획체계가 수평적으로 이행하는 과정을 전제하였다. 이를 앞선 중국과 비교해서 설명해 보면 다음과 같다.

중국의 계획체계 해체과정에서 보았듯이, 중국은 소유제 개혁의 완강한 고수 입장으로 인해 전민소유제 단위가 아닌 농업개혁을 일차적으로 진행하며 농업과 공업개혁을 분리하였다. 또한 중앙과 지방의 분권화 개혁을 통해 지방의 자주권을 확대하였다. 특히 연안에서 내지로 이어지는 3선(線)전략을 지역불균등발전전략(비교우위전략)으로 수정하게 된다. 이는 중국의 경제적 토대와 경제구조의 특성을 반영한 것으로 계획체계의 약한 고리부터 끊어내는 방법이었다. 따라서 중국은 계획체계의 해체와 생산적 성격의 시장이 관계하면서 시장을 중심으로 한 생산·판매 메커니즘, 가격형성 메커니즘, 자본과 임노동의 결합이라는 새로운 시장체계를 형성한다. 그리고 이것이 압축되어 나타난 것이 비국유부문의 창출과 상품시장의 다양화였다.

반면 북한의 개혁은 국가가 사회주의체제유지전략에 따른 국방공업 우선발전전략을 수립함으로써 계획경제체계가 해체되는 과정이 아니라 와해된 계획경제체제를 재건하는 형태로 전개된다. 살펴보았듯 북한의 계획체계는 국가의 발전전략과 통치구조, 경제건설노선에 의해 국방공업 > 중공업 > 선행부문 > 중심단위 기업 순으로 산업 분야별, 공장·기업소별 직렬구조를 형성하고 있다. 그리고 국가는 이와 같은 수직적 직렬구조에 따른 수직적 자원배분을 하고 있다. 또한 북한은 개혁 조치들로 인한 경제적 효과와 성과를 국가 중심단위로 재분배하도록 요구하고 있다. 이에 북한의 시장체계는 계획체계와 무관하게 운영된다. 즉, 생산 없는 시장, 수입품이 대부분인 시장을 형성하여 불법적 상품 조달 방식을 통해 시장의 생산·판매 메커니즘은 형성된다. 그리고 가격 또한 국가의 통제권 밖에 놓여 외부로부터 수급되는 쌀 가격을 중심으로 전반 물가가 정해지고 있음을 보았다. 여기에 개인자본을 축적하는 사람들은 주로 불법적인 생산과 판매행위를 통해 외부로부터 물자를 수입하기 유리한 단위에 속해 있거나, 되거리 장사를 할 수 있는 장사수완이 있는 전문 상인들을 중심으로 자본은 축적된다. 그리고 개별 노동이 강화되고, 노동력의 상품화가 더욱 세분화·전문화되고 있는 것이 북한의 시장체계 모습이다. 따라서 북한의 시장은 계획체계를 대체하면서 확대되어가는 형태가 아니라 계획체계와 분리된 상태에서 시장이 확대되어가는 형태를 보이게 된다. 좀더 극단적으로 표현한다면 북한은 계획체계를 책임지기 위해 시장을 자력갱생의 이름으로 방치하는 결합형태를 띠게 되는 것이다. 특히 중요한 것은 국가의 계획체계가 발전전략 아래 국가의 전폭적인 투자와 지원 아래 현대화 과정을 밟고 있기 때문에 시장이 확대되고 심화된다고 하여도 계획을 대체하는 시장체계의 형태로 나타나지 않을 것이라는 점이다.

이에 본 장에서는 중국이 계획에서 시장으로 수평적 이행 형태를 보이는 관계(수평적 결합형태)로 정의할 수 있다면, 북한은 시장의 선택적 활용과 시장을 통한 계획을 유지 재건하는 관계(수직적 결합형태)로 정의할 수 있다고 본다.

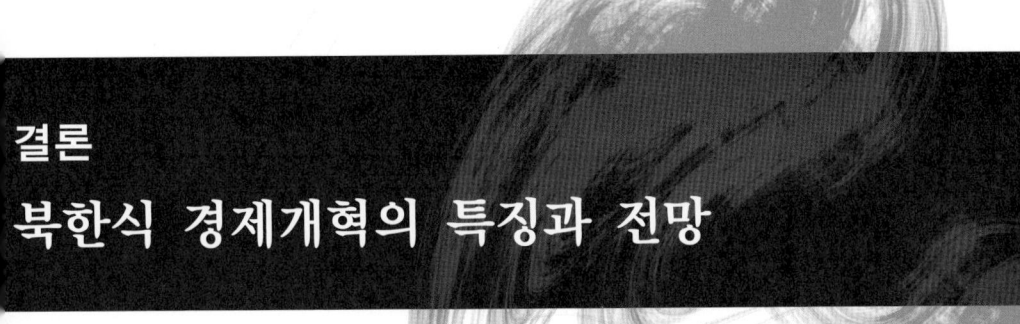

결론
북한식 경제개혁의 특징과 전망

결론 | 북한식 경제개혁의 특징과 전망

본고는 북한과 중국의 초기 개혁을 '계획과 시장의 관계'라는 측면에서 검토하기 위해 총 세 측면의 프리즘을 적용하여 보았다. 제1부에서는 양국의 경제개혁 전개과정을 비교하여, 양국이 시장을 어떻게 합법화하게 되었는가를 고찰하였다. 그리고 제2부에서는 북한과 중국의 개혁전개과정이 달랐기 때문에 일정시점이 지난 후 합법화 한 '시장'의 형성발전과정과 특징이 다를 수밖에 없었다는 점을 비교 서술하였다. 제3부에서는 북한과 중국에서 합법화된 시장이 그 내용과 형태에서도 다를 뿐 아니라, 기존 계획체계와의 관계 속에서 고찰해 보았을 때 상이한 개혁전망을 도출할 수밖에 없다는 것을 밝혔다.

총결적으로 연구의 전 과정을 약술하면 다음과 같다. 먼저 중국의 초기 경제개혁은 문화대혁명 이후 빈곤 낙후한 경제적 실태에도 불구하고 화궈펑 체제의 과도한 중공업우선발전전략으로 인하여 경제정책의 개혁이 요구되었다. 이에 덩샤오핑을 중심으로 한 개혁지도부는 1978년 12월 당 제11기 3중전회를 통해 당의 공작중점을 경제건설로 이동하고, 농업우선발전정책을 실행하는 것으로부터 경제개혁을 시작한다. 또한 초기 개혁의 방침은 국민경제의 비례·균형문제를 해결하는 것으로 설정되었기 때문에 '1차 5개년계획 시기'를 경제개혁정책의 목표 모델로 삼았다.

반면 북한은 사회주의권 붕괴와 김일성 주석 사망, 그리고 고난의 행군 시기를 거치면서 북한 계획경제의 공식시스템이 붕괴하였다. 따라서 생계유지조차 어려웠던 북한 주민들은 기존의 농민시장을 확대·활성화시키게 된다. 그러나 김정일 체제는 개혁을 위협으로 간주하였고, 체제위기 의식과 유훈통치, 강성대국건설 방침을 통해 북한 사회주의 계획경제체제의 정상화 방침을 수립하게 된다. 그리고 내각을 통한 경제조직사업, 즉 계획경제의 현실화 · 국가재정의 공고화 · 기업생산의 정상화를 도모한다.

양국의 초기 경제개혁은 각각의 경제적 실태와 정치적 조건 차이로 인하여 다른 전개과정을 보이게 된다. 중국의 경제개혁은 덩샤오핑의 개혁지도부에 의하여 '경제조절에서 경제개혁으로' 개혁이 단계적으로 진행된다. 그리고 산업부문개혁에서도 '농업개혁에서 기업개혁으로' 점진적으로 확대된다. 반면 북한의 경제개혁은 '계획경제 정상화'라는 국가의 의도와는 달리 계획경제의 정상화는 실패하고, 의도하지 않았던 '장마당의 창궐'로 귀결되었다. 계획경제시스템의 붕괴라는 경제적 상황에도 불구하고, 생산증대방안이 고려되지 않은 중공업우선발전전략으로의 회귀가 초래한 결과였다. 이에 북한은 '아래로부터 강제된 경제개혁'을 하게 되고, 이를 통해 전반 경제관리체제를 개혁하게 된다.

따라서 중국의 개혁이 단계적 개혁이라는 특징을 갖고, 점진적 · 개방적으로 진행되었다면, 북한은 중국 6년간의 단계적 과정을 일시에 포괄하는 '대외개방 · 경제체제의 왜곡 조절 · 시장체계'를 도입하게 된다. 이런 점에서 북한의 경제개혁은 중국과 비교해 보았을 때 중국 초기 과정을 모두 포함하는 포괄성을 띠고 있다는 특징을 지닌다. 그러나 북한의 개혁 조치는 전반 경제체제의 왜곡 조절을 위한 가격사업을 앞세우면서도 구체적인 산업부문별 개혁안을 표명하지는 않았다. 왜냐하면 경제체제 운영에 있어 가치법칙을 도입하고, 경제체제의 왜곡요소였던 가격을 개혁하면, 이를 통한 부문별 개혁 효과를 창출할 수 있을 것이라는 북한의 의도 때문이었다. 따라서 북한의 경제개혁 조치들은 중국과 비교해 보았을 때 제한적이었다. 그리고 북한의 제한적 경제개혁은 기대 밖의 실패를 거듭하며 대외상황이 악화되자 교류 확대·공급 확대·생산 증대의 통로가 차단되면서 시장의 확대·발전 양상이 파행적으로 전개되게 되었다.

다음으로 본고는 북한과 중국이 다른 개혁의 전개과정을 갖고 있기 때문에 양국의 시장형성·확대·발전도 다를 수밖에 없고, 또한 시장의 성격과 기능도 다를 수밖에 없음을 고찰하였다.

중국의 단계적 개혁 특징은 시장의 확대·발전과정에도 그대로 나타나게 된다. 중국의 시장 역시 개혁특징과 마찬가지로 농업과 공업이 분리된 형태로 각기 농촌 시장과 도시의 시장으로 구별되어 전개된다. 그리고 농업개혁이 기업개혁의 요구로 이어졌듯이, 시장의 확대·발전과정 역시 농촌 지역에서 도시로의 진출을 꾀하게 된다. 이에 따라 중국의 시장은 농촌과 도시의 연계성 속에서 시장이 형성되게 된다. 반면 중국과 달리 북한은 김정일 체제의 출범 당시 시장에 대한 통제와 묵인·관리정책을 통해 시장 활동을 규제하려고 하였다. 따라서 북한이 2003년 3월에 시장을 공식화했을 때, 그 시장은 이미 확대·발전하면서 성격을 변화시켜 온 장마당이 그대로 합법화되게 된다. 즉, 북한의 시장은 이미 농민시장이 암시장 형태로 확대·발전하고 있는 가운데 이를 그대로 승인한 것이다. 따라서 중국의 시장이 농업개혁의 성공이 불러온 시장화라는 특징을 갖게 된다면, 북한의 시장은 암시장적 성격이 확대 강화된 시장화라는 특징을 보이게 된다.

구체적으로 보면, 중국은 농업개혁의 전개방향에 따라 느슨한 집권제하에서 지방 성(省)·시(市)에서 자체적으로 농업생산 증대를 위한 다양한 경제책임제를 실시하였다(분권화). 다양한 경제책임제는 농업생산을 증대시켰고(상품화), 특히 자생적 농민시장은 점차 합법적이며 필수적인 농부산물 교환의 장소로서 번창하게 된다(시장화). 여기에 시험적으로 실시한 기업개혁은 도시의 자유시장을 형성하여, 도시와 농촌의 구역을 넘나들며 확대·발전하게 된다. 즉, 중국 시장은 성공적 농업개혁에 힘입어 분권화·상품화·시장화라는 소비재 시장체계를 형성하고, 여기에 생산재 시장형태의 물자교역센터를 공식화한 것이 1984년 시장의 모습이다. 또한 '84년 결정 방침은 초보적인 노동시장을 승인했기 때문에 이와 같은 다양한 상품시장은 비국유부문이 성장할 수 있는 배경이 되었다.

반면 북한의 시장은 2003년 종합시장을 공식화하기 전까지 파행적으로 확대·발전하면서 그 성격이 변화해 갔다. 북한은 1990년대 중반 이후 공식경제시스템이 붕괴된 상태에서 지속적인 에너지난, 원자재난, 식량부족 문제를 해결하지 못했다. 따라서 김정일 체제의 계획체제 정상화 방침은 외국투자단위와 국가의 자원배분이 유지되었던 단위들만 성장하는 불균형적 성장세를 보였다. 이에 내각의 '계획경제의 현실화·국가재정의 공고화·기업생산의 정상화' 방침은 성과를 거두지 못하고, 역으로 시장의 암시장적 성격만을 확대시켰다. 북한 시장의 암시장적 성격은 ① 생산 없는 시장, ② 수입품이 다수인 시장이라는 성격을 갖는다. 상품 생산 없이 수입품으로 대체되어 확대·발전하는 북한의 시장은 생계유지를 위한 통로이기도 하지만, 그 투기적 성격도 강화되게 된다. 무엇보다 화폐의 선순환을 방해하게 된다. 시장 거래가 활발해지면 상품생산의 증가와 소득의 증가로 나타나고, 국민경제차원에서는 활발한 재생산이 촉진되어야 마땅하다. 그러나 북한의 시장은 거래가 활발해질수록 다종다기한 수입품이 불법적 판로를 통해 시장에 나오고, 시장 활동을 하면 할수록 개인들 수중의 화폐자금을 축적되게 된다. 또한 국가의 공급체계가 작동하지 않는 현실은 종합시장이 공식화된 이후에도 암시장적 성격을 그대로 유지시키며, 그 불법성을 더욱 세분화시킨다. 따라서 북한은 시장을 합법화 했음에도 불구하고, 개인시장을 형성하며 개인이 자본가이자, 생산자이며, 개인의 제품이 거래물품이 되는 개별화된 시장이 곳곳에 존재하게 된다.

이처럼 북한과 중국의 다른 개혁전개에 따라 양국의 시장은 각각 다른 성격과 기능을 수행하게 된다. 중국의 시장은 농업개혁의 결과, 확대·발전된 시장을 통해 개인 자본가가 형성되며, 개인 자본가들은 열려진 생산재 시장, 자금시장, 노동력시장 등 다양한 상품시장을 통해 사영기업 및 향촌기업을 조직하게 한다. 즉, 시장을 통해 개혁의 전개과정에서 형성되는 새로운 자본·노력·기술이 재조합되고, 이는 곧 계획 밖의 비국유부문을 형성하는 것이다. 그리고 비국유부문은 개혁이 전개되면 될 수록 경쟁에서 낙오되는 사람·기업·생산품·기술 등을 흡수하면서 계획을 대체해 가게 된다. 그래서 중국의 시장은 계획을 대체해 가는 생산적 성격을 가진 시장이라고 정의할 수 있다.

반면 북한의 시장은 절대적 공급부족 상황 아래서 생계유지를 위한 필수공간으로서 기능하고 있다. 특히 북한의 시장은 상품생산이 이루어지지 않는다는 점이 중국 시장과 가장 큰 차이점이다. 따라서 불법적 상품조달 방식이 확대되고, 이를 통해 시장 거래 소득은 국가의 공식부문과 별개로 형성되게 된다. 시장이 확대되고 발전된다 하여도 상품생산의 기반 위에서 확대·발전하고 있지 않기 때문에 투기적 성격만 더욱 강화되게 된다. 따라서 북한의 시장은 중국과 달리 투기적 성격을 갖고 비생산적 기능을 수행하는 생계유지형 시장으로 정의할 수 있다.

마지막으로 본 연구는 '개혁의 전개과정과 시장의 형성·발전'을 통해서 북한과 중국의 시장체계가 계획체계와 어떻게 결합하고 있는가를 고찰하였다. 중국과 북한은 다른 개혁의 전개과정 속에서 다른 성격과 기능을 하는 시장을 합법화 했다. 그러나 양국은 외형상 동일한 이중경제구조를 형성하게 되었지만, 결합관계는 전혀 달랐다.

중국은 계획체계를 해체하고 시장체계로 대체하는 과정에서 국가가 적극적인 후견인 역할을 담당한다는 것이 제일 큰 특징이다. 중국은 1982년 제12차 당대회를 통해 개혁을 국가의 정책노선으로 표명하고, 국가전략을 총체적으로 수정하게 된다. 먼저 국가의 기본정책노선을 경제건설로 삼고, 생산력 중심이론을 확립했으며 높은 속도에 의한 중공업 우선발전전략, 폐쇄적 자력갱생노선의 폐지, 지역균등정책을 폐지하였다. 그럼으로써 농업과 공업의 분리개혁은 더욱 심화되어 농업개혁은 완전한 시장체계로의 대체를 이룬다. 공업개혁은 군수기업과 일반 기업개혁을 결합하여 분업·전업·협작하면서 재조직하고 기업개혁의 진행정도에 따라 재정·금융개혁 역시 분권화의 수순을 밟게 된다. 중앙과 지방의 관계에서는 지역별 비교우위정책을 실시하여, 지방 분권화를 확대하게 된다. 이에 따라 중국의 시장체계는 '계획체계의 해체와 다양한 상품시장의 형성, 개인자본가'가 결합한 새로운 비국유부문이 창조되면서 '계획에서 시장으로'의 수평적 이행이 이루어지게 된다.

반면 북한은 이미 붕괴된 국가 계획체계를 개혁을 통해 우선발전단위를 중심으로 유지 공고화하려고 한다. 게다가 북한의 7·1조치는 제반 산업기반기설이 붕괴된 상태에서 산업부문별 개혁의 형태로 진행된 것이 아니라, 왜곡된 경제체제를 정비한다는 의미가 컸기 때문에, 생산 증대의 효과를 크게 거두지 못했다. 따라서 북한은 '제한적 대외개방과 7·1조치, 그리고 시장도입'과 병행적으로 선군시대 경제건설노선인 국방공업우선발전전략을 수립한다. 개혁을 진행하면서도 그 성과를 국가의 군수공업·중공업·선행부문의 기간공업 단위만을 유지시키는 데 복무하도록 한 것이다. 또한 현지지도 단위인 경공업 부분과 인민소비품생산 단위들의 개혁적 효과와 이익을 '이익이 나는 부문으로부터 이익이 나지 않는 부문'으로 투입시킨다. 그 결과 북한은 국가 핵심단위들을 중심으로 계획체계가 잔존하는 형태를 보이게 되며, 이와 별개로 시장체계가 형성되는 모습을 보이게 된다. 즉, 국가의 우선발전전략에 따라 농업개혁은 중단되고, 중앙과 지방은 분리된 상태에서 국가의 수직적인 자원배분에 따라 방치된 '인민생활단위'는 자력갱생만을 요구 받게 되는 것이다. 특히 분권화·상품화가 진전되지 않은 상태에서 급격한 화폐경제로의 이행은 시장의 생산적 기능을 마비시키고, 시장의 맹목화·물신화 양상을 빚어내게 된다. 이에 북한의 시장은 급격한 증가세를 보이고 있지만, 시장의 번창은 계획체계를 대체하는 자원배분의 메커니즘으로 기능하기 힘들다.

총결적으로 중국의 계획과 시장의 결합 관계는 계획과 시장이 공존하며, 계획의 해체과정을 통해 시장으로의 대체과정이 수평적으로 전개되는 양상을 보임에 따라 수평적 이행형태를 보이는 계획과 시장의 관계, 수평적 결합관계라고 정의했다. 반면 북한은 계획과 시장이 공존하나, 핵심부문의 계획체계가 유지되며 시장체계가 계획 밖에서 계획을 유지시켜주는 수직적 결합관계로 존재함을 보았다. 그리고 국가는 시장 활동의 대가를 통해 계획을 유지시키는 역할을 요구하고 있으며, 시장체계는 국가 계획과 무관하게 주민들의 자력갱생 터전으로 생존유지기능을 수행하고 있다는 점에서 '수직적 결합형태를 보이는 계획과 시장의 관계'라고 정의했다.

이상과 같은 연구 결과를 볼 때, 북한의 경제개혁을 어떻게 정의하고, 전망할 수 있을 것인가. 필자는 연구를 시작하면서 북한의 경제개혁이 개혁 조치들의 제한성과 개혁 성과의 불안정성이 공존하면서 합법화된 시장을 중심으로 다양한 논쟁이 파급되고 있다고 보았다. 또한 북한이 개혁을 함에 따라 시장이 공식화 되었지만, 시장의 성격규명도 없이, 계획과의 관계 고찰도 없이, 북한이 반드시 기존 사회주의 개혁 국가들이 체제전환으로 나아갔던 그 길을 '따라가기' 할 것인가에 대해 문제제기 하였다. 이와 같은 문제제기는 비교연구 과정을 통해 필자 나름의 북한식 경제개혁에 대한 몇 가지 결론을 도출하였다.

첫째, 북한은 1990년대 사회주의권의 붕괴로부터 10여 년 동안 지속된 심각한 경제난으로 인해 계획경제체제의 붕괴를 가져왔다. 이에 북한은 계획의 정상화 방침에 따라 내각을 중심으로 한 경제조직사업을 전개했지만, 장마당의 창궐이라는 의도하지 못한 결과를 확대·파생시켰다.

둘째, 2000년 남북정상회담과 북미 관계의 호전을 계기로 변화된 대외환경을 맞게 된 북한은 북한식 경제개혁 조치들을 단행하게 된다. 가격개혁을 중심으로 경제의 왜곡구조를 개혁하고, 화폐에 의한 계산·평가·분배체계를 확립함으로써, 산업 전반의 개혁적 효과를 창출하도록 한 것이다. 또한 시장을 합법화함으로서 장마당을 국가 공식 경제내로 인입하고자 했다. 이것은 계획의 정상화 방침을 지속시키면서도, 개혁 조치들이 가져올 생산 증대와 노동 강화, 국가 재정의 확보를 동시에 도모하려는 의도였다. 그러나 북한의 개혁 의도는 성공적 결과로 귀결되지 못한다.

셋째, 북한식 경제개혁이 의도대로 진행되지 못했음에도 불구하고 북한은 사회주의체제와 정권유지, 그리고 체제유지를 위한 핵심단위를 장악하는 방법으로 그 경로를 변경시킨다. 따라서 북한의 경제개혁은 선군시대·선군정치·국방공업 우선발전론에 근거한 체제이데올로기와 결합하여 진행되고 있는 독특한 특징을 보이게 된다. 이는 제반 산업의 수직적 직렬구조와 수직적 자원배분에 기초하고, 도입된 시장을 통해 창출되는 개혁의 효과를 국가 중심단위로 집중도록 하며, 이를 통해 계획체계를 유지시키는 방법을 그 특징으로 보여주고 있다.

넷째, 따라서 계획 밖의 주민생활은 시장을 중심으로 자생적·자력갱생적 자립을 모색해야만 하는 현실에 놓이게 된다. 또한 북한 주민들의 이탈행위는 계속되고 있으며, 시장에 대한 인식과 태도가 변화하면서 기존의 조직생활은 약화될 수밖에 없는 상태이다. 여기에 시장이 중국과 같이 생산적 기능을 적극 수행하지 못하기 때문에 북한은 개인들이 시장에 맹목적으로 뛰어들 듯, 시장을 통해 부를 축적한 개인들은 수입물품을 밀수하거나, 고리대금업을 하는 등 자본이 자본을 음성적으로 확대시키는 방식으로 시장을 이용하면서 국가와 사회를 점차 이원화 시키는 작용을 하게 될 것이다.

핵심적 문제는 시장의 불법성·파행성·맹목성·비생산성이 확대되고 있음에도 불구하고 북한이 사회주의체제의 핵심골간만 있으면 모든 것을 다 버릴 수 있으며, 또 모든 것을 다시 재건할 수 있다는 혁명적 입장에 서 있다는 점이다. 특히 중국과 비교해 볼 때, 중국 정부가 국가와 시장의 관계에서 국가의 피동성을 탈피하고 주동성을 확보하기 위해 개혁을 적극적으로 국가체계 안으로 인입하면서 개혁을 주도하는 모습을 보였다면, 북한은 국가의 주동성을 확보하기 위한 방편으로 개혁 조치의 경제적 효과만을 활용하면서 기존 계획체계를 유지·고수하고자 하는 입장을 보이고 있다는 점이다. 즉, 북한식 경제개혁은 국가중심과 주변의 시장화라는 동심원 체계를 형성하며, 주변화된 시장체계는 국가 중심의 계획체계의 재건설 및 현대화의 성과에 따라 그 운명을 달리 할 것으로 예측된다. 따라서 북한식 경제개혁이 반드시 사회주의 계획경제체제를 시장체계로 대체하면서 탈사회주의화 했던 기존 사회주의 개혁국가와 동일한 경로로 전개될 것인지 의문시 된다.

이것은 기존 연구들이 북한의 '시장 공식화'를 통해 화이트의 "호랑이 등에 올라타기"로 비유[1]하며, 시장화를 전망했지만, 본고에서는 호랑이 등에 올라탔지만, 중국과 같이 호랑이가 점차적으로 속도를 내는 시장화 과정도 있고, 북한과 같이 '우리(cage) 안에 갇힌 호랑이'가 제 속도를 내지 못하며 어슬렁거릴 수(Muddling through)도 있는 상황을 전망한다. 또한 향후 북한의 시장화 양상과 관련하여 국가가 움켜쥔 계획체계와 국가가 버려둔 시장체계가 어떻게 재조합될 것인지를 주목해야 한다는 점이다.

 물론 북한 역시 60년 사회주의 건설과정을 21세기 변화된 국제적 상황 속에서 지속할 수는 없다. 개혁 조치를 표방하면서 보여준 국제상황에 대한 인식은 정책적 변화의 불가피 또한 충분히 고려하고 있음을 예고하고 있다. 다만 개혁의 수순과 속도를 주동적으로 확보하고자 하는 것이다. 따라서 북한이 당면한 북미 관계 정상화와 남북한 평화체계 구축의 전개과정은 북한이 움켜쥔 계획체계를 강화시킬 것인지, 해체시킬 것인지를 판가름 하는 중요 변수라고 보아진다.

---

[1] White, Gordon, *Riding the Tiger: The Politics of Economic Reform in Post-Mao China* (Stanford, California: Stanford University Press, 1993).

참 고 문 헌

1. 북한 문헌

1) 사전·연감류

사회과학출판사, 『경제사전 1』, 1985.
사회과학출판사, 『경제사전 2』, 1985.

2) 단행본

김명렬, 『사회주의하에서 물질적 관심성과 가치법칙의 올바른 리용에 관한 주체의 경제리론』, 과학·백과사전출판사, 1986.
김재호, 『김정일 강성대국 건설전략』, 평양출판사, 2000.
김철우, 『김정일장군의 선군정치』, 평양출판사, 2000.
리기성, 『주체의 사회주의정치경제학의 법칙과 범주 1』, 사회과학출판사, 1992.
웨이 쓰탈린, 『쏘련의 사회주의 경제문제』, 모쓰크와 외국문서적출판사, 1952.
한득보, 『주체의 사회주의정치경제학의 법칙과 범주 2』, 사회과학출판사, 1992.

3) 논문

김상학, 「우리 당의 혁명적경제전략과 축적과 소비사이의 균형」, 『경제연구』 1996년 2호.
김성금, 「지방 공업의 부문 구조를 개선 완비하는 것은 군 경제 발전의 중요한 요구」, 『경제연구』 1998년 3호.
김순재, 「지방 경제의 발전은 사회주의, 공산주의 건설의 합법칙적 요구」, 『경제연구』 2000년 1호.
김양호, 「경제사업에 실리보장과 가치공간의 합리적리용」, 『김일성종합대학학보

(철학·경제학)』 2003년 1호.
김영홍, 「계획화의 4대요소를 합리적으로 분배리용하는 것은 경제적실리를 보장하기 위한 중요요구」, 『경제연구』 2003년 1호.
김일성, 「조선민주주의인민공화국 내각 제1차 전원회의에서 한 결론」(1950. 1. 11), 『김일성저작집 5』, 조선로동당출판사, 1971.
———, 「조선민주주의인민공화국 내각 제30차 전원회의에서 한 결론」(1954. 8. 23), 『김일성저작집 9』, 조선로동당출판사, 1982.
———, 「당사업을 강화하며 나라의 살림살이를 알뜰하게 꾸릴데 대하여」(1965. 11. 15~17), 『김일성저작집 20』, 조선로동당출판사, 1982.
———, 「학생들을 사회주의, 공산주의 건설의 참된 후비대로 교육교양하자」(1968. 3. 14), 『김일성저작집 22』, 조선로동당출판사, 1983, 62~63쪽.
———, 「사회주의경제의 몇가지 리론문제에 대하여」(1963. 3. 1), 『김일성저작집 23』, 조선로동당출판사, 1983.
———, 「농촌테제의 완전한 실현을 위해 나서는 몇가지 문제」(1974. 11. 29), 『김일성저작집 29』, 조선로동당출판사, 1985.
———, 「사회주의농업관리체계를 바로세우며 농촌에 대한 상품공급사업을 개선할데 대하여」(1979. 2. 27), 『김일성저작집 34』, 조선로동당출판사, 1987.
———, 「정무원 책임일군들의 역할을 높여 당의 경제정책을 철저히 관철하자」(1980. 3. 5), 『김일성저작집 35』. 조선로동당출판사, 1987.
———, 「신년사」(1984. 1. 1), 『김일성저작집 38』, 조선로동당출판사, 1992.
———, 「독립채산제를 바로 실시하는데서 나서는 몇가지 문제에 대하여」(1984. 11. 13), 『김일성저작집 38』, 조선로동당출판사, 1992.
———, 「련합기업소를 조직하며 정무원의 사업 체계와 방법을 개선할데 대하여」(1985. 11. 19), 『김일성저작집 39』, 조선로동당출판사, 1993.
———, 「사회주의농촌테제의 기치높이 농촌문제의 종국적해결을 위하여」, 『김일성저작집 44』, 조선로동당출판사, 1994.
———, 「우리 나라 사회주의의 우월성을 더욱 높이 발양시키자」, 『김일성저작집 42』, 조선로동당출판사, 1995.
———, 「인민군대 중대 정치지도원들의 임무에 대하여」, 『김일성저작집 42』, 조선로동당출판사, 1995.
김정길, 「농업에 대한 국가의 생산적투자와 그 효과적실현」, 『경제연구』 1993년

4호.

김정일, 「농촌경리부문에 대한 당적지도를 강화하여 올해 농업생산에서 새로운 앙양을 일으키자」(1976. 2. 6) 『김정일선집 5』, 조선로동당출판사, 1995.

———, 「주민들에 대한 상품공급사업을 개선하는데서 나서는 몇가지 문제에 대하여」(1984. 8. 3), 『김정일선집 8』, 조선로동당출판사, 1998.

———, 「전국, 전민, 전군에 준전시상태를 선포함에 대하여」, 『김정일선집 13』, 조선로동당출판사, 1998.

———, 「당면한 경제사업의 몇가지 문제」, 『김정일선집 14』, 조선로 동당출판사, 2000.

———, 「당의 무역제일주의방침을 관철하는데서 나서는 몇가지 문제」, 『김정일선집 14』, 조선로동당출판사, 2000.

———, 「올해에 당사업에서 혁명적전환을 일으킬데 대하여」, 『김정일선집 14』, 조선로동당출판사, 2000.

———, 「혁명선배를 존대하는 것은 혁명가들의 숭고한 도덕의리이다」, 『김정일선집 14』, 조선로동당출판사, 2000.

———, 「당의 두리에 굳게 뭉쳐 새로운 승리를 위하여 힘차게 싸워 나가자」(1995. 1. 1), 『김정일선집 14』, 조선로동당출판사, 2000.

———, 「위대한 수령님을 영원히 높이 모시고 수령님의 위업을 끝까지 완성하자」(1994. 10. 16), 『김정일선집 14』, 조선로동당출판사, 2000.

———, 「주체철학은 독창적인 혁명철학이다」(1996. 7. 26), 『김정일선집 14』, 조선로동당출판사, 2000.

김진주, 「대외봉사기관, 기업소 재정의 본질과 특성」, 『경제연구』 2001년 1호.

김희남, 「위대한 령도자 김정일 동지의 현명한 령도 하에 우리 인민이 누리고 있는 집단주의적 경제생활」, 『경제연구』 1998년 4호.

렴호준, 「생활비는 기술발전을 추동하는 중요한 경제적공간」, 『경제연구』 1991년 4호.

리기반, 「사회주의분배원칙을 정확히 구현하는 것은 경제관리개선완성의 중요한 요구」, 『경제연구』 2003년 2호.

리기성, 「위대한 령도자 김정일동지께서 밝히신 현시기 경제운영방향과 자립적민족경제 잠재력의 옳은 리용」, 『경제연구』 1997년 4호.

———, 「위대한 령도자 김정일동지께서 새롭게 정립하신 선군시대 사회주의경제

건설로선」, 『경제연구』 2003년 2호.
리동구, 「사회주의사회에서 농민시장가격의 올바른 조정」, 『김일성종합대학학보(철학·경제학)』, 1998년 3호.
─── , 「사회주의물자교류시장은 계획적물자공급의 보충적형태」, 『김일성종합대학학보(철학·경제학)』 2003년 2호.
리명숙, 「앞선 기술을 받아들이는데서 합영, 합작 형태리용의 몇가지 문제에 대한 연구」, 『김일성종합대학학보(철학·경제학)』 2003년 3호.
리정민, 「과학연구기관재정관리의 특성과 기본요구」, 『경제연구』 2001년 3호.
리중서, 「위대한 김정일 동지께서 제시하신 혁명적 경제정책은 사회주의 경제강국 건설의 전투적 기치」, 『경제연구』 2000년 1호.
리영화, 「경제에 대한 국가의 중앙집권적통일적지도는 사회주의경제강국건설의 근본담보」, 『경제연구』 1999년 3호.
리장희, 「사회주의사회에서 생산수단류통영역에 대한 주체적견해」, 『경제연구』 2002년 1호.
리창근, 「사회주의 경제건설은 강성대국건설의 가장 중요한 과업」, 『경제연구』 1999년 1호.
리학순, 「위대한 수령 김일성동지의 령도에 의한 조국해방전쟁시기 인민경제의 전시체제에로의 개편과 그 특징」, 『경제연구』 1998년 3호.
리해원, 「원가에 기초한 도매가격제정방법의 특성」, 『경제연구』 1990년 2호.
림광업, 「자재상사독립채산제의 본질과 특성」, 『경제연구』 2001년 1호.
림현숙, 「사회주의사회에서 등가성원칙에 기초한 교환거래의 중요특징」, 『경제연구』 2001년 1호.
문면호, 「분조관리제의 우월성을 원만히 발양시켜 농업생산을 높이기 위한 몇가지 문제」, 『경제연구』 1996년 1호.
박동원, 「사회적필요로동시간계산의 필요성과 그 계산에서 나서는 몇가지 문제」, 『경제연구』 1992년 4호.
박성호, 「새로운 국가예산수납체계의 특징과 우월성」, 『경제연구』 2000년 4호.
박영초, 「위대한 수령 김일성동지의 현명한 령도밑에 확립된 조국해방전쟁시기 전시경제체계와 그 생활력」, 『경제연구』 1993년 3호.
박재영, 「위대한 령도자 김정일동지께서 밝히신 도시와 농촌의 경제적 련계에 관한 주체의 경제리론의 독창성」, 『경제연구』 1997년 1호.

박정길, 「위대한 령도자 김정일동지께서 사회주의재정원리에 관한 사상리론 분야에서 이룩하신 불멸의 업적」, 『김일성종합대학학보(철학·경제학)』 2003년 2호.

백성해, 「고정재산리용의 경제적효과성제고방도」, 『경제연구』 1992년 1호.

백종삼, 「사회주의국가예산의 본질과 특성」, 『경제연구』 2000년 1호.

변승호, 「현실발전의 요구에 맞게 농장관리를 적극 개선강화해나가는데서 틀어쥐어야 할 종자」, 『경제연구』 2004년 3호.

서영수, 「현대사회민주주의자들이 설교한 〈완전독립채산제〉의 반사회주의 적성격」, 『경제연구』 2003년 4호.

손영석, 「국방공업은 부강조국건설의 생명선」, 『김일성종합대학학보(철학·경제학)』 2004년 2호.

신영훈, 「사회주의경제관리에서 경제법칙의 올바른 리용」, 『경제연구』 1986년 2호.

오선희, 「거래수입금의 제정 및 적용에서 제기되는 몇 가지 문제」, 『경제연구』 1994년 3호.

─── , 「실리를 나타내는 지표의 합리적리용」, 『경제연구』 2003년 3호.

장성은, 「공장, 기업소에서 번수입의 본질과 그 분배에서 나서는 원칙적요구」, 『경제연구』 2002년 4호.

장인백, 「생산수단류통에서 경제적 공간리용의 본질적특징」, 『경제연구』 2001년 1호.

정길남, 「국방공업발전에 계속 큰 힘을 넣는 것은 선군시대의 요구」, 『김일성종합대학학보(철학·경제학)』 2004년 2호.

조선로동당출판사, 「가격과 생활비를 전반적으로 개정한 국가적 조치를 잘 알고, 강성대국 건설을 힘있게 앞당기자」, 『강연 및 해설담화자료 ─ 내부 한정』, 조선로동당출판사, 2002.

조옥술, 「선군시대 사회주의경제발전의 추동력」, 『경제연구』 2003년 3호.

주호준, 「농업련합기업소는 협동적소유를 전인민적소유로 전화시키는 합리적인 형태」, 『경제연구』 1994년 4호.

최경희, 「사회주의사회에서 화폐류통공고화의 기본방도」, 『경제연구』 1993년 3호.

최영옥, 「경제사업에 대한 국가의 중앙집권적통일적지도를 강화하는 것은 강성대국건설의 중요한 요구」, 『경제연구』 2000년 4호.

최윤식, 「보상금의 본질적특성」, 『경제연구』 2000년 2호.
한득보, 「사회주의적생산의 집약적발전에서 생산의 효과성범주」, 『경제연구』
　　　1992년 2호.
홍성국, 「추가적혜택규모계산방법론」, 『경제연구』 2000년 1호.

4) 신문 자료

『로동신문』, 1995년 8월 25일 ; 1996년 1월 1일 ; 1998년 1월 1일, 8월 22일, 9월 6일
　　　; 1999년 1월 18일, 4월 15일 ; 2001년 1월 4일, 2월 1일, 3월 6일 ; 2002년
　　　1월 14일 ; 2003년 3월 22일, 5월 27일, 9월 28일 ; 2004년 3월 2일.
『민주조선』, 2004년 3월 20일.
『조선신보』, 1999년 4월 12일, 9월 13일 ; 2001년 1월 10일 ; 2002년 2월 13일, 10월
　　　11일, 11월 15일 ; 2003년 4월 1일, 4월 22일, 6월 16일, 10월 22일, 11월 29
　　　일, 12월 22일 ; 2004년 1월 1일, 1월 18일, 1월 21일, 3월 6일, 8월 12일,
　　　8월 18일, 9월 7일, 9월 29일, 10월 21일, 12월 12일 ; 2005년 1월 28일.
『조선중앙통신』, 2000년 4월 4일 ; 2003년 6월 10일 ; 2004년 1월 30일.

2. 국내 문헌

1) 단행본

(사)좋은벗들, 2000, 『북한사람들이 말하는 북한이야기』, 정토출판.
(사)좋은벗들, 2001, 『북한사회 무엇이 변하고 있는가』, 정토출판.
(사)좋은벗들, 2006, 『오늘의 북한, 북한의 내일』, 정토출판.
강성종, 『북한의 강성대국건설전략』, 한울, 2004.
경남대학교 북한대학원 엮음, 『북한연구방법론』, 한울, 2003.
김 균 외, 『자유주의 비판』, 풀빛, 1996.
김병로, 『북한의 지역자립체제』, 통일연구원, 1999.
김병연, 『북한 경제 이행의 정치적 조건: 구소련·동유럽과의 비교』, KIEP대외경제정책연구원, 2005.
김성철 외, 『북한의 경제전환 모형: 사회주의국가의 경험이 주는 함의』, 통일연구원, 2001.
김연철·박순성 편, 『북한 경제개혁연구』, 후마니타스, 2002.
김영윤·최수영, 『북한의 경제개혁 동향』, 통일연구원, 2005.
김웅진, 『비교정치연구의 논리』, 전예원, 1993.
김재철, 『중국의 정치개혁』, 한울, 2002.
내외통신사, 『북한실상 종합자료집』, 내외통신사부설북한연구소, 1996.
박석삼, 『북한의 사경제부문 연구』, 한국은행, 2002.
―――, 『북한경제의 구조와 변화』, 한국은행, 2004.
박월라, 『中國經濟의 地方分權化 現況과 問題點』, 대외경제정책연구원 부설 지역정보센타, 1992.
박정동, 『중국과 북한의 비교―개발경제론』, 서울대학교출판부, 2004.
박형중, 『북한의 경제관리체계―기구와 운영, 개혁과 변화』, 해남, 2002.
서석홍, 『중국 사회주의 개혁의 진로』, 풀빛, 1990.
서재진, 『북한 주민들의 가치의식 변화: 소련 및 동구와의 비교연구』, 민족통일연구원, 1994.
안예홍, 『중국의 경제개혁과 북한에 주는 시사점』, 금융경제연구, 2004.
양문수 외, 『북한의 노동』, 한울, 2007.

양운철, 『중국형 경제발전 전략의 북한 적용에 관한 연구』, 세종연구소, 2001.
──, 『북한 경제체제이행의 비교연구』, 한울, 2005.
연합뉴스, 『2000 북한연감: 북한자료·인명편』, 2001.
오승렬, 『중국경제의 개혁·개방과 경제구조: 북한경제 변화에 대한 함의』, 통일연구원, 2001.
이교덕 외, 『북한체제의 분야별 실태평가와 변화전망: 중국의 초기 개혁개방과정과의 비교분석』, 통일연구원, 2005.
이 석, 『1994~2000년 북한기근: 발생, 충격 그리고 특징』, 통일연구원, 2004.
이일영, 『중국의 농촌개혁과 경제발전』, 서울대학교출판부, 1997.
이종석·백학순, 『김정일시대의 당과 국가기구』, 세종연구소, 2000.
이종영, 『중국상업정책사연구』, 경북대학교출판부, 1991.
이찬행, 『김정일』, 백산서당, 2001.
임반석, 『중국경제: 두 가지 기적과 딜레마』, 해남, 1999.
──, 『중국의 전통, 경제발전, 그리고 민주화』, 해남, 2002.
전창환·김진방 외, 『위기 이후 한국자본주의』, 풀빛, 2004.
정성장·백학순, 『김정일 정권의 생존전략』, 세종연구소, 2003.
정세진, 『'계획'에서 시장으로: 북한체제변동의 정치경제』, 한울, 2000.
정영철, 『북한의 개혁·개방: 이중전략과 실리사회주의』, 선인, 2004.
정용덕 외, 『신제도주의연구, The New Institutionalism』, 대영문화사, 1999.
정형곤, 『체제전환의 경제학』, 청암미디어, 2001.
조동호 외, 『북한 경제개발전략의 모색』, 한국개발연구원, 2002.
──, 『북한 경제정책의 변화 전망과 남북경협의 역할』, 한국개발연구원, 2003.
조명철 외, 『7·1 경제관리개선조치 현황평가와 과제: 북한 경제개혁의 전망』, 대외경제정책연구소, 2003.
조명철·홍익표, 『중국·베트남의 초기 개혁·개방정책과 북한의 개혁방향』, 대외경제정책연구원, 2003.
최수영, 『북한의 제2경제』, 민족통일연구원, 1997.
최완규 엮음, 『북한 도시의 형성과 발전』, 한울, 2004.
──, 『북한 도시의 위기와 변화―1990년대 청진, 신의주, 혜산』, 한울, 2006.
최진욱, 『현대북한행정론』, 인간사랑, 2002.
퇴경연구실, 『현대사회주의경제의 쟁점과 전망』, 풀빛, 1991.

한국비교경제학회 편, 『비교경제체제론』, 박영사, 1997.
한국은행, 『북한의 GDP추정결과』, 한국은행, 1993·1999.
형혁규, 『새로운 북한, 중국이 대안인가』, 한국학술정보, 2006.

2) 논문

고성호, 「북한주민의 범죄와 일탈」, KBS남북교류협력단, 『1990년대 이후 북한사회 변화』, 한국방송공사, 2005.
고현욱, 「북한 경제 연구의 딜레마와 제언: 개혁 논의를 중심으로」, 『현대 북한연구』 제2권 2호, 북한대학원대학교, 1999.
구갑우, 「북한연구와 비교사회주의 방법론」, 최완규 엮음, 『북한연구방법론』, 한울, 2003.
구상회, 「국가과학기술전략과 민군겸용기술」, 김형국 외, 『과학기술의 정치경제학』, 오름, 1998.
권영경, 「북한경제의 危機構造와 중국, 베트남의 初期 개혁·개방 정책에 비추어 본 북한의 개혁·개방 평가」, 『안보학술논집』 제13집 제2호, 국방대학원 안보문제연구소, 2002.
김석진, 「북한 경제의 성장과 위기 : 실적과 전망」, 서울대 대학원 경제학박사학위 논문, 2002.
김시중, 「중국의 경제체제개혁과 사회주의시장경제의 모색」, 한국비교경제학회 편, 『비교경제체제론』, 박영사, 1997.
김연철, 「북한의 배급제 위기와 시장개혁 전망」, 삼성경제연구소, 1997.
──, 「북한 경제관리 개혁의 성격과 전망」, 김연철 외, 『북한경제개혁연구』, 후마니타스, 2002.
──, 「북한 신경제 전략의 성공 조건: 시장제도 형성과 탈냉전 국제환경」, 『국가전략』 제8권 4호, 세종연구소, 2002.
──, 「북한의 개혁개방 시나리오와 남북경협」, 『과학기술정책』 13권 3호, 과학기술정책연구소, 2003.
김영윤, 「북한 '7·1경제관리개선조치' 4년의 평가와 전망」, 『통일정세분석』 2006년 08월, 통일연구원, 2006.
김영윤·홍순직, 「7·1 경제관리개선조치이후 북한 상업유통분야의 변화동향과 전망」, 『통일정책연구』 12권 3호, 통일연구원, 2003.
김용술, 「북한 경제정책 설명(2002.9.2)」, 『KDI 북한경제리뷰』 2002년 10월, 한국개발연구원.
김은숙, 「중국의 재정분권화에 관한 연구」, 한남대 대학원 경제학박사학위논문, 2003.
김익수, 「북한의 '중국식 모델' 도입: 가능성, 한계 및 남한의 역할」, 『동북 아경제연구』 제12권 2호, 한국동북아경제학회, 2001.
김지영, 「자본주의와 공존 가능한 사회주의 경제 모색 중」, 『민족 21』 2003년 1월호, (주)민족이십일.
──, 「토지개혁 이래 최대사변, 시장을 보는 눈이 달라졌다」, 『민족21』 2003년 8월호, (주)민족이십일.
나영주, 「중국 인민해방군의 역할변화—개혁개방시기 군의 경제활동에 관한 정책 변화」, 고려대 대학원 정치외교학박사학위논문, 2000.
남성욱, 「2002년 북한의 임금과 물가인상에 따른 주민생활, 소비형태의 변화에 관한 연구」, 『통일문제연구』 제15권 2호, 평화문제연구소, 2003.
박민정, 「1990년대 북한의 '고난의 행군'과 '농민시장' 변화 연구」, 경남대 북한대학원 석사학위논문, 2004.
박순성, 「북한의 경제개혁」, 경남대 북한대학원 전문가 워크숍 자료집(2003. 8), 미간행, 2003.
박일수, 「'고난의 행군' 이후 개인소유권 변화에 관한 연구」, 경남대 북한대학원대학교 석사학위논문, 2006.
박형중, 「〈노임 및 물가인상〉 및 〈경제관리의 개선강화〉 조치에 대한 평가」, 『통일문제연구』 제14권 2호, 평화문제연구소, 2002.
──, 「'선군시대' 북한의 경제정책: 2002년 7월 조치이후 9월의 '중공업 우선 발전론'의 대두」, 『아세아연구』 제46권 2호, 아세아연구소, 2003.
서석홍, 「1978년 以後의 中國私營經濟에 관한 硏究」, 서울대 대학원 경제학박사학위논문, 1994.
신석호, 「북한의 경제 개혁에 관한 연구—7·1 경제관리 개선조치와 종합시장 도입을 중심으로」, 경남대 북한대학원 석사학위논문, 2004.
신지호, 「7·1 조치 이후의 북한경제」, 『KDI 북한경제리뷰』 2003년 7월, 한국개발연구원.

안예홍, 「7·1조치 이후 북한의 인플레이션 발생원인과 정책당국의 대응」, 『KDI 북한경제리뷰』 2005년 9월, 한국개발연구원.
양문수, 「북한 시장화 초기 거시경제운용방향」, 『아세아연구』 제46권 2호, 아세아연구소, 2003.
─── , 「역사적 관점에서 본 7·1 경제관리개선조치: 과거 정책변화와의 유사점과 상이점」, 『7·1경제관리개선조치 현황평가와 과제: 북한경제개혁의 전망』, 대외경제정책연구원, 2003.
─── , 「북한경제 연구방법론: 시각, 자료, 분석틀을 중심으로」, 경남대학교 북한대학원 엮음, 『북한연구방법론』, 한울, 2003.
─── , 「북한에서의 시장의 형성과 발전: 생산물시장을 중심으로」, 『비교경제연구』 제12권 2호, 한국비교경제학회, 2005.
─── , 「북한의 종합시장: 실태, 파급효과, 성격과 의미」, 『KDI 북한경제리뷰』 2005년 2월, 한국개발연구원.
─── , 「1990년대 경제위기와 지방경제 운영체계의 변화」, 최완규 엮음, 『북한 도시의 위기와 변화─1900년대 청진, 신의주, 혜산』, 한울, 2006.
─── , 「북한의 경제위기와 노동환경의 변화─기업지배구조를 중심으로」, 양문수 외, 『북한의 노동』, 한울, 2007.
양문수·김갑식, 「자립적 지방경제: 역사적 개관과 평가」, 최완규 엮음, 『북한 도시의 형성과 발전』, 한울, 2004.
유영구, 「人民公社의 변화과정을 통해 본 中國의 농업관리형태」, 『中蘇研究』 1989년 가을호, 한양대중소문제연구소, 1989.
유희문, 「중국 정치경제개혁의 상호 역학관계(1978~1992)」, 『中蘇研究』 1995년 봄호, 한양대중소문제연구소.
이동명, 「북한 기업의 작업조직」, 양문수 외, 『북한의 노동』, 한울, 2007.
이무철, 「북한의 생산조직 재편: 의미와 전망」, 『통일문제연구』 2000년 가을호, 평화문제연구소.
─── , 「북한의 지역자립 구조와 행정적 분권화의 한계」, 『통일문제연구』 제16권 1호, 평화문제연구소, 2004.
─── , 「북한의 중앙·지방관계: 중국과의 비교」, 『국제정치논총』 제45집 4호, 국제정치학회, 2005.
─── , 「북한 경제개혁 연구의 쟁점」, 『현대북한연구』 제9권 2호, 북한대학원대

학교, 2006.
이 석, 「북한의 중앙계획자, 과연 타올을 던졌는가?」, 『7·1조치 관련 KDI 토론회 발표집』(미간행), 2004.
―――, 「북한경제와 경제제재」, 『KDI 북한경제리뷰』 2005년 3월, 한국개발연구원.
이석기, 「북한의 1990년대 경제위기와 기업 행태의 변화」, 서울대 대학원 경제학 박사학위논문, 2003.
이영훈, 「1990년대 북한의 경제발전전략과 체제변화」, 『북한연구학회보』 제5권 2호, 북한연구학회, 2001.
―――, 「1990년대 이후 북한 경제: 시장화에 따른 일상과 정책의 변화를 중심으로」, 전창환·김진방 외, 『위기 이후 한국자본주의』, 풀빛, 2004.
―――, 「북한 경제정책의 변화와 향후 전망: 가격을 중심으로」, 『금융경제연구』 제220호, 한국은행, 2005.
―――, 「북한의 '자생적 시장화'와 경제개혁의 전개」, 『통일문제연구』 제17권 2호, 서울: 평화문제연구소, 2005.
이용화, 「중국농산물유통구조의 변화 및 북한에 주는 시사점」, 서울대 대학원 농경제학석사학위논문, 1999.
이정철, 「계획계량형 사회주의와 북한의 90년대 경제정책의 변화」, 김연철 외, 『북한 경제개혁연구』, 후마니타스, 2002.
―――, 「북한의 신농업정책: 농업 국영화 논쟁과 토지정리사업을 중심으로」, 『아세아연구』 제46권 2호, 아세아연구소, 2003.
―――, 「북한의 개방 인식 변화와 신(新)자력갱생론의 등장」, 『현대북한연구』 9권 1호, 북한대학원대학교, 2006.
임반석, 「북한은 중국의 체제개혁경험에서 무엇을 학습할 수 있는가」, 『공안연구』 제15권 5호, 경찰대학교공안문제연구소, 2003.
정건화, 「북한 노동자의 존재양식」, 양문수 외, 『북한의 노동』, 한울, 2007.
정세진, 「이행학적 관점에서 본 최근 북한경제 변화 연구」, 『국제정치논총』 제43집 1호, 국제정치학회, 2003.
정우곤·이주철, 「북한 주민생활보장제도와 도시 계층구조 재편」, 최완규 엮음, 『북한도시의 위기와 변화―1990년대 청진, 신의주, 혜산』, 한울, 2006.
정 웅, 「중국경제의 체제전환모형에서 본 북한경제 변화 전망」, 『공안연구』 제15권 3호, 경찰대학교공안문제연구소, 2003.

정은미, 「농민시장을 통해 본 북한 사회의 변화」, 서울대 대학원 사회학석사학위 논문, 2000.
정창현, 「7·1조치 후 기업과 주민들 '돈계산'에 관심고조」, 『민족 21』 2004년 10월호, (주)민족이십일.
조동호, 「변화하는 북한 경제 평가와 전망」, 『수은 북한 경제』 2004년 여름호, 한국 수출입은행.
조정아, 「북한의 작업장 문화와 노동자 정체성—노동통제와 작업동의를 중심으로」, 양문수 외, 『북한의 노동』, 한울, 2007.
中川雅産, 「김정일의 경제재건: 공업조직에서 진행되는 리스트럭처링」, 『KDI 북한경제리뷰』 2000년 5월, 한국개발연구원.
차문석, 「'고난의 행군'과 북한 경제의 성격 변화」, 『현대북한연구』 제8권 1호, 북한대학원대학교, 2005.
최봉대, 「계층구조와 주민의식 변화」, KBS남북교류협력단, 『1990년대 이후 북한사회 변화』, 한국방송공사, 2005.
최봉대·구갑우, 「북한의 도시 '장마당' 활성화의 동학」, 최완규 엮음, 『북한 도시의 위기와 변화—1990년대 청진, 신의주, 혜산』, 한울, 2006.
하상식, 「북한 경제의 개혁전망: '7·1 경제관리 개선조치'의 성격 평가를 중심으로」, 『한국동북아논총』, 한국동북아학회, 2004.
한국개발연구원, 「경제자료—북한농민시장 관련자료」, 『KDI 북한경제리뷰』, 1999년 2월, 한국개발연구원.
한국은행조사국, 「북한경제의 현황과 전망」, 『한국은행조사자료 2000-3』, 한국은행, 2000.
현성일, 「북한의 국가전략과 간부정책의 변화에 관한 연구」, 경남대 대학원 정치학박사학위논문, 2006.

3) 기타 자료

① 월간지

『민족 21』 2003년 1월호, 8월호 ; 2004년 1월호.
『月刊朝鮮』 2003년 1월호.

② 주간지

(사)좋은벗들,『오늘의 북한 소식』2004년 제3호 ; 2005년 제7호 ; 2006년 제16호, 제19호, 제28호, 제29호, 제44호, 제47호 ; 2007년 제56호.
통일부,『주간 북한동향』, 1999년~2004년 각 주간호.

③ 일간지

KOTRA,『북한경제뉴스』, 2004년 6월 25일 ; 2005년 5월 31일.
『The Daily NK』, 2004년 12월 8일.
『동아닷컴』, 2005년 12월 1일.
『동아일보』, 2005년 11월 30일.
『문화일보』, 2000년 4월 3일.
『연합뉴스』, 1999년 4월 12일, 4월 30일, 5월 13일, 8월 29일, 9월 15일 ; 2000년 1월 13일, 8월 4일 ; 2001년 2월 5일, 5월 3일 ; 2003년 6월 10일, 6월 28일, 11월 6일 ; 2004년 5월 21일, 6월 9일, 11월 27일, 12월 5일, 12월 11일.
『조선일보』, 1996년 9월 15일.
『중앙일보』, 2002년 8월 2일.

3. 중국 문헌

1) 연감류

國家統計局 編,『中国统计年鉴』, 北京: 中國統計出版社, 1986.
國家統計局 編,『中国统计年鉴』, 北京: 中國統計出版社, 1998.

2) 단행본

挂世鎌·劉洪·利广安 主編,『計劃体制改革苦干問題的研究』, 北京: 中國財政經濟出版社, 1986.
薛暮橋,『中國社會主義經濟問題研究』, 北京: 人民出版社, 1982.
袁振宇·金仁雄,『国营企业利改税』, 北京: 中國財政經濟出版社, 1986.
魏礼群·韩志国 編著,『计划体制改革問題论事(1979~1983)』, 北京: 光明日報出版社, 1984.
何建章·王積業,『中國計劃管理問題』, 北京: 中國社會科學出版社, 1984.
許涤新,『中國社會主義經濟發展中的問題』, 北京: 中國社會科學出版社, 1982.
当代中国从书编辑委员会 編,『当代中国军队的政治工作, 上』, 北京: 当代 中国出版社, 1994.

3) 논문

「怎样才能自觉地利用价值规律?」,『紅旗』1979年 4期, 北京: 紅旗雜志社.
「关于建国以来党的若干历史問題的决议(1981年6月27日中国共产党第十一届中央委員会第六次全体会议一致通过)」,『紅旗』1981年 13期, 北京: 紅旗雜志社.
「中共中央关于经济体制改革的决定 — 中国共产党第十二届中央委員会第 三次全体会议一九八四年十月二十日通过」,『紅旗』1984年 20期, 北京: 紅旗雜志社.
賈春峰·滕文生,「在改革中走向完善」,『紅旗』1982年 14期, 北京: 紅旗雜志社.
段 云,「關于財政, 信貸和物資和平衡的若干問題」,『紅旗』1980年 17期, 北京: 紅旗雜志社.
董 太,「提高经济管理水平 必须大破小生产的经营思想」,『紅旗』1978年 9期, 北京: 紅旗雜志社.

杜潤生,「农业生产责任制马农村体制改革」,『紅旗』1981年 19期, 北京: 紅旗雜志社.
劉國光・何建章・黃振奇,「計划經濟和价值規律」,『紅旗』1978年 6期, 北京: 紅旗雜志社.
劉西堯,「脚踏實地, 穩步前進」,『紅旗』1982年 4期, 北京: 紅旗雜志社.
劉卓甫,「怎樣看当前市場物价問題」,『紅旗』1982年 1期, 北京: 紅旗雜志社.
李光远,「关于发挥社会主义公有制优越性的問題」,『紅旗』1980年 13期, 北京: 紅旗雜志社.
李先念,「在全國農田其本建設會議上的講話」,『紅旗』1978年 9期, 北京: 紅旗雜志社.
馬 洪,「改革經濟管理体制与擴大企業自主權」,『紅旗』1979年 10期, 北京: 紅旗雜志社.
─────,「對現有企業進行技術改造是我國經濟發展的一項戰略任務」,『中國社會主義經濟問題』, 北京: 地質出版社, 1983.
万 里,「認眞落實党的農村經濟政策」,『紅旗』1978年 3期, 北京: 紅旗雜志社.
方放・宋福成・遇春光,「重視流通過程, 把經濟搞活」,『紅旗』1980年 10期, 北京: 紅旗雜志社.
本刊特約评论员,「運用經濟規律, 提高經濟管理水平」,『紅旗』1978年 8期, 北京: 紅旗雜志社.
─────,「积极发展农村的多种经营」,『紅旗』1981年 3期, 北京: 紅旗雜志社.
本刊評論員,「必須尊重生產隊的自主權」,『紅旗』1979年 2期, 北京: 紅旗雜志社.
─────,「關鍵在于怎樣對生產有利 ─ 論加强和完善農業生產責任制」,『紅旗』1980年 20期, 北京: 紅旗雜志社.
薛暮橋,「經濟管理体制改革問題」,『紅旗』1979年 8期, 北京: 紅旗雜志社.
─────,「再論計划調節与市場調節」,『紅旗』1981年 1期, 北京: 紅旗雜志社.
─────,「論社會主義經濟制度的优越性」,『中國社會主義經濟問題』, 北京: 地質出版社, 1983.
─────,「我國社會主義經濟建設的回顧和前瞻」,『紅旗』1984年 18期, 北京: 紅旗雜志社.
孫 楨,「企業獎勵制度的几个問題」,『紅旗』1981年 10期, 北京: 紅旗雜志社.
孫冶方,「从必须改革'复制古董, 冻结技术进步'的设备管理制度谈起」,『紅旗』1979年 6期, 北京: 紅旗雜志社.
余國耀,「怎樣看包產到戶」,『紅旗』1980年 20期, 北京: 紅旗雜志社.

―――, 「略论专业户」, 『紅旗』 1984年 7期, 北京: 紅旗雜志社.

榮敬本, 「關于社會主義經濟模式的比較研究」, 『經濟研究』 1981年 12期, 北京: 經濟研究雜志社.

王積業·吳凱泰, 「調整与綜合平衡」, 『紅旗』 1981年 4期, 北京: 紅旗雜志社.

王兴隆, 「现阶段农村土地转包问题浅议」, 『紅旗』 1984年 8期, 北京: 紅旗雜志社.

魏礼群, 「論降低積累率的必要性和途徑」, 『紅旗』 1980年 23期, 北京: 紅旗雜志社.

任仲夷, 「社会主义建设必须遵循社会主义基本经济规律」, 『紅旗』 1980年 3期, 北京: 紅旗雜志社.

庄啓東·孫克亮, 「調整時期的城市勞動就業問題」, 『紅旗』 1981年 11期, 北京: 紅旗雜志社.

趙蔭華, 「堅持改革方向, 認眞總結經驗不斷發展和完善工業生産經濟責任制」, 中國人民大學政治學習資料室編, 『中國社會主義經濟問題』, 北京: 地質出版社, 1983.

趙人偉, 「關于社會主義經濟不同模式的划分問題 ― 對外國經濟學家的几种 不同划分發的初步介紹和評論」, 『經濟學動態』, 北京: 中國社會科學出版社, 1980年 6月.

趙紫陽, 「当前的經濟形勢和今后經濟建設的方針 ― 1981年11月30和12月1日在第五屆全 國人民代表大會第四次會議上的政府工作報告」, 『中華人民共和國全國人民代表大會常務委員會會報(第五号)』, 北京: 中華人民共和國全國人民代表大會常務委員會辦公廳, 1983年 12月 25日.

―――, 「奮發努力加快四川建設 ― 爲國家爲人民多作貢獻」, 『紅旗』 1978年 1期, 北京: 紅旗雜志社.

―――, 「關于当前經濟工作的几個問題」, 『紅旗』 1982年 7期, 北京: 紅旗雜志社.

周冠五, 「工業經濟責任制是企業依靠群衆提高經濟效益的新路子」, 『中國社會主義經濟問題』, 北京: 地質出版社, 1983.

周傳典, 「關于基層工業企業管理制度的改革問題」, 『紅旗』 1981年 7期, 北京: 紅旗雜志社.

周太和·檐武·傅丰祥, 「建立具有中国特色的经济体制」, 『經濟研究』, 1983年 10期.

中共广東省委辦公廳調査研究室, 「對農業聯系産量責任制的看法」, 『紅旗』 1979年 4期, 北京: 紅旗雜志社.

檐武·林樣金·黃毅, 「對社員家庭副業專業化的初步探討 ― 甘肅省農村專 業戶調

査報告」,『紅旗』 1980年 22期, 北京: 紅旗雜志社.
詹武·史敬棠·王贵宸·俞坚平·刘文璞·张保民,「发展我国农业的战略措施的设想」,『紅旗』 1982年 10期, 北京: 紅旗雜志社.
夏积智,「正确发挥奖金的作用」,『紅旗』 1979年 3期, 北京: 紅旗雜志社.
許崇德,「最高國家行政机關的重大改革」,『紅旗』 1982年 11期, 北京: 紅旗雜志社.
許涤新,「利用价值规律爲社會主義服務」,『紅旗』 1978年 3期, 北京: 紅旗雜志社.
胡耀邦,「全面开创社会主义现代化建设的新局面」,『紅旗』 1982年 18期, 北京: 紅旗雜志社.
華國鋒,「團結起來, 爲建設社會主義的現代化强國而奮斗 ─ 一九七八年 二月二十六日在第五屆全國人民代表大會第一次會議上的政府工作報告」,『紅旗』 1978年 3期, 北京: 紅旗雜志社.
─────,「在五屆人大第二次會議上的政府工作報告」,『紅旗』 1979年 7期, 北京: 紅旗雜志社.
宦 乡,「认清国际经济形式, 迎接新的技术革命」,『紅旗』 1984年 10期, 北京: 紅旗雜志社.
扬汝岱,「四川农村综合改革试点的几个问题」,『紅旗』 1985年 2期, 北京: 紅旗雜志社.
蒋学模,「怎样认识我国的社会主义全民所有制」,『紅旗』 1984年 5期, 北京: 紅旗雜志社.
赵紫阳,「放开农产品价格促进农村产业结构的调整」,『紅旗』 1985年 2期, 北京: 紅旗雜志社.
郑幼云,「农村体制改革取得了巨大成就」,『紅旗』 1984年 20期, 北京: 紅旗雜志社.
郑洪庆,「苏联东欧国家经济体制改革的理论和实践」,『紅旗』 1986年 12期, 北京: 紅旗雜志社.
铁 瑛,「大力发展多种经营」,『紅旗』 1979年 2期, 北京: 紅旗雜志社.

4) 신문류

《人民日報》,《紅旗》雜志,《解放軍報》社論,「學好文件抓住綱」『人民日報』, 1977年 2月 7日.
「社論: 翻案不得人心」,『人民日報』, 1977年 3月 10日.
「中國共産党第十一屆中央委員會第三次全体會儀公報(1978年12月22日通過)」,『人

民日報』, 1978年 12月 24日.
「党中央, 國務院決定 — 今日起提高主要副食品銷价幷給職工補貼」, 『人民日報』, 1979年 11月 1日.
「全會致通過 《關于建國以來党的苦干歷史問題的決定》」, 『人民日報』, 1981年 6月 30日.
赵紫阳, 「沿着有中国特色的社会主义道路前进」, 『人民日報』, 1987年 11月 4日.
本報特約評論員, 「實踐是檢驗眞理的唯一標准」, 『光明日報』, 1978年 5月 11日.
『人民日報』, 1985年 1月 1日, 1月 23日.
『흑룡강신문』, 2004년 10월 31日.

4. 외국 문헌

Bernard Chavance, *The Transformation of Communist System: Economic Reform Since the 1950s*, Boulder: Westview Press, 1994.
DPRK, *Core Document Forming Part of The Reports of Parties*, 24 Jun 2002.
EBRD, *Transition Report 1997*, London: European Bank for Reconstruction and Development, 1997.
Edward P. Lazear, "Economic Reform: Appropriate Steps and Actual Policies", in Edward P. Lazear(ed.), *Economic Transition in Eastern Europe and Russia: Realities of Reform*, Standford: Hoover Institutoin Press, 1995.
Janos Kornai, "The Hungarian Reform Process: Vision, Hopes and Reality", David Stark and Victor Nee, des., *Remarking the Economic Institution of Socialism: China and Eastern Europe*, Stanford University Press, 1989.
──────, *The Socialist System: The Political Economy of Communism*, Princeton: Princeton Univ. Press, 1992.
Marie Lavigne, *The Economy of Transition from Socialist Economy to Market Economy*, New York: St. Martin's Press, Inc, 1995.
Martha De Melo, Cevdet Denizer, Alan Gelb and Stoyan Tenev, "Circumstance and Choice: The Role of Initial Conditions and Poicies in Transition Economies", Working Paper, World Bank, Oct, 1997.
McMillan, J. and B. Naughton, "How to Reform a Planned Economiy: Lessons from China", *Oxford Review of Economic Policy*, Vol. 8, 1992.
Naughton, B., "Growing out of the Plan: Chinese Economic Reform 1978~1993", London: Cambridge University Press, 1995.
P. Nolan, *China's Rise and Russia's Fall: Politics, Economics and Planning in the Transformation from Socialism*, New york: St. Martin's Press, 1995.
Peter Murrell, "Evolutionary and Radical Approach to Economic Reform", *Economics of Planning*, Vol. 25, No. 1, 1992.
Qian, Yingyi and Chengan Xu, "Why China's Economic Reform differ: The M-Form Hierarchy and Entry/Expansion of the Non-state Sector", *The Economics of Transition*, Vol. 1, No. 2, 1993, pp.135~170.

S. Fisher, "Socialist Economy Reform: Lesson of First Three Years", *American Economic Review Papers and Proceedings*, 1993.

Sachs, J. and W. T. Woo, "Structural Factors in the Economic Reforms of China, Eastern Europe, and the Former Soviet Union", *Economic Policy*, April, 1994.

Susan L. Shirk, *The Political Logic of Economic Reform in China*, Univ. California, 1993.

W. Brus. translated by R. A. Clarke, *Socialist Owership and Political System*, London and Boston: Routledge & Kegan Paul, 1975.

White, Gordon, *Riding the Tiger: The Politics of Economic Reform in Post-Mao China*, Stanford, California: Stanford University Press, 1993.

World Bank, *Transition The First Ten Years: Analysis and Lesson for Eastern Europe and the Former Soviet Union*, World Bank, 2002.

5. 번역서

L.루이링거 지음, 최평·김용권 옮김, 『중국을 보는 제3의 눈』, 소나무, 1995.

Marc Blecher 지음, 전병곤·정환우 옮김, 『반조류의 중국』, 돌베개, 2001 [『反潮流的中國』, 1998].

Susan L. Shirk 지음, 최완규 옮김, 『중국경제개혁의 정치적 논리』, 경남대학교, 1999 [*The Political Logic of Economic Reform in China*, Univ. California, 1993].

浜勝産 著, 尹榮子 譯, 『鄧小平時代의 中國經濟』, 비봉출판사, 1987.

찾아보기

ㄱ

가격개혁 29, 64, 126, 129, 130, 133, 136, 138, 142, 143, 185, 189, 217, 250, 258, 262, 274, 302, 342
가내부업반 105, 199, 225, 234
가내작업반 196, 197, 326
가내편의 봉사조직 225
가정부업 63, 65, 70, 158, 163, 187, 294
가집체 사영기업 277, 280
가치법칙 18, 59, 90, 94, 112, 131, 132, 136, 138, 152, 253, 336
간쑤성(甘肅省) 70
감가상각기금 80
감가상각비 74, 79, 175
강성대국 123, 146, 284, 288, 289, 291, 293, 297, 314, 336
개발경제론 29
개선(improvement) 18
개성공업지구 15
개인 경작제 328
개인 사영업 224, 225
개인 텃밭 105, 230

개인노동 219, 228, 229
개인상업 154, 171, 197, 219, 329
개체기업 173, 180, 182, 189, 237
개체상업 158, 159, 172, 174
개혁(改革, reform) 16, 18, 55, 73
개혁 논쟁 18
개혁파 94, 244, 245, 246, 248, 249, 256, 259
거래방식 220, 222
거래비용 40, 41
거래수입금 111, 116
거래품목 171, 186, 208, 209, 220, 222, 228, 229, 231
경제관리개선조치 ☞ 7·1조치
경제관리체제개혁 30, 72, 94
경제난 27, 30, 98, 103, 113, 131, 200, 230, 293, 305, 342
경제연합체 187
경제위기 25, 98, 107, 135, 145, 199, 200, 204, 232
경제적 공간 72, 108, 110, 111, 129, 135, 327
경제적 효과성 78, 81, 111, 112, 140, 244, 321

경제채산제　76, 77, 137, 142, 268
경제책임제　72, 77, 88, 132, 136, 143,
　　243, 272, 316, 337
경제체제개혁에 관한 결정　43, 82, 83,
　　90
경제체제개혁위원회　245, 249
경제특구　15, 265, 266
계획외 생산　74
계획개선적 개혁　22, 24
계획경제　18, 57, 60, 64, 90, 93, 100,
　　114, 146, 151, 152, 155, 176, 201,
　　202, 253, 258, 335, 336, 338
계획경제체제　15, 18, 21, 23, 25, 35,
　　50, 56, 58, 98, 99, 112, 113, 126,
　　130, 133, 137, 138, 146, 151, 152,
　　198, 200, 254, 259, 291, 300, 331,
　　336, 342, 343
계획과 시장　16, 18, 24, 25, 26, 27,
　　28, 30, 31, 42, 43, 83, 90, 95, 96,
　　137, 145, 241, 282, 284, 314, 320,
　　323, 330, 335, 341
계획의 일원화, 세부화　23
계획지표　19, 75, 97, 127, 177, 188,
　　266, 304, 311, 314, 318, 320
고정재산　74, 79, 80, 112, 141
공간적 의미로서의 시장(Marketplace)
　　152, 182
공급유통체계　165
공산품　161
공소합작사　154, 157, 158, 159, 172,
　　236

공유제　90, 156, 161, 248, 250, 251, 253
공장장책임제　181
과학기술 중시사상　123
광동(广东)　265
구갑우　34
구성공작기계공장　307, 309
국가납부금　136, 215
국내 물자교류시장　15
국내사회주의시장　130, 216
국방공업　50, 268, 298, 306, 307, 308,
　　309, 314, 321, 331
국방공업우선발전론　16, 299, 306, 308,
　　311, 340
국방비　269, 270
국방위원회　113, 285, 286
국영기업소　72, 74, 76, 82, 87, 215,
　　231, 277, 324
국영농장　110
국영상업　84, 154, 155, 156, 157, 163,
　　172, 185
국영양식시장　154
국유기업개혁　16, 29, 41, 83, 268, 274,
　　311
국정가격　106, 134, 172, 215, 219
군수공장　271
권영경　38
금강산관광특구　15
금액지표　138, 141, 316
기관 본위주의　85
기술개건　115, 122, 123, 125, 126, 290,
　　309, 310, 311

찾아보기

기업 설비관리제도　78
기업개혁　29, 72, 76, 82, 84, 91, 94, 174, 176, 182, 187, 232, 237, 258, 268, 272, 275, 276, 282, 314, 318, 320, 322, 337, 338, 340
기업분권　74, 82, 127, 268
김석진　38
김연철　23, 24
김영윤　20
김익수　41
김정일 체제　15, 27, 43, 103, 106, 112, 113, 114, 123, 126, 130, 136, 142, 146, 200, 201, 284, 286, 287, 288, 291, 312, 335, 337, 338

ㄴ

남성욱　20, 23
내각　113, 114, 115, 116, 117, 123, 126, 130, 146, 201, 291, 336, 338, 342
내각책임제 · 내각중심제 ☞ 내각
노동 인센티브 시스템　23
노동시장　180, 181, 182, 188, 189, 277, 280, 338
노동에 의한 분배 원칙　135
노동의 상품화　224, 228
노동자모집제도　85
놀랜드(M. Noland)　19
농가경영청부제　29
농민시장　15, 43, 63, 86, 104, 105, 106, 127, 128, 130, 134, 146, 151, 153, 191, 192, 193, 194, 198, 200, 203, 208, 213, 214, 224, 234, 237, 294, 326, 335, 337
농산물분류관리제도　155
농업개혁　29, 64, 71, 82, 83, 93, 94, 97, 126, 146, 159, 160, 165, 166, 170, 172, 174, 178, 180, 182, 183, 187, 188, 237, 238, 243, 257, 258, 259, 276, 277, 279, 300, 302, 304, 305, 331, 336, 337, 339, 340, 341
농업우선발전정책　61, 62, 64, 65, 72, 160, 335
농촌상업관리체제　84

ㄷ

다종경영　65, 66, 69, 70, 71, 163, 164, 165, 168
단계적 개혁　83, 93, 94, 95, 146, 153, 187, 237, 336, 337
당 11기3중전회　54, 55, 58, 62, 67, 72, 145, 160, 161, 248
당 · 정분리　248
대안의 사업체계　23
대안중기계연합기업소　309, 318
대외개방　15, 27, 37, 144, 254, 258, 264, 265, 266, 336, 340
대외경제부문개혁　29
대이전(大而全)　50
덩샤오핑(鄧小平)　28, 40, 43, 53, 54, 55, 62, 93, 94, 145, 146, 246, 247,

269, 335, 336
도매가격 111
도매반 215, 218
도매시장 129, 171, 174, 185, 189, 324
독립자주외교노선 268
독립채산제 23, 72, 77, 108, 109, 126, 127, 129, 130, 134, 141, 314, 317
돈에 의한 계산체계 132
되거리 장사 198, 201, 203, 221, 235, 236, 331
떼기밭 105, 193, 198, 230

ㄹ

라빈(M. Lavigne) 15
량강도 대홍단군 국영협동농장 324
리기성 111
리샤오치(劉少奇) 53
리시엔니엔(李先念) 247
리장희 129

ㅁ

마오쩌둥(毛澤東) 27, 40, 51, 53, 54, 55, 146, 246, 251, 271
무역관리체계 개혁 266
문화대혁명 28, 49, 50, 51, 52, 53, 54, 56, 58, 62, 65, 93, 145, 146, 157, 158, 159, 173, 246, 335
물자교역센터 176, 177, 178, 189, 236, 277, 338

민간 신용기구 182
밀수 128, 204, 208, 235, 238, 330

ㅂ

박정동 29
박형중 18, 22
배급제 23
번수입지표 134, 136, 138, 140, 141, 314, 315, 316, 317, 318, 320
베이징(北京) 74, 274
보조금 64, 82, 86, 87, 134, 293, 320
보충적 가격 129
부문별 수납체계 116
부분개혁체제 19
부업반 196, 197, 326, 329
부업생산 66, 160, 164, 165
부족경제 151
북한식 경제개혁 15, 26, 342, 343
분권화 29, 41, 43, 59, 69, 143, 161, 162, 166, 168, 188, 189, 241, 259, 264, 268, 272, 275, 282, 293, 294, 331, 337, 338, 340, 341
분조관리제 104, 110, 194
브루스(W. Brus) 250
비교사회주의방법 32, 33
비교연구 28, 29, 30, 34, 36
비국유기업 40, 180, 182, 187, 277, 278
비국유부문 41, 178, 180, 181, 182, 183, 188, 190, 237, 268, 277, 279,

280, 281, 331, 338, 339, 340
비사회주의 그루빠 198, 201

ㅅ

사상해방 54, 55
사영상업 158, 159, 172
사적 기업 179
사적 시장 105, 106, 126, 128
사적생산 178, 179, 180, 194, 196, 200,
　219, 224, 227, 228
사적판매 179
사회문화시책비 117
사회주의 개혁 18, 19, 29, 33, 241,
　311, 342
사회주의 원칙 27, 286, 291, 294
사회주의 일반성 18, 25
사회주의 초급단계론 252
사회주의물자교류시장 137, 210, 211,
　216, 236
사회주의분배원칙 135
사회주의시장 211
산두(汕头) 265
삼선전략 50
상금 87, 88, 91, 140, 184, 315
상업유통체계 83, 166, 324
상품경제 90, 132, 253
상품시장 178, 180, 183, 277, 279, 331,
　338, 339, 340
상품외각론 132
상품유통 60, 70, 214

상품유통체계 178, 210, 215, 323, 326
상품화 43, 166, 167, 168, 178, 188,
　189, 203, 224, 228, 230, 328, 332,
　337, 338, 341
상품화폐관계 18, 129, 152, 253
상하이(上海) 74, 274
생산 없는 시장 204, 206, 209, 224,
　231, 331, 338
생산대 61, 63, 65, 66, 67, 70, 158,
　160, 161, 162, 163, 165, 166, 261,
　278
생산량책임제 65, 66, 68, 69, 70, 71,
　165, 166, 167, 168, 173, 321
생산력 표준론 249, 252, 254
생산발전기금 80, 175
생산수단의 국유화 151
생산재 시장 97, 171, 174, 175, 177,
　182, 188, 189, 211, 212, 213, 223,
　277, 283, 339
선군시대 경제건설노선 16, 294, 297,
　299, 304, 306, 311, 314, 340
선군정치 113, 284, 285, 289, 291, 297,
　342
선부용론 91
선천(深圳) 265
세계은행 39
소머즈(M. Somers) 34
소비재 시장 171, 172, 174, 182, 188,
　189, 213, 236, 277, 279
소유제 18, 82, 91, 98, 109, 110, 179,
　183, 187, 189, 241, 250, 258, 268,

276
소유제 개혁 16, 27, 28, 232, 250, 330
소이전(小而全) 50
소토지 198, 219, 230
수남시장 222
수매가격 59, 63, 64, 86, 186
수입물자교류시장 15, 210, 211, 212
수직적 자원배분체계 241
수출입허가제 265
수평적 자원배분체계 241
스카치폴(T. Skocpol) 34
시소(seesaw) 42, 241
시장경제 24, 30, 130, 278
시장사용료 215
시장사회주의 19
시장지향적 개혁 22, 97
시장화 24, 25, 29, 42, 44, 97, 178, 183, 186, 237, 238, 337, 338, 343, 344
식량난 99
식량배급제 218, 304
신의주 신발공장 317
신의주특별행정구 15, 17
신제도주의 40
실리추구 291, 292, 293, 294, 299, 314
쓰촨성(四川省) 74, 75, 272

○

악주시 포단공사 168
안예홍 38
안후이성(安徽省) 167
암시장 171, 177, 199, 200, 212, 237, 337
양개범시론 53, 54
양문수 20, 23, 24, 34, 38
연성예산제약 29
연안 경제개방구 266
연합 경영 71
연합기업소 66, 110, 116, 121, 322
연합회사 122, 125
예산수납체계 116
예젠잉(葉劍英) 247
완리(万里) 69
외화벌이 201, 204, 207, 208, 235, 238, 329
우리 식 원칙 291, 293
원가 67, 88, 111, 133, 134, 140
유동자금 88, 112, 244
유무상통 211
유훈통치 103, 104, 106, 112, 146, 336
유휴 노동력 121, 127, 301
이개세(利改稅) 274, 275
이무철 41
이영훈 23, 24
이윤 72, 73, 74, 75, 77, 81, 84, 85, 86, 88, 127, 128, 129, 134, 140, 174, 175, 231, 274, 296, 315
이윤유보 76, 80, 83, 84, 275
이중경제구조 25, 26, 27, 28, 30, 31, 83, 95, 96, 137, 145, 147, 340
인민경제계획법 114, 115

인민경제비 117
인민공사 51, 63, 66, 67, 84, 157, 158,
　160, 162, 178, 187, 261
인민적 시책비 117
인플레 88, 105, 130, 270
일원적 은행제도 29
임금 87, 91, 135, 138, 140, 141, 216,
　218, 230, 231, 302, 321, 329
임반석 38

ㅈ

자력갱생 50, 99, 107, 126, 136, 254,
　256, 257, 258, 265, 291, 292, 293,
　294, 299, 322, 330, 332, 341
자류지 63, 65, 66, 68, 160, 163, 193
자립적 민족경제건설노선 19
자오쯔양(趙紫陽) 80, 244, 245, 247,
　252
자유시장 43, 68, 154, 156, 158, 170,
　171, 172, 173, 174, 180, 183, 189,
　191, 257, 277, 283, 338
자재공급 23, 126, 199
작물선택권 65, 66, 69, 217, 321
작업반 우대제 140, 194
장마당 43, 126, 128, 146, 191, 199,
　200, 201, 203, 204, 205, 206, 207,
　208, 209, 210, 213, 215, 216, 219,
　220, 223, 224, 232, 235, 237, 294,
　336, 337, 342
재정·금융개혁 29, 264, 272, 273,

276, 340
재정분권화 40, 274
재정적자 80, 82, 86, 87, 89, 243, 245,
　270, 274
전문장사꾼 235, 238
전민소유제 91, 157, 158, 159, 253,
　276, 331
전업호 70, 71, 165, 166, 167, 171,
　172, 173, 180, 185, 187, 237, 277,
　278, 321
정보농업 302, 304
정세진 23, 41
정웅 38
제2천리마대진군 122
제도로서의 시장(Marketization) 152,
　153, 182
조명철 20, 28, 29
조절파 243, 244, 245
조정체계 241
종업원 선발권 181
종자론 123
종합균형론 244
종합시장 15, 30, 43, 137, 143, 191,
　210, 213, 214, 215, 216, 219, 220,
　223, 224, 225, 228, 236, 237, 323,
　324, 326, 338
종합시장 거래품목 220
종합시장 운영방침 220, 223
주체의 정치경제학 136
주하이(珠海) 265
중공업우선발전전략 19, 52, 61, 145,

196, 290, 291, 299, 306, 335, 336
중국 특색 사회주의론 249, 251, 252, 254
중소탄광 118
중소형발전소 103, 118
중점호 165, 166, 167
지도성계획 96, 97, 254, 276
지령성계획 90, 96, 97, 254, 276
지방 본위주의 85
지방기업 126, 294
지방분권화 40, 258
지방예산제 195, 293
지역별 수납체계 116
집시무역 43, 63, 151, 153, 155, 156, 157, 158, 159, 160, 163, 164, 165, 167, 170, 171, 173, 191, 193, 237
집체소유제 63, 157, 159, 162, 172

ㅊ

천리마제강련합기업소 319
천윈(陳雲) 54, 243, 244, 247
체제이행 28, 41
체제전환(transformation) 18, 107, 311, 342
초기 개혁 28, 30, 31, 34, 35, 93, 146, 266, 268, 272, 335
초기조건 36, 37, 38, 39, 41, 42
총리책임제 246, 247, 248
총서기제 245, 246, 247
최고상임위원회 113

추가적 노동보수형태 140
추가적 혜택 115, 117, 131, 135, 136, 330

ㅋ

코르나이(J. Kornai) 15, 241, 276

ㅌ

텃밭 105, 193
토지사용료 136, 141, 230, 302
토지정리사업 103, 109, 217, 302
통일거리시장 213, 214
투자기아증 174, 175
티엔진(天津) 74, 274

ㅍ

판량판 248, 249
평균주의 63, 131, 134, 135, 161, 302
평안북도 운하협동농장 325
평양일용품공장 319
포전담당제 328
푸지엔(福建) 265

ㅎ

하문(廈門) 265
한득보 111
합작사 상업 163, 185

향촌기업 188, 339
혁명적 경제전략 16, 103, 106, 107, 110, 111, 112, 114, 116, 123, 135, 136, 290
혁명적 경제정책 16, 123, 289, 290, 292
현물계획 138, 315
현유 기업소 78, 80
현지지도 288, 308, 312, 340
협상가격차 133
협작 71, 82, 187, 272, 340
형혁규 38
홍성남 123
홍순직 20
홍익표 28, 29
화궈펑(華國鋒) 27, 40, 51, 53, 54, 55, 93, 94, 145, 247, 335
화폐화 43, 166, 167, 168, 189
후야오방(胡耀邦) 244, 247

60년대 경제조정 시기 58
7·1경제관리개선조치 ☞ 7·1조치
7·1조치 15, 16, 18, 19, 21, 22, 23, 28, 30, 34, 36, 43, 131, 138, 143, 145, 215, 216, 218, 224, 230, 231, 232, 236, 287, 294, 295, 300, 301, 308, 314, 317, 320, 327, 340
8·3노동자 227, 229, 231
8·3소비품 197
8·3인민소비품창조운동 196, 197
8·3제품 227, 229
8·3직매점 197
IFAD(국제농업개발기금) 119
J-커브효과 41
KEDO 295, 296
NPT(핵확산금지조약) 295

기타

1차 5개년계획 시기 56, 58, 78, 93, 146, 155, 243, 247, 335
2·8 직동청년탄광 309, 317
21세기 본보기 공장 299
3급 소유제 67
3대혁명소조운동 195
3월 26일 공장 319
4개 현대화 55, 73, 248, 249, 265, 268
4항 기본원칙 249, 252, 257, 258

박희진(朴喜辰)

이화여자대학교 북한학 박사
연세대학교 통일연구소 연구교수
현재 연세대, 이화여대, 상지대 출강

■ 주요저서

『남북관계사』(공저, 2009)
『김정일의 북한, 어디로 가는가?』(공저, 2009)
「북한과 중국의 시장(Market) 비교: 형성발전과정과 특징」(2007)
「계획과 시장의 관계로 본 북한경제개혁 연구」(2007)